成人(网络)教育系列规划教材
CHENGREN (WANGLUO) JIAOYU XILIE GUIHUA JIAOCAI

EXCEL
在经济管理中的应用

主　编　匡　松　古永红
副主编　何福良　薛　飞　郭黎明　张艳珍
参　编　李朔枫　甘嵘静　何　宇　黄　涛
张义刚　徐　静　喻　敏　李　瑶
缪春池　蒋义军　李太勇　吴　江
张　英　韩延明　黎　科　陈德伟

西南财经大学出版社
Southwestern University of Finance & Economics Press

总 序

随着全民终身学习型社会的不断建立和完善，业余成人（网络）学历教育学生对教材的质量要求越来越高。为了进一步提高成人（网络）教育的人才培养质量，帮助学生更好地学习，依据西南财经大学成人（网络）教育人才培养目标、成人学习的特点及规律，西南财经大学成人（网络）教育学院和西南财经大学出版社共同规划，依托学校各专业学院的骨干教师资源，致力于开发适合成人（网络）学历教育学生的高质量优秀系列规划教材。

西南财经大学成人（网络）教育学院和西南财经大学出版社按照成人（网络）教育人才培养方案，编写了专科及专升本公共基础课、专业基础课、专业主干课和部分选修课教材，以完善成人（网络）教育教材体系。

由于本系列教材的读者是在职人员，他们具有一定的社会实践经验和理论知识，个性化学习诉求突出，学习针对性强，学习目的明确。因此，本系列教材的编写突出了基础性、职业性、实践性及综合性。教材体系和内容结构具有新颖、实用、简明、易懂等特点；对重点、难点问题的阐述深入浅出、形象直观，对定理和概念的论述简明扼要。

为了编好本套系列规划教材，在学校领导、出版社和其他学院的大力支持下，首先，成立了由学校副校长、博士生导师丁任重教授任主任，成人（网络）教育学院院长唐旭辉研究员和出版社社长、博士生导师冯建教授任副主任，其他部分学院领导参加的编审委员会。在编审委员会的协调、组织下，经过广泛深入的调查研究，制定了我校成人（网络）教育教材建设规划，明确了建设目标，计划用两年时间分期分批建设。其次，为了保证教材的编写质量，在编审委员会的协调下，组织各学院具有丰富成人（网络）教学经验并有教授或副教授职称的教师担任主编，由各书主编组织成立教材编写团队，确定教材编写大纲、实施计划及人员分工等，经编审委员会审核每门教材的编写大纲后再编写。

经过多方的努力，本系列规划教材终于与读者见面了。在此之际，我们对各学院领导的大力支持、各位作者的辛勤劳动以及西南财经大学出版社的鼎力相助表示衷心的感谢！在今后教材的使用过程中，我们将听取各方面的意见，不断修订、完善教材，使之发挥更大的作用。

西南财经大学成人（网络）教育学院

2009 年 6 月

前 言

Microsoft Excel 是一个功能强大的电子表格处理软件，提供了表格制作、复杂运算、图表建立、数据库管理、决策支持等功能。在数据处理方面，具有公式计算、函数应用、数据排序、筛选、分类汇总、数据透视表、生成图表等功能。利用 Excel 可以非常方便地制作文字、数字、图表、图形集于一体的电子表格，并且通过使用公式和函数可以对表格数据进行复杂运算，甚至是跨表格的运算。同时，可以根据表格数据生成直观的图表。利用 Excel 提供的数据透视表和数据透视图，可以更好地完成对表格数据的分析。Excel 还广泛应用于分析、统计和财务等方面。

综合运用 Excel 的公式、函数及其工具，充分挖掘 Excel 的潜能，使用者能十分方便而高效地解决经济管理工作中的复杂问题，可以实现各种操作目标和个性化管理。Excel 已成为从事经济活动以及各种日常工作中必不可少的重要工具。

本书共 9 章，主要介绍 Excel 的高级技巧和综合应用。

第 1 章、第 2 章和第 3 章属于基础提高训练部分，主要通过大量实例复习和巩固 Excel 的基本操作，掌握快速输入数据的方法和技巧，深入学习并强化公式和函数（尤其是财经类函数）的灵活应用，使读者进一步掌握 Excel 高效率工具及其使用技巧，积累经验，从而提高综合应用能力。

第 4 章至第 9 章属于综合应用部分，主要介绍 Excel 在经济管理中的综合应用。内容包括：Excel 在工资管理中的应用；Excel 在全面预算中的应用；Excel 在产品定价决策中的应用；Excel 在投资决策中的应用；Excel 在进销存管理中的应用；Excel 在销售管理中的应用。

本书注重实用性，提供了大量应用实例和操作技巧，内容图文并茂，步骤清晰。本书可作为高等院校管理类专业学生的实务性教材，适合经济管理部门、企事业单位以及各种办公人员阅读和参考。

本书由匡松、古永红担任主编和统稿，何福良、薛飞、郭黎明、张艳珍担任副主编，古永红、何福良、薛飞、郭黎明、张艳珍、何宇、徐静等为主要执笔人，李朔枫、甘嵘静、黄涛、张义刚、喻敏、李瑶、缪春池、蒋义军、李太勇、吴江、张英、韩延明、黎科、陈德伟等参加了部分编写工作。

由于时间紧迫，本书难免存在不足之处，肯请广大读者及同行批评指正。

编者

2009 年 11 月

目录

1 Excel 应用基础

【学习目标】

（1）复习和巩固 Excel 的基本操作。

（2）强化公式和函数的使用。

（3）进一步掌握图表操作和数据分析方法。

1.1 Excel 概述与基本操作

Excel 2003（以后简称 Excel）是一个功能强大的电子表格处理软件，提供了表格制作、复杂运算、图表建立、数据库管理、决策支持等功能。在数据处理方面，具有公式计算、函数应用、数据排序、筛选、分类汇总、数据透视表、生成图表等功能。在办公自动化领域中，Excel 广泛应用于分析、统计和财务等领域。利用 Excel 可以非常方便地制作文字、数字、图表、图形集于一体的电子表格，并且通过使用公式和函数可以对表格数据进行复杂运算，甚至是跨表格的运算。同时，可以根据表格数据产生直观的图表。利用 Excel 提供的数据透视表和数据透视图，可以更好地完成对表格数据的分析。

Excel 一直是 Office 家族中的一个重要成员，是日常办公和学习中非常方便的常用工具之一。在一般的办公环境下，它往往可以代替数据库表对日常数据进行处理。对于一般的办公人员来说，学习电子表格比学习数据库更简单、更实用，也更加现实。

1.1.1 Excel 的基本概念

启动 Excel 后，进入 Excel 的窗口操作界面。Excel 的窗口主要包括标题栏、菜单栏、工具栏、编辑栏、工作表、状态栏和任务窗格等。

1.1.1.1 工作簿

在 Excel 中创建的文件叫做工作簿，其扩展名是 . xls。启动 Excel 后，系统自动建立默认名为 book1. xls 的工作簿。新建的工作簿包含 3 张工作表：Sheet1、Sheet2、Sheet3。用户可以根据需要进行增加，工作表的个数原则上仅受内存的限制。一个工作簿包含若干张工作表。一个工作簿文件类似一个账本。

1.1.1.2 工作表

工作表位于工作簿窗口的中央区域，由行号、列标和网格线组成。位于工作表左侧区域的灰色编号区为各行的行号，位于工作表上方的灰色字母区域为各列的列标。

行和列相交形成单元格。一个工作表最多有 65 536 行、256 列。工作表的默认名称为 Sheet1、Sheet2、Sheet3 等。

1.1.1.3 单元格

每一张工作表由若干个单元格组成。单元格是存储数据和公式以及进行计算的基本单位。在 Excel 中，用“列标行号”表示某个单元格，称为单元格的地址，如 B5 表示 5 行 B 列的单元格。光标所在的由粗线包围的一个单元格称为活动单元格或当前单元格。鼠标单击某个单元格，该单元格称为活动单元格。此时，可以在编辑框中输入、修改或显示活动单元格的内容。

1.1.1.4 单元格区域

将多个连续的单元格称为单元格区域。一般用“起始单元格地址：终止单元格地址”来表示。例如，A1:D8 表示从单元格 A1 起至单元格 D8 止这一单元格区域，如图 1－1 所示。

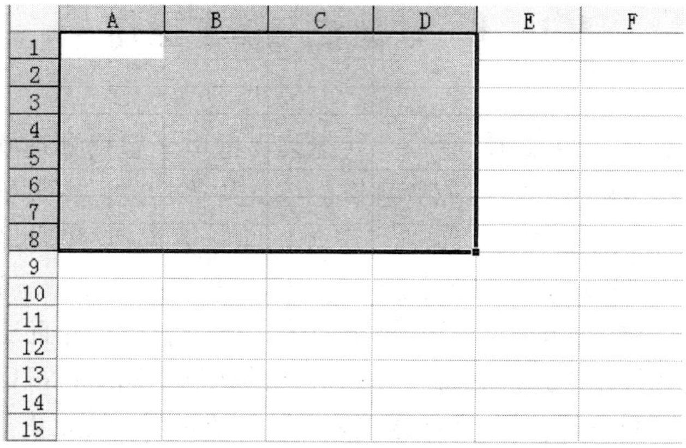

图 1－1 单元格区域

1.1.2 工作簿的操作

一个 Excel 文档就是一个工作簿。启动 Excel 后，可新建工作簿或打开已有的工作簿；根据需要可保存、关闭工作簿。

1.1.2.1 创建工作簿

第一次启动 Excel 后，系统自动建立一个名为 Book1 的空工作簿，光标自动定位在第一张工作表 Sheet1 的第一个单元格位置，等待用户输入数据。

在 Excel 中，还可选择下列方法来新建工作簿：

方法 1：选择“文件”菜单中的“新建”命令。这是新建工作簿常用的方法。

方法 2：按快捷键 Ctrl + N。

方法 3：单击常用工具栏上的“新建”按钮。

新建的工作簿名称依次默认为 Book1、Book2、Book3 等。

1.1.2.2 保存工作簿

在 Excel 中，保存工作簿的操作步骤如下：

（1）选择“文件”菜单中的“新建”命令，或单击常用工具栏上的“新建”按钮。

（2）在 Sheet1 中输入数据。

（3）选择“文件”菜单中的“保存”命令，或单击常用工具栏上的“保存”按钮，打开“另存为”对话框。

（4）在“保存位置”列表框中选择保存路径，在“文件名”列表框中输入文件名。

（5）单击“保存”按钮。

1.1.2.3 打开工作簿

打开工作簿的操作方法如下：

方法 1：双击需要打开的工作簿文件，Excel 自动启动并打开该文件。

方法 2：在 Excel 中，利用“打开”对话框打开工作簿文件。

① 选择“文件”菜单中的“打开”命令，或按快捷键 Ctrl + O，或单击常用工具栏中的“打开”按钮，弹出“打开”对话框。

② 在“打开”对话框中，选择文件所在的文件夹，在文件列表框中选择文件名，或输入需要打开的文件名，然后单击“打开”按钮。

方法 3：打开最近使用的文档。Excel 可以自动记录最近使用过的工作簿。Excel 将最近打开过的工作簿的绝对路径名保存在“文件”菜单的尾部，如果要打开这些文件中的某一个，可以直接单击“文件”菜单下的文件名。

方法 4：单击 Windows 操作系统“开始”菜单的“打开 Office 文档”菜单项。

1.1.3 工作表数据的录入

在 Excel 中，根据输入的数据性质，可以将数据分为数值型数据、日期型数据、文本型数据、逻辑型数据四种。数值型数据可以进行算术运算。日期型数据表示日期，由“年－月－日”组成。文本型数据由可以输入的字符组成，表示文本信息。逻辑型数据表示有 TRUE 和 FALSE 两种状态，其中 TRUE 表示真，FALSE 表示假。

下面建立的工作簿是“工资.xls”，工作表的名称是“Sheet1”，其数据如图 1－2 所示。

	A	B	C	D	E	F	G	H	I	J	K
1	某公司一月份的工资表										
2	财务部制										
3	编号	发放时间	姓名	部门	基本工资	奖金	住房补助	应发金额	其他扣款	所得税	实发工资
4	10932	2007-1-2	张珊	管理	1500	4000	230		30		
5	10933	2007-1-2	李思	软件	1200	5000	260		40		
6	10934	2007-1-2	王武	财务	1100	2000	250		50		
7	10935	2007-1-2	赵柳	财务	1050	1000	270		30		
8	10936	2007-1-2	钱棋	人事	1020	2000	240		60		
9	10941	2007-1-2	张明	管理	1360	4000	210		30		
10	10942	2007-1-2	赵敏	人事	1320	2500	230		40		
11	10945	2007-1-2	王红	培训	1360	2600	230		40		
12	10946	2007-1-2	李萧	培训	1250	2800	240		50		
13	10947	2007-1-2	孙科	软件	1200	3500	230		30		
14	10948	2007-1-2	刘利	软件	1420	2500	220		40		

Sheet1 / Sheet2 / Sheet3

图 1－2 工资表的数据

1.1.3.1 数据输入的一般过程

在 Excel 中，输入数据的方法如下：

（1）选定要输入数据的单元格。

（2）输入数据后，按回车键，或单击编辑栏上的“确定”按钮。如果按 Esc 键，或单击编辑栏上的“取消”按钮，则取消输入。

在输入数据时，应考虑数据的类型。主要包括以下几种：

（1）数值型数据

数值型数据包括数字、正号、负号和小数点。科学记数法的数据表示形式的输入格式是“尾数 E 指数”；分数的输入形式是“整数 分子/分母”。例如：234，12E3，-234，2 2/3，0 3/4。

（2）文本型数据

字符文本应逐字输入。数字文本的输入方式是：=“数字”，或直接输入。例如：输入文本 32，输入方法是：=“32”或输入：'32。注意：数值型数据 32 和数字文本 32 是有区别的，前者可以进行算术计算，后者则只表示字符“32”。

（3）日期型数据

日期型数据的输入格式是：yy-mm-dd 或 mm-dd，例如：09-10-16，3-8。通过格式化得到其他形式的日期，可减少数据的输入。

（4）逻辑型数据

逻辑型数据只有 TRUE 和 FALSE，TRUE 表示真，FALSE 表示假。

1.1.3.2 输入相同的数据

可以使用填充柄在一行或一列中输入相同的数据。

【例 1-1】在工作簿“工资.xls”的工作表“Sheet1”中，在单元格 B4 到 B14 中输入数据“2007-1-2”。

操作步骤如下：

（1）选择单元格 B4 并输入数据“2007-1-2”。

（2）将鼠标指向单元格 B4 的右下角，鼠标变成实心的“十”字形状（即填充柄）。

（3）按住 Ctrl 键，拖动鼠标到单元格 B14，则在单元格 B4 到 B14 中输入相同的数据“2007-1-2”。

1.1.3.3 采用自定义序列自动填充数据

在 Excel 中，可以使用自定义序列填充数据。系统提供了一些默认的自定义序列。选择“工具”菜单中的“选项”命令，打开“选项”对话框中，选择“自定义序列”选项卡，可以看到系统默认的自定义序列，如图 1-3 所示。

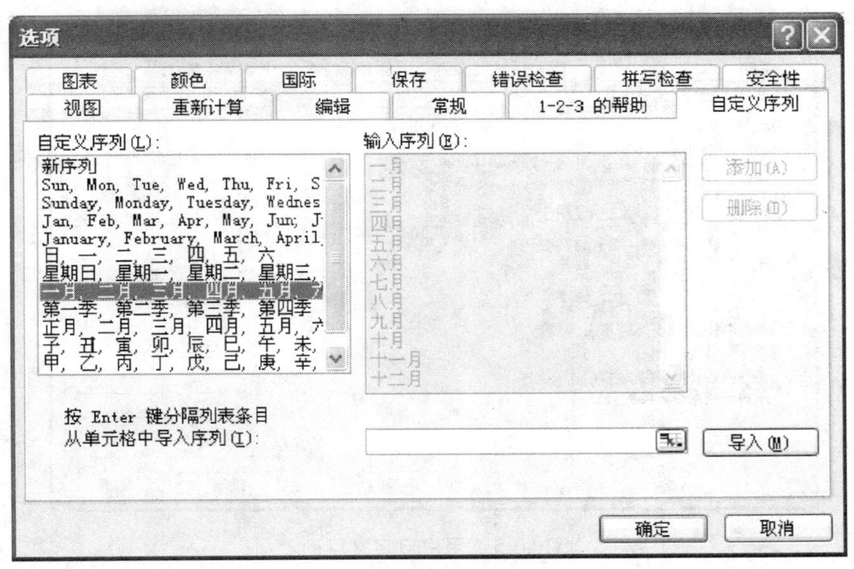

图 1－3　系统默认的自定义序列

(1) 使用默认序列

① 在单元格中输入自定义序列中的某项数据，例如“一月”。

② 将鼠标指向单元格右下角，鼠标变成实心的“十”字形状（即填充柄）。

③ 拖动鼠标，即可在拖动范围内的单元格中依次输入自定义序列的数据，例如：一月，二月，三月，…，如图 1－4 所示。

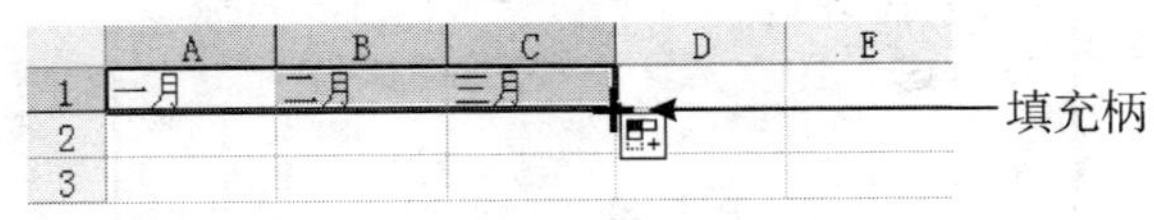

图 1－4　填充数据

(2) 用户自定义序列

① 选择“工具”菜单中的“选项”命令，打开“选项”对话框中，选择“自定义序列”选项卡。

② 在“自定义序列”列表框中，单击“新序列”项。

③ 在“输入序列”列表框中，依次输入序列中的每一项，每项输入完后回车，如图 1－5 所示。

④ 单击“添加”按钮，将用户自定义序列添加到左侧的“自定义序列”列表框中。于是，用户即可使用该自定义序列。

1.1.3.4　采用填充序列方式自动填充数据

采用填充序列方式自动填充数据，可以输入等差或等比数列的数据。

操作步骤如下：

(1) 在第一个单元格中输入起始数据。

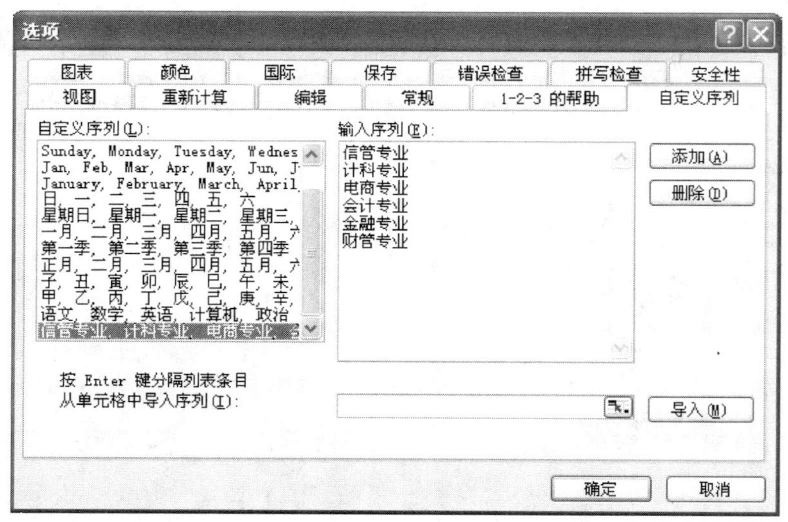

图 1-5 用户自定义序列

(2) 打开"编辑"菜单，依次选择"填充"、"序列"命令，打开"序列"对话框，如图 1-6 所示。

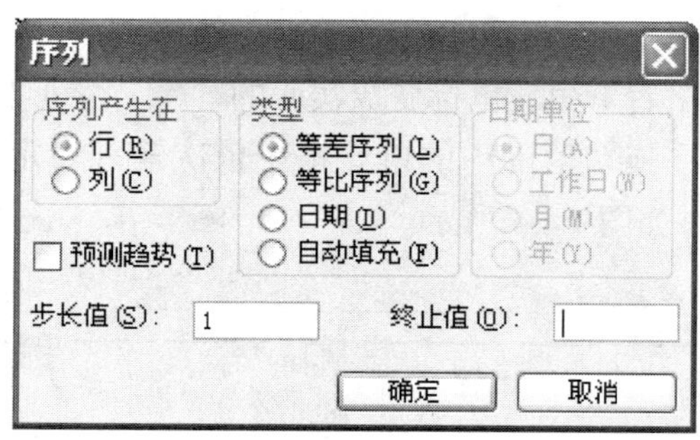

图 1-6 填充数据

(3) 在"序列"对话框中，选定"列"或者"行"单选按钮；在"步长值"中输入步长，在"终止值"中输入最后一个数据。

(4) 单击"确定"按钮，在行上或列上产生定义的数据序列。

另外，可以使用快捷方式来产生步长为 1 的等差数列。

【例 1-2】在工作簿"工资.xls"的工作表"Sheet1"中，输入单元格 A4 ~ A14 的数据：10 932，10 933，…，10 948。

操作步骤如下：

① 在第一个单元格 A4 中输入起始数据 10 932。

② 将鼠标指向第一个单元格右下角，变成填充柄形状，按住 Ctrl 键，在行或列的方向（这里在列）拖动鼠标到单元格 A14，即可产生等差数据序列 10 932，10 933，…。

1.1.3.5 清除单元格数据

清除单元格数据是指删除选定单元格中的数据。其方法是：选定单元格，单击

Del键，即可清除选定单元格中输入的数据。注意：清除单元格的数据和删除单元格是不同的。

1.1.4 工作表的操作

工作表是工作簿的组成部分。在 Excel 中，可以插入、删除、重命名、复制或移动工作表。

1.1.4.1 选择工作表

每个工作簿可包含多张工作表。对某张工作表进行操作之前，应先选择该工作表。选择工作表时，既可以选择单张工作表，也可以选择相邻的多张工作表，使其成为“工作组”。可以选择不相邻的多张工作表，还可以选择全部工作表。

（1）选择单张工作表——单击需要操作的某个工作表的标签。

（2）选择相邻的多张工作表——单击需要选择的第一张工作表的标签，按住Shift键，然后单击最后一张工作表标签。

（3）选择不相邻的多张工作表——单击需要选择的第一张工作表标签，按住Ctrl键，然后逐个单击其他工作表的标签。

（4）选择全部工作表——右键单击任意工作表的标签，在弹出的快捷菜单中选择“选定全部工作表”命令，即可选择全部工作表。

1.1.4.2 移动工作表的位置

若要改变当前工作表的位置，可以采取直接拖动鼠标的方式，将工作表移动到所需要放置的新位置；也可以右键单击需要移动的工作表，在弹出的快捷菜单中选择“移动或复制工作表”命令，打开“移动或复制工作表”对话框，如图 1 - 7 所示。

图 1 - 7 “移动或复制工作表”对话框

然后选择将选定的工作表移动到哪个工作表之前，或者移动到其他所有工作表之后的位置即可。

1.1.4.3 插入工作表

插入工作表的操作步骤如下：

（1）右键单击某个工作表的标签，在弹出的快捷菜单中选择“插入”命令，打开“插入”窗口。

（2）在“插入”窗口，选择“工作表”，单击“确定”按钮，在选定的工作表之前插入一个新的工作表。

1.1.4.4　删除工作表

右键单击需要删除的工作表的标签，在弹出的快捷菜单中选择“删除”命令，即可删除该工作表。

1.1.4.5　重命名工作表

右键单击需要重命名的工作表的标签，在弹出的快捷菜单中选择“重命名”命令，在“标签”处输入工作表的名称。

【例 1-3】将工作簿“工资.xls”的工作表“Sheet1”的标签命名为“工资表”，将工作表“Sheet2”的标签命名为“税率表”。

操作步骤如下：

（1）右键单击工作表 Sheet1 的标签，在弹出的快捷菜单中选择“重命名”命令，在“标签”处输入工作表的名称“工资表”。

（2）右键单击工作表 Sheet2 的标签，在弹出的快捷菜单中选择“重命名”命令，在“标签”处输入工作表的名称“税率表”。

1.1.5　编辑单元格

在 Excel 中，可以选定、插入、删除、复制、移动单元格，还可以调整单元格的行高和列宽。

1.1.5.1　选定单元格

选定单元格的方法如表 1-1 所示。

表 1-1　　选定单元格

选定范围	操作方法
一个单元格	单击某个单元格
连续的单元格	单击起始单元格，按下鼠标左键，拖动鼠标到需要选定区域的终止单元格
不连续的单元格	选定单元格的同时按下 Ctrl 键
选定整行	单击行首的行号
选定整列	单击列首的列号
选定整个工作表	单击工作表的左上角行号和列号交汇处的“全选”按钮

1.1.5.2　插入单元格

插入单元格的操作方法如下：

（1）选定一个单元格为当前单元格。

（2）选择“插入”菜单中的“单元格”命令，打开“插入”对话框，如图 1-8 所示。

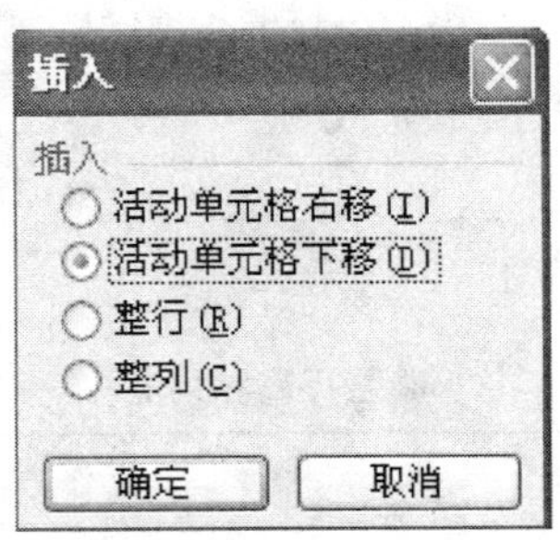

图 1-8 “插入”对话框

(3) 选择“活动单元格右移”单选按钮，在当前单元格的左边插入一个单元格；选择“活动单元格下移”单选按钮，在当前单元格的上面插入一个单元格；选择“整行”单选按钮，在当前单元格的上面插入一行；选择“整列”单选按钮，在当前单元格的左面插入一列。

1.1.5.3 删除单元格

删除单元格的操作方法如下：

(1) 选定一个单元格为当前单元格。

(2) 选择“编辑”菜单中的“删除”命令，打开“删除”对话框，如图 1-9 所示。

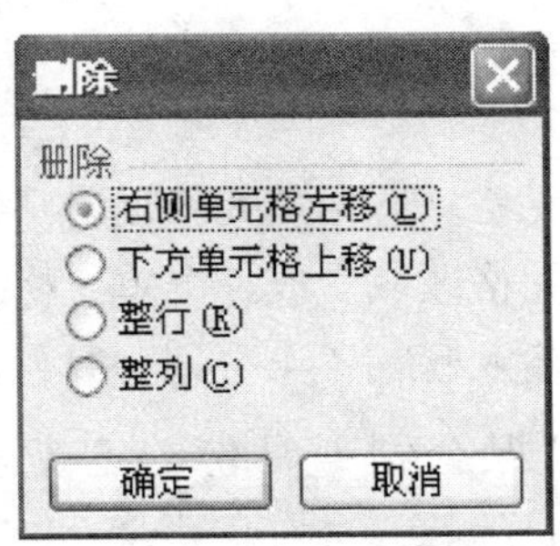

图 1-9 “删除”对话框

(3) 选择“右侧单元格左移”单选按钮，删除当前单元格，右侧的单元格移到该位置上；选择“下方单元格上移”单选按钮，删除当前单元格，下方的单元格移到该位置上；选择“整行”单选按钮，删除当前单元格所在的一整行；选择“整列”单选按钮，删除当前单元格所在的一整列。

1.1.5.4 复制单元格

复制单元格就是将所选定单元格的内容复制到其他单元格中。复制单元格可以使用“编辑”菜单中的“复制”命令和“粘贴”命令来实现，也可以使用鼠标拖曳被选定单元格的方法，在释放鼠标左键之前先按住 Ctrl 键，完成复制选定单元格的操作。

1.1.5.5 移动单元格

移动单元格是将选定单元格的内容移动到目的单元格中（注意：如果所选定的单元格是公式，则复制或移动的是公式）。

移动单元格可以使用“编辑”菜单中的“剪切”和“粘贴”命令来实现，也可以使用鼠标拖曳被选定单元格的方法来完成。

1.1.5.6　调整行高和列宽

调整行高和列宽的操作如表 1 - 2 所示。

表 1 - 2　　调整行高和列宽

操作要点	操作方法
鼠标拖动调整行高	将鼠标指向相邻的两个行号之间，变成形状，按住鼠标左键并拖动
鼠标拖动调整列宽	将鼠标指向相邻的两个列标之间，变成形状，按住鼠标左键并拖动
菜单方式调整行高	打开“格式”菜单，依次选择“行”、“行高”命令，然后输入数值
菜单方式调整行高	打开“格式”菜单，依次选择“列”、“列宽”命令，然后输入数值

1.1.6　修饰单元格

1.1.6.1　制作标题

在 Excel 工作表中，标题一般位于表格数据的正上方，可以采用“合并居中”功能来制作标题。

【例 1 - 4】制作工作簿“工资.xls”中的工作表“Sheet1”的标题“某公司一月份的工资表 财务部制”。

操作步骤如下：

（1）选定要制作标题的单元格。选择单元格区域 A1:K2，单击“格式”工具栏中的“合并居中”按钮，将该单元格区域变成一个单元格。

（2）在合并后的单元格中输入标题“某公司一月份的工资表”。

（3）将光标定位到标题“某公司一月份的工资表”的最后，按组合键 Alt + Enter，则换行，接着输入“财务部制”。

如果要取消合并居中格式，则操作如下：

① 选择“格式”菜单中的“单元格”命令，打开“单元格格式”对话框。

② 单击“对齐”选项卡，取消“合并单元格”复选框的选定，如图 1 - 10 所示。

③ 单击“确定”按钮。

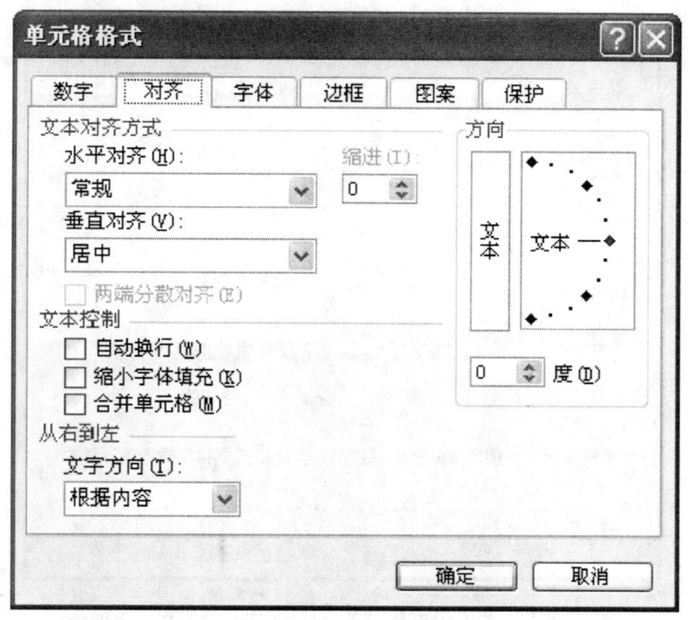

图 1－10 “对齐”选项卡

1.1.6.2 单元格数据的格式化

在 Excel 中，使用“格式”工具栏对单元格数据进行格式化处理。“格式”工具栏上的按钮功能如图 1－11 所示。

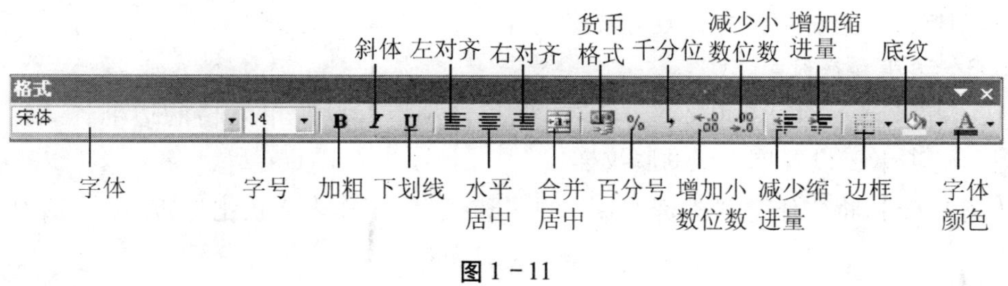

图 1－11

选择“格式”菜单中的“单元格”命令，打开“单元格”对话框，也可以对单元格的数据进行格式化处理。

在“单元格”对话框中，单击“数字”选项卡，在“分类”列表框中选择“数值”，可以设置数值型数据的小数位数、千位分隔符以及负数的显示格式，如图 1－12 所示。

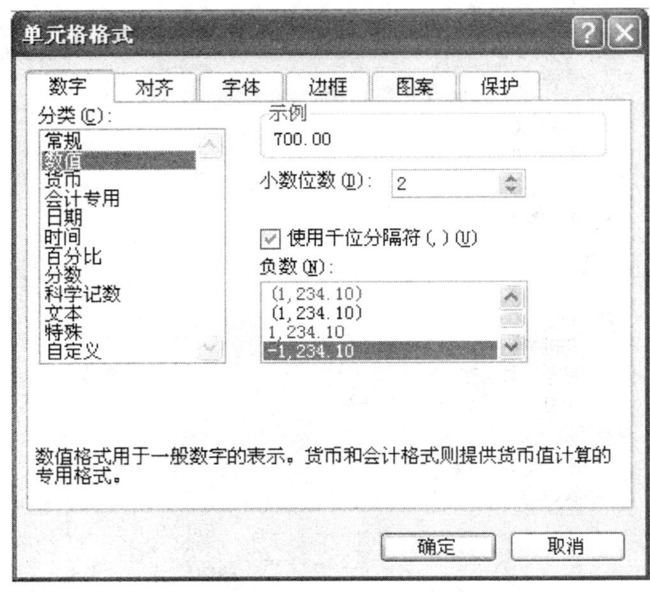

图 1-12 “单元格格式”对话框的“数字”选项卡

在“分类”列表框中选择“货币”，可以设置货币数据的小数位数、货币符号以及负数的显示格式；在“分类”列表框中选择“日期”，可以设置日期数据的显示格式。

另外，可以在“单元格”对话框的“数字”选项卡中，设置会计专用的数据格式、时间格式、百分比格式以及分数格式等。

1.1.6.3 边框和底纹

在“单元格”对话框中，选择“边框”选项卡，设置单元格的边框样式；选择“图案”选项卡，设置单元格的底纹样式。

【例 1-5】将工作簿“工资.xls”的“Sheet1”工作表格式化为如图 1-13 所示的表格。

	A	B	C	D	E	F	G	H	I	J	K
1	某公司一月份的工资表										
2	财务部制										
3	编号	发放时间	姓名	部门	基本工资	奖金	住房补助	应发金额	其他扣款	所得税	实发工资
4	10932	1月2日	张珊	管理	￥1,500.00	4000	230		30		
5	10933	1月2日	李思	软件	￥1,200.00	5000	260		40		
6	10934	1月2日	王武	财务	￥1,100.00	2000	250		50		
7	10935	1月2日	赵柳	财务	￥1,050.00	1000	270		30		
8	10936	1月2日	钱棋	人事	￥1,020.00	2000	240		60		
9	10941	1月2日	张明	管理	￥1,360.00	4000	210		30		
10	10942	1月2日	赵敏	人事	￥1,320.00	2500	230		40		
11	10945	1月2日	王红	培训	￥1,360.00	2600	230		40		
12	10946	1月2日	李萧	培训	￥1,250.00	2800	240		50		
13	10947	1月2日	孙科	软件	￥1,200.00	3500	230		30		
14	10948	1月2日	刘利	软件	￥1,420.00	2500	220		40		

Sheet1 / Sheet2 / Sheet3

图 1-13 格式化单元格的效果

操作步骤如下：

(1) 选择单元格区域 A3:K3，单击“格式”工具栏上的“底纹”按钮的下拉箭头，在“颜色”列表框中选择“灰色”，设置第3行单元格的底纹为“灰色”。

(2) 选择单元格区域 A3:K14，单击“格式”工具栏上的“边框”按钮的下拉箭头，在“样式”列表框中选择“所有边框”，设置单元格区域 A3:K14 的边框。

(3) 选择单元格区域 B3:B14，单击“格式”工具栏上的“水平居中”按钮，将 B 列数据设置为“水平居中”。

(4) 选择单元格区域 B4:B14，选择“格式”菜单中的“单元格”命令，选择“数字”选项卡，在“分类”列表框中选择“日期”，在“类型”列表框中选择“3 月 14 日”格式，单击“确定”按钮，将所有“发放日期”数据格式化成“1 月 2 日”。

(5) 选择单元格区域 E4:E14，选择“格式”菜单中的“单元格”命令，选择“数字”选项卡，在“分类”列表框中选择“货币”，设置“小数位数”为 2，设置“货币符号”为“￥”，单击“确定”按钮，将所有“基本工资”数据格式化。

1.1.6.4 条件格式

条件格式是指当指定条件为真时，Excel 自动应用于单元格的格式。

【例 1-6】在工作簿“工资.xls”的“Sheet1”工作表中，将部门为“管理”的单元格设置为蓝色底纹。

操作步骤如下：

(1) 选择单元格区域 D4:D14，选择“格式”菜单中的“条件格式”命令，打开“条件格式”对话框。

(2) 在“条件格式”对话框中，单击“条件 1”下拉列表，选中“单元格数值”项，在右边的文本输入框中，输入文本“管理”，如图 1-14 所示。

图 1-14 “条件格式”对话框

(3) 单击“格式”按钮，打开“单元格格式”对话框，单击“图案”选项卡。选中“蓝色”，单击“确定”按钮，返回到“条件格式”对话框。

(4) 单击“确定”按钮，关闭“条件格式”对话框。

在工作表中可以看到，在单元格区域 D4:D14，部门为“管理”的单元格为蓝色底纹。

1.2 公式的使用

在 Excel 中，利用公式可以实现表格的自动计算。函数是预定义的公式，Excel 提供了数学、日期、查找、统计、财务等多种函数。

1.2.1 公式

Excel 的公式以"="开头，"="后面可以由五种元素组成：运算符、单元格引用、数值和文本、函数、括号（）。

1.2.1.1 运算符

Excel 中包含算术运算符、比较运算符、文本运算符和引用运算符四种类型。

（1）算术运算符

算术运算符包括：+（加）、-（减）、*（乘）、/（除）、%（百分比）、^（乘方）。算术运算符及运算举例如表 1-3 所示。

表 1-3　算术运算符及运算举例

算术运算符	运　算	举　例
+	加	=3+2，结果为 5
-	减	=10-3，结果为 7
*	乘	=5*3，结果为 15
/	除	=27/9，结果为 3
^	乘方	=4^3，结果为 64
%	百分比	=10%，结果为 10%

（2）比较运算符

比较运算符包括：=（等于）、>（大于）、<（小于）、>=（大于等于）、<=（小于等于）、< >（不等于）。比较运算符及运算举例如表 1-4 所示。

表 1-4　比较运算符及运算举例

比较运算符	运　算	举　例
=	等于	=10=3+2,结果为 FALSE
>	大于	= "BA" >"b",结果为 TRUE
<	小于	=2008-5-3<2000-1-1,结果为 FALSE
> =	大于等于	= "ab" > ="b",结果为 FALSE
< =	小于等于	=4*5< =5*5,结果为 TRUE
< >	不等于	="x" < >"y",结果为 TRUE

（3）文本运算符

文本运算符 & 用来连接两个文本，使之成为一个文本。例如：“Power” & “Point” 的计算结果是“Power Point”

（4）引用运算符

引用运算符用来引用单元格区域，包括：区域引用符（:）和联合引用符（,）。例如：B1:D5 表示 B1 ~ D5 所有单元格的引用，B5、B7、D5、D6 表示 B5、B7、D5、D6 这 4 个单元格的引用。引用运算符及运算举例如表 1－5 所示。

表 1－5　引用运算符

引用运算符	运 算	举 例
		假如单元格 B1 ~ B4 分别填入了数据:B1 = 1,B2 = 2,B3 = 3,B4 = 4
:	区域引用	= SUB(B1:B4),结果为 10
,	联合引用	= SUB(B1,B4),结果为 5

1.2.1.2　公式的输入

Excel 的公式以“ = ”开头，公式中所有的符号都是英文半角的符号。

公式输入的操作方法为：选择存放计算结果的单元格，鼠标单击 Excel 编辑栏，按照公式的组成顺序依次输入各个部分，公式输入完毕，按回车键即可。

公式输入完毕回车，单元格中将显示计算的结果，而公式本身只能在编辑框中看到。下面通过一个例子来说明公式的输入。

【例 1－7】根据年利率和利息税率计算存款的税后利息的公式是：R = T * C *（1 - V），其中 T 表示存款额，C 表示存款利率，V 表示利息税率，R 表示税后利息。假如一笔存款的存款额是 13 万元，年利率是 2.79%，利息税率是 20%，试用 Excel 计算该笔存款的利息。

操作步骤如下：

（1）在 Excel 中输入存款相关的数据。分别在单元格 A1、A2、A3、A4 中输入“存款额（元）”、“年利率”、“利息税率”、“税后利息”。分别在单元格 B1、B2、B3 中输入 130 000、2.79%、20%，如图 1－15 所示。

B4　fx　=B1*B2*(1-B3)

	A	B	C
1	存款额(元)	130000	
2	年利率	2.79%	
3	利息税率	20%	
4	税后利息	2901.6	
5			

图 1－15　公式的输入

（2）在单元格 B4 中输入计算税后利息的公式“ = B1 * B2 *（1 - B3）”并按回车键，计算出该笔存款的税后利息。

1.2.1.3　公式的复制

为了提高输入的效率，可以对单元格中输入的公式进行复制。复制公式的方法有两种：

方法1：使用“复制”和“粘贴”命令。

方法2：使用拖动填充柄的方法。将鼠标指向需要复制的单元格的右下角，待变成填充柄形状，拖动鼠标到同行或同列的其他单元格上即可。

在复制公式时，若公式中包含有单元格地址的引用，则在复制的过程中根据不同的情况使用不同的单元格引用。

1.2.2　单元格地址的引用

单元格地址的引用包括绝对引用、相对引用和混合引用三种。

1.2.2.1　绝对引用

绝对引用是指在公式复制或移动时，公式中的单元格地址引用相对于目的单元格不发生改变的地址。绝对引用的格式是“$列标$行号”，例如：$A$1，$B$3，$E$2。

1.2.2.2　相对引用

相对引用是指在公式复制或移动时，公式中单元格地址引用相对于目的单元格发生相对改变的地址。相对引用的格式是“列标行号”，例如：A1，B3，E2。

下面通过例子来说明相对引用和绝对引用的应用。

【例1-8】计算工资和薪金所得个人所得税的税率和速算扣除数表，如表1-6所示。其中：

速算扣除数=本级的最低所得额×(本级税率-前一级的税率)+前一级的速算扣除数

表1-6　　个人所得税税率和速算扣除数表

级数	全月应纳税所得额	税率	速算扣除数
1	低于500元	5	0
2	500~1999元	10	25
3	2000~4999元	15	125
4	5000~19 999元	20	375
5	20 000~39 999元	25	1375
6	40 000~59 999元	30	3375
7	60 000~79 999元	35	6375
8	80 000~99 999元	40	10 375
9	100 000元以上	45	15 375

在“工资.xls”的“税率表”工作表中输入如图1-16所示的数据。

	A	B	C	D
D4		=B4*(C4-C3)/100+D3		
1	工资和薪金所得税率和速算扣除数表			
2	级数	全月应纳税所得额	税率	速算扣除数
3	1	0	5	0
4	2	500	10	25
5	3	2000	15	
6	4	5000	20	
7	5	20000	25	
8	6	40000	30	
9	7	60000	35	
10	8	80000	40	
11	9	100000	45	
12				
13	起征点	1600		

图 1－16 “税率表”工作表

操作步骤如下：

（1）在工作簿“工资.xls”的“税率表”工作表中，选择单元格区域 A1:D1，单击“格式”工具栏上的“合并居中”按钮，输入标题“工资和薪金所得税率和速算扣除数表”。

（2）在单元格 A2～D2 中依次输入列标题“级数”、“全月应纳税所得率”、“税率”、“速算扣除数”。

（3）在单元格 A3 中输入数字“1”，将鼠标指向单元格 A3 的右下角，变成填充柄，拖动鼠标到单元格 A11，系统自动在单元格 A2～A11 中填充数据。

（4）依次输入单元格 B3～C11 中的数据，输入单元格 D3 中的数据 0。

（5）在单元格 D4 中输入公式“ = B4 * (C4 - C3)/100 + D3”。

（6）将鼠标指向单元格 D4 的右下角，待变成填充柄“ + ”形状，拖动鼠标到单元格 D11，将单元格 D4 的公式复制到单元格 D5～D11 中，即可计算出各级速算扣除数。

说明：为了将单元格 D4 的公式复制到单元格 D5 中，且能变成“ = B5 * (C5 - C4)/100 + D4”；复制到单元格 D6 中，且能变成“ = B6 * (C6 - C5)/100 + D5”，以此类推。D4 中的单元格地址引用需用相对引用。

【例 1－9】根据图 1－17 所示的数据，计算每笔存款的税后年利息。

	A	B	C	D	E
1	计算税后利息表				
2			利息税率	20%	
3	编号	类型	存款额(万元)	年利率	税后年利息
4	1	一年定期	10000	2.79%	
5	2	一年定期	20000	2.79%	
6	3	两年定期	20000	3.33%	
7	4	三年定期	25000	3.96%	
8	5	五年定期	30000	4.41%	

图 1－17 计算税后利息表的数据

分析：首先计算单元格 E4 的税后年利息，单元格 E4 中的公式为“ = C4 * D4 * (1 - D2)”。因为对于每一笔存款，存款额和年利率是不同的，而利息税率是不变的，为了正确复制公式，公式中的 C4 和 D4 的引用采用相对引用，而 D2 采用绝对引用。

操作步骤如下：

（1）选择单元格区域 A1:E1，单击“格式”工具栏中的“合并居中”按钮，输入标题“计算税后利息表”。

（2）输入各单元格的数据。

（3）在单元格 E4 中输入公式“=C4*D4*(1-$D$2)”，如图 1-18 所示。

E4 =C4*D4*(1-$D$2)

	A	B	C	D	E
1	计算税后利息表				
2			利息税率	20%	
3	编号	类型	存款额(万元)	年利率	税后年利息
4	1	一年定期	10000	2.79%	223.2
5	2	一年定期	20000	2.79%	446.4
6	3	两年定期	20000	3.33%	532.8
7	4	三年定期	25000	3.96%	792
8	5	五年定期	30000	4.41%	1058.4

图 1-18　输入计算税后利息的公式

（4）将鼠标指向单元格 E4 的右下角，待变成填充柄“+”形状，拖动鼠标到单元格 E8，将公式复制到单元格 E5~E8 中，计算出各笔存款的税后年利息。

1.2.2.3　混合引用

混合引用是指单元格的引用中，一部分是相对引用，一部分是绝对引用，是绝对地址引用与相对地址引用的一种混合使用。混合地址引用分别用“$列标行号”和“列标$行号”来表示，例如：A$1，$B1，$E2。

【例 1-10】生成如图 1-19 所示的九九乘法表。

	A	B	C	D	E	F	G	H	I	J	K
1	九九乘法表										
2	*	1	2	3	4	5	6	7	8	9	
3	1	1	2	3	4	5	6	7	8	9	
4	2	2	4	6	8	10	12	14	16	18	
5	3	3	6	9	12	15	18	21	24	27	
6	4	4	8	12	16	20	24	28	32	36	
7	5	5	10	15	20	25	30	35	40	45	
8	6	6	12	18	24	30	36	42	48	54	
9	7	7	14	21	28	35	42	49	56	63	
10	8	8	16	24	32	40	48	56	64	72	
11	9	9	18	27	36	45	54	63	72	81	
12											

图 1-19　九九乘法表

操作步骤如下：

（1）选择单元格区域 A1:J1，单击“格式”工具栏中的“合并居中”按钮，输入标题“九九乘法表”。

（2）输入单元格 A2~J2、A3~A11 的数据。

（3）在单元格 B3 中输入公式“=B$2*$A3”，如图 1-20 所示。

B3 =B$2*$A3

	A	B	C	D	E	F	G	H	I	J	K
1	九九乘法表										
2	*	1	2	3	4	5	6	7	8	9	
3	1	1									
4	2										
5	3										
6	4										
7	5										
8	6										
9	7										
10	8										
11	9										
12											

图 1－20 输入计算九九乘法表的公式

（4）将鼠标指向单元格 B3 的右下角，待变成填充柄“＋”形状，拖动鼠标到单元格 J3，将公式复制到单元格 C3～J3 中。

（5）选择单元格区域 B3:J3，将鼠标指向单元格 J3 的右下角，待变成填充柄“＋”形状，拖动鼠标到单元格 J11，将公式复制到单元格 B4～J11，即可得到九九乘法表。

1.2.3 公式对单元格的引用

在公式中经常要用到对单元格的引用。引用的作用在于标识工作表上的单元格或单元格区域，并指明公式中所使用的数据的位置。通过引用，可以在公式中使用工作表不同部分的数据，或者在多个公式中使用同一单元格的数值。还可以引用同一工作簿不同工作表的单元格、不同工作簿的单元格，甚至其他应用程序中的数据。引用不同工作簿中的单元格称为外部引用，引用其他程序中的数据称为远程引用。单元格的引用样式有两种：A1 引用样式和 R1C1 引用样式。

1.2.3.1 A1 引用样式

在默认状态下，Excel 使用 A1 引用类型。这种类型引用字母标志列（从 A～IV，共 256 列）和数字标志行（从 1～65 536）。这些字母和数字被称为行和列标题。如果要引用单元格，请顺序输入列字母和行数字。例如，D50 引用了列 D 和行 50 交叉处的单元格。如果要引用单元格区域，请输入区域左上角单元格的引用、冒号和区域右下角单元格的引用。表 1－7 给出了引用的示例。

表 1－7 引用样式 A1 的引用

引　用	描　　述
A10	在列 A 和行 10 中的单元格
A10:A20	属于列 A 和行 10～行 20 中的单元格区域
B15:E15	属于行 15 和列 B～列 E 中的单元格区域
5:5	行 5 中的所有单元格
5:10	从行 5～行 10 中的所有单元格

表 1－7（续）

引　用	描　　述
H:H	列 H 中的所有单元格
H:J	从列 H～列 J 中的所有单元格
A10:E20	从 A～第 10 行到 E 列第 20 行的单元格区域

1.2.3.2　R1C1 引用样式

在引用样式 R1C1 中，Excel 使用 R 加行数字和 C 加列数字来指示单元格的位置。例如，单元格绝对引用 R1C1 与 A1 引用样式中的绝对引用 $A$1 等价。如果活动单元格是 A1，则单元格相对引用 R［1］C［1］将引用下面一行和右边一列的单元格，或是 B2。引用样式 R1C1 示例如表 1－8 所示。

表 1－8　　应用样式 R1C1 的引用

引　用	含　义
R［－2］C	对在同一列、上面两行的单元格的相对引用
R［2］C［2］	对在下面两行、右面两列的单元格的相对引用
R2C2	对在工作表的第二行、第二列的单元格的绝对引用
R［－1］	对活动单元格整个上面一行单元格区域的相对引用
R	对当前行的绝对引用

若要打开（或关闭）R1C1 引用样式，选择“工具”菜单中的“选项”命令，然后单击“常规”选项卡。在“设置”中，选中或清除“R1C1 引用样式”复选框。

1.3　函数的使用

Excel 提供了大量已经定义好的函数，用户可以直接使用。根据函数的功能，可以将函数分为下面几类：日期时间函数、文本函数、财务函数、逻辑函数、查找和引用函数、统计函数、信息函数、工程函数、数据库函数、数学和三角函数。

1.3.1　函数的格式和输入方法

1.3.1.1　函数的格式

【格式】函数名（参数 1，参数 2，…，参数 n）

【说明】函数名是每一个函数的唯一标识，它决定了函数的功能和用途。参数是一些可以变化的量，参数用圆括号括起来，参数和参数之间以逗号进行分隔。函数的参数可以是数字、文本、逻辑值、单元格引用、名称等，也可以是公式或函数。

例如，求和函数 SUM 的格式是 SUM（n1，n2，…），其功能是对所有参数的值求和。

1.3.1.2 函数的输入方法

函数输入的方法有两种：在“插入函数”对话框中输入或在编辑栏中直接输入函数。

(1) 使用“插入函数”对话框输入函数

下面通过一个具体的例子来说明使用“插入函数”对话框输入函数的方法。

【例 1-11】在工作簿“工资.xls”的“工资表”工作表中，计算应发金额（应发金额=基本工资+奖金+住房补助），如图 1-21 所示。

	A	B	C	D	E	F	G	H
1	某公司一月份的工资表							
2	财务部制							
3	编号	发放时间	姓名	部门	基本工资	奖金	住房补助	应发金额
4	10932	1月2日	张珊	管理	￥1,500.00	4000	230	5730
5	10933	1月2日	李思	软件	￥1,200.00	5000	260	6460
6	10934	1月2日	王武	财务	￥1,100.00	2000	250	3350
7	10935	1月2日	赵柳	财务	￥1,050.00	1000	270	2320
8	10936	1月2日	钱棋	人事	￥1,020.00	2000	240	3260
9	10941	1月2日	张明	管理	￥1,360.00	4000	210	5570
10	10942	1月2日	赵敏	人事	￥1,320.00	2500	230	4050
11	10945	1月2日	王红	培训	￥1,360.00	2600	230	4190
12	10946	1月2日	李萧	培训	￥1,250.00	2800	240	4290
13	10947	1月2日	孙科	软件	￥1,200.00	3500	230	4930
14	10948	1月2日	刘利	软件	￥1,420.00	2500	220	4140

图 1-21 SUM 函数的应用

操作步骤如下：

① 选定存放计算结果（即需要应用公式）的单元格 H4，单击编辑栏中的“fx”按钮，表示公式开始的“=”出现在单元格和编辑栏，打开“插入函数”对话框，如图 1-22 所示。

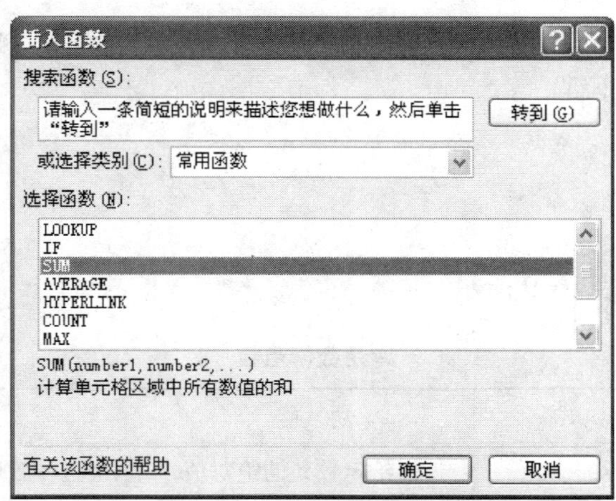

图 1-22 “插入函数”对话框

② 在“插入函数”对话框的“选择类别”下拉列表中选择“常用函数”，在“选择函数”列表框中选择“SUM”函数。单击“确定”按钮，打开“函数参数”对话框，如图 1-23 所示。

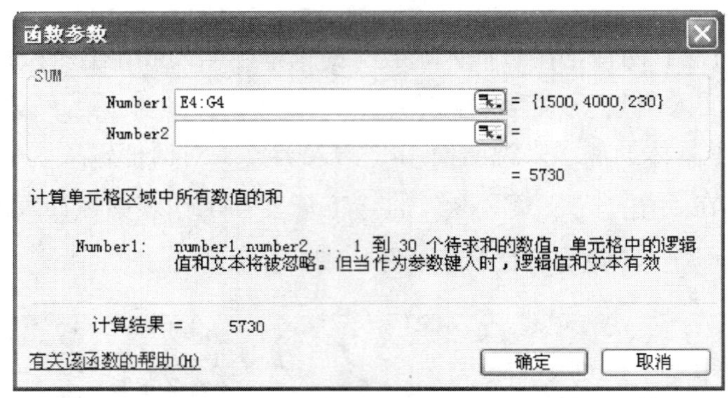

图 1－23　“函数参数”对话框

③ 在“函数参数”对话框中，光标定位在“Number1”文本框中。在“工资表”工作表中，用鼠标拖动选中要引用的区域（即单元格区域 E4:G4），在“Number1”文本框中自动输入 E4:G4。然后单击“确定”按钮，返回工作表，在单元格 H4 中出现计算结果。

④ 将鼠标指向单元格 H4 的右下角，待变成填充柄形状，向下拖动鼠标到 H14，将公式复制至单元格 H5～H14 中，在单元格 H5～H14 中显示计算数据。

采用此方法的最大优点是：引用的区域很准确，特别是三维引用时不容易发生工作表或工作簿名称输入错误的问题。

（2）在编辑栏中直接输入函数

如果用户要套用某个现成公式，或者输入一些嵌套关系复杂的公式，利用编辑栏输入更加快捷。操作方法如下：

① 选中存放计算结果的单元格。

② 单击 Excel 编辑栏，按照公式的组成顺序依次输入各个部分，例如 = SUM(E4:G4)，公式输入完毕，按回车键。

1.3.2　常用函数

1.3.2.1　数学函数

常用数学函数如表 1－9 所示。

表 1－9　　常用数学函数

函　数	格　式	功　能	举　　例
ABS	ABS（n）	返回给定数 n 的绝对值	ABS（－200），ABS（D4）
MOD	MOD（n，d）	返回 n 和 d 相除的余数	MOD（20，6），MOD（A1，4）
SQRT	SQRT（n）	返回给定数 n 的平方根	SQRT（16），SQRT（A1）

1.3.2.2　统计函数

常用统计函数如表 1－10 所示。

表 1－10　常用统计函数

函　数	格　式	功　能	举　　例
SUM	SUM(n1,n2, …)	返回所有参数之和	SUM(A1:A3), SUM(A1:A3,100)
AVERAGE	AVERAGE(n1,n2, …)	返回所有参数的平均值	AVERAGE(A1:A3) AVERAGE(A1,B3,D4)
MAX	MAX(n1,n2, …)	返回所有参数的最大值	MAX(A1:A3), MAX(A1,B3,D4)
MIN	MIN(n1,n2, …)	返回所有参数的最小值	MIN(A1:A3),MIN(A1,B3,D4)
COUNT	COUNT(v1,v2,…)	返回所有参数中数值型数据的个数	COUNT(A1:A10)
COUNTIF	COUNTIF(v1,v2,…)	返回所有参数中满足条件的数字型数据的个数	COUNTIF(A1:A10,"团员") COUNTIF(B1:B10, >=100)
RANK	RANK(n,r)	返回数字 n 在数字列表 r 中的排位	RANK(A1, A1:A10)

1.3.2.3　日期函数

常用日期函数如表 1－11 所示。

表 1－11　常用日期函数

函　数	格　式	功　能	举　　例
TODAY	TODAY( )	返回当前日期	TODAY( )
NOW	NOW ( )	返回当前日期时间	NOW ( )
YEAR	YEAR(d)	返回日期 d 的年份	YEAR(TODAY( ))
MONTH	MONTH (d)	返回日期 d 的月份	MONTH (TODAY( ))
DAY	DAY (d)	返回日期 d 的天数	DAY (TODAY( ))
DATE	DATE (y,m,d)	返回由年份 y、月份 m、天数 d 设置的日期	DATE(2007,4,3)

【例 1－12】在工作簿"工资.xls"的"工资表"工作表中，完成下列操作：

（1）根据应发工资，计算工资的排名。

（2）计算基本工资、奖金、住房补助、应发金额各项的平均值、最大值和最小值。

（3）计算总人数。

（4）增加制表时间为当前的日期，如图 1－24 所示。

	A	B	C	D	E	F	G	H	I	J	K	L	M
1	某公司一月份的工资表												
2	财务部制												
3	编号	发放时间	姓名	部门	基本工资	奖金	住房补助	应发金额	其他扣款	所得税	实发工资	排名	备注
4	10932	1月2日	张珊	管理	¥1,500.00	4000	230	5730	30			2	高
5	10933	1月2日	李思	软件	¥1,200.00	5000	260	6460	40			1	高
6	10934	1月2日	王武	财务	¥1,100.00	2000	250	3350	50			9	中
7	10935	1月2日	赵柳	财务	¥1,050.00	1000	270	2320	30			10	低
8	10936	1月2日	钱棋	人事	¥1,020.00	2000	240	3260	60			9	中
9	10941	1月2日	张明	管理	¥1,360.00	4000	210	5570	30			2	高
10	10942	1月2日	赵敏	人事	¥1,320.00	2500	230	4050	40			7	中
11	10945	1月2日	王红	培训	¥1,360.00	2600	230	4190	40			5	中
12	10946	1月2日	李萧	培训	¥1,250.00	2800	240	4290	50			4	中
13	10947	1月2日	孙科	软件	¥1,200.00	3500	230	4930	30			2	中
14	10948	1月2日	刘利	软件	¥1,420.00	2500	220	4140	40			3	中
15			平均值		1252.73	2900.00	237.27	4390.00			总人数		11
16			最大值		1500.00	5000.00	270.00	6460.00			工资高的人数		3
17			最小值		1020.00	1000.00	210.00	2320.00					
18										制表时间	2007-1-2		

图 1－24　工资表的计算数据

操作步骤如下：

（1）计算排名。在单元格 L4 中输入公式“＝RANK（H4，H$4:H$14）”，将鼠标指向单元格 L4 的右下角，待变成填充柄形状，拖动鼠标到 L14，将公式复制至单元格 L5～L14。

（2）计算各项平均值。在单元格 E15 中输入公式“＝AVERAGE（E4:E14）”，拖动填充柄将公式复制至单元格 F15～H15。

（3）计算各项最大值。在单元格 E16 中输入公式“＝MAX（E4:E14）”，拖动填充柄将公式复制至单元格 F16～H16。

（4）计算各项最小值。在单元格 E17 中输入公式“＝MIN（E4:E14）”，拖动填充柄将公式复制至单元格 F17～H17。

（5）计算总人数。在单元格 M15 中输入公式“＝COUNT（E4:E14）”。

（6）输入当前日期。在单元格 K18 中输入公式“＝TODAY（）”。

1.3.2.4　常用逻辑函数 IF

【格式】IF（L，V1，V2）

【功能】判断逻辑条件 L 是否为真，如果为真，函数返回参数 V1 的值；否则，返回参数 V2 的值。

例如，在单元格 B1 中输入公式“＝IF（A1＞＝60，"及格"，"不及格"）”，其含义是：如单元格果 A1 的数据大于等于 60，则在单元格 B1 中显示及格；否则，显示不及格。

【例 1－13】在“工资.xls”的“工资表”工作表中，增加备注列以反映工资的高低水平，计算方法为：如果工资大于等于 5000，显示“高”；如果工资大于等于 3000 且小于 5000，显示“中”；如果工资小于 3000，显示“低”。然后计算工资高的人数。

操作步骤如下：

（1）计算工资的高低水平。在单元格 M4 中输入公式“＝IF（H4＞＝5000，"高"，IF（H4＞＝3000，"中"，"低"））”，拖动填充柄将公式复制至单元格 M5～M14。

（2）计算工资高的人数。在单元格 M16 中输入公式“＝COUNTIF（M4:M14，

"高")"。

1.3.2.5　常用查找函数 LOOKUP

【格式】LOOKUP（V1，V2，V3）

【功能】在指定的查找区域 V2 中查找小于或等于 V1 的最大数值，并返回该最大数值对应（同行或同列）的结果区域 V3 中的值。

【说明】V1 是要查找的值，V2 是查找区域，V3 是结果区域。注意：查找区域与结果区域可以同为单行区域（或者同为单列区域），两者的大小要相等。查找区域的数据是升序的。

【例 1－14】根据“工资.xls”的“工资表”工作表的数据和“税率表”工作表的数据（如图 1－25 所示），使用 LOOKUP 函数计算“工资表”中的所得税额和实发工资，计算公式如下：

每月应纳所得税额＝每月应纳税所得额＊适用税率－速算扣除数

每月应纳税所得额＝实发工资－起征点

实发工资＝应发工资－所得税－其他扣款

所得额　▾　fx　0

	A	B	C	D
1	工资和薪金所得税率和速算扣除数表			
2	级数	全月应纳税所得额	税率	速算扣除数
3	1	0	5	0
4	2	500	10	25
5	3	2000	15	125
6	4	5000	20	375
7	5	20000	25	1375
8	6	40000	30	3375
9	7	60000	35	6375
10	8	80000	40	10375
11	9	100000	45	15375
12				
13	起征点	1600		

图 1－25　命名税率表中单元格区域

操作步骤如下：

（1）修改“税率表”工作表中的单元格引用名称。在“税率表”工作表中，选择单元格区域 B3:B11，在名称框中输入“所得额”并按回车键；选择单元格区域 C3:C11，在名称框中输入“税率”并按回车键；选择单元格区域 D3:D11，在名称框中输入“速算扣除”并按回车键；选择单元格 B13，在名称框中输入“起征点”并按回车键。

（2）在“工资表”工作表的单元格 J4 中，输入公式“＝（H4－起征点）＊LOOKUP（H4－起征点，所得额，税率）/100－LOOKUP（H4－起征点，所得额，速算扣除）”。

（3）在“工资表”工作表中，拖动填充柄将单元格 J4 的公式复制到单元格区域 J5:J14 中，计算出所得税数据。

（4）在“工资表”工作表的单元格 K4 中输入公式“＝H4－I4－J4”。

（5）在“工资表”工作表中，拖动填充柄将单元格 K4 的公式复制到单元格区域

K5:K14 中，计算出实发工资数据。

计算结果如图 1 - 26 所示。

	A	B	C	D	E	F	G	H	I	J	K	L	M
1	某公司一月份的工资表												
2	财务部制												
3	编号	发放时间	姓名	部门	基本工资	奖金	住房补助	应发金额	其他扣款	所得税	实发工资	排名	备注
4	10932	1月2日	张珊	管理	¥1,500.00	4000	230	5730	30	494.50	5205.50	2	高
5	10933	1月2日	李思	软件	¥1,200.00	5000	260	6460	40	604.00	5816.00	1	高
6	10934	1月2日	王武	财务	¥1,100.00	2000	250	3350	50	150.00	3150.00	9	中
7	10935	1月2日	赵柳	财务	¥1,050.00	1000	270	2320	30	47.00	2243.00	10	低
8	10936	1月2日	钱棋	人事	¥1,020.00	2000	240	3260	60	141.00	3059.00	9	中
9	10941	1月2日	张明	管理	¥1,360.00	4000	210	5570	30	470.50	5069.50	2	高
10	10942	1月2日	赵敏	人事	¥1,320.00	2500	230	4050	40	242.50	3767.50	7	中
11	10945	1月2日	王红	培训	¥1,360.00	2600	230	4190	40	263.50	3886.50	5	中
12	10946	1月2日	李萧	培训	¥1,250.00	2800	240	4290	50	278.50	3961.50	4	中
13	10947	1月2日	孙科	软件	¥1,200.00	3500	230	4930	30	374.50	4525.50	2	中
14	10948	1月2日	刘利	软件	¥1,420.00	2500	220	4140	40	256.00	3844.00	3	中
15			平均值		1252.73	2900.00	237.27	4390.00			总人数		11
16			最大值		1500.00	5000.00	270.00	6460.00			工资高的人数		3
17			最小值		1020.00	1000.00	210.00	2320.00					
18										制表时间	2007-1-2		

图 1 - 26　工资表的计算结果

1.3.3　财务和统计函数

Excel 在财务、会计和审计工作中有着广泛的应用。Excel 提供的函数能够满足大部分的财务、会计和审计的工作需求。下面通过例子来说明 Excel 在这方面的应用。

1.3.3.1　投资理财

利用 Excel 函数 FV 计算后，可以进行一些有计划、有目的、有效益的投资。

【格式】FV（Rate，Nper，Pmt，Pv，Type）

【功能】计算基于固定利率及等额分期付款的方式，返回某项投资的未来值。

【说明】参数说明如下：

Rate 为各期利率。

Nper 为总投资期，即该项投资的付款期总数。

Pmt 为各期所应支付的金额，其数值在整个年金期间保持不变。通常 Pmt 包括本金和利息，但不包括其他费用及税款。如果忽略 Pmt，则必须包括 Pv 参数。

Pv 为现值，即从该项投资开始计算时已经入账的款项，或一系列未来付款的当前值的累积和，也称为本金。如果省略 Pv，则假设其值为 0，此时必须包括 Pmt 参数。

Type 为 0 或 1，用以指定各期的付款时间是在期初或期末。如果为 0，表示期末，如果为 1，表示期初。如果省略 Type，则假设其值为 0。

以上参数中，若现金流入，以正数表示；若现金流出，以负数表示。

【例 1 - 15】假如某人两年后需要一笔学习费用支出，计划从现在起每月初存入 2000 元，如果按年利 1.98%，按月计息（月利为 1.98%/12），利用 Excel 计算两年以后该账户的存款额。

操作步骤如下：

（1）在工作表中输入标题和数据。在单元格 B2、B3、B4 和 B5 中分别输入 1.98%（年利率）、24（存款期限，即 2 年的月份数）、- 2000（每月存款金额），1（月初存入），如图 1－27 所示。

	A	B	C
1	利用FV函数计算投资问题		
2	年利率	1.98%	
3	存款期限	24	
4	每月存款金额	-2000	
5	月初存入	1	
6	投资未来值	￥49,002.64	

B6 =FV(B2/12,B3,B4,,B5)

图 1－27 FV 函数的应用

（2）在单元格 B6 中输入公式“＝FV（B2/12，B3，B4，，B5）”，计算出该项投资的未来值。

1.3.3.2 还贷金额

PMT 函数可以计算为偿还一笔贷款，要求在一定周期内支付完时，每次需要支付的偿还额，即通常所说的“分期付款”。

【格式】PMT（Rate，Nper，Pv，Fv，Type）

【功能】用来计算基于固定利率及等额分期付款方式，返回投资或贷款的每期付款额。

【说明】参数说明如下：

Rate 为各期利率，是一固定值。

Nper 为总投资（或贷款）期，即该项投资（或贷款）的付款期总数。

Pv 为现值，或一系列未来付款当前值的累积和，也称为本金。

Fv 为未来值，或在最后一次付款后希望得到的现金余额，如果省略 Fv，则假设其值为 0。

Type 为 0 或 1，用以指定各期的付款时间是在期初或期末。如果为 0，表示期末；如果为 1，表示期初；如果省略 Type，则假设其值为 0。

以上参数中，若现金流入，以正数表示；若现金流出，以负数表示。

【例 1－16】某人计划分期付款买房，预计贷款 10 万元，按 10 年分期付款，银行贷款年利率为 6.12%，若每月月末还款，试在 Excel 中计算他的每月还款额。

操作步骤如下：

（1）在工作表中输入标题和数据。在单元格 B2、B3、B4 和 B5 中分别输入 6.12%（年利率）、120（贷款期限，即 10 年的月份数）、100 000（贷款金额）、和 0（月末还款），如图 1－28 所示。

	A	B	C	D
1	利用PMT函数计算房贷问题			
2	年利率	6.12%		
3	贷款期限	120		
4	贷款金额	100000		
5	月末还款	0		
6	每月还贷金额	￥-1,116.24		

B6 =PMT(B2/12,B3,B4,,B5)

图 1－28 PMT 函数的应用

（2）在单元格 B6 中输入公式“=PMT（B2/12，B3，B4,，B5）”，计算该笔贷款的每月还款额。

1.3.3.3　保险收益

在 Excel 中，RATE 函数返回投资的各期利率。

【格式】RATE（Nper，Pmt，Pv，Fv，Type，Guess）

【功能】计算某项投资的收益。

【说明】参数说明如下：

Nper 为总投资期，即该项投资的付款期总数。

Pmt 为各期付款额，其数值在整个投资期内保持不变。

Pv 为现值，即从该项投资开始计算时已经入账的款项，或一系列未来付款当前值的累积和，也称为本金。

Fv 为未来值，或在最后一次付款后希望得到的现金余额，默认值是 0。

Type 为数字 0 或 1。

Guess 为预期利率，默认为 10%。

以上参数中，若现金流入，以正数表示；若现金流出，以负数表示。

【例 1-17】保险公司开办了一种险种，具体办法是一次性缴费 12 000 元，保险期限为 20 年。如果保险期限内没有出险，每年返还 1000 元。请问在没有出险的情况下，它与现在的银行利率相比，这种保险的收益率如何？

操作步骤如下：

（1）在工作表中输入数据。在单元格 B2、B3、B4 和 B5 中分别输 20（保险年限）、1000（年返还金额）、-12 000（保险金额）、1（表示年底返还），如图 1-29 所示。

B6　=RATE(B2,B3,B4,,B5)

	A	B	C	D
1	保险收益计算			
2	保险年限	20		
3	年返还金额	1000		
4	保险金额	-12000		
5	年底返还	1		
6	保险收益率	6.18%		

图 1-29　RATE 函数的应用

（2）在单元格 B6 中输入公式“=RATE（B2，B3，B4,，B5）”，计算该保险的年收益率为“6.18%”。

计算说明该保险收益要高于现行的银行存款利率，所以还是有利可图的。

1.3.3.4　经济预测

【格式】TREND（Known_y′s,Known_x′s,New_x′s,Const）

【功能】返回一条线性回归拟合线的值，即找到适合已知数组 Known_y′s 和 Known_x′s 的直线（用最小二乘法），并返回指定数组 New_x′s 在直线上对应的 y 值。

【说明】参数说明如下：

Known_y′s 是关系表达式 $y=mx+b$ 中已知的 y 值集合。

Known _ x's 是关系表达式 y = mx + b 中已知的可选 x 值的集合。

New _ x's 为函数 TREND 返回对应 y 值的新 x 值

Const 为一个逻辑值,用于指定是否将常量 b 强制设为 0。

【例 1 - 18】假设某超市一月份到六月份的月销售额如图 1 - 30 所示，试用 Excel 的 TREND 函数预测七月份的销售额。

H3 =TREND(B3:G3)

	A	B	C	D	E	F	G	H
1	历史数据							预测月份
2	月份	一月	二月	三月	四月	五月	六月	七月
3	销售额	21200	22300	19890	23000	35000	28000	19526.19

图 1 - 30 TREND 函数的应用

操作步骤如下：

（1）在工作表中输入数据，在单元格 B3 ~ G3 中输入一月份到六月份的销售额。

（2）在单元格 H3 中输入公式“ = TREND （B3:G3）”，计算七月份的预测销售额。

1.4 图表操作

Excel 提供了丰富的图表功能，为用户提供更直观和全面的图形数据显示效果。Excel 的图表类型包括：柱形图、条形图、折线图、饼图、XY 散点图、面积图、圆形图、雷达图、曲面图、气泡图、股价图、圆柱图、圆锥图、菱锥图等。

1.4.1 建立图表

Excel 提供嵌入式图表和图表工作表两种图表。嵌入式图表是将图表直接绘制在原始数据所在的工作表中。而图表工作表是将图表独立绘制在一张新的工作表中。

下面以一个具体的例子来说明图表的创建。

【例 1 - 19】图 1 - 31 是某电器产品系列上半年销售量统计表，根据该表的数据创建柱形图表。

	A	B	C	D	E	F	G
1		某电器产品系列上半年销售量统计表					
2				单位：台			
3		一月	二月	三月	四月	五月	六月
4	产品一	3555	3346	2403	3992	2108	2785
5	产品二	3788	2045	3245	2648	3494	2198
6	产品三	3893	3570	3147	3221	3383	2699
7	产品四	3508	3934	2792	3477	2422	3277
8	产品五	3278	3090	3270	3317	3494	3965
9	平均	3604	3197	2971	3331	2980	2985

图 1 - 31 图表的数据

操作步骤如下：

（1）输入数据。

（2）选定单元格区域 A3:G9，单击“常用”工具栏上的“图表向导”按钮，打开“图表向导 -4 步骤之 1 - 图表类型”对话框，如图 1 -32 所示。

（3）选中“标准类型”选项卡的“图表类型”列表框中的“柱形图”，在“子图表类型”下面选中“簇状柱形图”，单击“下一步”按钮，打开“图表向导 -4 步骤之 2 - 图表数据源”对话框，如图 1 -33 所示。

图 1 -32 “图表向导 -4 步骤之 1 - 图表类型”对话框

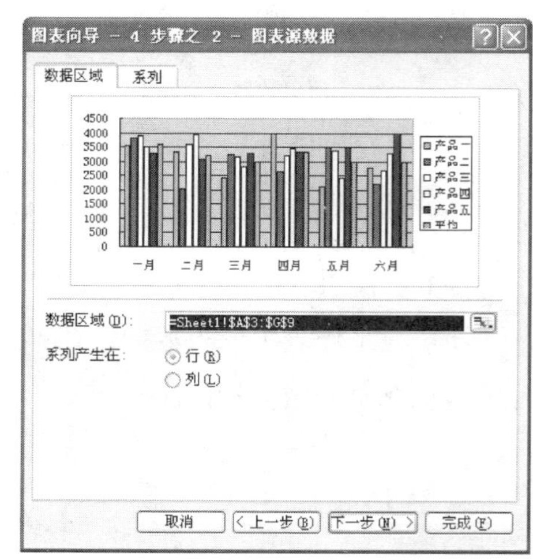

图 1 -33 “图表向导 -4 步骤之 2 - 图表数据源”对话框

（4）采用鼠标拖动方法在工作表中重新选择数据区域，还可以确定系列产生在行还是列。本例中，选择系列产生在行上。单击“下一步”按钮，打开“图表向导 -4 步骤之 3 - 图表选项”对话框，如图 1 -34 所示。

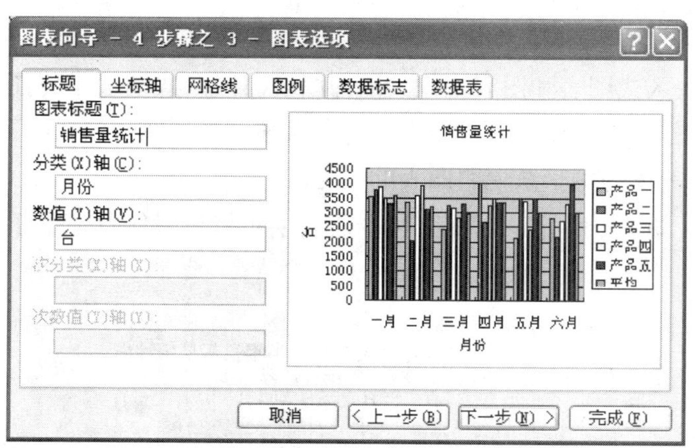

图 1 -34 “图表向导 -4 步骤之 3 - 图表选项”对话框

（5）设置图表的属性。在“图表标题”下面文本框中输入“销售量统计”，在“分类（X）轴”文本框中输入“月份”，在“数值（Y）轴”文本框中输入“台”。单击“图例”选项卡，选中“位置”下面的单选按钮“底部”，如图 1 -35 所示。

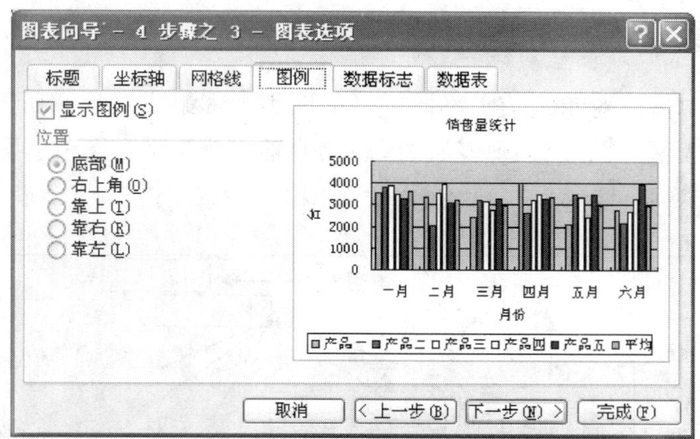

图 1－35 “图例”选项卡

（5）单击“下一步”按钮，打开“图表向导－4 步骤之 4－图表位置”对话框，如图 1－36 所示。如果选择“作为新工作表插入”单选按钮，将图表生成在一个新的工作表中；如果选择“作为其中的对象插入”单选按钮，则将图表生成在数据所在的工作表中。

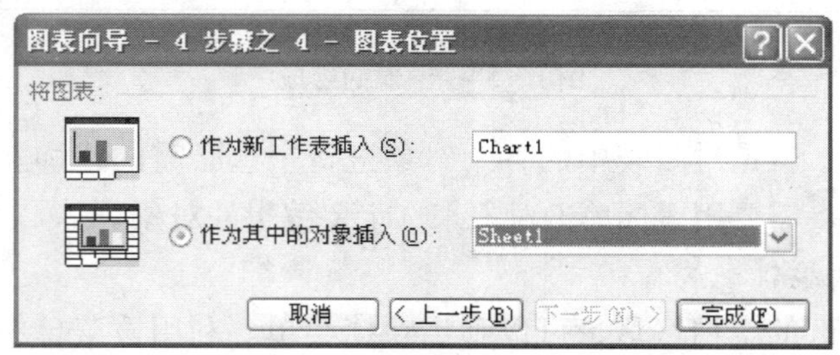

图 1－36 “图表向导－4 步骤之 4－图表位置”对话框

（6）本例中，选择“作为其中的对象插入”，单击“完成”按钮，在工作表中插入一个图表，如图 1－37 所示。

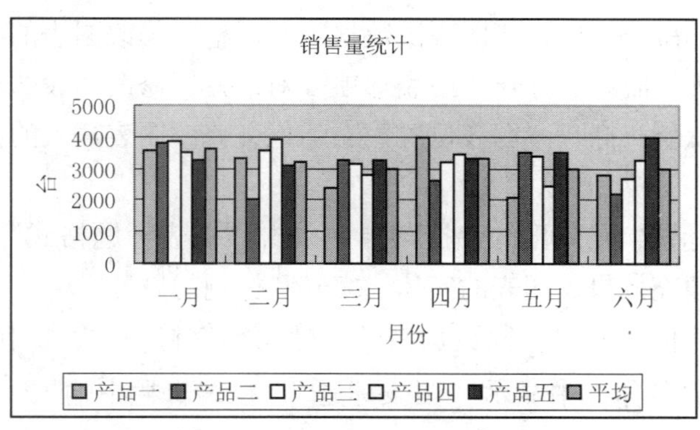

图 1－37 图表示例

1.4.2 编辑图表

一个图表是由多个对象组成，不同类型的图表，其组成对象有所不同。例如：一个柱形图包含图表区、图表标题、绘图区、数值轴、分类轴、图例、数值轴标题、分类轴标题、数据系列、数据点、网格线等，如图 1-38 所示。

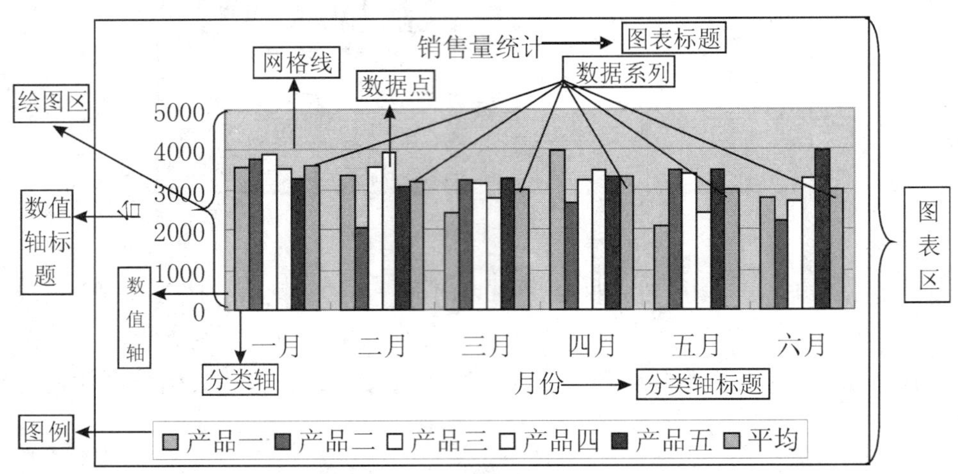

图 1-38 图表的组成

对图表的编辑，就是对图表中的各个对象进行一些必需的修饰。在对图表或图表的对象进行编辑前，需要用鼠标单击对象来选定要编辑的对象。

1.4.2.1 图表区的编辑

右键单击图表区的空白区域，可以弹出快捷菜单。利用该菜单中的命令，可以对图表区进行编辑。

（1）“图表区格式”命令：修改图表区域的背景图案和填充效果、图表的字体、字号和图表的属性。

（2）“图表类型”命令：打开“图表类型”对话框，修改图表的类型。

（3）“源数据”命令：打开“图表源数据”对话框，修改图表的源数据。

（4）“图表选项”命令：打开“图表选项”对话框，修改图表的基本选项。

（5）“位置”命令：打开“图表位置”对话框，修改图表插入的位置。

1.4.2.2 图表标题

右键单击图表标题，在弹出的快捷菜单中单击“图表标题格式”命令，可以修改标题的背景图案和填充效果、图表的字体、字号和标题的属性。

如果需要将图表标题的内容同数据表的标题内容保持一致，操作方法为：单击图表标题，在工作表的名称框中显示“图表标题”，在编辑栏中输入“=”后，选定工作表数据的标题，例如单元格 A1，在编辑栏中生成图表标题的公式“=Sheet1!$A$1”，即图表标题同工作表数据区域的标题相同，如图 1-39 所示。如果修改数据表中单元格 A1 的标题，则图表的标题随之修改。

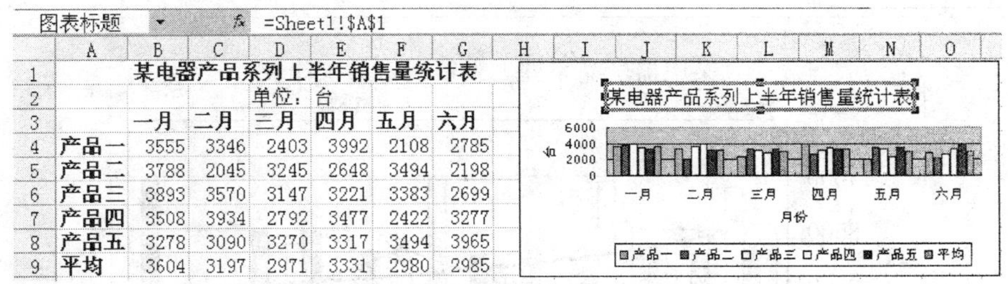

图表标题 =Sheet1!$A$1

某电器产品系列上半年销售量统计表

单位：台

	一月	二月	三月	四月	五月	六月
产品一	3555	3346	2403	3992	2108	2785
产品二	3788	2045	3245	2648	3494	2198
产品三	3893	3570	3147	3221	3383	2699
产品四	3508	3934	2792	3477	2422	3277
产品五	3278	3090	3270	3317	3494	3965
平均	3604	3197	2971	3331	2980	2985

图 1－39　设置图表标题同工作区中数据的标题一致

1.4.2.3　坐标轴格式

右键单击分类轴或数值轴，在弹出的快捷菜单中单击“坐标轴格式”命令，可以修改坐标轴的背景图案、字体、字号、字符对齐等。

1.4.2.4　数据系列

右键单击某个数据系列，弹出快捷菜单。

（1）“数据系列格式”命令：修改数据系列的背景图案和填充效果，及系列绘制在主坐标轴还是次坐标轴、误差线、数据标志、系列次序等设置。

（2）“图表类型”命令：修改该数据系列的图表类型。

（3）“添加趋势线”命令：打开图 1－40 所示的“添加趋势线”对话框，该命令应用于预测分析，即根据实际数据向前或向后模拟数据的趋势。

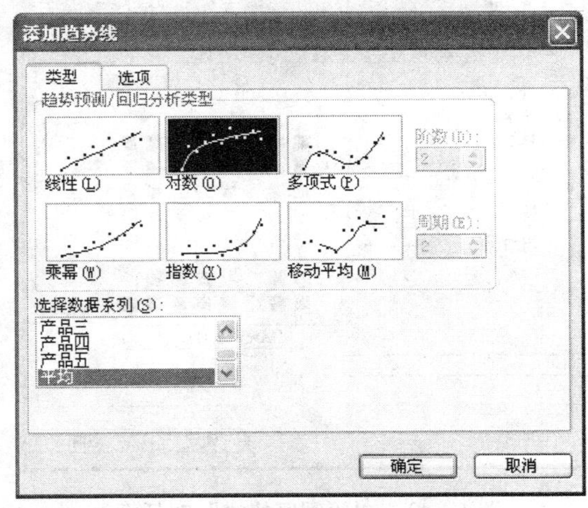

图 1－40　“添加趋势线”对话框

【例 1－20】编辑如图 1－39 所示的图表，完成下列操作：

（1）修改“绘图区”格式，将其填充颜色改成“白色”。

（2）对图表的数值轴的坐标轴的刻度进行修改，使得数据显示差别分明。

（3）将“平均”数据系列的图表类型改成折线形。

（4）对“平均”数据系列，添加趋势线。

最后图表编辑的效果如图 1－41 所示。

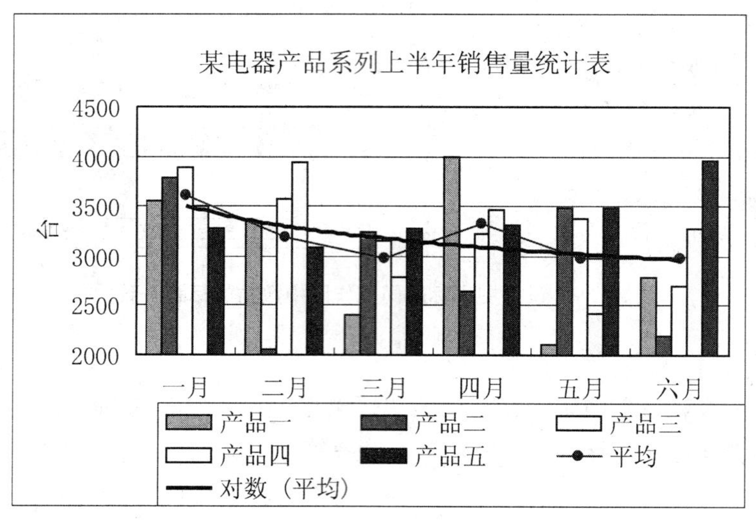

图 1－41　图表编辑的效果

操作步骤如下：

（1）修改绘图区的填充颜色。右键单击图表绘图区的空白区域，在弹出的快捷菜单中单击“绘图区格式”，打开“绘图区格式”对话框，如图 1－42 所示。

（2）选择“白色”，单击“确定”按钮。

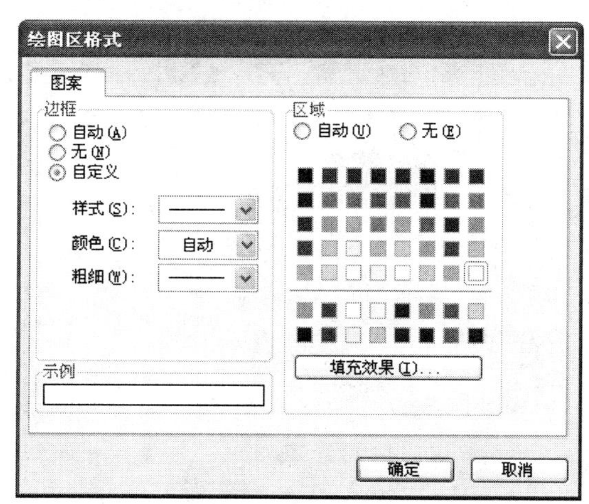

图 1－42　“绘图区格式”对话框

（3）修改数值轴的刻度。右键单击图表的数值轴，在弹出的快捷菜单中单击“坐标轴格式”，打开“坐标轴格式”对话框。单击“刻度”选项卡，在“最小值”文本框中输入 2000，在“主要刻度”单位文本框中输入 500，如图 1－43 所示。然后单击“确定”按钮。

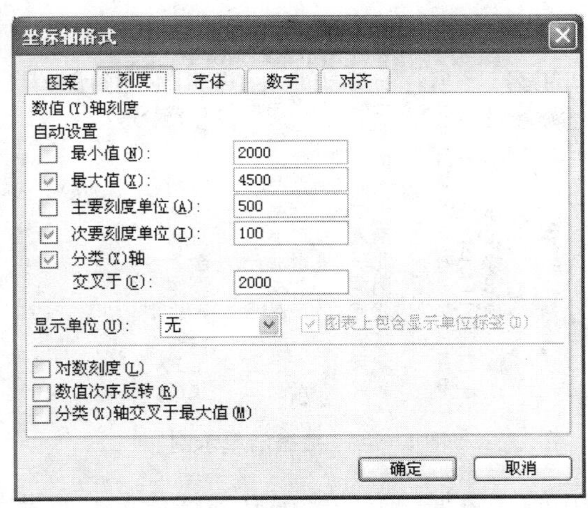

图 1－43 “坐标轴格式”对话框

(4) 修改“平均”数据系列的图表类型。在图表中右键单击“平均”数据系列，在弹出的快捷菜单中单击“图表类型”，打开“图表类型”对话框。在“图表类型”列表框中单击“折线图”，然后单击“确定”按钮。

(5) 为“平均”数据系列添加趋势线。在图表中右键单击“平均”数据系列，在弹出的快捷菜单中单击“添加趋势线”，打开“添加趋势线”对话框。在“趋势预测/回归分析类型”列表框中单击“对数”类型，单击“确定”按钮，则在图表中添加了对平均销售量的趋势线。通过该趋势线，可以看出该电器产品的销量成下降趋势。

1.5 数据分析

在 Excel 中，可以建立有结构的数据清单。在数据清单中，可以进行数据的查询、排序、筛选、分类汇总和数据透视等操作。

1.5.1 数据清单的概念和建立

在 Excel 中，用来管理数据的结构称为数据清单。数据清单是一个二维表。表中包含多行多列，其中，第一行是标题行，其他行是数据行。一列称为一个字段，一行数据称为一个记录。在数据清单中，行和行之间不能有空行，同一列的数据具有相同的类型和含义。如图 1－44 所示的“销售表”工作表中的单元格区域 A2:F14 就是一个数据清单。

	A	B	C	D	E	F
1	某产品销售数据清单					
2	序号	时间	分公司	产品名称	销售人员	销售数量
3	1	三月	天津	产品三	赵敏	99
4	2	一月	天津	产品一	钱棋	74
5	3	三月	南京	产品二	王红	64
6	4	二月	天津	产品四	张明	53
7	5	三月	天津	产品二	刘利	59
8	6	二月	南京	产品四	孙科	99
9	7	一月	北京	产品一	李萧	90
10	8	二月	南京	产品三	罗娟	56
11	9	二月	北京	产品四	李思	98
12	10	一月	北京	产品一	张珊	87
13	11	三月	北京	产品三	王武	97
14	12	一月	南京	产品二	赵柳	100

图 1－44　数据清单示例

可以使用在工作表中输入数据的方法来建立数据清单。如果在工作表中已经输入标题行和部分数据，可以使用“记录单”的方式来输入数据清单的记录。

操作步骤如下：

（1）选定数据清单所在的某个单元格。

（2）选择“数据”菜单中的“记录单”命令，打开“销售表”对话框，如图 1－45 所示。

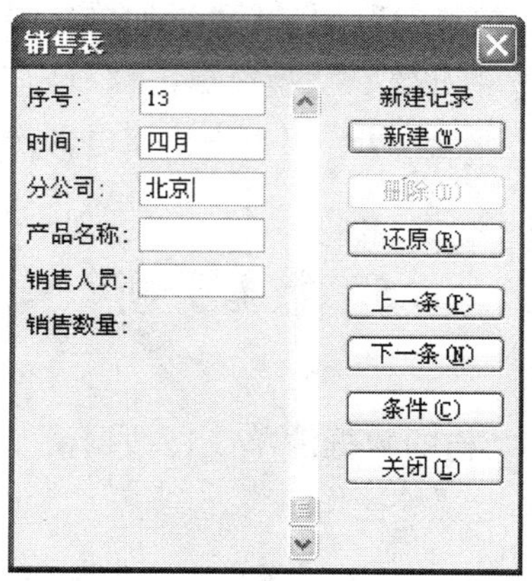

图 1－45　数据清单的输入

（3）单击“新建”按钮，出现新空白记录单，即可进行新记录的添加。

（4）数据输入完毕，单击“关闭”按钮，在工作表中添加一个新的记录。

1.5.2　排序

排序是指将数据按照某一特定的方式排列顺序（升序或降序）。在 Excel 中，可以使用工具栏上的排序按钮进行单一条件的简单排序，也可以使用菜单命令进行多重条件排序。

排序的规则是：数字型数据按照数字大小顺序；日期型数据按照日期的先后顺序；文本型数据排序的规则是将文本数据从左向右依次进行比较，比较到第一个不相等的字符为止，此时字符大的文本的顺序大，字符小的文本的顺序小。对于单个字符的比较，按照字符的 ASCII 顺序，基本规则是：空格 < 所有数字 < 所有大写字母 < 所有小写字母 < 所有汉字。

1.5.2.1　简单排序

简单排序是指排序的条件是数据清单的某一列。光标定位在要排序列的某个单元格上，单击工具栏上的“升序”按钮或“降序”按钮，可以对光标所在的列进行排序。按照“序号”降序排序的结果如图 1－46 所示，按照“销售数量”升序排序的结果如图 1－47 所示。

	A	B	C	D	E	F
1	某产品销售数据清单					
2	序号	时间	分公司	产品名称	销售人员	销售数量
3	12	一月	南京	产品二	赵柳	100
4	11	三月	北京	产品三	王武	97
5	10	一月	北京	产品一	张珊	87
6	9	二月	北京	产品四	李思	98
7	8	二月	南京	产品三	罗娟	56
8	7	一月	北京	产品一	李萧	90
9	6	二月	南京	产品四	孙科	99
10	5	三月	天津	产品二	刘利	59
11	4	二月	天津	产品四	张明	53
12	3	三月	南京	产品二	王红	64
13	2	一月	天津	产品一	钱棋	74
14	1	三月	天津	产品三	赵敏	99

图 1－46　按照“序号”降序排序的结果

	A	B	C	D	E	F
1	某产品销售数据清单					
2	序号	时间	分公司	产品名称	销售人员	销售数量
3	4	二月	天津	产品四	张明	53
4	8	二月	南京	产品三	罗娟	56
5	5	三月	天津	产品二	刘利	59
6	3	三月	南京	产品二	王红	64
7	2	一月	天津	产品一	钱棋	74
8	10	一月	北京	产品一	张珊	87
9	7	一月	北京	产品一	李萧	90
10	11	三月	北京	产品三	王武	97
11	9	二月	北京	产品四	李思	98
12	6	二月	南京	产品四	孙科	99
13	1	三月	天津	产品三	赵敏	99
14	12	一月	南京	产品二	赵柳	100

图 1－47　按照“销售数量”升序排序的结果

1.5.2.2　多重条件排序

在排序时，可以指定多个排序条件，即多个排序的关键字。首先按照“主要关键字”排序；对主要关键字相同的记录，再按照“次要关键字”排序；对主要关键字和次要关键字相同的记录，还可以按第三关键字排序。

【例 1－21】将“销售表”工作表按照“分公司”升序排序，对“分公司”相同的记录，再按照“销售数量”降序排序，如图 1－48 所示。

	A	B	C	D	E	F
1	某产品销售数据清单					
2	序号	时间	分公司	产品名称	销售人员	销售数量
3	9	二月	北京	产品四	李思	98
4	11	三月	北京	产品三	王武	97
5	7	一月	北京	产品一	李萧	90
6	10	一月	北京	产品一	张珊	87
7	12	一月	南京	产品二	赵柳	100
8	6	二月	南京	产品四	孙科	99
9	3	三月	南京	产品二	王红	64
10	8	二月	南京	产品三	罗娟	56
11	1	三月	天津	产品三	赵敏	99
12	2	一月	天津	产品一	钱棋	74
13	5	三月	天津	产品二	刘利	59
14	4	二月	天津	产品四	张明	53

图 1－48　“多重条件”排序结果

操作步骤如下：

（1）光标定位在数据清单中的某个单元格上。

（2）选择“数据”菜单中的“排序”命令，打开“排序”对话框。在“主要关键字”下拉列表中选择“分公司”，并选择其右边的“升序”单选按钮；在“次要关键字”下拉列表中选择“销售数量”，并选择其右边的“降序”单选按钮；选择“有标题行”单选按钮，如图 1 - 49 所示。

图 1 - 49　“排序”对话框

（3）单击“确定”按钮，完成排序。

1.5.3　筛选数据

筛选是指按一定的条件从数据清单中提取满足条件的数据，暂时隐藏不满足条件的数据。在 Excel 中，可以采用自动筛选和高级筛选两种方式筛选数据。

1.5.3.1　自动筛选

操作步骤如下：

（1）进入筛选清单环境。光标定位在数据清单的某个单元格上，打开“数据”菜单，依次选择“筛选”、“自动筛选”命令，进入筛选清单环境。此时，数据清单的列标题上出现下拉箭头，如图 1 - 50 所示。

	A	B	C	D	E	F
1	某产品销售数据清单					
2	序号	时间	分公司	产品名	销售人	销售数
3	1	三月		产品三	赵敏	99
4	2	一月		产品一	钱棋	74
5	3	三月		产品二	王红	64
6	4	二月		产品四	张明	53
7	5	三月		产品二	刘利	59
8	6	二月		产品四	孙科	99
9	7	一月	北京	产品一	李萧	90
10	8	二月	南京	产品三	罗娟	56
11	9	二月	北京	产品四	李思	98
12	10	一月	北京	产品一	张珊	87
13	11	三月	北京	产品三	王武	97
14	12	一月	南京	产品二	赵柳	100

升序排列
降序排列
(全部)
(前 10 个...)
(自定义...)
北京
南京
天津

图 1 - 50　数据清单筛选环境

（2）筛选清单。单击该箭头，出现筛选条件列表，选择筛选条件（包括全部、前 10 个、自定义以及该列中的所有项等）。各个筛选条件的含义如下：

全部：此时筛选清单列出所有的记录。

前 10 个：列出表单中前 10 个记录，也可以自行设定列出的数据项数，比如说列出前 20 项、前 35 项等。

自定义：可以打开“自定义自动筛选方式”对话框，也可以设定组合的筛选条件。例如：设置销售数量大于 90，如图 1－51 所示。

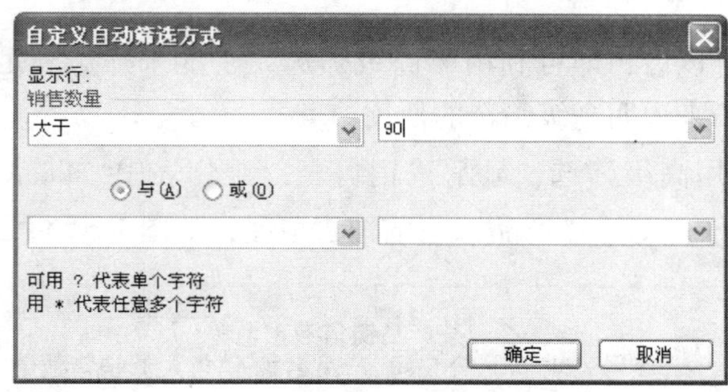

图 1－51　“自定义筛选方式”对话框

如果在某列的下拉列表中选定某一特定的数据，则列出与该数据相符的记录。也就是说，其列数据的数值等于选定的该列的数值的所有记录将会被列出来。

【例 1－22】采用自动筛选，显示如图 1－52 所示的“销售表”工作表中“北京”分公司的“销售数量”大于 90 的销售记录。

	A	B	C	D	E	F
1	某产品销售数据清单					
2	序号	时间	分公司	产品名	销售人	销售数
11	9	二月	北京	产品四	李思	98
13	11	三月	北京	产品三	王武	97

图 1－52　自定义筛选后的数据

操作步骤如下：

(1) 将光标定位在“销售表”工作表的数据清单的某个单元格上。打开“数据”菜单，依次选择“筛选”、“自动筛选”命令，进入筛选清单环境。

(2) 单击标题栏“分公司”的下拉箭头，在下拉列表中选择“北京”。

(3) 单击标题栏“分公司”的下拉箭头，在下拉列表中选择“自定义”，打开“自定义筛选方式”对话框。在“销售数量”下拉列表中选择“大于”，在其右边的组合框中输入 90。单击“确定”按钮，在工作表中显示满足筛选条件的记录。

1.5.3.2　高级筛选

用户在使用电子表格数据时，经常需要查询/显示满足多重条件的信息，使用高级筛选功能通过对“筛选条件”区域进行组合查询以弥补自动筛选功能的不足。

“筛选条件”区域其实是工作表中一部分单元格形成的表格。表格中的第一行输入数据清单的标题行中的列名，其余行上输入条件。同一行列出的条件是“与”的关系，不同行列出的条件是“或”的关系。例如：如图 1－53 所示筛选条件的含义是分公司为“北京”或分公司为“南京”；如图 1－54 所示筛选条件的含义是时间为“一月”且产品名称为“产品一”。

分公司
北京
南京

图 1－53　“或”筛选条件

时间	产品名称
一月	产品一

图 1－54　“与”筛选条件

输入了筛选条件以后，即可利用“高级筛选”功能来筛选满足条件的记录。下面通过一个具体的例子来说明高级筛选的使用。

【例 1－23】利用高级筛选，显示“销售表”工作表中“北京”分公司的“产品一”或者“南京”分公司的“产品二”的销售情况，如图 1－55 所示。

	A	B	C	D	E	F
1	某产品销售数据清单					
2	序号	时间	分公司	产品名称	销售人员	销售数量
5	3	三月	南京	产品二	王红	64
9	7	一月	北京	产品一	李萧	90
12	10	一月	北京	产品一	张珊	87
14	12	一月	南京	产品二	赵柳	100

图 1－55　“高级筛选”的结果

操作步骤如下：

（1）在工作表的单元格区域 H2:I4 输入筛选条件，如图 1－56 所示。

	A	B	C	D	E	F	G	H	I
1	某产品销售数据清单								
2	序号	时间	分公司	产品名称	销售人员	销售数量		分公司	产品名称
3	1	三月	天津	产品三	赵敏	99		北京	产品一
4	2	一月	天津	产品一	钱棋	74		南京	产品二
5	3	三月	南京	产品二	王红	64			
6	4	二月	天津	产品四	张明	53			
7	5	三月	天津	产品二	刘利	59			
8	6	二月	南京	产品四	孙科	99			
9	7	一月	北京	产品一	李萧	90			
10	8	二月	南京	产品三	罗娟	56			
11	9	二月	北京	产品四	李思	98			
12	10	一月	北京	产品一	张珊	87			
13	11	三月	北京	产品三	王武	97			
14	12	一月	南京	产品二	赵柳	100			

图 1－56　高级筛选的条件输入

（2）将光标定位在数据清单的某个单元格区域。打开“数据”菜单，依次选择“筛选”、“高级筛选”命令，打开“高级筛选”对话框。在“列表区域”文本框中显示数据清单的区域 $A$2：$F$14。将光标定位在“条件区域”的文本框中，在工作表中拖动鼠标选定单元格区域 H2:I4，则在“列表区域”文本框中自动输入条件区域的单元格地址 $H$2：$I$4，如图 1－57 所示。

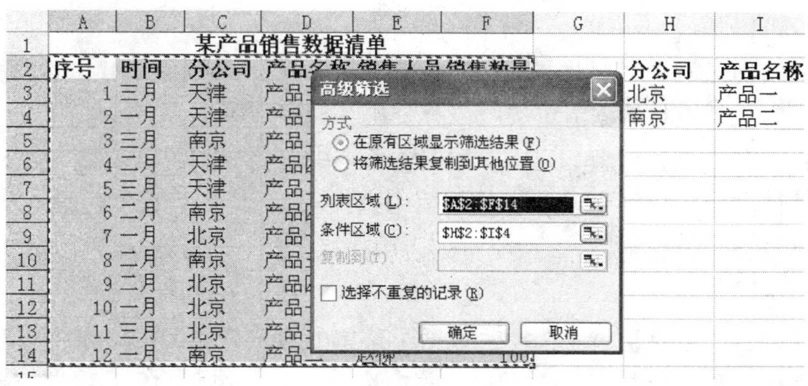

图 1－57 “高级筛选”对话框

（3）单击“确定”按钮，数据筛选完成。

1.5.3.3 撤销筛选

对工作表数据清单的数据进行筛选后，为了显示所有的记录，需撤销筛选。操作方法是：打开“数据”菜单，依次选择“筛选”、“全部显示”命令即可。

1.5.4 数据分类汇总

分类汇总是将数据清单的数据按某列（分类字段）排序后分类，再对相同类别的记录的某些列（汇总项）进行汇总统计（求和、求平均、计数、求最大值、求最小值）。

1.5.4.1 插入分类汇总

插入分类汇总，就是在数据清单中插入分类汇总的数据。插入分类汇总之前，须对分类字段进行排序（升序或降序）。

【例 1－24】在“销售表”工作表中，统计各个分公司销售人员的数目和产品销售的总量，如图 1－58 所示。

	A	B	C	D	E	F
1			某产品销售数据清单			
2	序号	时间	分公司	产品名称	销售人员	销售数量
3	7	一月	北京	产品一	李萧	90
4	9	二月	北京	产品四	李思	98
5	10	一月	北京	产品一	张珊	87
6	11	三月	北京	产品三	王武	97
7			北京 计数		4	
8			北京 汇总			372
9	3	三月	南京	产品二	王红	64
10	6	二月	南京	产品四	孙科	99
11	8	二月	南京	产品三	罗娟	56
12	12	一月	南京	产品二	赵柳	100
13			南京 计数		4	
14			南京 汇总			319
15	1	三月	天津	产品三	赵敏	99
16	2	一月	天津	产品一	钱棋	74
17	4	二月	天津	产品四	张明	53
18	5	三月	天津	产品二	刘利	59
19			天津 计数		4	
20			天津 汇总			285
21			总计数		12	
22			总计			976

图 1－58 “分类汇总”结果

操作步骤如下：

（1）对“分公司”列排序。光标定位到“分公司”列的某个单元格，单击工具栏上的“升序”按钮，将数据清单按照“分公司”升序排序。

（2）插入分类汇总记录。选择“数据”菜单中的“分类汇总”命令，打开“分类汇总”对话框。在“分类字段”下拉列表中选择“分公司”，在“汇总方式”下拉列表中选择“求和”，在“选定汇总项”列表中选择“销售数量”，如图 1－59 所示。然后单击“确定”按钮。

（3）添加分类汇总记录。选择“数据”菜单中的“分类汇总”命令，打开“分类汇总”对话框。在“分类字段”下拉列表中选择“分公司”，在“汇总方式”下拉列表中选择“计数”，在“选定汇总项”列表中选定“销售人员”，取消“替换当前分类汇总”复选框，如图 1－60 所示。然后单击“确定”按钮，完成分类汇总。

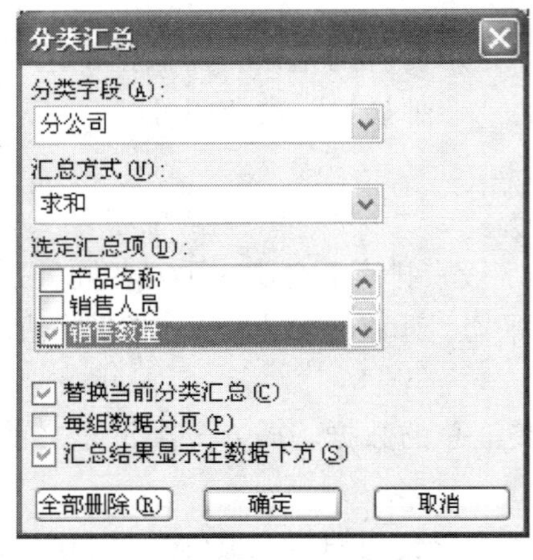

图 1－59　“分类汇总”对话框

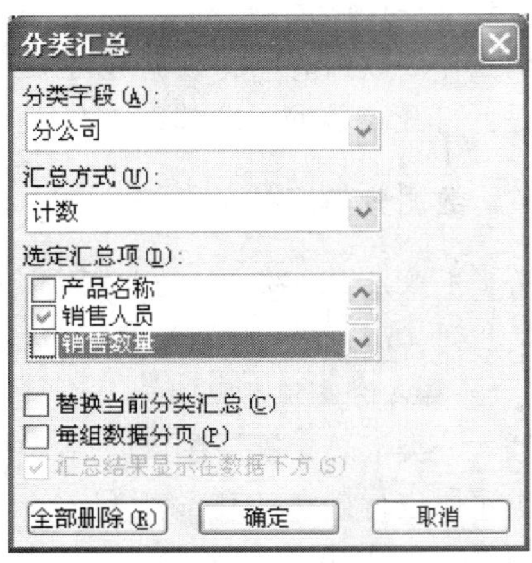

图 1－60　选定“销售人员”

1.5.4.2　查看分类汇总

在显示分类汇总数据的时候，分类汇总数据左侧自动显示一些级别按钮。如图 1－61 所示的是查看分类汇总的汇总数据和部分明细数据的结果。

	A	B	C	D	E	F
1			某产品销售数据清单			
2	序号	时间	分公司	产品名称	销售人员	销售数量
3	7	一月	北京	产品一	李萧	90
4	9	二月	北京	产品四	李思	98
5	10	一月	北京	产品一	张珊	87
6	11	三月	北京	产品三	王武	97
7			北京 计数		4	
8			北京 汇总			372
13			南京 计数		4	
14			南京 汇总			319
19			天津 计数		4	
20			天津 汇总			285
21			总计数		12	
22			总计			976

图 1－61　“分类汇总”分级显示

1.5.4.3 删除分类汇总

在“分类汇总”对话框中，单击“全部删除”按钮，删除分类汇总，显示数据清单原有的数据。

1.5.5 数据透视表

数据透视功能通过重新组合表格数据并添加算法，能快速提取与管理目标相应的数据信息进行深入分析。

1.5.5.1 建立数据透视表

数据透视表是交互式报表，可快速合并和比较大量数据。用户可修改其行和列以看到源数据的不同汇总，而且可显示感兴趣区域的明细数据。

【例 1－25】建立反映各个分公司的各个产品系列的销售数量汇总的数据透视表，如图 1－62 所示。

	A	B	C	D	E	F
1	时间	(全部)				
2						
3	求和项:销售数量	产品名称				
4	分公司	产品二	产品三	产品四	产品一	总计
5	北京		97	98	177	372
6	南京	164	56	99		319
7	天津	59	99	53	74	285
8	总计	223	252	250	251	976

图 1－62 数据透视表

操作步骤如下：

（1）将光标定位在数据清单的某个单元格上，选择“数据”菜单中的“数据透视表和数据透视图”命令，打开“数据透视表和数据透视图向导—3 步骤之 1”对话框，如图 1－63 所示。

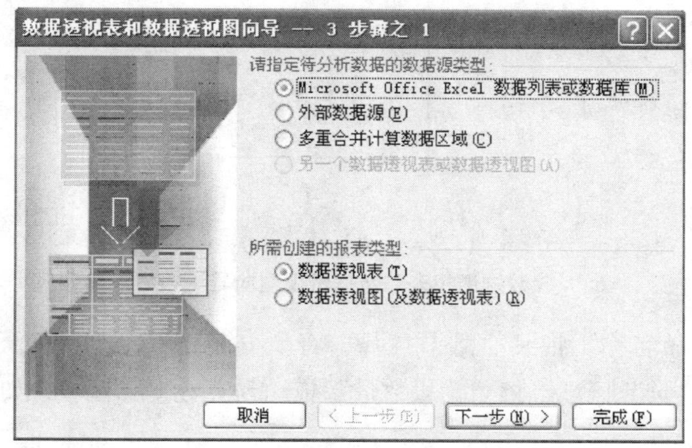

图 1－63 “数据透视表和数据透视图向导—3 步骤之 1”对话框

（2）保持默认设置，单击“下一步”按钮，打开“数据透视表和数据透视图向导—3 步骤之 2”对话框，如图 1－64 所示。

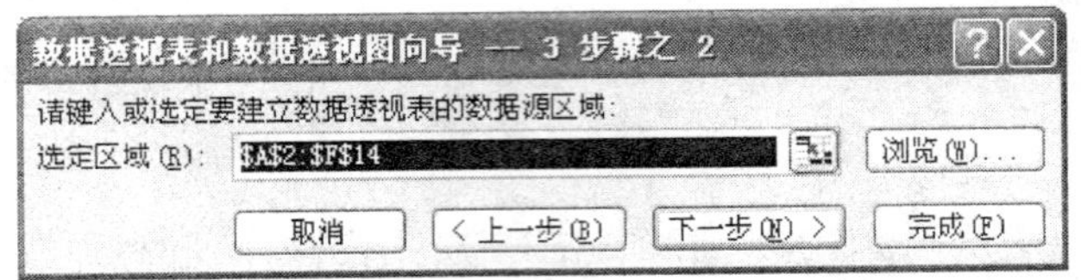

图 1-64 “数据透视表和数据透视图向导—3 步骤之 2”对话框

(3) 向导步骤 2 的目的是确定数据源。在“选定区域”右边文本框中设置单元格区域地址。单击“下一步”按钮，打开“数据透视表和数据透视图向导—3 步骤之 3”对话框，如图 1-65 所示。

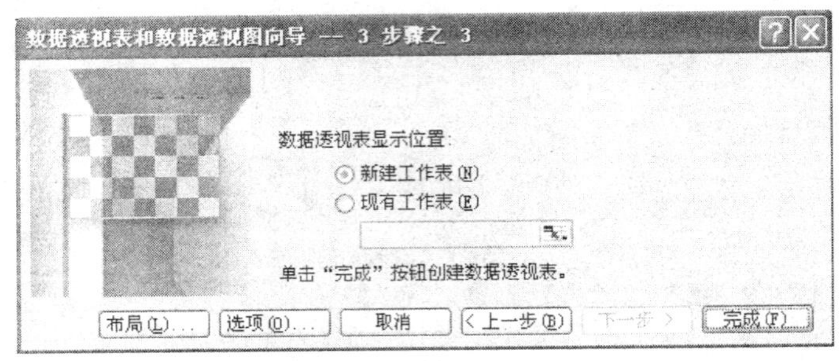

图 1-65 “数据透视表和数据透视图向导—3 步骤之 3”对话框

(4) 单击“布局”按钮，打开“数据透视表和数据透视图向导—布局”对话框，如图 1-66 所示。

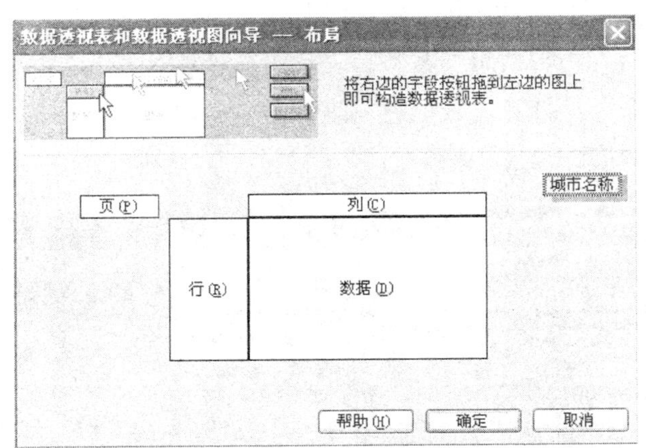

图 1-66 “数据透视表和数据透视图向导—布局”对话框

(5) 将“产品名称”拖到“列”区域，将“分公司”拖动到“行”区域中，将“时间”拖动到“页”区域，将“销售数量”拖动到“数据”区域，如图 1-67 所示。

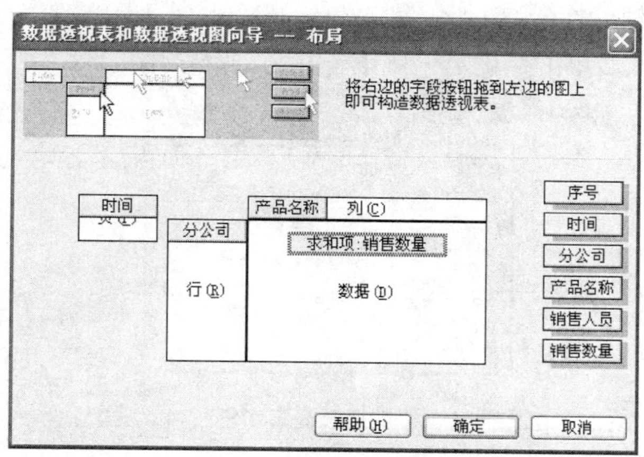

图 1－67　设置布局

（6）单击“确定”按钮，返回“数据透视表和数据透视图向导—3 步骤之 3”对话框，选定“数据透视表显示位置:”下面的默认单选按钮（新建工作表），单击“完成”按钮，在工作簿中创建一个新的工作表，在其中显示数据透视表。

1.5.5.2　编辑数据透视表

单击如图 1－68 所示的“数据透视表”工具栏上的“字段设置”按钮，可增加汇总项目。

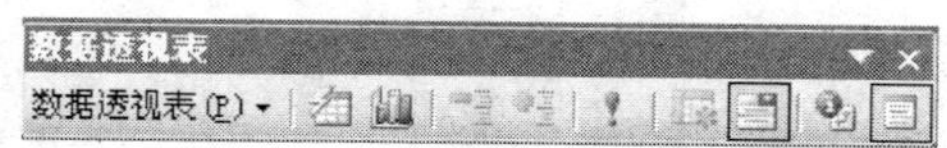

图 1－68　“数据透视表”工具栏

【例 1－26】在数据透视表上增加汇总平均值和汇总销售人员人数的数据。

操作步骤如下：

（1）单击数据透视表中的某个单元格，在出现的“数据透视表字段列表”中，拖动“销售数据”字段到数据区域，如图 1－69 所示。在数据透视表中增加“求和项：销售数量 2”的汇总数据，如图 1－70 所示。

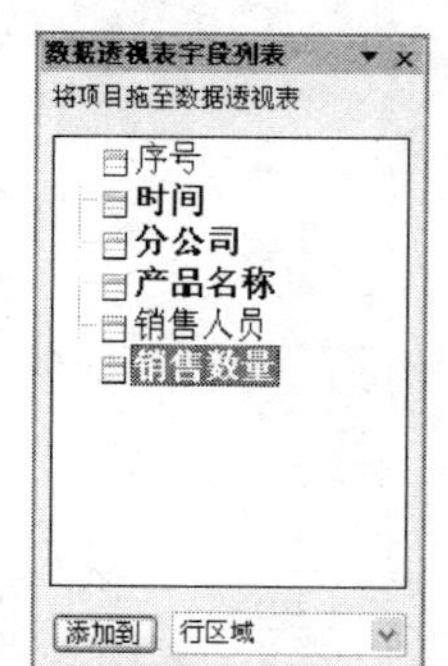

图 1－69　“字段列表”对话框

	A	B	C	D	E	F	G
1	时间	(全部)					
2							
3			产品名称				
4	分公司	数据	产品二	产品三	产品四	产品一	总计
5	北京	求和项:销售数量		97	98	177	372
6		求和项:销售数量2		97	98	177	372
7	南京	求和项:销售数量	164	56	99		319
8		求和项:销售数量2	164	56	99		319
9	天津	求和项:销售数量	59	99	53	74	285
10		求和项:销售数量2	59	99	53	74	285
11	求和项:销售数量汇总		223	252	250	251	976
12	求和项:销售数量2汇总		223	252	250	251	976

图 1－70　数据透视表

（2）选定某个“求和项：销售数量 2”，单击“数据透视表”工具栏上的“字段设置”按钮，打开“数据透视表字段”对话框，在“求和方式”列表框中选择“计数”，如图 1 -71 所示。然后单击“确定”按钮。

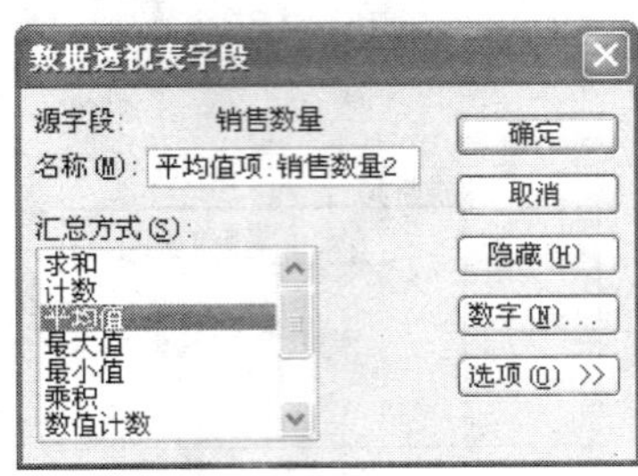

图 1 -71 “数据透视表字段”对话框

(3) 单击数据透视表中的某个单元格，在出现的“数据透视表字段列表”中，拖动“销售人员”字段到数据区域。

(4) 汇总的数据如图 1 -72 所示。

	A	B	C	D	E	F	G
1	时间	(全部)					
2							
3			产品名称				
4	分公司	数据	产品二	产品三	产品四	产品一	总计
5	北京	求和项:销售数量		97	98	177	372
6		平均值项:销售数量2		97	98	88.5	93
7		计数项:销售人员		1	1	2	4
8	南京	求和项:销售数量	164	56	99		319
9		平均值项:销售数量2	82	56	99		79.75
10		计数项:销售人员	2	1	1		4
11	天津	求和项:销售数量	59	99	53	74	285
12		平均值项:销售数量2	59	99	53	74	71.25
13		计数项:销售人员	1	1	1	1	4
14	求和项:销售数量汇总		223	252	250	251	976
15	平均值项:销售数量2汇总		74.33333333	84	83.33333333	83.66666667	81.33333333
16	计数项:销售人员汇总		3	3	3	3	12

图 1 -72 数据透视表

1.5.5.3 生成数据透视图表

生成数据透视表之后，利用数据透视表生成图表，单击“数据透视表”工具栏上的“图表向导”按钮，即可生成数据透视图表，如图 1 -73 所示。

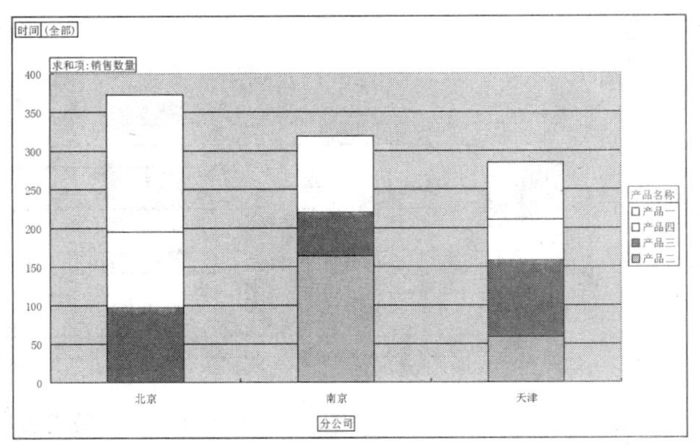

图 1 -73 数据透视图表

1.6 小结

本章内容属于基础训练，主要复习和巩固 Excel 的基本操作，包括工作簿的建立、数据的输入、工作表的操作、单元格的编辑和修饰等。通过进一步训练，熟练掌握快速输入数据的方法和技巧，从而提高数据输入的准确性和效率。

为了提高财经管理应用能力，要求深入学习并强化公式和函数的使用，举例复习了公式的输入、单元格地址的引用、公式对单元格的引用、函数的格式及输入方法、财务函数以及统计函数的应用。Excel 提供了丰富的函数，其中很多函数可应用于经济管理活动中的计算、分析和处理，所以熟练掌握财经类函数的应用是非常重要的。

在数据分析方面，同样通过实例，进一步理解和掌握排序、筛选、数据分类汇总以及数据透视表等内容。Excel 提供了丰富的图表功能，利用图表功能可以更直观、形象地展示和丰富图形数据的显示效果。

熟练并扎实地掌握上述内容，将为后面各章的经济管理应用打下必要的基础。

练习题

1. 简述工作簿、工作表、单元格、单元格地址的功能。

2. Excel 中单元格地址的引用有几种？各有什么特点？

3. 假设学生成绩表中有学号，姓名，系科（会计、金融等），出生日期，是否党员，入学平均成绩（0 ~ 100），试给出学生成绩表的各列数据的类型。

4. 在学生成绩表中增加一个字段为“通过”，如果入学平均成绩大于 75 分，在“通过”字段上显示“通过”；否则，显示“未过”。应使用什么函数来实现。

5. 假设学生成绩表的入学成绩是 0 ~ 100，如果根据成绩进行成绩评定，评定的规则是：0 ~ 59 分为“不及格”，60 ~ 69 分为“及格”，70 ~ 79 分为“中等”，80 ~ 89 分为“良”，90 ~ 100 分为“优”，应使用什么函数来实现。

6. 如果只显示学生成绩表中“会计”专业的学生信息，应使用 Excel 的哪个功能？

7. 如果对学生成绩进行统计，计算各个系科学生的入学平均成绩，应使用 Excel 的哪个功能？如何实现？

8. 试比较饼形图表和柱形图表在应用上的差别。

9. 数据清单有何特点？

10. 如何将 Excel 中的工作表数据或图表放入 Word 文档中？

2 Excel 综合应用实例

【学习目标】

(1) 通过大量实例进一步熟练掌握 Excel 基本操作技巧。

(2) 通过公式与函数的综合应用实例的学习和训练，提高综合应用能力。

(3) 掌握图表的高级应用及技巧。

(4) 掌握数据分析与统计的综合应用。

2.1 Excel 基本操作技巧

下面的应用实例主要介绍有关工作簿、工作表、数据输入的操作方法与技巧。

2.1.1 自动定时保存文件

【例 2-1】设定自动保存间隔时间，实现自动定时保存文件。

操作步骤如下：

(1) 选择“工具”菜单中的“选项”命令，打开“选项”对话框，选择“保存”选项卡，勾选“保存自动恢复信息”项，如图 2-1 所示。

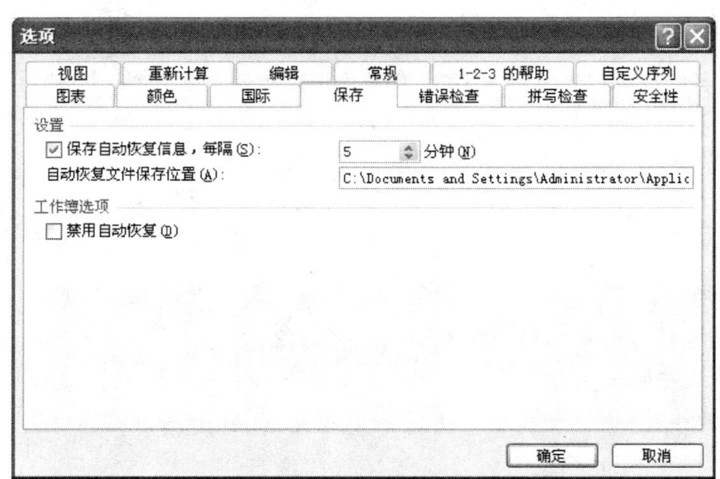

图 2-1 “选项”对话框

(2) 设定保存的间隔时间。本例将自动保存时间设定为 5 分钟。于是，每隔 5 分钟，Excel 自动保存一次文件。

设定自动保存间隔时间后，在以后的操作中，不必担心因为忘记保存而丢失信息。

2.1.2 Excel 文档加密

【例 2-2】给一个取名为 Book1. xls 的文档加密，打开文档的密码和修改密码不同，打开密码为 123，修改密码为 456。

操作步骤如下：

（1）打开 Book1. xls 文档，选择“工具”菜单中的“选项”命令，选择“安全性”选项卡。在“打开权限密码”处输入“123”，在“修改权限密码”处输入“456”，如图 2-2 所示。

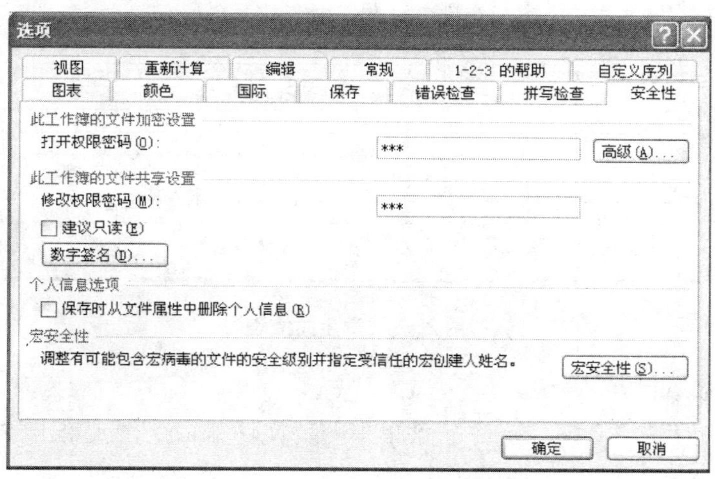

图 2-2 设置密码

（2）单击“确定”按钮，系统提示再输入一次密码。根据提示，依次确认输入打开密码和修改密码。

（3）当再次打开该文档时，弹出“密码”对话框，系统提示要求输入正确的密码。

（4）输入密码“123”，单击“确定”按钮，再次打开“密码”对话框，要求输入修改密码。若不输入，则单击“只读”按钮。

（5）输入修改密码“456”，即可打开并修改文档。若没输入修改权限密码，单击“只读”按钮，可打开文档，但不能进行修改。

注意：当输入密码时，系统为安全起见，并没有显示密码的明文，而是以字符“*”代替。因此，输入时要非常小心，以免输入错误的密码。

2.1.3 新建并保存工作簿

【例 2-3】新建一工作簿，其工作表中的数据如图 2-3 所示，保存时取名为“学生成绩表 . xls”。

Microsoft Excel - 学生成绩表.xls

	A	B	C	D	E	F	G	H
1	学生成绩表							
2	学号	姓名	英语	高数	马哲	总分	名次	评级
3	30621001	李力	85	78	74			
4	30621002	刘英	56	55	60			
5	30621003	吴梅	79	83	90			
6	30601523	杨成林	65	76	88			
7	30601524	孙少民	90	87	88			
8	30601525	林勇	66	75	83			
9	30610101	王小兵	84	86	89			
10	30610102	张志宏	69	79	66			
11	30610103	黄高原	78	91	76			
12	30501010	钟丽珍	88	82	89			
13	30501011	李晓东	69	76	85			
14	30501012	张新民	90	86	87			
15	30501013	毛志远	92	88	93			
16	30551011	马鸿涛	81	85	83			
17	30551012	许婷	76	81	86			
18	30551013	李启勋	84	89	93			
19	30551014	曲艳丽	88	81	77			

图 2-3　学生成绩表

操作步骤如下：

（1）在 Excel 中，选择“文件”菜单中的“文件”命令，或单击常用工具栏上的“新建”按钮。

（2）按要求在工作表 Sheet1 中输入数据。

（3）单击常用工具栏上的“保存”按钮，或选择“文件”菜单中的“保存”命令，打开“另存为”对话框，如图 2-4 所示。

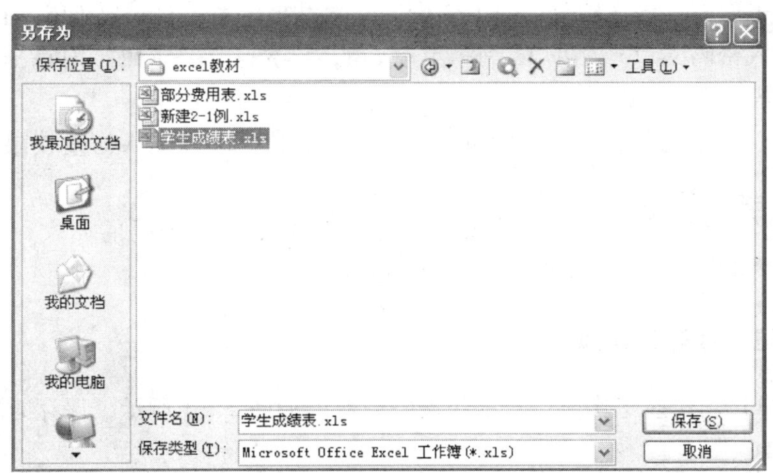

图 2-4　“另存为”对话框

（4）在“保存位置”下拉列表框中选择保存文件的文件夹名，在“文件名”下拉列表框中输入文件名“学生成绩表”，然后单击“保存”按钮。

2.1.4 计算工作簿中工作表的个数

【例 2 -4】计算一个工作簿中有多少个工作表。

操作方法 1：

(1) 打开“工具”菜单，依次选择“宏”、“Visual Basic 编辑器”命令，屏幕上出现“Microsoft Visual Basic”窗口。

(2) 选择“插入”菜单中的“模块”命令，弹出“模块 (代码)”窗口，在窗口中输入宏代码，如图 2 -5 所示。

```
Sub Sheetcount ( )
Dim num As Integer
num = ThisWorkbook. Sheets. Count
Sheets (1). Select
Cells (1, 1) = num
End Sub
```

图 2 -5 代码窗口

(3) 运行该宏。选择“运行”菜单中的“运行子过程/用户窗体”命令，打开“宏”对话框，如图 2 -6 所示。

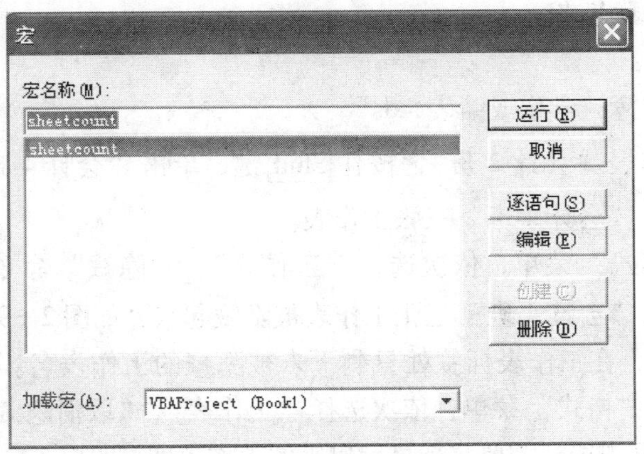

图 2 -6 “宏”对话框

(4) 单击“运行”按钮，计算当前工作簿中包含工作表的个数。该工作簿第一个工作表的单元格 A1 中的数字就是工作表 Sheet 的个数 3，如图 2－7 所示。

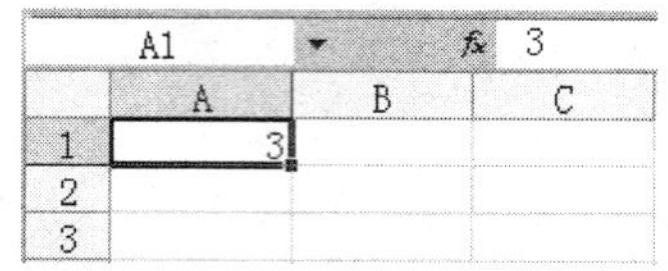

图 2－7　计算结果

操作方法 2：

（1）按组合键 Ctrl ＋ F3，或打开“插入”菜单，依次选择“名称”、“定义”命令，打开“定义名称”对话框，定义一个 X，在“引用位置”下面输入“＝get. Workbook（4）”，如图 2－8 所示。

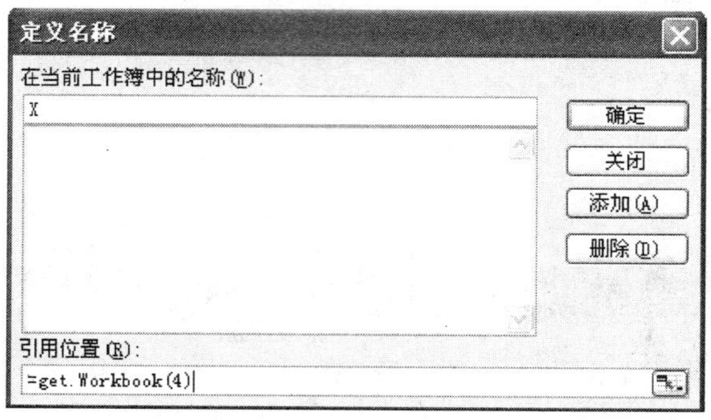

图 2－8　“定义名称”对话框

（2）单击“确定”按钮，接着在任意单元格中输入“＝X”，立即在该单元格出现工作表的计算结果。

2.1.5　隐藏工作表

【例 2－5】将工作簿“学生成绩表 . xls”中的“会计 2 班”、“会计 3 班”、“会计 4 班”三张工作表隐藏起来。

操作步骤如下：

（1）打开工作簿“学生成绩表 . xls”。

（2）单击工作表“会计 2 班”，按住 Shift 键，单击“会计 4 班”，选中“会计 2 班”、“会计 3 班”、“会计 4 班”三张工作表。

（3）打开“格式”菜单，依次选择“工作表”、“隐藏”命令，于是，“会计 2 班”、“会计 3 班”、“会计 4 班”三张工作表被隐藏起来，如图 2－9 所示。

隐藏工作表后，在工作表标签处只剩下未被隐藏的工作表名。若想重新显示被隐藏的工作表，打开“格式”菜单，依次选择“工作表”、“取消隐藏”命令，在打开的“取消隐藏”对话框中选择需要重新显示出来的工作表即可。

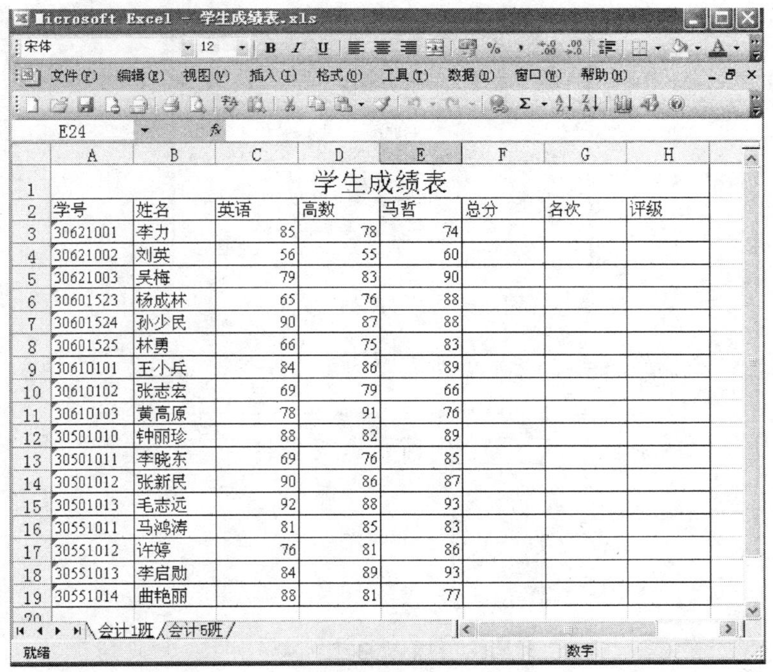

学生成绩表							
学号	姓名	英语	高数	马哲	总分	名次	评级
30621001	李力	85	78	74			
30621002	刘英	56	55	60			
30621003	吴梅	79	83	90			
30601523	杨成林	65	76	88			
30601524	孙少民	90	87	88			
30601525	林勇	66	75	83			
30610101	王小兵	84	86	89			
30610102	张志宏	69	79	66			
30610103	黄高原	78	91	76			
30501010	钟丽珍	88	82	89			
30501011	李晓东	69	76	85			
30501012	张新民	90	86	87			
30501013	毛志远	92	88	93			
30551011	马鸿涛	81	85	83			
30551012	许婷	76	81	86			
30551013	李启勋	84	89	93			
30551014	曲艳丽	88	81	77			

图 2-9 工作表被隐藏的效果图

2.1.6 在单元格中快速输入分数

【例 2-6】在单元格中快速输入分数 5/8。

操作步骤如下：

（1）选择一个单元格。

（2）先在该单元格输入数字“0”，按一次空格键，接着输入分数“5/8”并回车，分数 5/8 输入完成。

2.1.7 采用序列填充的方式产生等比序列

【例 2-7】列出 2 的 n 次方结果，其中，n 取值为 0~5。

分析：若要输出 2 的 n 次方结果，显然，结果序列应该是一个等比序列。采用序列填充的方式来输出即可。

操作步骤如下：

（1）选择起始单元格，假定为 A1。

（2）在起始单元格中输入初始值 1，即 2 的零次方的值。

（3）选择要填充数据的单元格区域。因为要输出的结果有 6 个值，所以选择单元格区域 A1:A6 为填充区域。

（4）打开“编辑”菜单，依次选择“填充”、“序列”命令，打开“序列”对话框。选择“序列产生在”为“列”单选按钮，选择序列的“类型”为“等比序列”，设置“步长值”为 2，如图 2-10 所示。

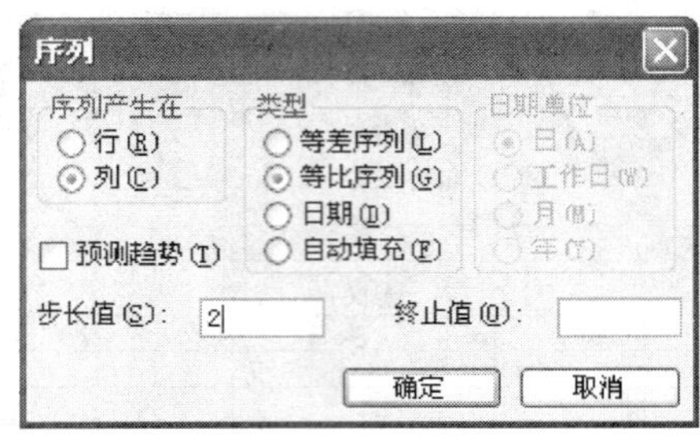

图 2－10 “序列”对话框

（5）单击“确定”按钮，产生出所需要的等比序列，如图 2－11 所示。

A1 fx 1

	A	B	C	D
1	1			
2	2			
3	4			
4	8			
5	16			
6	32			

图 2－11 等比序列结果

2.1.8 将工作表中的数据居中对齐

【例 2－8】根据图 2－12 所示的数据新建一工作簿，将该工作簿命名为“销售情况表.xls”，并将该表所有数据设置为居中对齐。

	A	B	C	D	E	F	G
1			销售情况表				
2	日期	编号	姓名	房号	面积	单价	总价
3	2007-8-1	01	张丽	16-1-1	89.43	5700.00	
4	2007-8-1	04	王红	12-3-2	140.00	5200.00	
5	2007-8-1	03	赵敏	8-4-5	120.32	5600.00	
6	2007-8-1	01	张丽	13-3-5	100.21	5400.00	
7	2007-8-2	02	李华	14-5-6	90.75	6000.00	
8	2007-8-2	05	刘东	18-3-7	110.56	6200.00	
9	2007-8-2	05	刘东	8-1-5	120.32	5700.00	
10	2007-8-3	03	赵敏	12-2-1	89.43	5200.00	
11	2007-8-3	04	王红	12-2-3	89.43	5200.00	
12	2007-8-3	05	刘东	16-3-1	89.43	5500.00	
13	2007-8-3	01	张丽	8-5-5	120.32	5700.00	
14	2007-8-4	01	张丽	8-6-5	120.32	5720.00	
15	2007-8-4	02	李华	8-2-5	89.43	5580.00	
16	2007-8-4	05	刘东	16-2-1	89.43	5480.00	
17	2007-8-4	03	赵敏	8-6-5	120.32	5720.00	
18	2007-8-4	01	张丽	18-4-7	110.56	6220.00	
19	2007-8-5	04	王红	13-5-5	100.21	5440.00	
20	2007-8-5	05	刘东	12-2-2	140.00	5200.00	

图 2－12 销售情况表

操作步骤如下：

（1）在单元格 C1 中输入“销售情况表”。

（2）依次在单元格 A2、B2、C2、D2、E2、F2、G2 中输入“日期”、“编号”、“姓名”、“房号”、“面积”、“单价”和“总价”。

(3) 在单元格 A3 中输入“2007－8－1”，将鼠标指向单元格 A3 的右下角，向下拖动填充柄至单元格 A6，单元格 A4、A5、A6 的数据均填充为“2007－8－1”。按同样的方法在 A 列的其他单元格中输入数据。

(4) 选择单元格区域 B3:B20，选择“格式”菜单中的“单元格”命令，打开“单元格格式”对话框。选择“数字”选项卡，在“分类”列表框中选择“文本”项。

(5) 按住 Ctrl 键，选择 B3、B6、B13、B14、B18 五个不相邻的单元格，然后输入“01”后，按组合键 Ctrl + Enter 实现不相邻单元格相同数据的输入。按同样的方法输入 B、C 列的数据。

(6) 选择单元格区域 D3:D20，选择“格式”菜单中的“单元格”命令，打开“单元格格式”对话框。选择“数字”选项卡，在“分类”列表框中选择“文本”项，然后输入 D 列的数据。

(7) 分别输入 E、F 列的数值。

(8) 选择单元格区域 A1:G20，单击“格式”工具栏中的“居中”按钮，将所有单元格的数据居中对齐。

(9) 单击常用工具栏上的“保存”按钮，打开“另存为”对话框。在“文件名”列表框中输入文件名“销售情况表”，然后单击“确定”按钮，保存工作簿。

2.1.9 数据浏览

【例 2－9】浏览图 2－12 所示的“销售情况表”中的单元格 D40 是否有数据，以及该数据是属于表中的哪个列标题。

操作步骤如下：

(1) 打开“销售情况表”。

(2) 按 F5 键，打开“定位”对话框，在“引用位置”下面输入 D40，如图 2－13 所示。

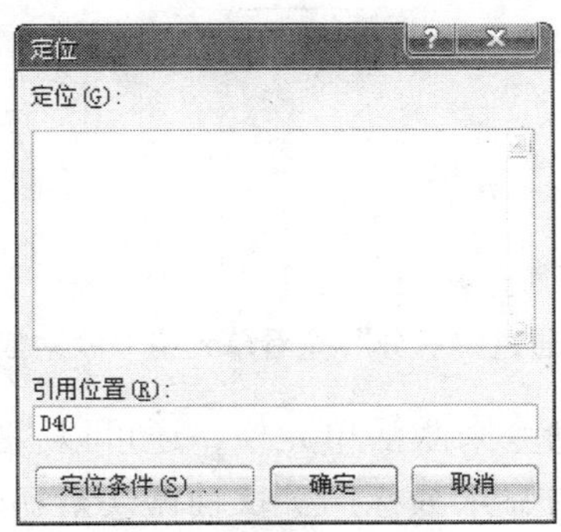

图 2－13 “定位”对话框

(3) 单击“确定”按钮，单元格 D40 被激活成活动单元格，可以看到该单元格中没有数据，如图 2－14 所示。

	A	B	C	D	E	F	G
13	2007-8-3	01	张丽	8-5-5	120.32	5700.00	
14	2007-8-4	01	张丽	8-6-5	120.32	5720.00	
15	2007-8-4	02	李华	8-2-5	89.43	5580.00	
16	2007-8-4	05	刘东	16-2-1	89.43	5480.00	
17	2007-8-4	03	赵敏	8-6-5	120.32	5720.00	
18	2007-8-4	01	张丽	18-4-7	110.56	6220.00	
19	2007-8-5	04	王红	13-5-5	100.21	5440.00	
20	2007-8-5	05	刘东	12-2-2	140	5200.00	
21							
22							
23							
24							
25							
26							
27							
28							
29							
30							
31							
32							
33							
34							
35							
36							
37							
38							
39							
40							

图 2－14　浏览某个单元格（D40）中的数据

（4）选择“窗口”菜单中的“拆分”命令，当前窗口以单元格 D40 被分割成 4 个部分，用鼠标调整分割线的位置，可以很方便地看到单元格 D40 是属于“销售情况表”中的“房号”标题，如图 2－15 所示。

	A	B	C	D	E	F	G	H
1						销售情况表		
2	日期	编号	姓名	房号	面积	单价	总价	
3	2007-8-1	01	张丽	16-1-1	89.43	5700.00		
4	2007-8-1	04	王红	12-3-2	140	5200.00		
5	2007-8-1	03	赵敏	8-4-5	120.32	5600.00		
6	2007-8-1	01	张丽	13-3-5	100.21	5400.00		
40								
41								
42								
43								
44								
45								
46								
47								

图 2－15　通过“拆分”查看单元格 D40 对应的列标题

本例中，运用“定位”命令来激活单元格，还可以直接在地址栏中输入来进行选择；同时，利用“拆分”窗口显示列标题，这种做法对遇到有很多数据的时候，能很方便地查清数据所在的行标题或列标题。

2.2 公式与函数的综合应用

下面的应用实例主要介绍有关公式和函数的高级应用及技巧。

2.2.1 连接姓和名

【例 2-10】已知有如图 2-16 所示的工作表，使用连接运算符的方式连接每行的 A 和 B 两列，将连接结果存在 C 列中，并且要求中间以空格隔开。

	A	B	C
1	章	斯	
2	王	波	
3	John	Smith	
4	Jackson	blue	

图 2-16 姓名工作表

操作步骤如下：

（1）在单元格 C1 中输入连接运算公式“ = A1&" "&B1”，得到的结果如图 2-17 所示。

C1 ▾ fx =A1&" "&B1

	A	B	C
1	章	斯	章 斯
2	王	波	
3	John	Smith	
4	Jackson	blue	

图 2-17 连接姓和名

（2）拖动单元格 C1 右下端的拖动手柄，一直拖动到单元格 C4，即可完成整个连接工作，如图 2-18 所示。

	A	B	C
1	章	斯	章 斯
2	王	波	王 波
3	John	Smith	John Smith
4	Jackson	blue	Jackson blue
5			

图 2-18 连接结果

从本例可以看出，可以采用连接运算符连接多个单元格的内容，并可以连接其他字符串，比如空格等。注意：连接的每一项都必须由 & 符号相连，而字符串必须以双引号分割。

2.2.2 利用 SUM（）函数计算总分

【例 2-11】根据图 2-19 所示的成绩表，用 SUM（）函数计算学生的总分。

	A	B	C	D	E	G	H
1	成绩表						
2	学号	姓名	性别	语文	数学	英语	总分
3	02522045	曾虹	男	42.8	78	80.9	
4	02522049	蒋志勇	男	26.3	87	61.2	
5	03522099	尹飞	女	81.8	65	94.5	
6	03522100	王璐	女	73.6	72	85.3	
7	03522107	唐萌萌	女	61.2	66	85.8	
8	03522110	黎宇	女	64.5	60	80.7	
9	03522111	马星成	男	0	82	0	
10	03522112	文群武	男	62.3	75	75.6	
11	03522113	毛乾坤	男	77.8	28	80.9	
12	03522115	王良喜	男	72.6	85	70	
13	03522116	王波	男	80.9	60	68.6	
14	03522138	徐伟	男	80.7	85	22.3	
15	03522139	秦伟	男	73.8	80	90.8	
16	03522140	秦戎毅	男	62.3	63	88.5	
17	03522141	彭滔	男	60.8	69	75.2	
18	03522142	曾文圆	男	71.9	86	67.9	
19	03522143	谢海华	男	44.6	76	20.9	
20	03522145	薛白	男	0	92	82.2	
21	03522146	魏玺	男	81.8	38	70.9	
22	03522147	谢颖	女	71	77	71	

图 2－19　成绩表

操作步骤如下：

（1）在单元格 H3 中输入公式“＝SUM（D3:G3）”，如图 2－20 所示。

SUM　=SUM(D3:G3)

	A	B	C	D	E	G	H
1	成绩表						
2	学号	姓名	性别	语文	数学	英语	总分
3	02522045	曾虹	男	42.8	78	80.9	=SUM(D3:G3)
4	02522049	蒋志勇	男	26.3	87	61.2	
5	03522099	尹飞	女	81.8	65	94.5	
6	03522100	王璐	女	73.6	72	85.3	
7	03522107	唐萌萌	女	61.2	66	85.8	

图 2－20　输入公式“＝SUM（D3:G3）”

（2）选择单元格 H3，将鼠标指向左下角十字箭头处并按住左键不放，拖动到 H22 复制公式，即可计算出总分，如图 2－21 所示。

	A	B	C	D	E	G	H
1	成绩表						
2	学号	姓名	性别	语文	数学	英语	总分
3	02522045	曾虹	男	42.8	78	80.9	201.7
4	02522049	蒋志勇	男	26.3	87	61.2	174.5
5	03522099	尹飞	女	81.8	65	94.5	241.3
6	03522100	王璐	女	73.6	72	85.3	230.9
7	03522107	唐萌萌	女	61.2	66	85.8	213
8	03522110	黎宇	女	64.5	60	80.7	205.2
9	03522111	马星成	男	0	82	0	82
10	03522112	文群武	男	62.3	75	75.6	212.9
11	03522113	毛乾坤	男	77.8	28	80.9	186.7
12	03522115	王良喜	男	72.6	85	70	227.6
13	03522116	王波	男	80.9	60	68.6	209.5
14	03522138	徐伟	男	80.7	85	22.3	188
15	03522139	秦伟	男	73.8	80	90.8	244.6
16	03522140	秦戎毅	男	62.3	63	88.5	213.8
17	03522141	彭滔	男	60.8	69	75.2	205
18	03522142	曾文圆	男	71.9	86	67.9	225.8
19	03522143	谢海华	男	44.6	76	20.9	141.5
20	03522145	薛白	男	0	92	82.2	174.2
21	03522146	魏玺	男	81.8	38	70.9	190.7
22	03522147	谢颖	女	71	77	71	219
23							

图 2－21　复制公式

2.2.3 定义名称和排名次

【例2－12】根据图2－22所示的学生成绩表完成名称定义（姓名——单元格区域为B2:B7，英语——单元格区域为C2:C7，数学——单元格区域D2:D7），求出学生的总分并按总分排名次。

H11 ▾ fx

	A	B	C	D	E	F
1		姓名	英语	数学	总分	按总分排名次
2		张军军	87	70		
3		李强	78	75		
4		王兵	88	90		
5		万玲	76	75		
6		赵丽红	69	80		
7		伍星	83	85		
8						
9						

图2－22 学生成绩表

操作步骤如下：

（1）选择单元格区域B2:B7，然后单击地址栏，输入“姓名”并回车，如图2－23所示。

姓名 ▾ fx 张军军

	A	B	C	D	E	F
1		姓名	英语	数学	总分	按总分排名次
2		张军军	87	70		
3		李强	78	75		
4		王兵	88	90		
5		万玲	76	75		
6		赵丽红	69	80		
7		伍星	83	85		
8						

图2－23 输入名称“姓名”

（2）单击地址栏下拉按钮，可以看到名称“姓名”已经在该地址栏中，如图2－24所示。

姓名 ▾ fx 张军军

姓名

	A	B	C	D	E	F
1		姓名	英语	数学	总分	按总分排名次
2		张军军	87	70		
3		李强	78	75		
4		王兵	88	90		
5		万玲	76	75		
6		赵丽红	69	80		
7		伍星	83	85		
8						

图2－24 地址栏中的名称

（3）打开“插入”菜单，依次选择“名称”、“定义”命令，打开“定义名称”对话框，如图2－25所示。

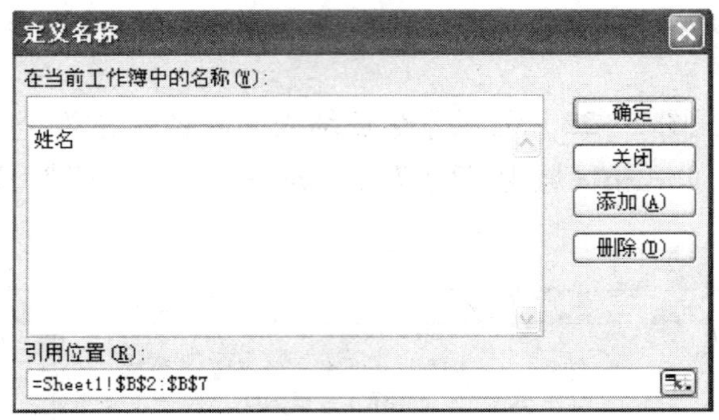

图 2-25“定义名称”对话框

(4)“在当前工作簿中的名称”下面的文本输入框中输入“英语”。

(5)在“引用位置”下拉列表中选择在工作表中相应的数据区域，如图 2-26 所示。

图 2-26 “引用位置”中的单元格区域

(6)返回到“定义名称”对话框，单击“确定”按钮，完成名称的定义。此时，单击地址栏下拉按钮，可以看到该地址栏中已经有两个名称“姓名”和“英语”，如图 2-27 所示。

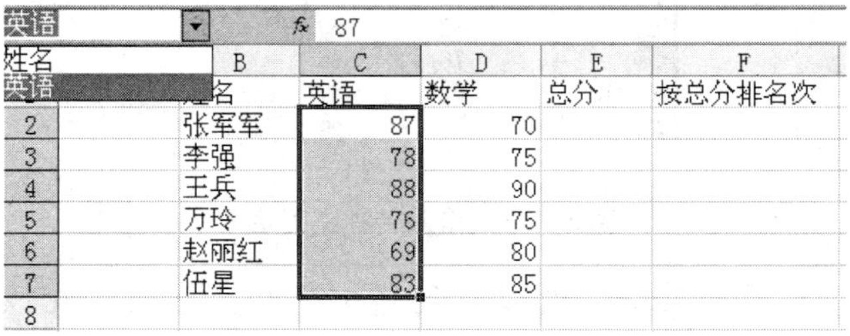

英语 ▾ fx 87
姓名
英语

	A	B	C	D	E	F
1		姓名	英语	数学	总分	按总分排名次
2		张军军	87	70		
3		李强	78	75		
4		王兵	88	90		
5		万玲	76	75		
6		赵丽红	69	80		
7		伍星	83	85		
8						

图 2-27 地址栏中的名称

(7)选择单元格区域 C2:E7，单击“常用”工具栏中的“求和”按钮，计算学生的总分。

(8)在单元格 F2 中输入公式“=RANK(E2, $E$2: $E$7)”，如图 2-28 所示。

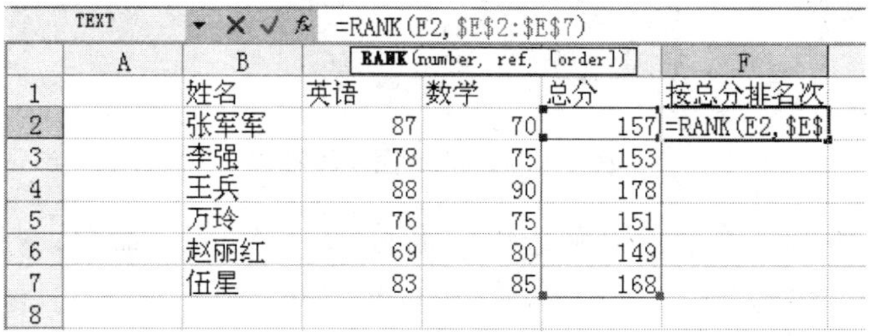

TEXT ▾ ✕ ✓ fx =RANK(E2,$E$2:$E$7)

RANK(number, ref, [order])

	A	B				F
1		姓名	英语	数学	总分	按总分排名次
2		张军军	87	70	157	=RANK(E2,E
3		李强	78	75	153	
4		王兵	88	90	178	
5		万玲	76	75	151	
6		赵丽红	69	80	149	
7		伍星	83	85	168	
8						

图 2-28 利用 RANK 函数求总分的排名

（9）单击“输入”按钮，完成“张军军”的总分排名。

（10）将单元格 F2 的公式复制到单元格区域 F3:F7 中。将鼠标指向单元格 F2 右下角的填充柄上，此时鼠标的形状由空心十字变成实心十字，按住鼠标左键向下拖曳到单元格 F7，然后释放鼠标左键，得到的结果如图 2－29 所示。

姓名 | fx 张军军

	A	B	C	D	E	F
1		姓名	英语	数学	总分	按总分排名次
2		张军军	87	70	157	3
3		李强	78	75	153	4
4		王兵	88	90	178	1
5		万玲	76	75	151	5
6		赵丽红	69	80	149	6
7		伍星	83	85	168	2

图 2－29 完成后的学生成绩表

本例中涉及名称的定义、求总分以及排名次。除了用“求和”按钮求总分，还可以调用函数 SUM 求总分：选择单元格 E2，输入公式“＝SUM（C2:D2）”，然后单击“输入”按钮。

注意：调用 RANK 函数排名次时，总分涉及的单元格区域 E2:E7，其地址的引用可以用绝对地址，也可以用行锁定的混合地址，或者将该区域定义为名称，直接引用名称也可。这样，在公式复制时，才能得到正确的名次。

2.2.4 计算每月支出小计和节余

【例 2－13】根据图 2－30 所示的“个人收支表”计算每月支出小计和节余。

G28 | fx

	A	B	C	D	E
1	个人一季度收支表				
2		收入：	2500		
3					
4	支出项目	一月	二月	三月	
5	生活开支	1200	1300	1350	
6	电话费	180	165	170	
7	书报费	30	80	60	
8	其它	400	650	500	
9	支出小计				
10	节余				
11					
12					

图 2－30 个人收支表

（1）计算每月支出小计

① 在单元格 B9 中输入公式“＝SUM（B5:B8）”并回车，结果如图 2－31 所示。

B9 =SUM(B5:B8)

	A	B	C	D	E
1	个人一季度收支表				
2		收入:	2500		
3					
4	支出项目	一月	二月	三月	
5	生活开支	1200	1300	1350	
6	电话费	180	165	170	
7	书报费	30	80	60	
8	其它	400	650	500	
9	支出小计	1810			
10	节余				
11					

图 2-31　输入公式“=SUM（B5:B8）”

② 用填充柄将单元格 B9 的公式复制到 C9:D9，计算出的每月支出小计，结果如图 2-32 所示。

B9 =SUM(B5:B8)

	A	B	C	D	E
1	个人一季度收支表				
2		收入:	2500		
3					
4	支出项目	一月	二月	三月	
5	生活开支	1200	1300	1350	
6	电话费	180	165	170	
7	书报费	30	80	60	
8	其它	400	650	500	
9	支出小计	1810	2195	2080	
10	节余				
11					

图 2-32　支出小计计算结果

（2）计算每月节余

① 在单元格 B10 中输入公式“= $C$2 - B9”并回车，结果如图 2-33 所示。

B10 =$C$2-B9

	A	B	C	D	E
1	个人一季度收支表				
2		收入:	2500		
3					
4	支出项目	一月	二月	三月	
5	生活开支	1200	1300	1350	
6	电话费	180	165	170	
7	书报费	30	80	60	
8	其它	400	650	500	
9	支出小计	1810	2195	2080	
10	节余	690			
11					

图 2-33　输入公式“= $C$2 - B9”

② 用填充柄将单元格 B10 的公式复制到单元格区域 C10:D10，计算出的每月节余结果如图 2-34 所示。

B10 =$C$2-B9

	A	B	C	D	E
1	个人一季度收支表				
2		收入：	2500		
3					
4	支出项目	一月	二月	三月	
5	生活开支	1200	1300	1350	
6	电话费	180	165	170	
7	书报费	30	80	60	
8	其它	400	650	500	
9	支出小计	1810	2195	2080	
10	节余	690	305	420	
11					
12					

图 2-34 每月节余结果

本例中，支出小计公式中使用相对地址引用，由于该例中公式的复制是在同一行中进行，因此，单元格 B9 中的公式也可以使用混合地址引用“=SUM（B$5:D$5）”。

计算节余时，当引用单元格 C2 的数据时，使用的是绝对地址引用，由于收入的数据应该锁定在 C 列，当公式复制时，单元格 B10 中的公式也可以使用混合地址引用“= $C2 - B9”。

2.2.5 利用日期函数计算年龄和工龄

【例 2-14】根据图 2-35 所示的数据计算年龄和工龄。

Microsoft Excel - 计算年龄和工资.xls

文件(F) 编辑(E) 视图(V) 插入(I) 格式(O) 工具(T) 数据(D) 窗口(W) 帮助(H)

A1 今日日期

	A	B	C	D	E	F	G
1	今日日期						
2	姓名	性别	生日	到职日期	年龄（岁）	工龄	
3						年	月
4	陈实	男	1976年9月1日	1998年7月7日			
5	王天茹	女	1963年3月4日	1992年12月19日			
6	杨莉娟	女	1979年11月23日	2000年8月23日			
7	任华安	男	1954年5月19日	1979年2月1日			
8	刘鑫宇	男	1980年2月14日	2000年8月14日			
9	袁心一	男	1983年11月14日	2003年10月9日			
10	严淼	女	1973年6月27日	1995年5月28日			

图 2-35 原始数据表

操作步骤如下：

（1）在单元格 B1 中输入公式“=TODAY（）”，如图 2-36 所示。

B1 =TODAY()

A	B	C	D
今日日期	2006-6-29		
姓名	性别	生日	到职日期
陈实	男	1976年9月1日	1998年7月7
王天茹	女	1963年3月4日	1992年12月19

图 2-36 在单元格 B1 中输入公式

（2）在单元格 E4 中输入以下公式，如图 2 -37 所示。

=IF(TODAY()>=DATE(YEAR(B1),MONTH(C4),DAY(C4)),YEAR(B1)-YEAR(C4),YEAR(B1)-YEAR(C4)-1)

=IF(TODAY()>=DATE(YEAR(B1),MONTH(C4),DAY(C4)),YEAR(B1)-YEAR(C4),YEAR(B1)-YEAR(C4)-1)

	C	D	E	F	G	H	I
-29							
	生日	到职日期	年龄（岁）	工龄 年	月		
	1976年9月1日	1998年7月7日	29				
	1963年3月4日	1992年12月19日					
	1979年11月23日	2000年8月23日					
	1954年5月19日	1979年2月1日					
	1980年2月14日	2000年8月14日					
	1983年11月14日	2003年10月9日					
	1973年6月27日	1995年5月28日					

图 2 -37　在单元格 E4 中输入公式

（3）分别选中公式中对单元格 B1 的引用，按 F4 键，将它们都转换为绝对引用，以防单元格 E4 自动填充时发生引用的改变。

（4）拖动单元格 E4 的填充柄，填充其他员工的年龄，如图 2 -38 所示。

=IF(TODAY()>=DATE(YEAR($B$1),MONTH(C4),DAY(C4)),YEAR($B$1)-YEAR(C4),YEAR($B$1)-YEAR(C4)-1)

	C	D	E	F	G	H	I
-29							
	生日	到职日期	年龄（岁）	工龄 年	月		
	1976年9月1日	1998年7月7日	29				
	1963年3月4日	1992年12月19日	43				
	1979年11月23日	2000年8月23日	26				
	1954年5月19日	1979年2月1日	52				
	1980年2月14日	2000年8月14日	26				
	1983年11月14日	2003年10月9日	22				
	1973年6月27日	1995年5月28日	33				

图 2 -38　计算员工年龄

（5）在单元格 F4 中输入以下公式，如图 2 -39 所示。

=IF(TODAY()>=DATE(YEAR(B1),MONTH(D4),DAY(D4)),YEAR(B1)-YEAR(D4),YEAR(B1)-YEAR(D4)-1)

=IF(TODAY()>=DATE(YEAR(B1),MONTH(D4),DAY(D4)),YEAR(B1)-YEAR(D4),YEAR(B1)-YEAR(D4)-1)

	C	D	E	F	G	H	I
-29							
	生日	到职日期	年龄（岁）	工龄 年	月		
	1976年9月1日	1998年7月7日	29	7			
	1963年3月4日	1992年12月19日	43				
	1979年11月23日	2000年8月23日	26				
	1954年5月19日	1979年2月1日	52				
	1980年2月14日	2000年8月14日	26				
	1983年11月14日	2003年10月9日	22				
	1973年6月27日	1995年5月28日	33				

图 2 -39　在单元格 F4 中输入公式

（6）分别选中公式中对单元格 B1 的引用，按 F4 键，将它们都转换为绝对引用，以防单元格 F4 自动填充时发生引用的改变。拖动单元格 E4 的填充柄，填充其他员工工龄的年份，如图 2－40 所示。

=IF(TODAY()>=DATE(YEAR($B$1),MONTH(D4),DAY(D4)),YEAR($B$1)-YEAR(D4),YEAR($B$1)-YEAR(D4)-1)

C	D	E	F	G	H	I
-29						
生日	到职日期	年龄（岁）	工龄 年	月		
1976年9月1日	1998年7月7日	29	7			
1963年3月4日	1992年12月19日	43	13			
1979年11月23日	2000年8月23日	26	5			
1954年5月19日	1979年2月1日	52	27			
1980年2月14日	2000年8月14日	26	5			
1983年11月14日	2003年10月9日	22	2			
1973年6月27日	1995年5月28日	33	11			

图 2－40　计算员工的工龄

（7）在单元格 G4 中输入以下公式，如图 2－41 所示。

=IF(TODAY()>=DATE(YEAR(B1),MONTH(D4),DAY(D4)),INT((TODAY()-DATE(YEAR(B1),MONTH(D4),DAY(D4)))/30),INT((TODAY()-DATE(YEAR(B1)-1,MONTH(D4),DAY(D4))))/30))

=IF(TODAY()>=DATE(YEAR(B1),MONTH(D4),DAY(D4)),INT((TODAY()-DATE(YEAR(B1),MONTH(D4),DAY(D4)))/30),INT((TODAY()-DATE(YEAR(B1)-1,MONTH(D4),DAY(D4)))/30))

生日	到职日期	年龄（岁）	工龄 年	月
-30				
1976年9月1日	1998年7月7日	29	7	11
1963年3月4日	1992年12月19日	43	13	
1979年11月23日	2000年8月23日	26	5	
1954年5月19日	1979年2月1日	52	27	
1980年2月14日	2000年8月14日	26	5	
1983年11月14日	2003年10月9日	22	2	
1973年6月27日	1995年5月28日	33	11	

图 2－41　在单元格 G4 中输入公式

（8）分别选中公式中对单元格 B1 的引用，按 F4 键，将它们都转换为绝对引用。拖动单元格 G4 的填充柄来填充其他员工工龄的月份，如图 2－42 所示。

=IF(TODAY()>=DATE(YEAR($B$1),MONTH(D4),DAY(D4)),INT((TODAY()-DATE(YEAR($B$1),MONTH(D4),DAY(D4)))/30),INT((TODAY()-DATE(YEAR($B$1)-1,MONTH(D4),DAY(D4)))/30))

生日	到职日期	年龄（岁）	工龄 年	月
-30				
1976年9月1日	1998年7月7日	29	7	11
1963年3月4日	1992年12月19日	43	13	6
1979年11月23日	2000年8月23日	26	5	10
1954年5月19日	1979年2月1日	52	27	4
1980年2月14日	2000年8月14日	26	5	10
1983年11月14日	2003年10月9日	22	2	8
1973年6月27日	1995年5月28日	33	11	1

图 2－42　计算结果

2.2.6 计算停车费用

【例2－15】已知停车的开始时间和结束时间，每小时停车须缴纳费用10元，计算相应的停车费用。

操作步骤如下：

（1）计算停车天数。在单元格 D3 中输入公式“＝DAY（C3－B3）”，如图 2－43 所示。

=DAY(C3-B3)

	B	C	D	E	F	G	H	I
]	开始停车时间	结束停车时间	累计时间				每小时费用（元）	总费用（元）
			天数	小时	分钟	累计小时数		
345	2004-8-3 10:25	2004-8-3 22:54	0				10	
346	2004-8-2 19:32	2004-8-3 8:12					10	
347	2004-8-5 14:09	2004-8-9 15:47					10	
348	2004-8-6 18:56	2004-8-7 9:11					10	
349	2004-8-7 15:38	2004-8-7 20:43					10	
350	2004-8-5 8:04	2004-8-7 17:36					10	
351	2004-8-8 23:18	2004-8-9 20:52					10	

图 2－43 在单元格 D3 中输入公式

（2）向下拖动单元格 D3，完成其他单元格的填充，如图 2－44 所示。

D3 =DAY(C3-B3)

A	B	C	D	E	F	G	H	I
车牌	开始停车时间	结束停车时间	累计时间				每小时费用（元）	总费用（元）
			天数	小时	分钟	累计小时数		
中A12345	2004-8-3 10:25	2004-8-3 22:54	0				10	
中A12346	2004-8-2 19:32	2004-8-3 8:12	0				10	
中A12347	2004-8-5 14:09	2004-8-9 15:47	4				10	
中A12348	2004-8-6 18:56	2004-8-7 9:11	0				10	
中A12349	2004-8-7 15:38	2004-8-7 20:43	0				10	
中A12350	2004-8-5 8:04	2004-8-7 17:36	2				10	
中A12351	2004-8-8 23:18	2004-8-9 20:52	0				10	

图 2－44 计算停车天数

（3）计算停车的小时数。在单元格 E3 中输入公式“＝HOUR（C3－B3）”并向下拖动单元格 E3，完成其他单元格的填充，如图 2－45 所示。

E3 =HOUR(C3-B3)

A	B	C	D	E	F	G	H	I
车牌	开始停车时间	结束停车时间	累计时间				每小时费用（元）	总费用（元）
			天数	小时	分钟	累计小时数		
中A12345	2004-8-3 10:25	2004-8-3 22:54	0	12			10	
中A12346	2004-8-2 19:32	2004-8-3 8:12	0	12			10	
中A12347	2004-8-5 14:09	2004-8-9 15:47	4	1			10	
中A12348	2004-8-6 18:56	2004-8-7 9:11	0	14			10	
中A12349	2004-8-7 15:38	2004-8-7 20:43	0	5			10	
中A12350	2004-8-5 8:04	2004-8-7 17:36	2	9			10	
中A12351	2004-8-8 23:18	2004-8-9 20:52	0	21			10	

图 2－45 计算停车的小时数

（4）计算停车的分钟数。在单元格 F3 中输入公式“＝MINUTE（C3－B3）”并向下拖动单元格 F3，完成其他单元格的填充，如图 2－46 所示。

F3 =MINUTE(C3-B3)

A	B	C	D	E	F	G	H	I
车牌	开始停车时间	结束停车时间	累计时间			累计小时数	每小时费用（元）	总费用（元）
			天数	小时	分钟			
中A12345	2004-8-3 10:25	2004-8-3 22:54	0	12	29		10	
中A12346	2004-8-2 19:32	2004-8-3 8:12	0	12	40		10	
中A12347	2004-8-5 14:09	2004-8-9 15:47	4	1	38		10	
中A12348	2004-8-6 18:56	2004-8-7 9:11	0	14	15		10	
中A12349	2004-8-7 15:38	2004-8-7 20:43	0	5	5		10	
中A12350	2004-8-5 8:04	2004-8-7 17:36	2	9	32		10	
中A12351	2004-8-8 23:18	2004-8-9 20:52	0	21	34		10	

图 2－46　计算停车的分钟数

（5）计算累计停车时间。在单元格 G3 中输入公式“＝D3＊24＋E3＋IF（F3＝0，0，IF（F3＜＝30，0.5，1））”并向下拖动单元格 G3，完成其他单元格的填充，如图 2－47 所示。

G3 =D3*24+E3+IF(F3=0,0,IF(F3<=30,0.5,1))

A	B	C	D	E	F	G	H	I
车牌	开始停车时间	结束停车时间	累计时间			累计小时数	每小时费用（元）	总费用（元）
			天数	小时	分钟			
中A12345	2004-8-3 10:25	2004-8-3 22:54	0	12	29	12.5	10	
中A12346	2004-8-2 19:32	2004-8-3 8:12	0	12	40	13	10	
中A12347	2004-8-5 14:09	2004-8-9 15:47	4	1	38	98	10	
中A12348	2004-8-6 18:56	2004-8-7 9:11	0	14	15	14.5	10	
中A12349	2004-8-7 15:38	2004-8-7 20:43	0	5	5	5.5	10	
中A12350	2004-8-5 8:04	2004-8-7 17:36	2	9	32	58	10	
中A12351	2004-8-8 23:18	2004-8-9 20:52	0	21	34	22	10	

图 2－47　计算累计停车时间

（6）计算总的停车费用。在单元格 I3 中输入公式“＝H3＊G3”并向下拖动该单元格，完成其他单元格的填充，从而完成整个表格的计算，计算结果如图 2－48 所示。

I3 =H3*G3

A	B	C	D	E	F	G	H	I
车牌	开始停车时间	结束停车时间	累计时间			累计小时数	每小时费用（元）	总费用（元）
			天数	小时	分钟			
中A12345	2004-8-3 10:25	2004-8-3 22:54	0	12	29	12.5	10	125
中A12346	2004-8-2 19:32	2004-8-3 8:12	0	12	40	13	10	130
中A12347	2004-8-5 14:09	2004-8-9 15:47	4	1	38	98	10	980
中A12348	2004-8-6 18:56	2004-8-7 9:11	0	14	15	14.5	10	145
中A12349	2004-8-7 15:38	2004-8-7 20:43	0	5	5	5.5	10	55
中A12350	2004-8-5 8:04	2004-8-7 17:36	2	9	32	58	10	580
中A12351	2004-8-8 23:18	2004-8-9 20:52	0	21	34	22	10	220

图 2－48　计算结果

2.2.7　判断输入日期为星期几

【例 2－16】在单元格 B2 中输入“2009－10－18”，判断 B2 中的日期是星期几？单击结果单元格时，显示提示信息。

操作步骤如下：

（1）在单元格 B1 中输入“日期”，在单元格 C1 中输入“是星期几”，在单元格 B2 中输入日期值“2009－10－18”。

（2）在单元格 C2 中输入公式“＝WEEKDAY（B2，2）”并回车，立即在 C2 中显示 7（表示是星期日），如图 2－49 所示。

C2 =WEEKDAY(B2,2)

	A	B	C	D
1		日期	是星期几	
2		2009-10-18	7	
3			说明： 数字1至7 表示：星期 一至星期日	
4				
5				
6				

图 2-49　判断所输入的日期是星期几

(3) 设置提示信息。选择“数据”菜单中的“有效性”命令，打开“数据有效性”对话框。单击“输入信息”选项卡，在“标题”下面的文本框中输入“说明:”；在“输入信息”下面的文本框中输入“数字 1 至 7 表示：星期一至星期日”，如图 2-50 所示。

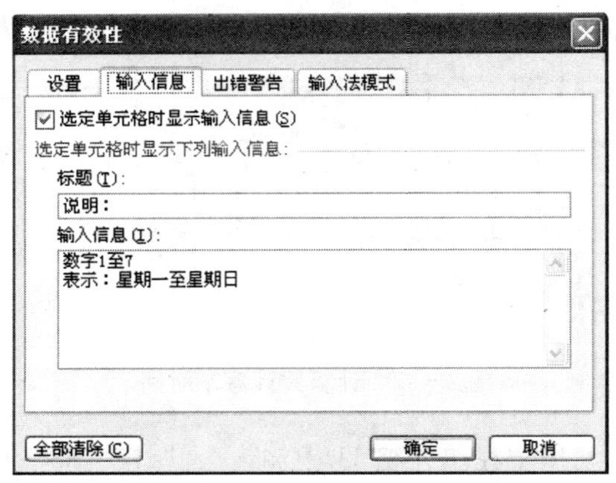

图 2-50　“数据有效性”对话框

(4) 单击“确定”按钮，完成显示提示信息的设置。

说明：WEEKDAY（Serial _ number，Return _ type）函数中的 Return _ type 参数为 1 或者省略，表示用数字 1 ~7 代表星期日 ~ 星期六；为 2，则表示用数字 1 ~7 代表星期一 ~ 星期日；为 3，则表示用数字 0 ~6 代表星期一 ~ 星期日。

2.2.8　根据生日计算年龄

【例 2-17】如果某人的出生日期为“1980-4-28”，求出其年龄。

操作步骤如下：

(1) 在单元格 B1 中输入“出生日期”，在单元格 C1 中输入“年龄”，在单元格 B2 中输入日期值“1980-4-28”。

(2) 在单元格 C2 中输入公式“=DATEDIF（B2，TODAY（），"y"）”并回车，立即显示年龄 29，如图 2-51 所示。

C2 =DATEDIF(B2,TODAY(),"y")

	A	B	C	D	E
1		出生日期	年龄		
2		1980-4-28	29		
3					

图 2-51　调用 DATEDIF 函数求年龄

说明：函数 TODAY（）用于返回当前日期。函数 DATEDIF 用于返回两个日期之间的年数、月数或天数，其格式为：DATEDIF（日期1，日期2，参数3），其中，日期1 的序列值比日期2 的序列值小，而参数3 有三种情况。

"y"：返回两个日期之间的年数。

"m"：返回两个日期之间的月数。

"d"：返回两个日期之间的天数。

2.2.9 求学生的平均分中的最高分和最低分

【例2－18】根据图2－52 所示的成绩表，求学生的平均分中的最高分和最低分。提示：需要使用 MIN（）函数和 MAX（）函数。

J5 fx

	A	B	C	D	F	G	H	I	J
1	成绩表								
2	姓名	性别	语文	数学	英语	平均分			
3	曾虹	男	42.8	78	80.9	67.23			
4	蒋志勇	男	26.3	87	61.2	58.17			
5	尹飞	女	81.8	65	94.5	80.43		最高分：	
6	王璐	女	73.6	72	85.3	76.97		最低分：	
7	唐萌萌	女	61.2	66	85.8	71.00			
8	黎宇	女	64.5	60	80.7	68.40			
9	马星成	男	94	82	96	90.67			
10	文群武	男	62.3	75	75.6	70.97			
11	毛乾坤	男	77.8	28	80.9	62.23			
12	王良喜	男	72.6	85	70	75.87			
13	王波	男	80.9	60	68.6	69.83			
14	徐伟	男	80.7	85	22.3	62.67			
15	秦伟	男	73.8	80	90.8	81.53			
16	秦戎毅	男	62.3	63	88.5	71.27			
17	彭滔	男	60.8	69	75.2	68.33			
18	曾文圆	男	71.9	86	67.9	75.27			
19	谢海华	男	44.6	76	20.9	47.17			
20	薛白	男	0	92	82.2	58.07			
21	魏玺	男	81.8	38	70.9	63.57			
22	谢颖	女	71	77	71	73.00			

图2－52 成绩表

操作步骤如下：

（1）在单元格 J5 中输入公式"＝MAX（G3:G22）"并回车，获得该班学生平均分的最高分，如图2－53 所示。

MAX ✕ ✓ fx =MAX(G3:G22)

	A	B	C	D	F	G	H	I	J	K	L
1	成绩表										
2	姓名	性别	语文	数学	英语	平均分					
3	曾虹	男	42.8	78	80.9	67.23					
4	蒋志勇	男	26.3	87	61.2	58.17					
5	尹飞	女	81.8	65	94.5	80.43		最高分：	=MAX(G3:G22)		
6	王璐	女	73.6	72	85.3	76.97		最低分：	MAX(number1, [number2], ...)		
7	唐萌萌	女	61.2	66	85.8	71.00					
8	黎宇	女	64.5	60	80.7	68.40					
9	马星成	男	94	82	96	90.67					
10	文群武	男	62.3	75	75.6	70.97					
11	毛乾坤	男	77.8	28	80.9	62.23					
12	王良喜	男	72.6	85	70	75.87					
13	王波	男	80.9	60	68.6	69.83					
14	徐伟	男	80.7	85	22.3	62.67					
15	秦伟	男	73.8	80	90.8	81.53					
16	秦戎毅	男	62.3	63	88.5	71.27					
17	彭滔	男	60.8	69	75.2	68.33					
18	曾文圆	男	71.9	86	67.9	75.27					
19	谢海华	男	44.6	76	20.9	47.17					
20	薛白	男	0	92	82.2	58.07					
21	魏玺	男	81.8	38	70.9	63.57					
22	谢颖	女	71	77	71	73.00					

图2－53 求最高分

（2）在单元格 J6 中输入公式“=MIN（G3:G22）”并回车，获得该班学生平均分的最低分，如图 2-54 所示。

MIN ▾ × ✓ fx =MIN(G3:G22)

	A	B	C	D	F	G	H	I	J	K	L
1			成绩表								
2	姓名	性别	语文	数学	英语	平均分					
3	曾虹	男	42.8	78	80.9	67.23					
4	蒋志勇	男	26.3	87	61.2	58.17					
5	尹飞	女	81.8	65	94.5	80.43		最高分：	90.67		
6	王璐	女	73.6	72	85.3	76.97		最低分：	=MIN(G3:		
7	唐萌萌	女	61.2	66	85.8	71.00			G22)		
8	黎宇	女	64.5	60	80.7	68.40			MIN(number1, [number2], ...)		
9	马星成	男	94	82	96	90.67					
10	文群武	男	62.3	75	75.6	70.97					
11	毛乾坤	男	77.8	28	80.9	62.23					
12	王良喜	男	72.6	85	70	75.87					
13	王波	男	80.9	60	68.6	69.83					
14	徐伟	男	80.7	85	22.3	62.67					
15	秦伟	男	73.8	80	90.8	81.53					
16	秦戎毅	男	62.3	63	88.5	71.27					
17	彭滔	男	60.8	69	75.2	68.33					
18	曾文圆	男	71.9	86	67.9	75.27					
19	谢海华	男	44.6	76	20.9	47.17					
20	薛白	男	0	92	82.2	58.07					
21	魏玺	男	81.8	38	70.9	63.57					
22	谢颖	女	71	77	71	73.00					

图 2-54　求最低分

该班学生平均分的最高分为 90.67，最低分为 47.17，如图 2-55 所示。

J6 ▾ fx =MIN(G3:G22)

	A	B	C	D	F	G	H	I	J
1			成绩表						
2	姓名	性别	语文	数学	英语	平均分			
3	曾虹	男	42.8	78	80.9	67.23			
4	蒋志勇	男	26.3	87	61.2	58.17			
5	尹飞	女	81.8	65	94.5	80.43		最高分：	90.67
6	王璐	女	73.6	72	85.3	76.97		最低分：	47.17
7	唐萌萌	女	61.2	66	85.8	71.00			
8	黎宇	女	64.5	60	80.7	68.40			
9	马星成	男	94	82	96	90.67			
10	文群武	男	62.3	75	75.6	70.97			
11	毛乾坤	男	77.8	28	80.9	62.23			
12	王良喜	男	72.6	85	70	75.87			
13	王波	男	80.9	60	68.6	69.83			
14	徐伟	男	80.7	85	22.3	62.67			
15	秦伟	男	73.8	80	90.8	81.53			
16	秦戎毅	男	62.3	63	88.5	71.27			
17	彭滔	男	60.8	69	75.2	68.33			
18	曾文圆	男	71.9	86	67.9	75.27			
19	谢海华	男	44.6	76	20.9	47.17			
20	薛白	男	0	92	82.2	58.07			
21	魏玺	男	81.8	38	70.9	63.57			
22	谢颖	女	71	77	71	73.00			

图 2-55　计算结果

2.2.10　计算存款额

【例 2-19】某人两年后需要一笔学习费用支出，计划从现在起每月初存入 2000 元，如果按年利 4.14%，按月计息（月利为 4.14%/12），计算两年以后该账户的存款额。

操作步骤如下：

（1）在 Excel 中新建一工作表。

（2）在工作表中输入如图 2－56 所示的标题和数据。

（3）在单元格 B2、B3、B4 和 B5 中分别输入 4.14%（年利率）、24（存款期限，即 2 年的月份数）、－2000（每月存款金额）、1（月初存入）。

B6 =FV(B2/12,B3,B4,,B5)

	A	B	C	D
1	利用FV函数计算投资问题			
2	年利率	4.14%		
3	存款期限	24		
4	每月存款金额	-2000		
5	月初存入	1		
6	投资未来值	￥50,125.81		
7				

图 2－56 FV 函数的应用

（4）在单元格 B6 中输入公式“＝FV（B2/12，B3，B4,，B5）”并回车，计算出该项投资的未来值为￥50 125.81 元。

2.2.11 计算房贷月还款额

【例 2－20】某人想银行贷款 20 万元购房，年利率为 4%，银行要求 8 年还清，每年应还款多少？

操作步骤如下：

（1）在单元格 B5 中输入公式“＝CUMIPMT（$B$2，$C$2，$A$2，$A$5，A5，0）”并回车，得到第一年的累计偿还利息，再利用自动填充功能计算其余 7 年的累计偿还利息，如图 2－57 所示。

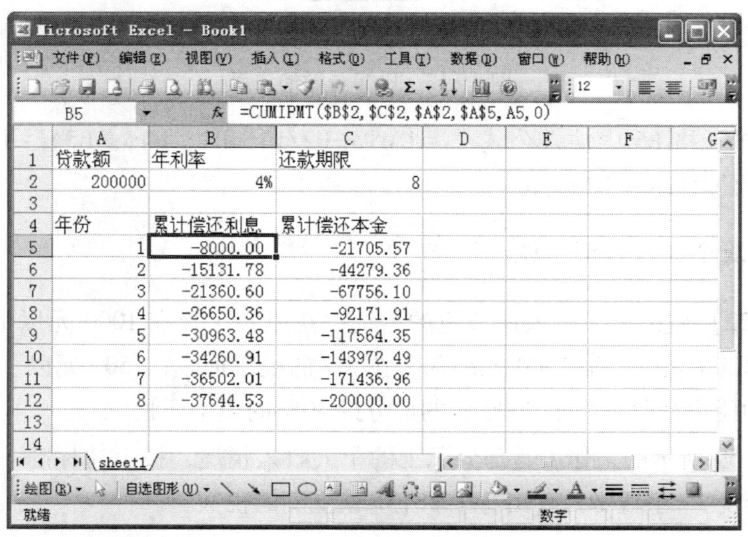

B5 =CUMIPMT($B$2,$C$2,$A$2,$A$5,A5,0)

	A	B	C
1	贷款额	年利率	还款期限
2	200000	4%	8
3			
4	年份	累计偿还利息	累计偿还本金
5	1	-8000.00	-21705.57
6	2	-15131.78	-44279.36
7	3	-21360.60	-67756.10
8	4	-26650.36	-92171.91
9	5	-30963.48	-117564.35
10	6	-34260.91	-143972.49
11	7	-36502.01	-171436.96
12	8	-37644.53	-200000.00

图 2－57 计算房贷月还款率

（2）在单元格 C5 中输入公式“＝CUMPRINC（$B$2，$C$2，$A$2，$A$5，A5，0）”并回车，得到第一年的累计偿还本金，再利用自动填充功能计算其余 7 年的累计偿还本金。

说明：CUMIPMT 和 CUMPRINC 函数的功能分别是返回一笔贷款在给定的参数期

间、累计偿还的利息数额和本金金额。

CUMIPMT 函数的格式为：CUMIPMT（Rate，Nper，Pv，Start _ period，End _ period，Type）

CUMPRINC 函数的格式为：CUMPRINC（Rate，Nper，Pv，Start _ period，End _ period，Type）

参数 Rate 表示年利率，Pv 表示本金，Nper 表示年金期限，Start _ period 表示列入计算的首期，End _ period 表示列入计算的末期，Type 的 0 值和 1 值分别指期末付款与期初付款。

2.2.12 计算分期付款放贷

【例 2－21】某人计划分期付款买房，预计贷款 10 万元，按 10 年分期付款，银行贷款年利率为 7.47%，若每月月末还款，计算他的每月还款额。

操作步骤如下：

（1）在工作表中输入如图 2－58 所示的标题和数据，在单元格 B2、B3、B4 和 B5 中分别输入 7.47%（年利率）、120（贷款期限，即 10 年的月份数）、100 000（贷款金额），0（月末还款）。

B6 =PMT(B2/12,B3,B4,,B5)

	A	B	C	D
1	利用PMT函数计算房贷			
2	年利率	7.47%		
3	贷款期限	120		
4	贷款金额	100000		
5	月末还款	0		
6	每月还贷金额	￥-1,185.45		
7				
8				

图 2－58 PMT 函数的应用

（2）在单元格 B6 中输入公式“＝PMT（B2/12，B3，B4，，B5）”并回车，计算出该笔贷款的每月还款金额。

2.2.13 计算个人收入调节税

【例 2－22】假设个人收入调节税的稽征办法是：工资在 1000 元以下的免征调节税；工资在 1000 元以上至 1500 元的部分按 5% 的税率征收；1500 元以上至 2000 元的部分按 8% 的税率征收；高于 2000 元的部分按 30% 的税率征收。

如图 2－59 所示的工作表是部分职工的个人收入情况，按上述标准，采用 IF 函数在“个人调节税”字段中计算出每个职工应该上交的税额。

D2 =IF(C2<=1000,"",IF(C2<=1500,(C2-1000)*5%,IF(C2<=2000,(C2-1500)*8%,(C2-2000)*30%)))

	A	B	C	D	E	F	G	H	I	J	K	L
1	姓名	性别	个人收入	个人调节税								
2	邓建庆	男	870									
3	皮康花	女	1240	12								
4	张小春	女	1890	31.2								
5	江红刚	男	2400	120								

图 2－59 计算个人收入调节税

操作步骤如下：

（1）在单元格 D2 中输入以下公式并回车：

=if(C2 < =1000," ",if(C2 < =1500,(C2 -1000) * 5%,if(C2 < =2000,(C2 -1500) * 8%,(C2 -2000) * 30%)))

（2）按住鼠标左键拖动单元格 D2 右下角的填充柄一直到单元格 D5，完成各职工的个人收入调节税的计算。

说明：公式中的 IF 语句是逐次计算的，如果第一个逻辑判断 C2 < =1000 成立，则公式所在单元格被填入空格；否则，计算第二个 IF 语句，直至计算结束。如果税率征收标准发生了变化，只须改变逻辑和计算式中的值，如 1000、1500 和 2000 即可。

2.2.14　统计男生和女生人数

【例 2 -23】根据图 2 -60 所示的成绩表，统计该班的男生和女生人数。

	A	B	C	D	E	G	H	I	J
1	成绩表								
2	学号	姓名	性别	语文	数学	英语			
3	02522045	曾虹	男	42.8	78	80.9			
4	02522049	蒋志勇	男	26.3	87	61.2			
5	03522099	尹飞	女	81.8	65	94.5		男生人数	
6	03522100	王璐	女	73.8	72	85.3		女生人数	
7	03522107	唐萌萌	女	61.2	66	85.8			
8	03522110	黎宇	女	64.5	60	80.7			
9	03522111	马星成	男	0	82	0			
10	03522112	文群武	男	62.3	75	75.6			
11	03522113	毛乾坤	男	77.8	28	80.9			
12	03522115	王良喜	男	72.6	85	70			
13	03522116	王波	男	80.9	60	68.6			
14	03522138	徐伟	男	80.7	85	22.3			
15	03522139	秦伟	男	73.8	80	90.8			
16	03522140	秦戎毅	男	62.3	63	88.5			
17	03522141	彭滔	男	60.8	69	75.2			
18	03522142	曾文圆	男	71.9	86	67.9			
19	03522143	谢海华	男	44.6	76	20.9			
20	03522145	薛白	男	0	92	82.2			
21	03522146	魏玺	男	81.8	38	70.9			
22	03522147	谢颖	女	71	77	71			

图 2 -60　成绩表

操作步骤如下：

（1）在单元格 J5 中输入公式“ =COUNTIF（C3:C22,"男"）”并回车，统计该班的男生总人数。统计结果如图 2 -61 所示。

（2）在单元格 J6 中输入公式“ =COUNTIF（C3:C22,"女"）”并回车，统计该班的女生总人数。统计结果如图 2 -61 所示。

	A	B	C	D	E	G	H	I	J
1				成绩表					
2	学号	姓名	性别	语文	数学	英语			
3	02522045	曾虹	男	42.8	78	80.9			
4	02522049	蒋志勇	男	26.3	87	61.2			
5	03522099	尹飞	女	81.8	65	94.5		男生人数	15
6	03522100	王瑞	女	73.6	72	85.3		女生人数	5
7	03522107	唐萌萌	女	61.2	66	85.8			
8	03522110	黎宇	女	64.5	60	80.7			
9	03522111	马星成	男	0	82	0			
10	03522112	文群武	男	62.3	75	75.6			
11	03522113	毛乾坤	男	77.8	28	80.9			
12	03522115	王良喜	男	72.6	85	70			
13	03522116	王波	男	80.9	60	68.6			
14	03522138	徐伟	男	80.7	85	22.3			
15	03522139	秦伟	男	73.8	80	90.8			
16	03522140	秦戎毅	男	62.3	63	88.5			
17	03522141	彭滔	男	60.8	69	75.2			
18	03522142	曾文圆	男	71.9	86	67.9			
19	03522143	谢海华	男	44.6	76	20.9			
20	03522145	薛白	男	0	92	82.2			
21	03522146	魏玺	男	81.8	38	70.9			
22	03522147	谢颖	女	71	77	71			

图 2-61　统计男生和女生人数

2.2.15　统计及格女生人数

【例 2-24】设数据表中的单元格区域 B2:B11 存放学生性别，单元格区域 C2:C11 存放学生的考试成绩，统计考试成绩及格的女生人数。

分析：明确统计的是考试成绩及格的女生人数，因此先用 IF 函数将"成绩≥60"的学生找出来，再用 IF 函数筛选出"性别="女""的情况，即需要使用 IF 函数嵌套。可以使用数组公式来完成。

操作步骤如下：

(1) 在单元格 A12 中输入信息"及格女生人数"。

(2) 在单元格 C12 中输入公式"=SUM (IF (B2:B11="女", IF (C2:C11>=60, 1, 0)))"，由于这是一个数组公式，所以公式输入完后按住 Ctrl + Shift 键并回车，统计结果如图 2-62 所示。

C12　fx {=SUM(IF(B2:B11="女",IF(C2:C11>=60,1,0)))}

	A	B	C	D	E	F	G
1	姓名	性别	成绩				
2	魏军	男	69				
3	叶枫	女	89				
4	李云青	女	56				
5	史杭美	女	60				
6	罗瑞维	男	67				
7	刘予予	女	50				
8	苏丽丽	女	90				
9	王力洞	男	54				
10	张泽民	男	90				
11	谢天明	男	89				
12	及格女生人数		3				

图 2-62　统计考试成绩及格的女生人数

2.2.16　统计某姓氏人数

【例 2-25】在如图 2-63 所示的职工表中，单元格区域 A2:A12 存放 11 位职工的姓名，单元格区域 B2:B12 存放职工的性别，现要统计其中姓张的职工人数。

	A	B	C	D
1	姓名	性别	姓氏	
2	张春芳	女		
3	刘燕平	女		
4	王刚	男		
5	张开江	男		
6	史进红	女		
7	刘林	男		
8	张全欧	男		
9	谢坦	男		
10	张婷	女		
11	赵安武	男		
12	吕诗艳	女		

图 2－63　职工表

操作步骤如下：

（1）在单元格 C2 中输入公式"＝MID（A2，1，1）"或"＝MIDB（A2，1，2）"并回车，从单元格 A2 中提取出该职工的姓氏。

（2）将鼠标指向单元格 C2 的右下角并按住左键，拖动填充柄一直到单元格 C12，提取其余各职工的姓氏，如图 2－64 所示。

C2　=MID(A2,1,1)

	A	B	C	D
1	姓名	性别	姓氏	
2	张春芳	女	张	
3	刘燕平	女	刘	
4	王刚	男	王	
5	张开江	男	张	
6	史进红	女	史	
7	刘林	男	刘	
8	张全欧	男	张	
9	谢坦	男	谢	
10	张婷	女	张	
11	赵安武	男	赵	
12	吕诗艳	女	吕	

图 2－64　提取各职工的姓氏

（3）在单元格 D6 中输入信息"姓张的职工人数"并回车。

（4）在单元格 E6 中输入公式"＝COUNTIF（C2:C12,"张"）"并回车（只要改变公式中的姓氏，即可统计出其他姓氏职工的人数），统计出姓张的职工人数，统计结果如图 2－65 所示。

E6　=COUNTIF(C2:C12,"张")

	A	B	C	D	E	F
1	姓名	性别	姓氏			
2	张春芳	女	张			
3	刘燕平	女	刘			
4	王刚	男	王			
5	张开江	男	张			
6	史进红	女	史	姓张的职工人数	4	
7	刘林	男	刘			
8	张全欧	男	张			
9	谢坦	男	谢			
10	张婷	女	张			
11	赵安武	男	赵			
12	吕诗艳	女	吕			

图 2－65　统计姓张的职工人数

2.2.17 统计平均分各分数段的人数

【例 2－26】统计如图 2－66 所示的成绩表中学生的平均分各分数段的人数。

	A	B	C	D	F	G	H	I	J	K
1			成绩表							
2	姓名	性别	语文	数学	英语	平均分				
3	曾虹	男	42.8	78	80.9	67.23				
4	蒋志勇	男	26.3	87	61.2	58.17				
5	尹飞	女	81.8	65	94.5	80.43				
6	王璐	女	73.6	72	85.3	76.97		60分以下		
7	唐萌萌	女	61.2	66	85.8	71.00		60~69		
8	黎宇	女	64.5	60	80.7	68.40		70~79		
9	马星成	男	0	82	0	27.33		80~89		
10	文群武	男	62.3	75	75.6	70.97		90分以上		
11	毛乾坤	男	77.8	28	80.9	62.23				
12	王良喜	男	72.6	85	70	75.87				
13	王波	男	80.9	60	68.6	69.83				
14	徐伟	男	80.7	85	22.3	62.67				
15	秦伟	男	73.8	80	90.8	81.53				
16	秦戎毅	男	62.3	63	88.5	71.27				
17	彭滔	男	60.8	69	75.2	68.33				
18	曾文圆	男	71.9	86	67.9	75.27				
19	谢海华	男	44.6	76	20.9	47.17				
20	薛白	男	0	92	82.2	58.07				
21	魏玺	男	81.8	38	70.9	63.57				
22	谢颖	女	71	77	71	73.00				

图 2－66　成绩表

操作步骤如下：

（1）在单元格 J6、J7、J8、J9 中分别输入 60、70、80、90，分别表示“60 以下”、“60～69”、“70～79”和“80～89”4 个分数段，如图 2－67 所示。

60分以下	60	
60~69	70	
70~79	80	
80~89	90	
90分以上		

图 2－67　分数段

（2）同时选中 K6～K10 这 6 个单元格，输入公式“=FREQUENCY（G3:G22，J6:J9）”，如图 2－68 所示。

60分以下	60	=FREQUENCY(G3:G22,J6:J9)
60~69	70	
70~79	80	
80~89	90	
90分以上		

图 2－68　输入公式

（3）按住组合键 Ctrl + Shift + Enter（因 K6～K10 这 6 个单元格是数组），统计出各分数段的人数，统计结果如图 2－69 所示。

K10 {=FREQUENCY(G3:G22,J6:J9)}

	A	B	C	D	E	G	H	I	J	K
1			成绩表							
2	姓名	性别	语文	数学	英语	平均分				
3	曾虹	男	42.8	78	80.9	67.23				
4	蒋志勇	男	26.3	87	61.2	58.17				
5	尹飞	女	81.8	65	94.5	80.43				
6	王璐	女	73.6	72	85.3	76.97		60分以下	60	4
7	唐萌萌	女	61.2	66	85.8	71.00		60~69	70	7
8	黎宇	女	64.5	60	80.7	68.40		70~79	80	7
9	马星成	男	0	82	0	27.33		80~89	90	2
10	文群武	男	62.3	75	75.6	70.97		90分以上		0
11	毛乾坤	男	77.8	28	80.9	62.23				
12	王良喜	男	72.6	85	70	75.87				
13	王波	男	80.9	60	68.6	69.83				
14	徐伟	男	80.7	85	22.3	62.67				
15	秦伟	男	73.8	80	90.8	81.53				
16	秦戎毅	男	62.3	63	88.5	71.27				
17	彭滔	男	60.8	69	75.2	68.33				
18	曾文圆	男	71.9	86	67.9	75.27				
19	谢海华	男	44.6	76	20.9	47.17				
20	薛白	男	0	92	82.2	58.07				
21	魏玺	男	81.8	38	70.9	63.57				
22	谢颖	女	71	77	71	73.00				

图 2-69 统计各分数段的人数

说明：本题利用了求频率分布的专用统计函数 FREQUENCY，由于该函数返回一个数组，所以必须以数组公式的形式输入。

【格式】FREQUENCY（Data_array，Bins_array）

【说明】参数说明如下：

Data_array 为一数组或对一组数值的引用，用来计算频率。如果 Data_array 中不包含任何数值，该函数返回零数组。

Bins_array 为一数组或对数组区域的引用，设定对 Data_array 进行频率计算的分段点。如果 Bins_array 中不包含任何数值，则函数返回 Data_array 元素的数目。

2.3 图表的高级应用及技巧

下面的应用实例主要介绍有关图表的高级应用及技巧。

2.3.1 创建股价图

【例 2-27】根据图 2-70 所示的原始数据，按要求创建股价走势图表，并为股价添加趋势线。

	A	B	C	D	E	F
1	某股票三周交易记录					
2	日期	成交量	开盘价	最高价	最低价	收盘价
3	2007-1-15	169841	5.62	6.19	5.62	6.19
4	2007-1-16	458535	6.5	6.81	6.32	6.81
5	2007-1-17	387768	6.85	7.22	6.51	6.65
6	2007-1-18	363101	6.79	7.32	6.55	7.32
7	2007-1-19	286409	7.3	7.58	7.1	7.45
8	2007-1-22	228998	7.46	7.49	7.21	7.44
9	2007-1-23	289374	7.39	7.39	6.7	7.07
10	2007-1-24	180133	7	7.2	6.78	7.04
11	2007-1-25	330929	7.11	7.73	6.96	7.23
12	2007-1-26	234133	7.1	7.38	6.59	6.96
13	2007-1-29	169437	6.94	7.29	6.9	7.16
14	2007-1-30	342915	7.18	7.8	7.16	7.51
15	2007-1-31	342215	7.39	7.97	7.2	7.24
16	2007-2-1	177027	7.13	7.25	6.7	7.11
17	2007-2-2	153024	7.11	7.22	6.55	6.57
18						

图 2－70　原始数据

操作步骤如下：

（1）创建股价走势图表

① 选择单元格区域 A2:F17，单击“常用”工具栏中的“图表向导”按钮，打开“图表向导－4 步骤之 1－图表类型”对话框，如图 2－71 所示。

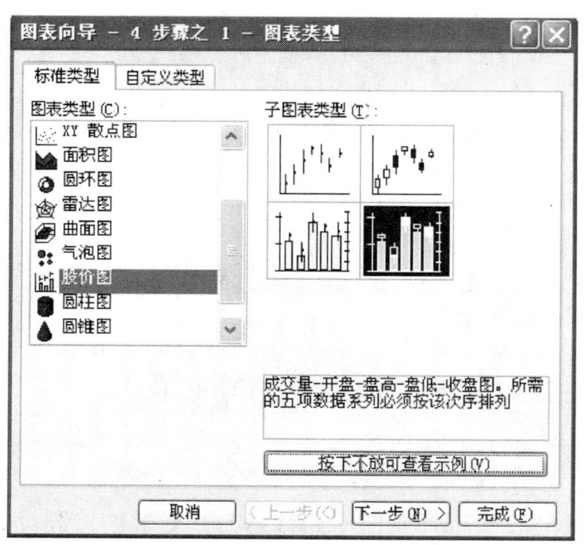

图 2－71　“图表向导－4 步骤之 1－图表类型”对话框

② 选择“标准类型”选项卡，在“图表类型”列表中选择“股价图”，在“子图表类型”中选择“成交量－开盘－盘高－盘低－收盘图”类型，然后单击“下一步”按钮，打开“图表向导－4 步骤之 2－图表数据源”对话框，如图 2－72 所示。

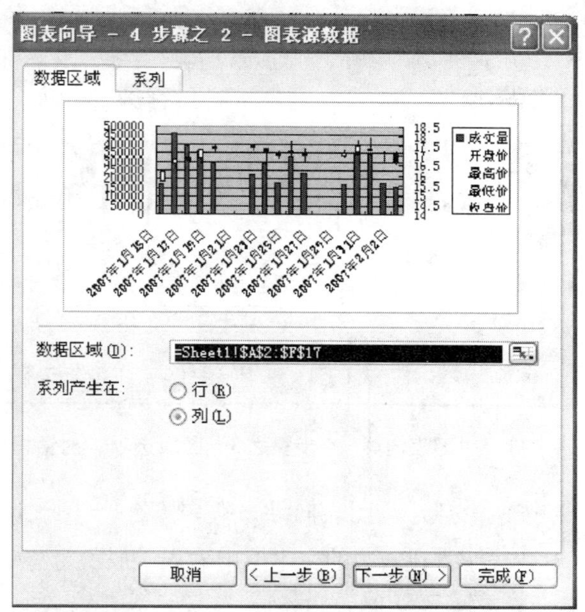

图 2 - 72　“图表向导 -4 步骤之 2 - 图表源数据”对话框

③ 在“图表向导 -4 步骤之 2 - 图表数据源”对话框中，可重新选择数据区域，确定系列产生是行还是列。然后单击“下一步”按钮，打开“图表向导 -4 步骤之 3 - 图表选项”对话框，在“图表标题”的文本框中输入“某股本股价走势”，如图 2 -73 所示。

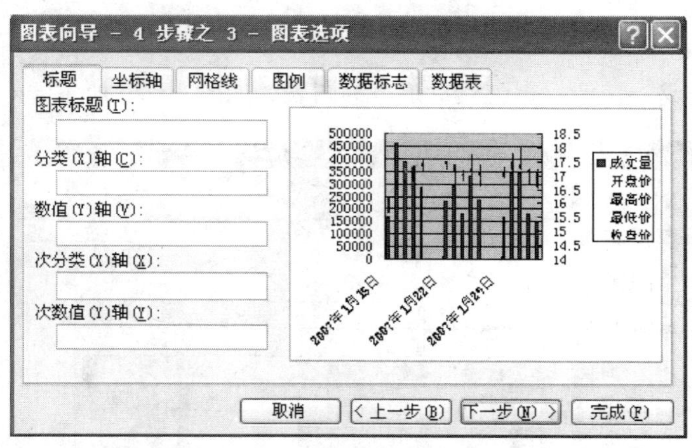

图 2 - 73　“图表向导 -4 步骤之 3 - 图表选项”对话框

④ 单击“图例”选项卡，选择“位置”下面的“底部”单选按钮，如图 2 -74 所示。

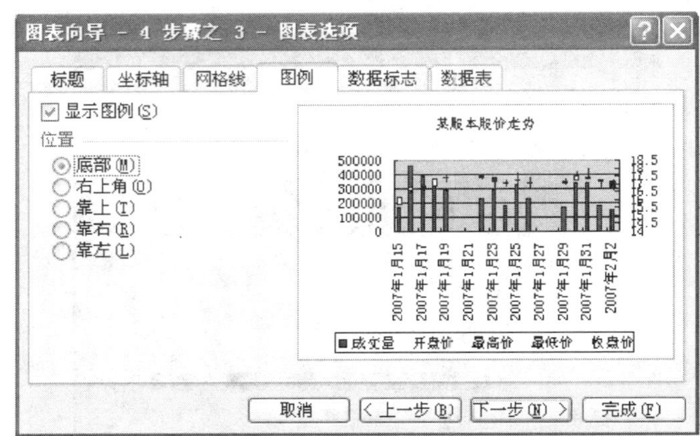

图 2 - 74　“图表向导 - 4 步骤之 3 - 图表选项”对话框

⑤ 单击“下一步”按钮，打开“图表向导 - 4 步骤之 4 - 图表位置”对话框，选择“作为新工作表插入”单选按钮，在右边的文本框中输入“股价走势”，如图 2 - 75 所示。

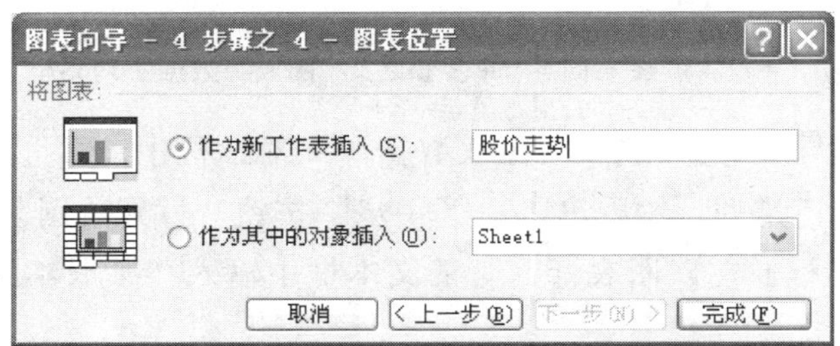

图 2 - 75　“图表向导 - 4 步骤之 4 - 图表位置”对话框

⑥ 单击“完成”按钮，得到股价走势的图表，如图 2 - 76 所示。

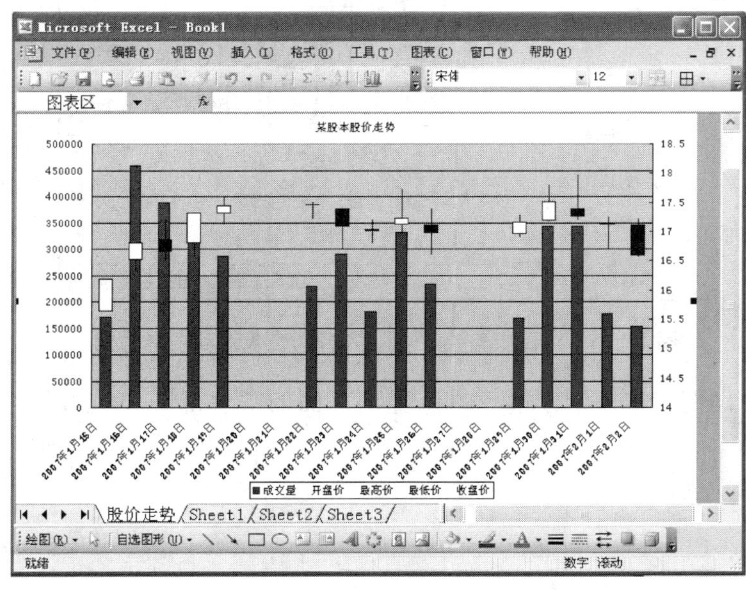

图 2 - 76　股价走势图

（2）为股价添加趋势线

① 为收盘价添加趋势线。右击收盘价系列，在弹出的快捷菜单中，选择“添加趋势线”命令，打开“添加趋势线”对话框，如图 2－77 所示。

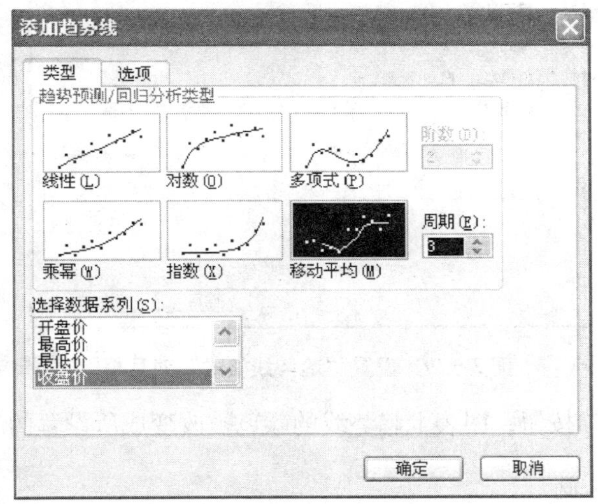

图 2－77 “添加趋势线”对话框

② 单击“类型”选项卡，选择“移动平均”类型，调节右侧的“周期”微调按钮，设置周期为 3（表示三天移动平均线），然后单击“确定”按钮，完成趋势线的添加操作，如图 2－78 所示。

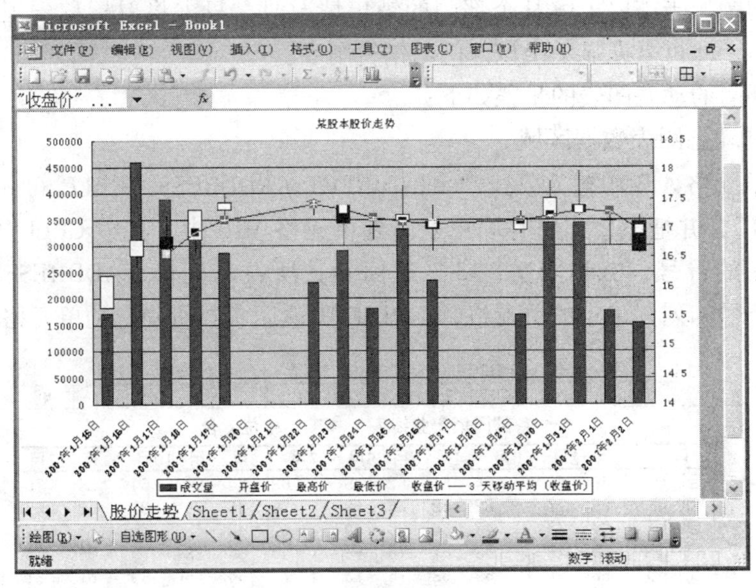

图 2－78 在图表上添加趋势线

③ 改变趋势线的颜色。双击趋势线，打开“趋势线格式”对话框，选择“自定义”单选按钮；单击“颜色”下拉按钮，选择一种颜色；单击“粗细”下拉按钮，选择一种线型，如图 2－79 所示。

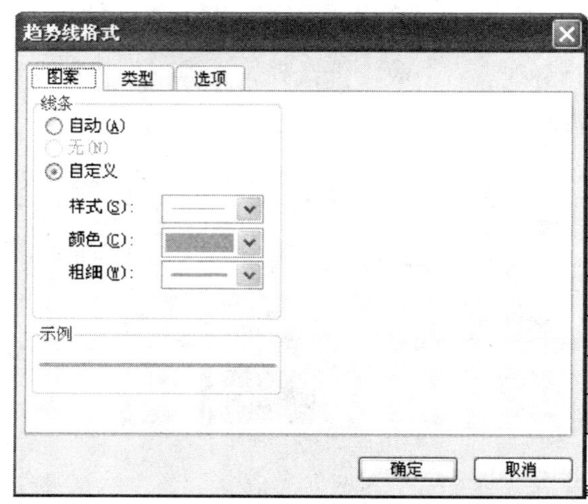

图 2－79　设置“趋势线格式”对话框

④ 单击“确定”按钮，图表上趋势线的颜色被改变成所设置的颜色。

2.3.2　创建动态图表

【例 2－28】假设某企业的 8 个销售部门一年内各月的销售量数据如图 2－80 所示，要求创建动态图表。

分析：在企业的经营活动中，往往需要为每个部门建立大量相似的图表。如果在一张工作表上建立太多的图表，既费时，也使得图表显得杂乱不堪。可建立动态图表来解决这个问题，当需要了解某个部门的销售情况时，只需将鼠标移到工作表中该部门的单元格上，即可立即显示出该部门的销售图表。

建立各部门的动态图表的步骤如下：

（1）设计动态图表数据区域。

（2）在单元格 A13 中输入公式“＝INDIRECT（ADDRESS（CELL（"row"），COLUMN（A3）））”，并把该公式向右填充复制到单元格 M13 中，其中 CELL（"row"）返回当前行所在的行号，COLUMN（A3）返回参数所在的列标，ADDRESS（行号，列标）返回由行号和列标确定的单元格，INDIRECT 返回参数所确定的单元格内容。

A13　=INDIRECT(ADDRESS(CELL("row"),COLUMN(A3)))

	A	B	C	D	E	F	G	H	I	J	K	L	M
1	各部门销售业绩表　单位：台												
2	月份	1月	2月	3月	4月	5月	6月	7月	8月	9月	10月	11月	12月
3	部门一	60	48	64	51	62	45	68	74	54	64	55	70
4	部门二	65	77	82	58	66	58	76	45	76	81	50	68
5	部门三	77	73	45	54	56	49	62	48	68	70	66	54
6	部门四	59	45	48	67	78	56	40	66	88	79	56	73
7	部门五	56	57	59	68	76	73	76	54	45	59	61	67
8	部门六	58	65	78	79	66	88	77	56	50	49	69	74
9	部门七	73	69	65	64	47	67	58	59	60	61	64	63
10	部门八	55	54	67	58	49	60	50	57	66	58	59	70
11	动态图表数据区域												
12	月份	1月	2月	3月	4月	5月	6月	7月	8月	9月	10月	11月	12月
13	部门一	60	48	64	51	62	45	68	74	54	64	55	70

图 2－80　各部门销售业绩表

（3）选择单元格区域 A12:M13，插入“折线图”，即形成动态图表，可对其进行相应的格式设置；选择单元格 A4，按F9键（即对工作表数据重新计算），显示部门二的销售图，如图 2－81 所示。

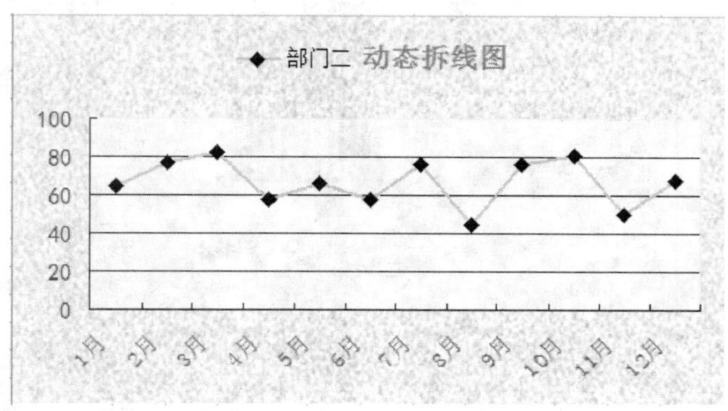

图 2－81 显示部门二的销售图

（4）单击单元格 A6，按F9键，显示部门四的销售图，如图 2－82 所示。

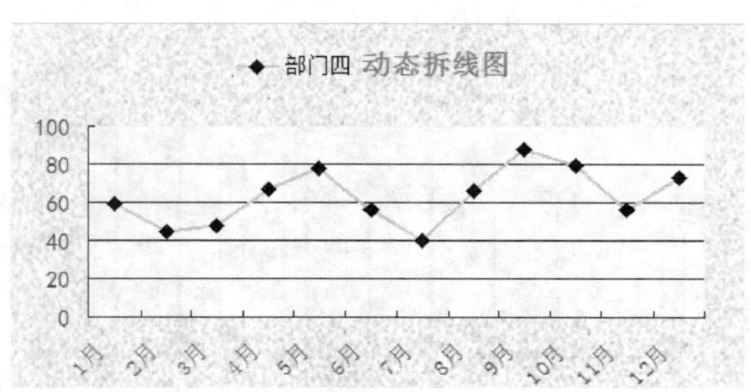

图 2－82 显示部门四的销售图

2.3.3 创建气温和降水量图表

【例 2－29】创建如图 2－83 所示的数据表。

	A	B	C	D	E	F	G	H	I	J	K	L	M
1	**月份**	**1**	**2**	**3**	**4**	**5**	**6**	**7**	**8**	**9**	**10**	**11**	**12**
2	**气温(℃)**	11.6	13.5	14.6	16.3	18.9	19.8	20.1	22.5	19.8	21.7	23.6	22.4
3	**降水（mm）**	19.8	18.3	14.6	13.5	13.1	11.4	86	90	85	76	8	3

图 2－83 气温和降水量图表

操作步骤如下：

（1）选择单元格区域 A2:M3，打开“图表向导”对话框，单击“自定义类型”选项卡，如图 2－84 所示。

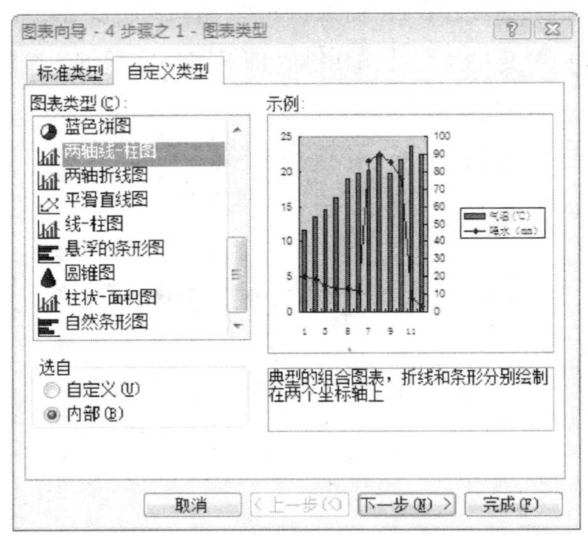

图 2 - 84 “图表向导”对话框

（2）选择“两轴线 - 柱图”类型，单击“完成”按钮。然后可适当地美化一下图表的颜色、字体等外观，生成的图表如图 2 - 85 所示。

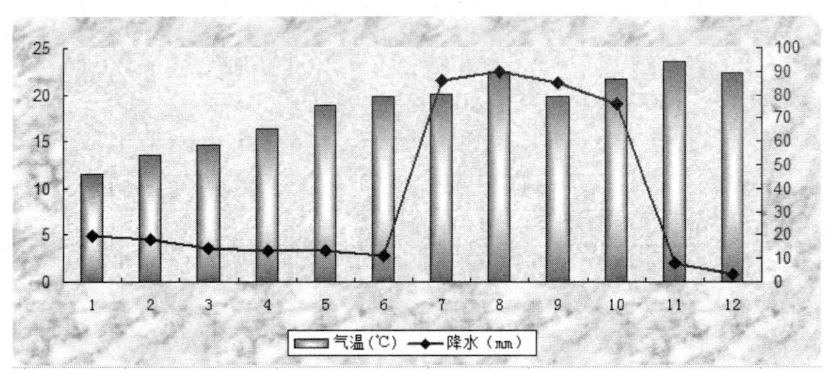

图 2 - 85 最后生成的图表

2.4 数据分析与统计应用

下面的应用实例主要介绍有关数据分析与统计的高级应用及技巧。

2.4.1 数据的排序

【例 2 - 30】在如图 2 - 86 所示的销售数据清单中，完成下列排序操作：

（1）将销售数量按降序排列。

（2）先按分公司升序排序，分公司相同时再按产品名称降序排列。

（3）先按分公司升序排序，分公司相同再按产品名称降序排列，产品名称相同则按销售人员升序排列；如果销售人员还相同，则按销售数量降序排列。

	A	B	C	D	E	F
1	某产品销售数据清单					
2	序号	时间	分公司	产品名称	销售人员	销售数量
3	1	二月	南京	产品一	张扬	70
4	2	三月	北京	产品三	孙梅	52
5	3	一月	成都	产品二	赵兵	69
6	4	五月	成都	产品四	张小明	85
7	5	五月	北京	产品四	李思	81
8	6	一月	南京	产品三	刘江	90
9	7	二月	南京	产品一	张扬	64
10	8	二月	天津	产品二	李海涛	88
11	9	四月	北京	产品三	孙梅	92
12	10	四月	天津	产品二	王佳璐	79
13	11	三月	天津	产品一	单亮	93
14	12	四月	成都	产品一	于进	77
15						

图 2-86　销售数据清单

操作步骤如下：

(1) 将销售数量按降序排列。

① 选择“销售数量”列的任意一个单元格，此例选择单元格 F7。

② 单击“常用”工具栏中的“降序排序”按钮，排序结果如图 2-87 所示。

	A	B	C	D	E	F
1	某产品销售数据清单					
2	序号	时间	分公司	产品名称	销售人员	销售数量
3	11	三月	天津	产品一	单亮	93
4	9	四月	北京	产品三	孙梅	92
5	6	一月	南京	产品三	刘江	90
6	8	二月	天津	产品二	李海涛	88
7	4	五月	成都	产品四	张小明	85
8	5	五月	北京	产品四	李思	81
9	10	四月	天津	产品二	王佳璐	79
10	12	四月	成都	产品一	于进	77
11	1	二月	南京	产品一	张扬	70
12	3	一月	成都	产品二	赵兵	69
13	7	二月	南京	产品一	张扬	64
14	2	三月	北京	产品三	孙梅	52
15						

图 2-87　按照“销售数量”降序排序的结果

(2) 先按分公司升序排序，分公司相同时再按产品名称降序排列。

① 选择数据清单表中的任意一个单元格。

② 选择“数据”菜单中的“排序”命令，打开“排序”对话框，在“主要关键字”下拉列表中选择“分公司”，并选择“升序”单选按钮；在“次要关键字”下拉列表中选择“产品名称”，并选择“降序”单选按钮；选择“有标题行”单选按钮，如图 2-88 所示。

图 2-88 “排序”对话框

③ 单击“确定”按钮，完成排序操作，排序结果如图 2-89 所示。

	A	B	C	D	E	F
1			某产品销售数据清单			
2	序号	时间	分公司	产品名称	销售人员	销售数量
3	5	五月	北京	产品四	李思	81
4	9	四月	北京	产品三	孙梅	92
5	2	三月	北京	产品三	孙梅	52
6	12	四月	成都	产品一	于进	77
7	4	五月	成都	产品四	张小明	85
8	3	一月	成都	产品二	赵兵	69
9	1	二月	南京	产品一	张扬	70
10	7	二月	南京	产品一	张扬	64
11	6	一月	南京	产品三	刘江	90
12	11	三月	天津	产品一	单亮	93
13	8	二月	天津	产品二	李海涛	88
14	10	四月	天津	产品二	王佳璐	79
15						

图 2-89 按照两个字段排序的结果

（3）先按分公司升序排序，当分公司相同时，按产品名称降序排列；当产品名称相同时，则按销售人员升序排列；如果销售人员还相同，则按销售数量降序排列。

① 选择“销售数量”列的任意一个单元格，单击“常用”工具栏中的“降序排序”按钮，排序结果如图 2-90 所示。

	A	B	C	D	E	F
1			某产品销售数据清单			
2	序号	时间	分公司	产品名称	销售人员	销售数量
3	11	三月	天津	产品一	单亮	93
4	9	四月	北京	产品三	孙梅	92
5	6	一月	南京	产品三	刘江	90
6	8	二月	天津	产品二	李海涛	88
7	4	五月	成都	产品四	张小明	85
8	5	五月	北京	产品四	李思	81
9	10	四月	天津	产品二	王佳璐	79
10	12	四月	成都	产品一	于进	77
11	1	二月	南京	产品一	张扬	70
12	3	一月	成都	产品二	赵兵	69
13	7	二月	南京	产品一	张扬	64
14	2	三月	北京	产品三	孙梅	52
15						

图 2-90 “销售数量”降序排序结果

② 单击“销售人员”列的任意一个单元格，单击“常用”工具栏中的“升序排序”按钮，排序结果如图 2－91 所示。可以看到，当销售人员姓名相同时，销售数量是按降序排列的。

	A	B	C	D	E	F
1			某产品销售数据清单			
2	序号	时间	分公司	产品名称	销售人员	销售数量
3	11	三月	天津	产品一	单亮	93
4	8	二月	天津	产品二	李海涛	88
5	5	五月	北京	产品四	李思	81
6	6	一月	南京	产品三	刘江	90
7	9	四月	北京	产品三	孙梅	92
8	2	三月	北京	产品三	孙梅	52
9	10	四月	天津	产品二	王佳璐	79
10	12	四月	成都	产品一	于进	77
11	4	五月	成都	产品四	张小明	85
12	1	二月	南京	产品一	张扬	70
13	7	二月	南京	产品一	张扬	64
14	3	一月	成都	产品二	赵兵	69
15						

图 2－91　“销售人员”升序、“销售数量”降序排序结果

③ 选择“产品名称”列的任意一个单元格，单击“常用”工具栏中的“降序排序”按钮，排序结果如图 2－92 所示。可以看到，当产品名称相同时，按照销售人员姓名的升序排序的。当销售人员姓名相同时，销售数量是按降序排列的。

	A	B	C	D	E	F
1			某产品销售数据清单			
2	序号	时间	分公司	产品名称	销售人员	销售数量
3	11	三月	天津	产品一	单亮	93
4	12	四月	成都	产品一	于进	77
5	1	二月	南京	产品一	张扬	70
6	7	二月	南京	产品一	张扬	64
7	5	五月	北京	产品四	李思	81
8	4	五月	成都	产品四	张小明	85
9	6	一月	南京	产品三	刘江	90
10	9	四月	北京	产品三	孙梅	92
11	2	三月	北京	产品三	孙梅	52
12	8	二月	天津	产品二	李海涛	88
13	10	四月	天津	产品二	王佳璐	79
14	3	一月	成都	产品二	赵兵	69
15						

图 2－92　按“产品名称”降序、“销售人员”升序、“销售数量”降序的排序结果

④ 选择“分公司”列的任意一个单元格，单击“常用”工具栏中的“升序排序”按钮，排序结果如图 2－93 所示。

	A	B	C	D	E	F
1	某产品销售数据清单					
2	序号	时间	分公司	产品名称	销售人员	销售数量
3	5	五月	北京	产品四	李思	81
4	9	四月	北京	产品三	孙梅	92
5	2	三月	北京	产品三	孙梅	52
6	12	四月	成都	产品一	于进	77
7	4	五月	成都	产品四	张小明	85
8	3	一月	成都	产品二	赵兵	69
9	1	二月	南京	产品一	张扬	70
10	7	二月	南京	产品一	张扬	64
11	6	一月	南京	产品三	刘江	90
12	11	三月	天津	产品一	单亮	93
13	8	二月	天津	产品二	李海涛	88
14	10	四月	天津	产品二	王佳璐	79
15						

图 2－93　排序结果

在 Excel 中，如果希望在数据清单中只出现用户需要的数据，但又不删除暂时不需要的数据，可以使用 Excel 提供的筛选数据功能。

说明：按关键字排序时，如果关键字取值是汉字，则按照汉字的拼音字母的顺序来排列。

在“排序”对话框中，只能选取三个排序关键字。如果要排序的字段多于三个，可以按照“以最不重要的”排序字段开始，以最重要的排序字段结束，通过单击工具栏中的“升序”、“降序”按钮来实现排序操作。

2.4.2　自动筛选和高级筛选

【例 2－31】利用自动筛选和高级筛选两种方式，将图 2－94 中的“英语”和“计算机”成绩都高于 90 分的学生数据保存到 Sheet2 工作表中。

	A	B	C	D	E	F	G	H	I	J	K
1	学号	姓名	性别	写作	英语	逻辑	计算机	体育	法律	哲学	总分
2	1	马红丽	女	89	89	92	95	72	93	94	624
3	2	刘绪	女	79	81	95	80	73	88	92	588
4	3	付艳丽	女	86	93	94	91	73	97	94	628
5	4	张建立	男	82	88	92	77	80	84	84	587
6	5	洪峰	男	80	90	88	86	82	70	70	566
7	6	刘俊	男	84	79	72	88	77	55	83	538
8	7	刘宝英	女	82	90	92	84	81	96	88	613
9	8	郑会锋	女	85	77	95	91	74	90	89	601
10	9	张琪	女	82	90	89	90	80	90	88	609

图 2－94　学生成绩表

操作步骤如下：

(1) 自动筛选

① 选择数据表中任意一个单元格，打开“数据”菜单，依次选择“筛选”、“自动筛选”命令，进入“自动筛选”状态。

② 选择单元格 E1（即“英语”标题字段所在的单元格），单击右侧的下拉按钮，在弹出的快捷菜单中，选择“自定义”命令，打开“自定义自动筛选方式”对话框，

然后选择“大于或等于”选项，输入数值 90（如图 2－95 所示），然后单击“确定”按钮。

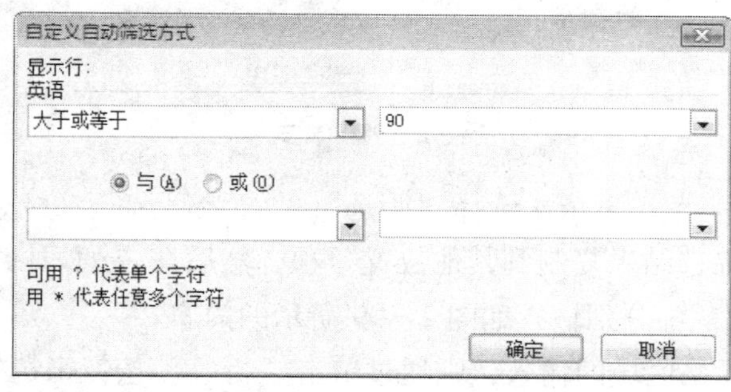

图 2－95 “自定义自动筛选方式”对话框

③ 按照上述操作，进一步设置“计算机”成绩的筛选条件。单击“确定”按钮，需要的数据被筛选出来。

④ 选中筛选后的数据区域，选择“编辑”菜单中的“定位”命令，打开“定位”对话框。

⑤ 单击“定位条件”按钮，打开“定位条件”对话框，选择“可见单元格”复选框（如图 2－96 所示），然后单击“确定”按钮。

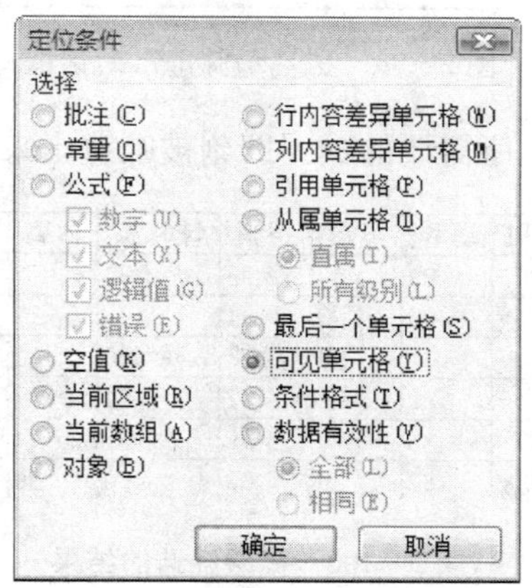

图 2－96 “定位条件”对话框

⑥ 执行“复制”操作，切换到 Sheet2 工作表中，选择保存区域的第一个单元格，然后“粘贴”即可，筛选结果如图 2－97 所示。

	A	B	C	D	E	F	G	H	I	J	K
1	学号	姓名	性别	写作	英语	逻辑	计算机	体育	法律	哲学	总分
2	3	付艳丽	女	86	93	94	91	73	97	94	628
3	9	张琪	女	82	90	89	90	80	90	88	609

图 2－97 自动筛选结果

(2) 高级筛选

① 将工作表中的数据复制到 Sheet2 中，依照图 2－98 所示的样式，将筛选条件用

标题输入到任意单元格中。

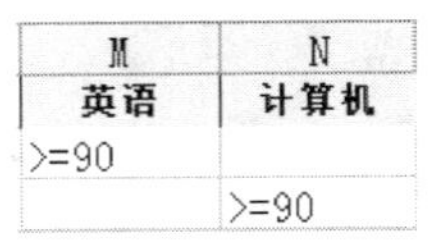

M	N
英语	计算机
>=90	
	>=90

图 2－98　样式

② 打开“数据”菜单，依次选择“筛选”、“高级筛选”命令，打开“高级筛选”对话框，选择“将筛选结果复制到其他位置”项，然后在“列表区域”、“条件区域”、“复制到”右侧的方框中分别输入如图 2－99 所示的内容。

注意：对于单元格区域的输入，则通过单击“折叠”按钮来选择。

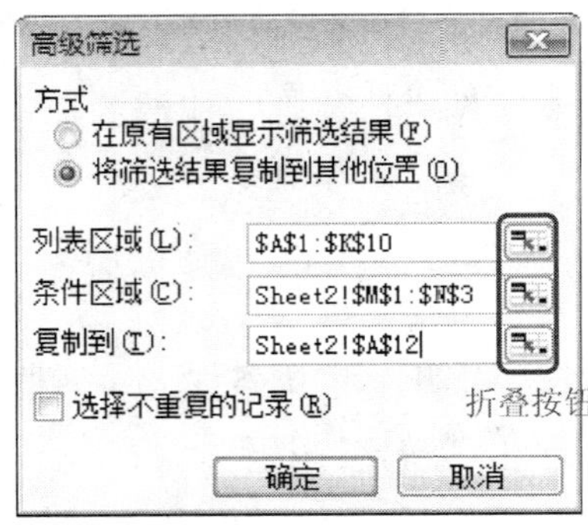

图 2－99　“高级筛选”对话框

③ 单击“确定”按钮，所需要的数据即刻被筛选出来，如图 2－100 所示。

学号	姓名	性别	写作	英语	逻辑	计算机	体育	法律	哲学	总分
1	马红丽	女	89	89	92	95	72	93	94	624
3	付艳丽	女	86	93	94	91	73	97	94	628
5	洪峰	男	80	90	88	86	82	70	70	566
7	刘宝英	女	82	90	92	84	81	96	88	613
8	郑会锋	女	85	77	95	91	74	90	89	601
9	张琪	女	82	90	89	90	80	90	88	609

图 2－100　高级筛选的结果

说明：如果将高级筛选条件修改为如图 2－101 所示的样式，再依照上述操作，也可以实现本例的目标。

M	N
英语	计算机
>=90	>=90

图 2－101　样式

2.5 小结

本章内容属于基础提高训练，更多地提供了有关工作簿、工作表、数据输入的操作技巧，其内容包括：自动定时保存文件、Excel 文档加密、计算工作簿中工作表的个数、隐藏工作表、在单元格中快速输入分数、采用序列填充的方式产生等比序列、将工作表中的数据居中对齐、数据浏览等。

在有关公式和函数的高级应用及技巧方面，提供的实例内容包括：连接姓和名、利用 SUM（）函数计算总分、利用 RANK（）函数排名次、计算每月支出小计和节余、利用日期函数计算年龄和工龄、判断输入日期为星期几、根据生日计算年龄、计算存款额、计算房贷月还款额、计算分期付款放贷、计算保险收益率、计算个人收入调节税、统计男生和女生人数、统计及格女生人数、统计某姓氏人数、统计平均分各分数段的人数等。

本章还通过创建股价图、动态图表、气温和降水量图表等实例，介绍有关图表的高级应用及技巧。

通过理解本章提供的应用实例，使读者逐步深入掌握 Excel 高效率工具及其使用技巧，不断积累经验，提高综合应用能力。

练习题

1. 如何知道一个工作簿中有多少个工作表？如何插入和删除工作表？
2. 如何快速定义工作簿样式？如何从其他工作簿中复制样式？
3. 怎样合并、拆分单元格？如何给表加标题、删除行？
4. 怎样设置数字的显示格式？在工作表中如何快速修改显示比例？
5. 如何使用“记忆式输入”快速输入相同的数据？如何在单元格中输入多行文本？
6. 怎么在公式、函数中使用命名区域？如何使用动态名称来建立动态命名公式？
7. 如何消除工作表中的“无错误除法”公式？
8. 如何获取一个月的最大天数？如何判断输入日期所在的季度？
9. 创建图表的方法有哪些？什么是图表区和绘图区？什么是“冻结”图表？
10. 如何建立数据清单？排序的方法和规则有哪些？在 Excel 中如何删除重复数据？

3　学生信息输入和成绩分析

【学习目标】

（1）掌握学生信息的输入技巧。

（2）理解并掌握学生成绩的评定方法。

（3）理解并掌握学生成绩的排名方法。

（4）掌握学生成绩的查询技巧。

（5）理解并掌握学生成绩的统计分析方法。

3.1　学生信息输入

对学生信息进行管理时，首先输入学生的基本信息，学生基本信息包括学生的学号、姓名、身份证号码、出生日期、性别、年龄、入学时间、系科等。输入的“学生”工作表如图 3－1 所示。

	A	B	C	D	E	F	G	H
1	学号	姓名	身份证号码	出生日期	性别	年龄	入学时间	系科
2	40602001	林心怡	420124199007167531	1990-07-16	男	19	2008-9-1	电商
3	40602002	刘子宏	310110199112176230	1991-12-17	男	18	2008-9-1	计科
4	40602003	张飞成	310102199010234826	1990-10-23	女	19	2008-9-1	信管
5	40602004	李宇飞	310113199110287000	1991-10-28	女	18	2008-9-1	计科
6	40602005	张竟	372823199007165000	1990-07-16	女	19	2008-9-1	电商
7	40602006	陈然	310104198912166000	1989-12-16	女	20	2008-9-1	计科
8	40602007	吴东方	310104198904224000	1989-04-22	女	20	2008-9-1	电商
9	40602008	刘宇环	310221199008316454	1990-08-31	男	19	2008-9-1	信管
10	40602009	丁晨成	310221199101310810	1991-01-31	男	18	2008-9-1	计科
11	40602010	白静	310104199007024419	1990-07-02	男	19	2008-9-1	电商
12	40602011	李思路	310227199110280427	1991-10-28	女	18	2008-9-1	电商
13	40602012	兰莹影	310227199203311227	1992-03-31	女	17	2008-9-1	计科
14	40602013	李媛原	310229199104181829	1991-04-18	女	18	2008-9-1	电商
15	40602014	周歌	310229198908281249	1989-08-28	女	20	2008-9-1	计科
16	40602015	张艺谈	310223199203232815	1992-03-23	男	17	2008-9-1	计科
17	40602016	杜咨	310230199108040273	1991-08-04	男	18	2008-9-1	信管
18	40602017	朱敏捷	310230199212300674	1992-12-30	男	17	2008-9-1	电商
19	40602018	李予洁	310230198912021091	1989-12-02	男	20	2008-9-1	信管
20	40602019	王新月	310230198907061093	1989-07-06	男	20	2008-9-1	电商

图 3－1　“学生”工作表

3.1.1　信息输入的方法与技巧

3.1.1.1　快速输入学号

由于学生的学号是步长为 1 的连续的数字，可以使用快速填充的方法来输入数据。

操作步骤如下：

（1）在第一个“学号”的单元格 A2 中输入学号“40602001”并按回车键。

（2）选择单元格 A2，将鼠标指向该单元格的右下角，变成黑色的十字架形状（填充柄），在按住 Ctrl 键的同时，拖动鼠标到单元格 A20。于是，在单元格 A2 ~ A20 中产生连续的数字：40602001，40602002，…，40602019。

注意：如果拖动鼠标时，没有按住 Ctrl 键，则在单元格 A2 ~ A20 中产生相同的数字 40602001。

3.1.1.2　快速输入入学时间

由于学生的入学时间是相同的日期，可以使用快速填充的方法来输入数据。操作步骤如下：

（1）在第一个“入学时间”的单元格 G2 中输入学号“2008－9－1”并按回车键。

（2）选择单元格 G2，将鼠标指向该单元格的右下角，变成黑色的十字架形状（填充柄），在按住 Ctrl 键的同时，拖动鼠标到单元格 G20。于是，在单元格 G2 ~ G20 中产生连续的时间“2008－9－1”。

注意：如果拖动鼠标时，没有按住 Ctrl 键，则在单元格 G2 ~ G20 中将产生连续的时间：2008－9－1，2008－9－2，2008－9－3，…。

3.1.1.3　设置系科的有效性

假设学生的系科有“计科”、“电商”、“信管”，由于学生的系科是可选的值中的一个，可以通过设置数据的有效性来输入数据，这样既能够提高数据的输入速度，又可以防止数据输入错误。操作步骤如下：

（1）选择需要设置有效性的单元格区域 H2:H20。

（2）选择“数据”菜单中的“有效性”命令，打开“数据有效性”对话框，如图 3－2 所示。

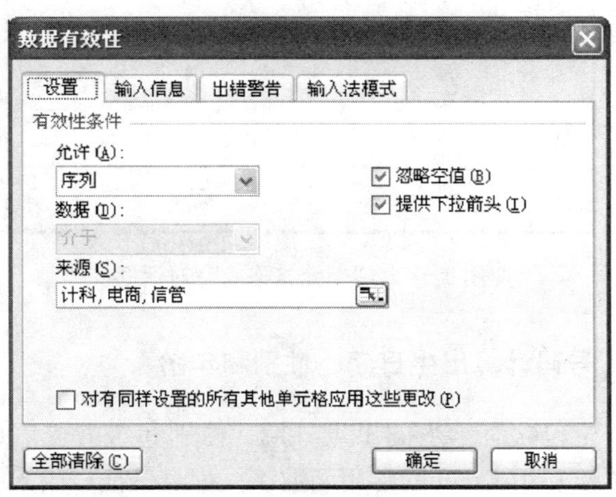

图 3－2　“数据有效性”对话框

（3）在“允许”下拉列表框中，选择“序列”项；在“来源”框中输入数据“计科，电商，信管”。注意：这里的逗号必须是英文状态下的逗号。

（4）在输入数据时，可以在下拉列表中选择所需要的数据，如图 3－3 所示。

	A	B	C	D	E	F	G	H
1	学号	姓名	身份证号码	出生日期	性别	年龄	入学时间	系科
2	40602001	林心怡	420124199007167531	1990-07-16	男	19	2008-9-1	电商 (计科 / 电商 / 信管)
3	40602002	刘子宏	310110199112176230	1991-12-17	男	18	2008-9-1	
4	40602003	张飞成	310102199010234826	1990-10-23	女	19	2008-9-1	
5	40602004	李宇飞	310113199110287000	1991-10-28	女	18	2008-9-1	计科

图 3－3　利用数据有效性输入数据

3.1.1.4　输入身份证号码

由于身份证号码是 18 位，在单元格中输入身份证号码后并按回车键，系统自动将输入的数据转换成科学计数表示方法，例如：420124199007167531 将变成 4.20124E＋17。显然这不符合实际需要，可以使用下面的方法避免这种情况的出现。

方法 1：在输入身份证号码之前输入一个单引号“＇”，然后输入身份证号码。此时，输入的身份证号码自动转换成文本格式，该单引号不会影响单元格中文本的操作。

方法 2：将输入身份证号码的单元格的格式设置为文本类型，选择单元格区域 C2:C20，然后选择“格式”菜单中的“单元格”命令，打开“单元格格式”对话框，如图 3－4 所示。选择“数字”选项卡，在“分类”列表框中选择“文本”项。设置单元格的格式之后，即可在单元格中输入身份证号码。

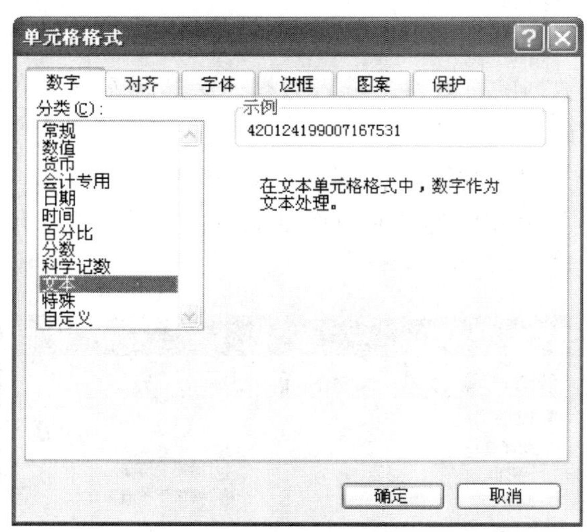

图 3－4　“单元格格式”对话框

3.1.2　根据身份证号码计算出生日期、性别和年龄

由于身份证号码中包含有学生的出生日期、性别和年龄等信息，为了保证数据的准确性和一致性，可以利用 Excel 的常用函数，根据身份证号码来计算出生日期、性别和年龄。

3.1.2.1 相关函数的使用

(1) MID 函数

【格式】MID (Text, Start _ num, Num _ chars)

【功能】返回文本字符串中从指定位置开始的特定数目的字符。

【说明】参数说明如下:

Text 是包含要提取字符的文本字符串。

Start _ num 是文本中要提取的第一个字符的位置。文本中第一个字符的 Start _ num 为 1,以此类推。

Num _ chars 指定希望 MID 从文本中返回字符的个数。

【例 3-1】

=MID ("abcdefg", 2, 5) 的结果是"bcdef"。

=MID ("计算机应用基础", 4, 2) 的结果是"应用"。

(2) MOD 函数

【格式】MOD (Number, Divisor)

【功能】返回两数相除的余数,结果的正负号与除数相同。

【说明】参数说明如下:

Number 为被除数。

Divisor 为除数。

【例 3-2】

=MOD (20, 3) 的结果是 2。

=MOD (-20, 3) 的结果是 1。

=MOD (20, -3) 的结果是 -1。

=MOD (-20, -3) 的结果是 -2。

(3) IF 函数

【格式】IF (Logical _ test, Value _ if _ true, Value _ if _ false)

【功能】执行真假值判断,根据逻辑计算的真与假,返回不同结果。

【说明】参数说明如下:

Logical _ test 表示计算结果为 TRUE 或 FALSE 的任意值或表达式。

Value _ if _ true 表示 Logical _ test 为 TRUE 时返回的值。

Value _ if _ false 表示 Logical _ test 为 FALSE 时返回的值。

【例 3-3】在如图 3-5 所示的"IF 函数"工作表中,在单元格 D2 中输入以下公式:

=IF (C2 <60,"不及格","及格")

其含义是:如果单元格 C2 的值小于 60,则在单元格 D2 中显示"不及格";否则,显示"及格"。

	A	B	C	D
1	学号	姓名	成绩	及格否
2	40602001	林心怡	62	及格
3	40602002	刘子宏	55	不及格
4	40602003	张飞成	90	及格

图 3－5　IF 函数应用例子

（4）TODAY 函数

【格式】TODAY（）

【功能】返回当前日期。

（5）YEAR 函数

【格式】YEAR（Date）

【功能】返回 Date 日期的年份。

【例 3－4】＝YEAR（"1992－12－2"）的结果是 1992。

（6）& 运算符号

& 的功能是：连接“&”左右的字符串，形成一个新的字符串。

【例 3－5】＝"计算机"&"应用"&"基础"的结果是“计算机应用基础”。

3.1.2.2　根据身份证号码计算出生日期

在 18 位的身份证号码中，第 7～10 个字符是出生日期的年份，第 11 和 12 个字符是出生日期的月份，第 13 和 14 个字符是出生日期的天数。可以使用 MID 函数和 & 运算符号计算出出生日期，操作步骤如下：

（1）在单元格 D2 中输入以下公式：

＝MID（C2，7，4）&'－"&MID（C2，11，2）&"－"&MID（C2，13，2）

（2）将单元格 D2 的公式填充复制到单元格 D3～D20。

3.1.2.3　根据身份证号码计算性别

在 18 位的身份证号码中，如果第 17 位数字为偶数，表示女性；如果是奇数，则表示是男性。可以使用 MID 函数、MOD 函数、IF 函数计算出性别。

操作步骤如下：

（1）在单元格 E2 中输入以下公式：

＝IF（MOD（MID（C2，17，1），2）＝0，"女"，"男"）

（2）将单元格 E2 的公式填充复制到单元格 E3～E20。

3.1.2.4　根据出生日期计算年龄

计算出了出生日期以后，可以使用 YEAR 函数和 TODAY 函数计算出学生的年龄。操作步骤如下：

（1）在单元格 F2 中输入以下公式：

＝YEAR（TODAY（））－YEAR（D2）

（2）将单元格 F2 的公式填充复制到单元格 F3～F20。

3.2 学生成绩分析

在学生的“成绩”工作表中，为了便于介绍，假设学生的成绩是单科成绩，需要输入的信息有学号、姓名、成绩、成绩评定、排名等信息。

输入的“成绩”工作表如图 3－6 所示。

	A	B	C	D	E
1	**学号**	**姓名**	**成绩**	**评定**	**排名**
2	40602001	林心怡	62	及格	16
3	40602002	刘子宏	95	优秀	2
4	40602003	张飞成	90	优秀	8
5	40602004	李宇飞	98	优秀	1
6	40602005	张竟	95	优秀	2
7	40602006	陈然	85	良好	9
8	40602007	吴东方	70	中等	13
9	40602008	刘宇环	95	优秀	2
10	40602009	丁晨成	91	优秀	7
11	40602010	白静	60	及格	17
12	40602011	李思路	79	中等	12
13	40602012	兰莹影	82	良好	10
14	40602013	李媛原	93	优秀	5
15	40602014	周歌	55	不及格	19
16	40602015	张艺谈	82	良好	10
17	40602016	杜容	69	及格	14
18	40602017	朱敏捷	65	及格	15
19	40602018	李予洁	93	优秀	5
20	40602019	王新月	56	不及格	18

图 3－6 “成绩”工作表

学生的学号、姓名可以直接从“学生”工作表复制过来，成绩直接由用户输入。学生成绩评定的标准由“评定标准”工作表来确定，如图 3－7 所示。其含义是：成绩在 0～60 分（不包含 60）为“不及格”；在 60～70 分（不包含 70）为“及格”；在 70～80 分（不包含 80）为“中等”；在 80～90 分（不包含 90）为“良好”；在 90～100 分（包含 100）为“优秀”。

	A	B	C	D	E	F	G
1	**分值**	0	60	70	80	90	100
2	**评定**	不及格	及格	中等	良好	优秀	优秀

图 3－7 “评定标准”工作表

3.2.1 相关函数的使用

3.2.1.1 HLOOKUP 函数

【格式】HLOOKUP（Lookup_value，Table，Row_num，Range_lookup）

【功能】在单元格区域的首行查找指定的数值，并由此返回单元格区域中指定行处的数值。

【说明】参数说明如下：

Lookup _ value 为需要在数据表第一行中进行查找的数值。

Table 为需要在其中查找数据的单元格区域引用。

Row _ num 为 Table 中待返回的匹配值的行序号。

Range _ lookup 为一个逻辑值，指明函数 HLOOKUP 查找时是精确匹配，还是近似匹配。如果为 TRUE 或省略，则返回近似匹配值。也就是说，如果找不到精确匹配值，返回小于 Lookup _ value 的最大数值；如果 Range _ value 为 FALSE，函数 HLOOKUP 将查找精确匹配值，如果找不到，则返回错误值 “#N/A!”。如果 Range _ lookup 为 TRUE，Table 的第一行的数值必须按升序排列；否则，函数 HLOOKUP 不能给出正确的数值。如果 Range _ lookup 为 FALSE，则 Table 不必排序。

【例 3 -6】如图 3 -8 所示的“查找函数”工作表，表示各个系科的各科成绩的平均分情况。

	A	B	C	D
1	系科	语文	数学	英语
2	计科	86	81	82
3	电商	88	82	84
4	信管	87	83	81
5	会计	89	84	85
6	税务	83	89	80

图 3 -8 “查找函数”工作表

在空白单元格中输入公式：=HLOOKUP（"语文"，A1:D6，3，FALSE），则显示结果为 88，即为“电商”的“语文”成绩。

在空白单元格中输入公式：=HLOOKUP（"英语"，A1:D6，4，FALSE），则显示结果为 81，即为“信管”的“英语”成绩。

说明：在上面的公式中，因为单元格区域 A1:D6 的首行数据“系科”、“语文”、“数学”、“英语”不是有序的，应该采用精确查找，公式中的 FALSE 不能省略。

3.2.1.2 RANK 函数

【格式】RANK（Number，Ref）

【功能】返回一个数字在数字列表中的排名。

【说明】参数说明如下：

Number 为需要找到排名的数字。

Ref 表示数字列表单元格的区域的引用。

【例 3 -7】在“查找函数”工作表中，在空白单元格中输入公式“=RANK（B5，B2:B6）”并回车，则显示结果为 1，即 89 在单元格区域 B2:B6 中的排名为 1。

3.2.2 计算学生的成绩评定和成绩排名

3.2.2.1 计算学生的成绩评定

计算学生的成绩评定的操作步骤如下：

（1）在如图 3 -6 所示的“成绩”工作表中，在单元格 D2 中输入以下公式：

=HLOOKUP（C2，评定标准！$B$1：$G$2，2）

（2）将该单元格的公式填充复制到单元格 D3 ~ D20 中，即可得到其他学生的成绩评定。

3.2.2.2 计算学生成绩排名

计算学生成绩排名的操作步骤如下：

（1）在如图 3 -6 所示的“成绩”工作表中，在单元格 E2 中输入以下公式：

=RANK（C2，$C$2：$C$20）

（2）将该单元格的公式填充复制到单元格 E3 ~ E20 中，即可得到其他学生的成绩排名。

3.2.3 查询学生成绩

学生成绩“查询”工作表如图 3 -9 所示。下面介绍如何按照学生的学号查询学生的成绩和查询最高分的学生的姓名。

	A	B
1	按照学号查询成绩	
2	学号	40602001
3	姓名	林心怡
4	成绩	62
5	排名	16
6		
7	最高分查询	
8	最高分	98
9	最高分的姓名	李宇飞

图 3 -9 “查询”工作表

3.2.3.1 相关函数的使用

（1）VLOOKUP 函数

【格式】VLOOKUP（Lookup _ value，Table，Col _ num，Range _ lookup）

【功能】在单元格区域的首列查找指定的数值，并由此返回单元格区域中指定列处的数值。

【说明】参数说明如下：

Lookup _ value 为需要在数据表第一列中进行查找的数值。

Table 为需要在其中查找数据的单元格区域引用。

Col _ num 为 table 中待返回的匹配值的列序号。

Range _ lookup 为一个逻辑值，其功能同 HLOOKUP 函数中的 Range _ lookup 参数。

如果 Range _ lookup 为 TRUE，Table 第一列的数值必须按升序排列；否则，函数 VLOOKUP 不能给出正确的数值。如果 Range _ lookup 为 FALSE，则 Table 不必进行排序。

【例 3 -8】在如图 3 -8 所示的“查找函数”工作表中，在空白单元格中输入以下公式：

=VLOOKUP（"电商"，A1:D6，3，FALSE）

其返回结果是 82，即为“电商”的“数学”成绩。

（2）INDEX 函数

【格式】INDEX（Reference，Row _ num，Col _ num）

【功能】返回指定单元格的行与列交叉处的单元格的数据。

【说明】参数说明如下：

Reference 为对一个或多个单元格区域的引用。

Row _ num 表示单元格区域的第几行。

Col _ num 表示单元格区域的第几列。

【例 3 -9】在如图 3 -8 所示的“查找函数”工作表中，在空白单元格中输入以下公式：

=INDEX（A1:D6，3，4）

其返回结果是 84，为即“电商”的“英语”成绩。

（3）MATCH 函数

【格式】MATCH（Lookup _ value，Lookup _ array，Match _ type）

【功能】查找一个值在一个单元格区域（单行或单列）出现的位置序号。

【说明】参数说明如下：

Lookup _ value 表示要查找的值。

Lookup _ array 表示要查找的单元格区域（单行或单列）。

Match _ type 为数字 -1、0 或 1。如果 Match _ type 为 1，函数 MATCH 查找小于或等于 Lookup _ value 的最大数值；如果 Match _ type 为 0，函数 MATCH 查找等于 Lookup _ value 的第一个数值，Lookup _ array 可以无序；如果 Match _ type 为 -1，函数 MATCH 查找大于或等于 Lookup _ value 的最小数值。

【例 3 -10】在如图 3 -8 所示的“查找函数”工作表中，在空白单元格中输入以下公式：

=MATCH（"信管"，A1:A6，0）

其返回结果是 4。

3.2.3.2 按照学生的学号查询学生的成绩

若要按照学生的学号查询学生的成绩，在如图 3 -9 所示的“查询”工作表中，完成下列操作：

（1）在单元格 B3 中输入公式“=VLOOKUP（B2，成绩！A2:E20，2）”。

（2）在单元格 B4 中输入公式“=VLOOKUP（B2，成绩！A2:E20，3）”。

（3）在单元格 B5 中输入公式“=VLOOKUP（B2，成绩！A2:E20，5）”。

3.2.3.3 查询最高分的学生的姓名

若要查询最高分的学生的姓名，在如图 3-9 所示的“查询”工作表中，完成下列操作：

（1）在单元格 B8 中输入公式“=MAX（成绩！C2:C20）”。

（2）在单元格 B9 中输入公式“=INDEX（成绩！A2:C20，MATCH（B8，成绩！C2:C20，0），2）”。

3.2.4 学生成绩的分段统计

成绩分段统计在学生成绩分析时使用非常广泛。下面介绍使用数据分析功能和使用 FREQUENCY 函数两种方法来实现成绩分段统计。

3.2.4.1 使用数据分析功能

使用数据分析功能实现学生成绩分段统计的操作步骤如下：

（1）输入分段的区域。在“成绩”工作表中，在单元格区域 A23:A27 中依次输入数据 59、69、79、89、100，这 5 个数据相当于划分了 5 个成绩分数段：<=59、60~69、70~79、80~89、90~100。

（2）加载宏。选择“工具”菜单中的“加载宏”命令，打开“加载宏”对话框，选择“分析工具库”项，如图 3-10 所示。然后单击“确定”按钮。

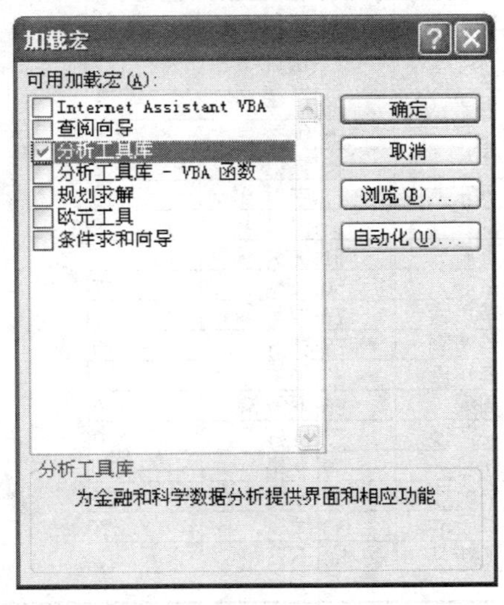

图 3-10 “加载宏”对话框

（3）选择“工具”菜单中的“数据分析”命令，打开“数据分析”对话框，选择“直方图”复选框，单击“确定”按钮，出现“直方图”对话框，如图 3-11 所示。

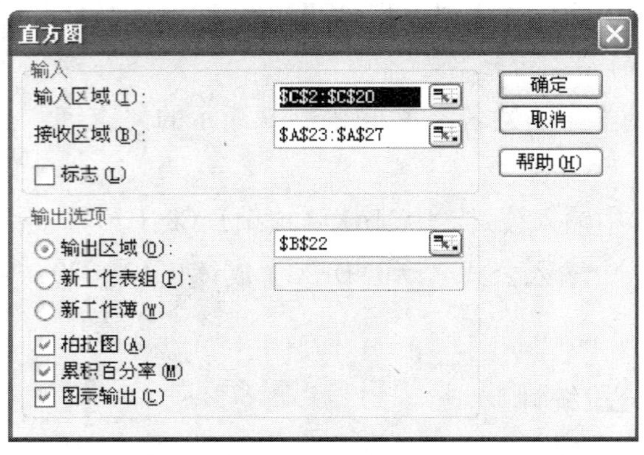

图 3－11 “直方图”对话框

（4）在“直方图”对话框中，在“输入区域”中输入“$C$2：$C$20”，在“接受区域”中输入“$A$23：$A$27”，在“输出区域”中输入“$B$22”。选择“柏拉图”、“累积百分比”、“图表输出”三个复选框，然后单击“确定”按钮。

（5）最后生成的统计数据如图 3－12 示，该数据反映了分数段统计信息和累积百分率，其中，“接受”列表示分段数据；“频率”列表示该分数段出现的次数；“累积%”列表示累积百分率。

	A	B	C	D	E	F	G
1	学号	姓名	成绩	评定	排名		
2	40602001	林心怡	62	及格	16		
3	40602002	刘子宏	95	优秀	2		
4	40602003	张飞成	90	优秀	8		
5	40602004	李宇飞	98	优秀	1		
6	40602005	张竟	95	优秀	2		
7	40602006	陈然	85	良好	9		
8	40602007	吴东方	70	中等	13		
9	40602008	刘宇环	95	优秀	2		
10	40602009	丁晨成	91	优秀	7		
11	40602010	白静	60	及格	17		
12	40602011	李思路	79	中等	12		
13	40602012	兰莹影	82	良好	10		
14	40602013	李媛原	93	优秀	5		
15	40602014	周歌	55	不及格	19		
16	40602015	张艺谈	82	良好	10		
17	40602016	杜咨	69	及格	14		
18	40602017	朱敏捷	65	及格	15		
19	40602018	李予洁	93	优秀	5		
20	40602019	王新月	56	不及格	18		
21							
22		接收	频率	累积 %	接收	频率	累积 %
23	59	59	2	10.53%	100	8	42.11%
24	69	69	4	31.58%	69	4	63.16%
25	79	79	2	42.11%	89	3	78.95%
26	89	89	3	57.89%	59	2	89.47%
27	100	100	8	100.00%	79	2	100.00%
28		其他	0	100.00%	其他	0	100.00%

图 3－12 采用“数据分析”方法统计的结果

根据统计数据生成的统计图形如图 3 - 13 所示。

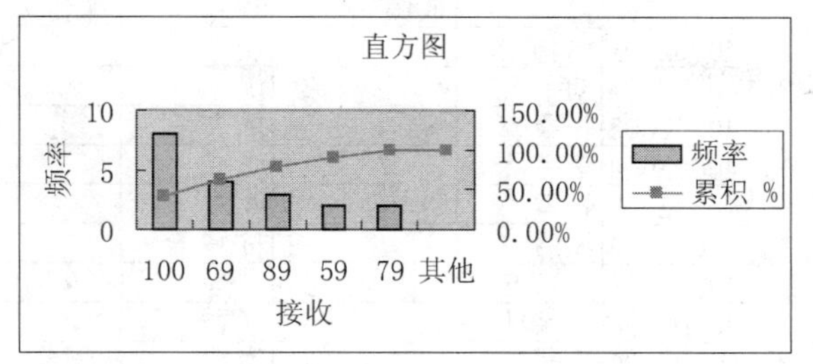

图 3 - 13 "直方图" 图形

使用"数据分析"方法产生学生成绩分段统计数据和图表简单直观，但是，当成绩数据改变时，统计数据不会自动改变，需要使用"数据分析"功能重新产生数据，显然该方法不灵活。

3.2.4.2 使用 FREQUENCY 函数来统计学生分数段

（1）FREQUENCY 函数

【格式】FREQUENCY（Data _ array，Bins _ array）

【功能】以一列垂直数组返回某个区域中数据的频率分布。由于函数 FREQUENCY 返回一个数组，所以必须以数组公式的形式输入。

【说明】参数说明如下：

Data _ array 为一数组或对一组数值的引用，用来计算频率。

Bins _ array 为间隔的数组或对间隔的引用，该间隔用于对 data _ array 中的数值进行分组。

（2）统计学生分数段

使用 FREQUENCY 函数来统计学生分数段的操作步骤如下：

（1）输入分段的区域。在"成绩"工作表中，在单元格区域 A23:A27 中依次输入 59、69、79、89、100。

（2）选择单元格区域 B23:B27，在公式栏中输入" = FREQUENCY（C2:C20，A23:A27）"，此时不要按回车键。

（3）按组合键 Ctrl + Shift + Enter。

（4）在单元格 C23 中输入公式" = B23/SUM（$B$23:$B$27）"，并填充复制该公式到单元格 C25 ~ C27。

（5）在单元格 D23 中输入公式" = B23/SUM（$B$23:$B$27）"。

（6）在单元格 D24 中输入公式" =（B23 + B24）/SUM（$B$23:$B$27）"，并填充复制该公式到单元格 D25 ~ D27，得到的统计数据如图 3 - 14 所示。

	A	B	C	D	E
1	学号	姓名	成绩	评定	排名
2	40602001	林心怡	62	及格	16
3	40602002	刘子宏	95	优秀	2
4	40602003	张飞成	90	优秀	8
5	40602004	李宇飞	98	优秀	1
6	40602005	张竟	95	优秀	2
7	40602006	陈然	85	良好	9
8	40602007	吴东方	70	中等	13
9	40602008	刘宇环	95	优秀	2
10	40602009	丁晨成	91	优秀	7
11	40602010	白静	60	及格	17
12	40602011	李思路	79	中等	12
13	40602012	兰莹影	82	良好	10
14	40602013	李媛原	93	优秀	5
15	40602014	周歌	55	不及格	19
16	40602015	张艺谈	82	良好	10
17	40602016	杜咨	69	及格	14
18	40602017	朱敏捷	65	及格	15
19	40602018	李予洁	93	优秀	5
20	40602019	王新月	56	不及格	18
21					
22	分段	统计人数	统计比例	累积比例	
23	59	2	10.53%	10.53%	
24	69	4	21.05%	31.58%	
25	79	2	10.53%	31.58%	
26	89	3	15.79%	26.32%	
27	100	8	42.11%	57.89%	

图 3－14　使用 FREQUENCY 函数统计的数据

（7）绘制统计直方图。选择单元格区域 A22:B27，单击工具栏中的“图表向导”按钮，打开“图表类型”对话框，选择“柱形图”，然后在“子图表类型”中选择“簇状柱形图”，如图 3－15 所示。

图 3－15　“图表类型”对话框

（8）单击“下一步”按钮，打开“源数据”对话框，选择“系列”选项卡，删除“分段”系列，设置“分类（X）轴标志”为“=成绩1！$A$23：$A$27”，如图3-16所示。

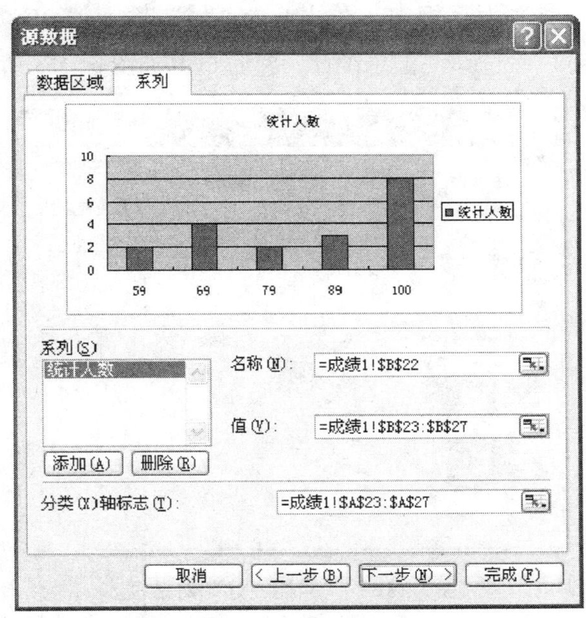

图3-16　“源数据”对话框

（9）单击“下一步”按钮，接着单击“完成”按钮，生成的图表如图3-17所示。

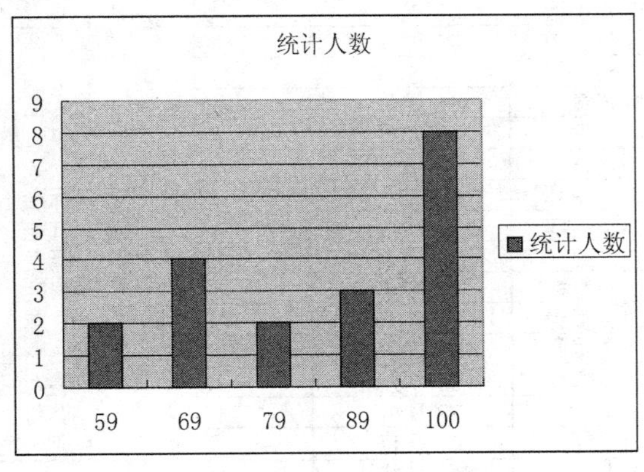

图3-17　人数统计图

该方法的优点是随着成绩数据的修改，统计数据也会自动计算；缺点是操作方法复杂。

3.2.5　试卷质量的评价

试卷质量的好坏可以通过成绩的分布体现出来，常用的度量统计指标有平均值、最高分、最低分、标准偏差、方差和偏度。

在 Excel 中，可以使用数据分析功能快速地计算出统计参数。操作步骤如下：

（1）选择“工具”菜单中的“数据分析”命令，打开“数据分析”对话框，选择“描述统计”选项，单击“确定”按钮，打开“描述统计”对话框。

（2）在“描述统计”对话框中，在“输入区域”输入“$C$2：$C$20”，在“输出区域”输入“$G$3”，选择“汇总统计”复选框，如图 3－18 所示。

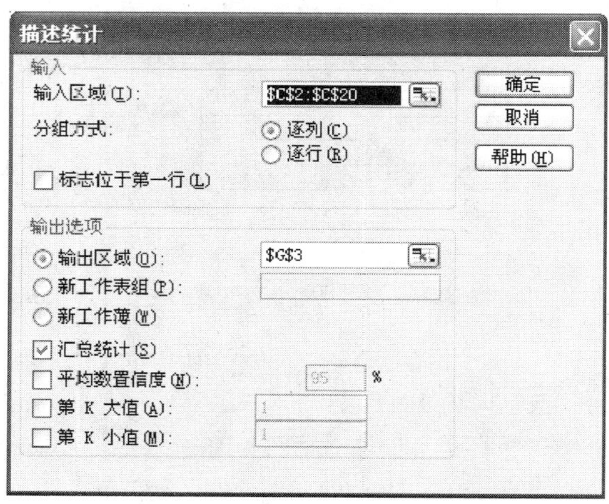

图 3－18　“描述统计”对话框

（3）单击“确定”按钮，统计结果如图 3－19 所示。

	A	B	C	D	E	F	G	H
1	学号	姓名	成绩	评定	排名			
2	40602001	林心怡	62	及格	16			
3	40602002	刘子宏	95	优秀	2		列1	
4	40602003	张飞成	90	优秀	8			
5	40602004	李宇飞	98	优秀	1		平均	79.73684
6	40602005	张竟	95	优秀	2		标准误差	3.403509
7	40602006	陈然	85	良好	9		中位数	82
8	40602007	吴东方	70	中等	13		众数	95
9	40602008	刘宇环	95	优秀	2		标准差	14.83555
10	40602009	丁晨成	91	优秀	7		方差	220.0936
11	40602010	白静	60	及格	17		峰度	-1.36882
12	40602011	李思路	79	中等	12		偏度	-0.43807
13	40602012	兰莹影	82	良好	10		区域	43
14	40602013	李媛原	93	优秀	5		最小值	55
15	40602014	周歌	55	不及格	19		最大值	98
16	40602015	张艺谈	82	良好	10		求和	1515
17	40602016	杜咨	69	及格	14		观测数	19
18	40602017	朱敏捷	65	及格	15			
19	40602018	李予浩	93	优秀	5			
20	40602019	王新月	56	不及格	18			

图 3－19　“描述统计”结果

在统计结果中，各个统计参数的含义如下：

① 平均，统计数据的平均值。

② 中位数，排序后位于中间的数据的值。

③ 众数，出现次数最多的值。

④ 方差，计算基于给定样本的方差，即样本中各数据与样本平均数的差的平方和的平均数。

⑤ 标准差，方差的算术平方根，反映相对于平均值（mean）的离散程度。

⑥ 峰度，返回数据集的峰值。峰值反映与正态分布相比某一分布的尖锐度或平坦度。正峰值表示相对尖锐的分布，负峰值表示相对平坦的分布。

⑦ 偏斜度，衡量数据峰值偏移的指数，根据峰值在均值左侧或者右侧分别为正值或负值。

⑧ 区域，最大值与最小值的差。

⑨ 观测数，统计样本数据的个数。

3.3 小结

利用 Excel 电子表格可以极大提高学生信息管理的效率。本章介绍了学生信息快速正确输入的技巧和数据有效性设置方法，包括输入学生的学号、系科、入学时间，根据学生的身份证号码提取学生的相关信息。同时介绍学生成绩分析中的常用的查询函数和统计技巧，包括学生成绩的评定、排名、查询和统计分析，以图表方法直观展示统计结果。

掌握常用的快速输入数据的方法，可以提高数据输入的效率；掌握数据有效性设置方法，可以保证工作表中数据的一致性；掌握快速有效的查询和统计方法，可以提高日常工作的效率。

练习题

1. 比较 VLOOKUP、HLOOKUP、INDEX、MATCH 这些查找函数的区别。
2. 分析比较各种分数段人数统计方法的特点。
3. 采用函数和公式，对如图 3－20 所示的工作表中的成绩进行排名。

	A	B	C
1	姓名	成绩	名次
2	姓名1	90	1
3	姓名2	89	2
4	姓名3	80	3
5	姓名4	80	3
6	姓名5	70	4
7	姓名6	67	5
8	姓名7	67	5
9	姓名8	56	6

图 3－20 成绩排名工作表

4. 在如图 3－21 所示的工作表中完成规定的查询：在单元格 G5 中输入员工编号，则在单元格 I5、G6、I6、G7 中分别查询该员工编号的员工姓名、所属部门、工资和工资档次。工资档次的规定为：0～2000 为低；2000～4000 为中；4000 以上为高。

	A	B	C	D	E	F	G	H	I
1	员工编号	员工姓名	所属部门	工资					
2	ZM001	张晨	广告部	2659.5					
3	ZM002	赵莹	广告部	1538					
4	ZM003	刘艳	广告部	2355.5		根据员工编号查询员工详情			
5	ZM004	何晶	广告部	2347.5		员工编号		员工姓名	
6	ZM005	吴迪	企划部	2379.5		所属部门		工资	
7	ZM006	顾翠莲	企划部	4015.5		工资档次			
8	ZM007	吴洪磊	企划部	2367.5					
9	ZM008	邵玮琦	企划部	1551					
10	ZM009	刁亚芳	企划部	1521					

图 3－21　员工信息查询工作表 1

5. 在如图 3－22 所示的工作表中完成规定的查询：在单元格 H5 中显示员工的最高工资，在单元格 H7 中显示工资最高的员工姓名。

	A	B	C	D	E	F	G	H
1	员工编号	员工姓名	所属部门	工资				
2	ZM001	张晨	广告部	2659.5				
3	ZM002	赵莹	广告部	1538				
4	ZM003	刘艳	广告部	2355.5				
5	ZM004	何晶	广告部	2347.5		员工的最高工资		
6	ZM005	吴迪	企划部	2379.5		工资最高的员工姓名		
7	ZM006	顾翠莲	企划部	4015.5				
8	ZM007	吴洪磊	企划部	2367.5				
9	ZM008	邵玮琦	企划部	1551				
10	ZM009	刁亚芳	企划部	1521				

图 3－22　员工信息查询工作表 2

4 Excel 在工资管理中的应用

【学习目标】

（1）了解工资管理的基本任务。

（2）理解个人收入调节税的计算方法。

（3）掌握个人收入调节税的查询技巧。

（4）理解每个部门及每种职工类别的实发工资的统计方法。

（5）掌握打印工资条的技巧。

4.1 工资管理的基本任务

工资管理的基本任务包括个人收入调节税的计算和查询，每个部门及每种职工类别的实发工资的统计和打印工资条。某公司 20 ×× 年 ×× 月工资表的数据如图 4 - 1 所示。

下面介绍工资管理基本任务的计算方法：

（1）计算个人收入调节税并按条件进行查询税款。

（2）统计每个部门、每种职工类别的实发工资。

（3）打印工资条。

	A	B	C	D	E	F	G	H	I	J	K	L	M
1	××××××公司20××年××月工资表												
2	单位	类别	编号	姓名	等级工资	聘任津贴	应发合计	公积金	医疗保险	应扣合计	实发工资		
3	5	行政	10109	职工1	1,296.00	556.00		612.00	81.12		1,158.88		
4	5	行政	10254	职工2	1,544.00	662.00		574.00	86.44		1,545.56		
5	5	教学	10526	职工3	1,788.00	766.00		668.00	93.54		1,792.46		
6	7	教学	10044	职工4	2,340.00	1,002.00		868.00	114.18		2,359.82		
7	7	教学	10266	职工5	2,340.00	1,002.00		868.00	109.32		2,364.68		
8	9	行政	10033	职工6	1,372.00	588.00		620.00	80.74		1,259.26		
9	11	教学	10076	职工7	1,584.00	678.00		644.00	87.14		1,530.86		
10	17	教学	10512	职工8	76.00	810.00		684.00	95.92		106.08		
11	18	教学	10162	职工9	1,740.00	746.00		532.00	92.08		1,861.92		
12	21	教学	10220	职工10	1,890.00	810.00		684.00	95.92		1,920.08		
13	22	教学	10158	职工11	1,458.00	624.00		564.00	83.82		1,434.18		
14	24	教学	10225	职工12	1,400.00	600.00		492.00	82.48		1,425.52		
15	24	教学	10231	职工13	1,326.00	568.00		482.00	79.90		1,332.10		
16	26	教学	10201	职工14	1,850.00	792.00		678.00	95.78		1,868.22		
17	26	教学	10203	职工15	1,890.00	810.00		684.00	99.82		1,916.18		
18	26	教学	10204	职工16	1,286.00	552.00		542.00	80.70		1,215.30		
19	26	教学	10205	职工17	1,178.00	504.00		464.00	75.68		1,142.32		
20	26	教学	10208	职工18	1,286.00	552.00		544.00	75.92		1,218.08		
21	26	教学	10210	职工19	1,458.00	624.00		562.00	86.12		1,433.88		

工资条 工资表 税率表

图 4 - 1 某公司 20 ×× 年 ×× 月工资表

4.2 计算个人收入调节税并查询税款

通常情况下，工资表都包含图 4 - 1 中的单位、类别、编号、姓名、等级工资、聘任津贴、公积金、医疗保险、实发工资等一些元素。不同的单位可能略有不同，但是需要处理的问题基本上都是相似的。

4.2.1 计算实发工资

在计算个人所得税之前，首先计算出实发工资。

【例 4 - 1】根据图 4 - 1 所示的工资表数据计算实发工资。

操作步骤如下：

(1) 在单元格 K3 中输入公式“ = E3 + F3 - H3 - I3”并回车，即可得到实发工资数据。

(2) 计算出第一个实发工资数据后，选中该单元格，按住鼠标左键向下托拽至此列单元格末端，即可自动填充 K 列数据（实发工资），计算出所有员工的实发工资。

4.2.2 计算个人收入调节税

个人收入调节税是按照税务部门的税率表进行计算的，如图 4 - 2 所示。

	A	B	C	D	E	F
1	级数	说明	起点	终点	税率	速算扣除数
2	1	不超过500元的	0	500	5%	0
3	2	超过500元至2000元的部分	500	2000	10%	25
4	3	超过2000元至5000元的部分	2000	5000	15%	125
5	4	超过5000元至20000元的部分	5000	20000	20%	375
6	5	超过20000元至40000元的部分	20000	40000	25%	1375
7	6	超过40000元至60000元的部分	40000	60000	30%	3375
8	7	超过60000元至80000元的部分	60000	80000	35%	6375
9	8	超过80000元至100000元的部分	80000	100000	40%	10375
10	9	超过100000元的部分	100000	1000000	45%	15375

图 4 - 2 税务部门的税率表

例如，实发工资为 3456 元（假设所有实发工资都纳入计税部分），按照通常的计算方法，个人收入调节税为：500 * 5% + 1500 * 10% + 1456 * 15% = 393. 4。

显然，这样的计算方法在实际工作中是不可行的，不同的收入情况会有不同的税率。采用这种方法，计算速度慢，而且不利于在 Excel 中利用自动填充功能复制公式。

为了方便计算，可以采用这样的方法：查找实发工资所对应的最高一档税率，乘以税率减去速算扣除数，即可得到个人收入调节税。如实发工资为 3456 元，在税率表中进行查找，3456 元介于 2000 ~ 5000 元之间，其税率为 15%，速算扣除数为 125 元。个人收入调节税为 3456 * 15% - 125 = 393. 4，和分步计算结果一致。

现在首先需要做的是，按照实发工资在税率表中进行查找，找到相对应的税率和速算扣除数。Excel 提供了查表与引用函数可用于实现查找，如表 4 - 1 所示。

表 4 - 1　　查表与引用函数

函　数	作用简介
Lookup	搜索区域查找对应值
VLookup	按垂直方向搜索区域
HLookup	按水平方向搜索区域
Match	返回搜索值得相对位置
Offset	计算指定位置的单元格引用
Index	返回行和列交叉位置的单元格引用
Indirect	间接引用单元格的内容
Address	返回单元格引用或单元格的位置

在税率表中进行查找时，可以使用查表函数 VLOOKUP。

【例 4 - 2】在税率表中进行近似匹配查找。

操作步骤如下：

（1）在“工资表”中增加一列“调节税”，即单元格 L2 中输入“调节税”。在单元格 L3 中输入公式“= K3 * VLOOKUP（K3，税率表！$C$2：$F$10，3，TRUE）- VLOOKUP（K3，税率表！$C$2：$F$10，4，TRUE）”并回车，即可得到第一个调节税数据。

（2）利用自动填充公式，向下自动填充 L 列数据，计算出所有员工的个人收入调节税，计算结果如图 4 - 3 所示。

SUM　=K3*VLOOKUP(K3,税率表!$C$2:$F$10,3,TRUE)-VLOOKUP(K3,税率表!$C$2:$F$10,4,TRUE)

××××××公司20××年××月工资表

单位	类别	编号	姓名	等级工资	聘任津贴	应发合计	公积金	医疗保险	应扣合计	实发工资	调节税
5	行政	10109	职工1	1,296.00	556.00		612.00	81.12		1,158.88	=K3*VLOOKUP(K3,税率表!$C$2:$F$10,3,TRUE)-VLOOKUP(K3,税率表!$C$2:$F$10,4,TRUE)
5	行政	10254	职工2	1,544.00	662.00		574.00	86.44		1,545.56	
5	教学	10526	职工3	1,788.00	766.00		668.00	93.54		1,792.46	
7	教学	10044	职工4	2,340.00	1,002.00		868.00	114.18		2,359.82	228.973
7	教学	10266	职工5	2,340.00	1,002.00		868.00	109.32		2,364.68	229.702
9	行政	10033	职工6	1,372.00	588.00		620.00	80.74		1,259.26	100.926
11	教学	10076	职工7	1,584.00	678.00		644.00	87.14		1,530.86	128.086
17	教学	10512	职工8	76.00	810.00		684.00	95.92		106.08	5.304
18	教学	10162	职工9	1,740.00	746.00		532.00	92.08		1,861.92	161.192
21	教学	10220	职工10	1,890.00	810.00		684.00	95.92		1,920.08	167.008
22	教学	10158	职工11	1,458.00	624.00		564.00	83.82		1,434.18	118.418
24	教学	10225	职工12	1,400.00	600.00		492.00	82.48		1,425.52	117.552
24	教学	10231	职工13	1,326.00	568.00		482.00	79.90		1,332.10	108.21
26	教学	10201	职工14	1,850.00	792.00		678.00	95.78		1,868.22	161.822
26	教学	10203	职工15	1,890.00	810.00		684.00	99.82		1,916.18	166.618
26	教学	10204	职工16	1,286.00	552.00		542.00	80.70		1,215.30	96.53
26	教学	10205	职工17	1,178.00	504.00		464.00	75.68		1,142.32	89.232
26	教学	10208	职工18	1,286.00	552.00		544.00	75.92		1,218.08	96.808
26	教学	10210	职工19	1,458.00	624.00		562.00	86.12		1,433.88	118.388
26	教学	10211	职工20	1,286.00	552.00		544.00	80.74		1,213.26	96.326
26	教学	10213	职工21	1,850.00	792.00		678.00	95.62		1,868.38	161.838
26	教学	10214	职工22	2,340.00	1,002.00		804.00	114.62		2,423.38	238.507
26	教学	10215	职工23	1,850.00	792.00		678.00	95.62		1,868.38	161.838

工资表　税率表

图 4 - 3　个人收入调节税计算结果

经过以上操作，可以方便地计算出个人收入调节税。但是现在出现的问题是，这样做的结果，需要为整张工作簿增加一张工作表“税率表”，改变了原有工作簿的结构。

VLOOKUP 函数的第二个参数 Table _ array 的含义是：可以使用对区域或区域名称的引用、常数数组、计算后的内存数组。通常情况下，大多数用户是采用直接录入常数数组的方式，对于简单的数组可以采用这种方式，但是对于税率表这样的相对复杂的数组，就很容易出错了。

分步计算的操作步骤如下：

(1) 在单元格 L3 中，选择其公式中的“税率表! $C$2: $F$10”，如图 4 -4 所示。

=K3*VLOOKUP(K3,税率表!$C$2:$F$10,3,TRUE)-VLOOKUP(K3,税率表!$C$2:$F$10,4,TRUE)

VLOOKUP(lookup_value, table_array, col_index_num, [range_lookup])

××××××公司20××年××月工资表

单位	类别	编号	姓名	等级工资	聘任津贴	应发合计	公积金	医疗保险	应扣合计	实发工资	调节税
5	行政	10109	职工1	1,296.00	556.00		612.00	81.12		1,158.88	=K3*VLOO
5	行政	10254	职工2	1,544.00	662.00		574.00	86.44		1,545.56	129.556
5	教学	10526	职工3	1,788.00	766.00		668.00	93.54		1,792.46	154.246
7	教学	10044	职工4	2,340.00	1,002.00		868.00	114.18		2,359.82	228.973
7	教学	10266	职工5	2,340.00	1,002.00		868.00	109.32		2,364.68	229.702
9	行政	10033	职工6	1,372.00	588.00		620.00	80.74		1,259.26	100.926
11	教学	10076	职工7	1,584.00	678.00		644.00	87.14		1,530.86	128.086
17	教学	10512	职工8	76.00	810.00		684.00	95.92		106.08	5.304
18	教学	10162	职工9	1,740.00	746.00		532.00	92.08		1,861.92	161.192
21	教学	10220	职工10	1,890.00	810.00		684.00	95.92		1,920.08	167.008
22	教学	10158	职工11	1,458.00	624.00		564.00	83.82		1,434.18	118.418

图 4 -4

(2) 按住 F9 键，查看分步计算的结果，如图 4 -5 所示。

{0,500,0.05,0;500,2000,0.1,25;2000,5000,0.15,125;5000,20 000,0.2,375;20 000,40 000,0.25,1375;40 000,60 000,0.3,3375;60 000,80 000,0.35,6375;80 000,100 000,0.4,10 375;100 000,1 000 000,0.45,15 375}

=K3*VLOOKUP(K3,{0,500,0.05,0;500,2000,0.1,25;2000,5000,0.15,125;5000,20000,0.2,375;20000,40000,0.25,1375;40000,60000,0.3,3375;60000,80000,0.35,6375;80000,100000,0.4,10375;100000,1000000,0.45,15375},3,TRUE)-VLOOKUP(K3,税率表!$C$2:$F$10,4,TRUE)

VLOOKUP(lookup_value, table_array, col_index_num, [range_lookup])

单位	类别	编号	姓名	等级工资	聘任津贴	应发合计	公积金	医疗保险	应扣合计	实发工资	调节税
5	行政	10109	职工1	1,296.00	556.00		612.00	81.12		1,158.88	=K3*VLOOKUP(K3,{0,500,0.05,0;500,2000,0.1,25;2000,5000,0.15,125;5000,20000,0.2,375;20000,40000,0.25,1375;40000,60000,0.3,3375;60000,80000,0.35,6375;80000,100000,0.4,10375;100000,1000000,0.45,15375},3,TRUE)-VLOOKUP(K3,税率表!$C$2:$F$10,4,TRUE)
5	行政	10254	职工2	1,544.00	662.00		574.00	86.44		1,545.56	
5	教学	10526	职工3	1,788.00	766.00		668.00	93.54		1,792.46	
7	教学	10044	职工4	2,340.00	1,002.00		868.00	114.18		2,359.82	
7	教学	10266	职工5	2,340.00	1,002.00		868.00	109.32		2,364.68	
9	行政	10033	职工6	1,372.00	588.00		620.00	80.74		1,259.26	
11	教学	10076	职工7	1,584.00	678.00		644.00	87.14		1,530.86	
17	教学	10512	职工8	76.00	810.00		684.00	95.92		106.08	
18	教学	10162	职工9	1,740.00	746.00		532.00	92.08		1,861.92	
21	教学	10220	职工10	1,890.00	810.00		684.00	95.92		1,920.08	
22	教学	10158	职工11	1,458.00	624.00		564.00	83.82		1,434.18	
24	教学	10225	职工12	1,400.00	600.00		492.00	82.48		1,425.52	
24	教学	10231	职工13	1,326.00	568.00		482.00	79.90		1,332.10	108.21
26	教学	10201	职工14	1,850.00	792.00		678.00	95.78		1,868.22	161.822

图 4 -5　分步计算结果

(3) 将单元格 L3 中的“税率表! $C$2: $F$10”替换为以下常数数组，删除掉税率表。

{0,500,0.05,0;500,2000,0.1,25;2000,5000,0.15,125;5000,20 000,0.2,375;20 000,40 000,0.25,1375;40 000,60 000,0.3,3375;60 000,80 000,0.35,6375;80 000,100 000,0.4,10 375;100 000,1 000 000,0.45,15 375}

注意：在实际应用中，可根据操作习惯和要求来决定 Table _ array 是采用单元格区域引用还是常数数组。

技巧：选择公式中某一部分，按[F9]键可以查看分步运算的结果。

4.2.3 查询数据

【例 4－3】通过编号查询实发工资和调节税。

操作步骤如下：

（1）建立包含有“编号”、“实发工资”、“调节税”的表，依次输入员工编号。

（2）单击第一个员工编号“10109”，打开“数据”菜单，依次选择“筛选”、“自动筛选”命令，直接在各列右侧加入一个下拉式箭头符号，如图 4－6 所示。

单位	类别	编号	姓名	等级工资	聘任津贴	应发合计	公积金	医疗保险	应扣合计	实发工资	调节税
5	行政	10109	职工1	1,296.00	556.00		612.00	81.12		1,158.88	90.888
5	行政	10254	职工2	1,544.00	662.00		574.00	86.44		1,545.56	129.556
5	教学	10526	职工3	1,788.00	766.00		668.00	93.54		1,792.46	154.246
7	教学	10044	职工4	2,340.00	1,002.00		868.00	114.18		2,359.82	228.973
7	教学	10266	职工5	2,340.00	1,002.00		868.00	109.32		2,364.68	229.702
9	行政	10033	职工6	1,372.00	588.00		620.00	80.74		1,259.26	100.926
11	教学	10076	职工7	1,584.00	678.00		644.00	87.14		1,530.86	128.086

编号	实发工资	调节税
10109		

10109
10254
10526
10044
10266
10033
10076

图 4－6 建立包含有“编号”、“实发工资”、“调节税”的表

（3）在单元格 F13 中输入公式“＝VLOOKUP（E13，C2:L8，9，FALSE）”并回车，编号为 10109 的员工的实发工资即可显示在其单元格内。

（4）在单元格 G13 输入公式“＝VLOOKUP（E13，C2:L8，10，FALSE）”并回车，编号为 10109 的员工的调节税即可显示在其单元格内，完成查找。

某些员工有可能记不住自己的编号，需要通过姓名进行查找编号信息。操作方法是：建立包含有“姓名”、“编号”的表，依次输入员工姓名。例如，选择第五个员工姓名“职工 5”，打开“数据”菜单，依次选择“筛选”、“自动筛选”命令，直接在该列右侧加入一个下拉式箭头符号，如图 4－7 所示。

单位	类别	编号	姓名	等级工资	聘任津贴	应发合计	公积金	医疗保险	应扣合计	实发工资	调节税
5	行政	10109	职工1	1,296.00	556.00		612.00	81.12		1,158.88	90.888
5	行政	10254	职工2	1,544.00	662.00		574.00	86.44		1,545.56	129.556
5	教学	10526	职工3	1,788.00	766.00		668.00	93.54		1,792.46	154.246
7	教学	10044	职工4	2,340.00	1,002.00		868.00	114.18		2,359.82	228.973
7	教学	10266	职工5	2,340.00	1,002.00		868.00	109.32		2,364.68	229.702
9	行政	10033	职工6	1,372.00	588.00		620.00	80.74		1,259.26	100.926
11	教学	10076	职工7	1,584.00	678.00		644.00	87.14		1,530.86	128.086

编号	实发工资	调节税
10109	1158.88	90.888

姓名	编号
职工5	

职工1
职工2
职工3
职工4
职工5
职工6
职工7

图 4－7 建立包含有“姓名”、“编号”的表

注意：如果简单地在单元格 J13 中输入公式“=VLOOKUP（I13，C2:D8，1，FALSE）”，将返回一个错误值“#N/A”。因为在 VLOOKUP 函数中，Lookup _ value 只能在 Table _ array 的最左列进行查找。

（5）在不影响原始表的情况下，通过公式 IF（{1，0}，D2:D8，C2:C8）可以重新生成一个内存数组，即在单元格 J13 中输入以下公式并回车，姓名为“职工 5”的员工编号即可显示在单元格内，完成查找。

VLOOKUP（I13，IF（{1，0}，D2:D8，C2:C8），2，FALSE）

通常情况下，将每月的工资表汇总到一张总表中，供员工查询，如图 4 -8 所示。

单位	类别	编号	姓名	月份	等级工资	聘任津贴	应发合计	公积金	医疗保险	应扣合计	实发工资	调节税
5	行政	10109	职工1	1	1,296.00	556.00		612.00	81.12		1,158.88	90.888
5	行政	10109	职工1	2	1,544.00	662.00		574.00	86.44		1,545.56	129.556
5	教学	10109	职工1	3	1,788.00	766.00		668.00	93.54		1,792.46	154.246
7	教学	10044	职工4	1	2,340.00	1,002.00		868.00	114.18		2,359.82	228.973
7	教学	10044	职工4	2	2,340.00	1,002.00		868.00	109.32		2,364.68	229.702
9	行政	10033	职工6	1	1,372.00	588.00		620.00	80.74		1,259.26	100.926
11	教学	10076	职工7	1	1,584.00	678.00		644.00	87.14		1,530.86	128.086

编号	月份	实发工资	调节税
10109			

图 4 -8　工资表汇总

在 VLOOKUP 函数中，Lookup _ value 只有一个值，实际上 Excel 中的绝大多数函数都只能进行单条件的运算。这种情况下，可以作辅助列帮助查找。

【例 4 -4】增加辅助列帮助查找。

操作步骤如下：

（1）在原 A 列前插入一列，单击 A 列，选择“插入”菜单中的“列”命令，将新插入的列命名为“编号_月份”。

（2）在单元格 A2 中输入公式“=D2&"/"&F2”。选中该单元格，按住鼠标左键向下托拽至此列单元格末端，即可自动填充 A 列数据。

（3）建立包含有“编号”、“月份”、“实发工资”、“调节税”的表，输入员工编号和工作月份，如图 4 -9 所示。

编号 月份	单位	类别	编号	姓名	月份	等级工资	聘任津贴	应发合计	公积金	医疗保险	应扣合计	实发工资	调节税
=D2&"/"&F2	5	行政	10109	职工1	1	1,296.00	556.00		612.00	81.12		1,158.88	90.888
	5	行政	10109	职工1	2	1,544.00	662.00		574.00	86.44		1,545.56	129.556
	5	教学	10109	职工1	3	1,788.00	766.00		668.00	93.54		1,792.46	154.246
	7	教学	10044	职工4	1	2,340.00	1,002.00		868.00	114.18		2,359.82	228.973
	7	教学	10044	职工4	2	2,340.00	1,002.00		868.00	109.32		2,364.68	229.702
	9	行政	10033	职工6	1	1,372.00	588.00		620.00	80.74		1,259.26	100.926
	11	教学	10076	职工7	1	1,584.00	678.00		644.00	87.14		1,530.86	128.086

编号	月份	实发工资	调节税
10109			

图 4 -9　建立包含有“编号”、“月份”、“实发工资”、“调节税”的表

（4）选择第一个员工编号“10109”，打开“数据（D）”菜单，依次选择“筛选（F）”、“自动筛选（F）”命令，直接在各列右侧加入一个下拉式箭头符号。

（5）选择编号和月份，在单元格 I14 中输入以下公式并回车，编号为“10109”员工对应月份的实发工资即可显示在单元格内，完成多条件下的查询功能。

=VLOOKUP（G14&"/"&H14，A2:N8，13，FALSE）

（6）单元格在 J14 中输入公式“VLOOKUP（G14&"/"&H14，A2:N8，14，FALSE）”并回车，编号为“10109”员工对应月份的调节税即可显示在单元格内，完成多条件下的查询功能。

4.3 统计实发工资

在 Excel 中，可以采用“分类汇总”功能来统计实发工资。在分类汇总前，必须按照所需要汇总的字段进行排序。

4.3.1 按部门统计实发工资的汇总

【例 4－5】按部门统计实发工资的汇总。

操作步骤如下：

（1）选择“数据”菜单中的“分类汇总”命令，打开“分类汇总”对话框，如图 4－10 所示。

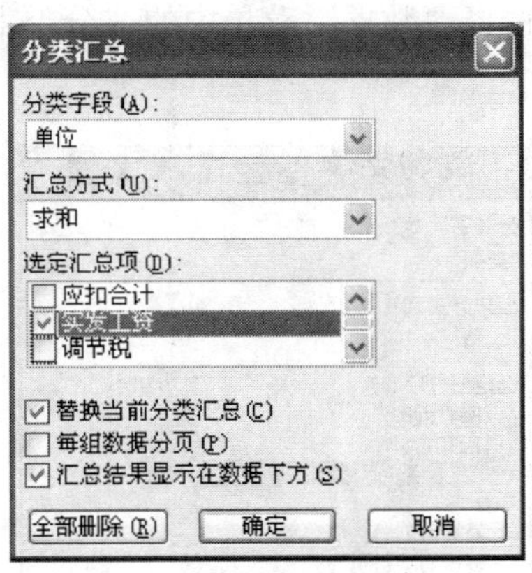

图 4－10 “分类汇总”对话框

（2）在“分类字段”中选择“单位”，在“汇总方式”中选择“求和”，在“选定汇总项”中选择“实发工资”，然后单击“确定”按钮，得到的结果如图 4－11 所示。

	A	B	C	D	E	F	G	H	I	J	K	L
1	××××××公司20××年××月工资表											
2	单位	类别	编号	姓名	等级工资	聘任津贴	应发合计	公积金	医疗保险	应扣合计	实发工资	调节税
3	5	行政	10109	职工1	1,296.00	556.00		612.00	81.12		1,158.88	90.888
4	5	行政	10254	职工2	1,544.00	662.00		574.00	86.44		1,545.56	129.556
5	5	教学	10526	职工3	1,788.00	766.00		668.00	93.54		1,792.46	154.246
6	5 汇总										4,496.90	
7	7	教学	10044	职工4	2,340.00	1,002.00		868.00	114.18		2,359.82	228.973
8	7	教学	10266	职工5	2,340.00	1,002.00		868.00	109.32		2,364.68	229.702
9	7 汇总										4,724.50	
10	9	行政	10033	职工6	1,372.00	588.00		620.00	80.74		1,259.26	100.926
11	9 汇总										1,259.26	
12	11	教学	10076	职工7	1,584.00	678.00		644.00	87.14		1,530.86	128.086
13	11 汇总										1,530.86	
14	17	教学	10512	职工8	76.00	810.00		684.00	95.92		106.08	5.304
15	17 汇总										106.08	
16	18	教学	10162	职工9	1,740.00	746.00		532.00	92.08		1,861.92	161.192
17	18 汇总										1,861.92	
18	21	教学	10220	职工10	1,890.00	810.00		684.00	95.92		1,920.08	167.008
19	21 汇总										1,920.08	
20	22	教学	10158	职工11	1,458.00	624.00		564.00	83.82		1,434.18	118.418

图 4－11　按部门统计实发工资的汇总结果

4.3.2　按职工类别进行分类汇总

【例 4－6】按职工类别进行分类汇总。

按职工类别进行分类汇总前，需要先删除掉按单位进行分类汇总的结果。

操作步骤如下：

（1）选择“数据”菜单中的“分类汇总”命令，打开“分类汇总”对话框。

（2）单击“全部删除”按钮，即可删除以前所做的分类汇总。

（3）按类别进行排序。选择“数据”菜单中的“分类汇总”命令，打开“分类汇总”对话框，如图 4－12 所示。

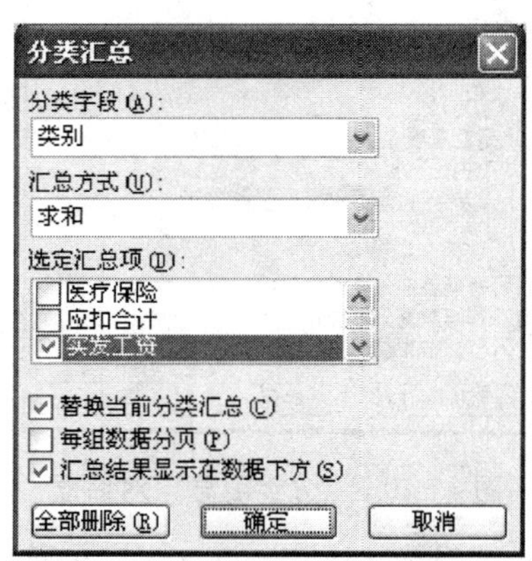

图 4－12　“分类汇总”对话框

（4）在“分类字段”中选择“类别”，在“汇总方式”中选择“求和”，在“选定汇总项”中选择“实发工资”，然后单击“确定”按钮，得到的结果如图 4－13 所示。

	A	B	C	D	E	F	G	H	I	J	K	L
1	××××××公司20××年××月工资表											
2	单位	类别	编号	姓名	等级工资	聘任津贴	应发合计	公积金	医疗保险	应扣合计	实发工资	调节税
3	5	行政	10109	职工1	1,296.00	556.00		612.00	81.12		1,158.88	90.888
4	5	行政	10254	职工2	1,544.00	662.00		574.00	86.44		1,545.56	129.556
5	9	行政	10033	职工6	1,372.00	588.00		620.00	80.74		1,259.26	100.926
6		**行政 汇总**									3,963.70	
7	41	科研	10314	职工189	1,850.00	792.00		542.00	95.26		2,004.74	175.711
8	44	科研	10202	职工190	3,460.00	1,482.00		1,068.00	149.26		3,724.74	433.711
9	44	科研	10233	职工193	1,016.00	436.00		312.00	70.30		1,069.70	81.97
10	44	科研	10336	职工194	1,890.00	810.00		684.00	99.78		1,916.22	166.622
11	46	科研	10160	职工196	1,544.00	662.00		574.00	86.44		1,545.56	129.556
12		**科研 汇总**									10,260.96	
13	5	教学	10526	职工3	1,788.00	766.00		668.00	93.54		1,792.46	154.246
14	7	教学	10044	职工4	2,340.00	1,002.00		868.00	114.18		2,359.82	228.973
15	7	教学	10266	职工5	2,340.00	1,002.00		868.00	109.32		2,364.68	229.702
16	11	教学	10076	职工7	1,584.00	678.00		644.00	87.14		1,530.86	128.086
17	17	教学	10512	职工8	76.00	810.00		684.00	95.92		106.08	5.304
18	18	教学	10162	职工9	1,740.00	746.00		532.00	92.08		1,861.92	161.192

图 4-13　按职工类别进行分类汇总结果

4.3.3　按单位进行分类汇总

如果要对工资表进行两次分类汇总，则先按单位进行分类汇总，然后在各单位内部按类别进行分类汇总。此时需要进行两次排序，首先对类别排序，再对单位进行排序。

注意：Excel 排序的基本原理是先排排序优先级较低的，后排排序优先级较高的。在分类汇总时，要先对大类分类汇总，再对小类分类汇总。在此，先对单位分类汇总，再对类别分类汇总。

【例 4-7】按类别分类汇总。

操作步骤如下：

（1）选择“数据”菜单中的“分类汇总”命令，打开“分类汇总”对话框，取消“替换当前分类汇总”项，如图 4-14 所示。

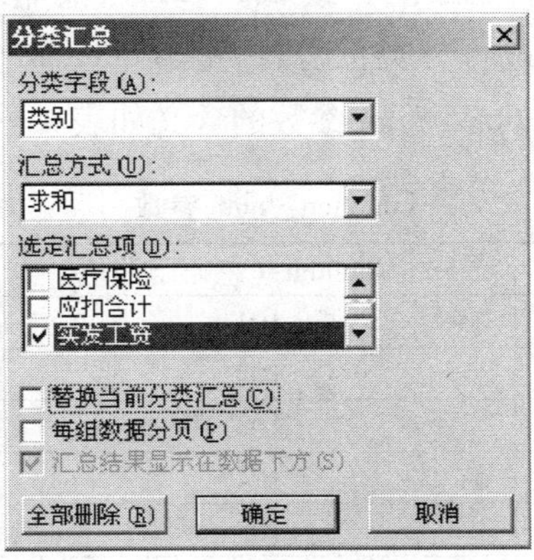

图 4-14　“分类汇总”对话框

（2）单击“确定”按钮，得到的结果如图 4-15 所示。

	A	B	C	D	E	F	G	H	I	J	K	L
1	××××××公司20××年××月工资表											
2	单位	类别	编号	姓名	等级工资	聘任津贴	应发合计	公积金	医疗保险	应扣合计	实发工资	调节税
3	5	行政	10109	职工1	1,296.00	556.00		612.00	81.12		1,158.88	90.888
4	5	行政	10254	职工2	1,544.00	662.00		574.00	86.44		1,545.56	129.556
5		**行政 汇总**									2,704.44	
6	5	教学	10526	职工3	1,788.00	766.00		668.00	93.54		1,792.46	154.246
7		**教学 汇总**									1,792.46	
8	**5 汇总**										4,496.90	
9	7	教学	10044	职工4	2,340.00	1,002.00		868.00	114.18		2,359.82	228.973
10	7	教学	10266	职工5	2,340.00	1,002.00		868.00	109.32		2,364.68	229.702
11	**7 汇总**										4,724.50	
12		**教学 汇总**									4,724.50	
13	9	行政	10033	职工6	1,372.00	588.00		620.00	80.74		1,259.26	100.926
14	**9 汇总**										1,259.26	
15		**行政 汇总**									1,259.26	
16	11	教学	10076	职工7	1,584.00	678.00		644.00	87.14		1,530.86	128.086
17	**11 汇总**										1,530.86	
18		**教学 汇总**									1,530.86	
19	17	教学	10512	职工8	76.00	810.00		684.00	95.92		106.08	5.304

图 4-15　两次分类汇总结果

4.3.4　利用 SUBTOTAL 函数进行汇总

Excel 是怎样实现分类汇总的呢？其内部的机制又是什么呢？选择单元格 K5，按 F2 键，可以看到分类汇总的公式“ = SUBTOTAL（9，K3:K4）”，可知分类汇总的原理就是使用了函数 SUBTOTAL。

使用“数据”菜单中的“分类汇总”命令，可以容易地创建带有分类汇总的列表。

【格式】SUBTOTAL（Function _ num，Ref1，Rref2，…）

【功能】返回列表或数据库中的分类汇总。

【说明】参数说明如下：

Function _ num 分别代表 AVERAGE、COUNT、COUNTA、MAX 等 11 个函数。Function _ num 为 1 ~ 11（包含隐藏值）或 101 ~ 111（忽略隐藏值）之间的数字，用以指定使用何种函数在列表中进行分类汇总计算。Function _ num 可以“包含隐藏值”，也可以“忽略隐藏值”。Function _ num 参数的含义如表 4-2 所示。

表 4-2　　**Function _ num 参数**

Functionnum（包含隐藏值）	Functionnum（忽略隐藏值）	函　数
1	101	AVERAGE
2	102	COUNT
3	103	COUNTA
4	104	MAX
5	105	MIN
6	106	PRODUCT
7	107	STDEV
8	108	STDEVP
9	109	SUM
10	110	VAR
11	111	VARP

Ref1 与 Ref2 为要进行分类汇总计算的 1～29 个区域或引用。

【例 4－8】利用 SUBTOTAL 函数的“忽略隐藏值”进行汇总。

操作步骤如下：

（1）对于一张工资表，通常对工资表做一个序号，如图 4－16 所示。

	A	B	C	D	E	F	G	H	I	J	K	L	M
1	××××××公司20××年××月工资表												
2	序号	单位	类别	编号	姓名	等级工资	聘任津贴	应发合计	公积金	医疗保险	应扣合计	实发工资	调节税
3	1	5	行政	10109	职工1	1,296.00	556.00		612.00	81.12		1,158.88	90.888
4	2	5	行政	10254	职工2	1,544.00	662.00		574.00	86.44		1,545.56	129.556
5	3	5	教学	10526	职工3	1,788.00	766.00		668.00	93.54		1,792.46	154.246
6	4	7	教学	10044	职工4	2,340.00	1,002.00		868.00	114.18		2,359.82	228.973
7	5	7	教学	10266	职工5	2,340.00	1,002.00		868.00	109.32		2,364.68	229.702
8	6	9	行政	10033	职工6	1,372.00	588.00		620.00	80.74		1,259.26	100.926
9	7	11	教学	10076	职工7	1,584.00	678.00		644.00	87.14		1,530.86	128.086
10	8	17	教学	10512	职工8	76.00	810.00		684.00	95.92		106.08	5.304
11	9	18	教学	10162	职工9	1,740.00	746.00		532.00	92.08		1,861.92	161.192
12	10	21	教学	10220	职工10	1,890.00	810.00		684.00	95.92		1,920.08	167.008
13	11	22	教学	10158	职工11	1,458.00	624.00		564.00	83.82		1,434.18	118.418
14	12	24	教学	10225	职工12	1,400.00	600.00		492.00	82.48		1,425.52	117.552
15	13	24	教学	10231	职工13	1,326.00	568.00		482.00	79.90		1,332.10	108.21
16	14	26	教学	10201	职工14	1,850.00	792.00		678.00	95.78		1,868.22	161.822
17	15	26	教学	10203	职工15	1,890.00	810.00		684.00	99.82		1,916.18	166.618
18	16	26	教学	10204	职工16	1,286.00	552.00		542.00	80.70		1,215.30	96.53
19	17	26	教学	10205	职工17	1,178.00	504.00		464.00	75.68		1,142.32	89.232
20	18	26	教学	10208	职工18	1,286.00	552.00		544.00	75.92		1,218.08	96.808

图 4－16　带序号的工资表

（2）筛选单位为“26”的数据，筛选的结果如图 4－17 所示。可以看到，序号不再是从 1 开始，而是按照单位“26”在工资表中的顺序排序，即：14，15，16，…。

	A	B	C	D	E	F	G	H	I	J	K	L	M
1	××××××公司20××年××月工资表												
2	序号	单位	类别	编号	姓名	等级工资	聘任津贴	应发合计	公积金	医疗保险	应扣合计	实发工资	调节税
16	14	26	教学	10201	职工14	1,850.00	792.00		678.00	95.78		1,868.22	161.822
17	15	26	教学	10203	职工15	1,890.00	810.00		684.00	99.82		1,916.18	166.618
18	16	26	教学	10204	职工16	1,286.00	552.00		542.00	80.70		1,215.30	96.53
19	17	26	教学	10205	职工17	1,178.00	504.00		464.00	75.68		1,142.32	89.232
20	18	26	教学	10208	职工18	1,286.00	552.00		544.00	75.92		1,218.08	96.808
21	19	26	教学	10210	职工19	1,458.00	624.00		562.00	86.12		1,433.88	118.388
22	20	26	教学	10211	职工20	1,286.00	552.00		544.00	80.74		1,213.26	96.326
23	21	26	教学	10213	职工21	1,850.00	792.00		678.00	95.62		1,868.38	161.838
24	22	26	教学	10214	职工22	2,340.00	1,002.00		804.00	114.62		2,423.38	238.507
25	23	26	教学	10215	职工23	1,850.00	792.00		678.00	95.62		1,868.38	161.838
26	24	26	教学	10217	职工24	1,012.00	434.00		310.00	72.06		1,063.94	81.394
27	25	26	教学	10219	职工25	2,180.00	934.00		784.00	109.28		2,220.72	208.108
28	26	26	教学	10221	职工26	1,890.00	810.00		686.00	96.48		1,917.52	166.752
29	27	26	教学	10226	职工27	1,068.00	458.00		280.00	73.00		1,173.00	92.3
30	28	26	教学	10227	职工28	1,124.00	482.00		392.00	73.98		1,140.02	89.002
31	29	26	教学	10228	职工29	1,286.00	552.00		544.00	81.10		1,212.90	96.29
32	30	26	教学	10229	职工30	1,124.00	482.00		392.00	73.94		1,140.06	89.006
33	31	26	教学	10235	职工31	1,740.00	746.00		664.00	91.96		1,730.04	148.004
34	32	26	教学	10258	职工32	1,022.00	438.00		274.00	71.56		1,114.44	86.444

工资条　工资表　税率表

图 4－17　按照单位“26”筛选的结果

如果要求筛选后仍然保证序号从 1 开始，可以利用 SUBTOTAL 函数的“忽略隐藏值”这一特性。

（3）在单元格 A3 中输入公式“＝SUBTOTAL（103，$B$3：$B3）”，并自动填充序列。再次筛选单位，选择“26”，筛选结果如图 4－18 所示。

××××××公司20××年××月工资表

	序号	单位	类别	编号	姓名	等级工资	聘任津贴	应发合计	公积金	医疗保险	应扣合计	实发工资	调节税
16	1	26	教学	10201	职工14	1,850.00	792.00		678.00	95.78		1,868.22	161.822
17	2	26	教学	10203	职工15	1,890.00	810.00		684.00	99.82		1,916.18	166.618
18	3	26	教学	10204	职工16	1,286.00	552.00		542.00	80.70		1,215.30	96.53
19	4	26	教学	10205	职工17	1,178.00	504.00		464.00	75.68		1,142.32	89.232
20	5	26	教学	10208	职工18	1,286.00	552.00		544.00	75.92		1,218.08	96.808
21	6	26	教学	10210	职工19	1,458.00	624.00		562.00	86.12		1,433.88	118.388
22	7	26	教学	10211	职工20	1,286.00	552.00		544.00	80.74		1,213.26	96.326
23	8	26	教学	10213	职工21	1,850.00	792.00		678.00	95.62		1,868.38	161.838
24	9	26	教学	10214	职工22	2,340.00	1,002.00		804.00	114.62		2,423.38	238.507
25	10	26	教学	10215	职工23	1,850.00	792.00		678.00	95.62		1,868.38	161.838
26	11	26	教学	10217	职工24	1,012.00	434.00		310.00	72.06		1,063.94	81.394
27	12	26	教学	10219	职工25	2,180.00	934.00		784.00	109.28		2,220.72	208.108
28	13	26	教学	10221	职工26	1,890.00	810.00		686.00	96.48		1,917.52	166.752
29	14	26	教学	10226	职工27	1,068.00	458.00		280.00	73.00		1,173.00	92.3
30	15	26	教学	10227	职工28	1,124.00	482.00		392.00	73.98		1,140.02	89.002
31	16	26	教学	10228	职工29	1,286.00	552.00		544.00	81.10		1,212.90	96.29
32	17	26	教学	10229	职工30	1,124.00	482.00		392.00	73.94		1,140.06	89.006
33	18	26	教学	10235	职工31	1,740.00	746.00		664.00	91.96		1,730.04	148.004
34	19	26	教学	10258	职工32	1,022.00	438.00		274.00	71.56		1,114.44	86.444

工资条 工资表 税率表

图 4-18 利用 SUBTOTAL 函数筛选的结果

可以看到，无论怎样筛选，序号始终保持从 1 开始。

原理：利用 SUBTOTAL 函数的“忽略隐藏值”，其参数 Function _ num 设置为 103（counta），计算从单元格 B3 开始到当前单元格一共有多少非空单元格。

4.4 打印工资条

工资表最后需要打印出来，以便分发给员工。常见的工资表制作有三种方法：简单操作、应用函数、应用 VBA。

4.4.1 通过简单操作制作工资条

【例 4-9】通过简单操作制作工资条。

操作步骤如下：

（1）新建一张工作表并命名为“工资条”。

（2）将工资表中的数据复制到“工资条”工作表。打开工资表，将工资表中的数据全部选中复制，将光标切换到“工资条”工作表的第一个单元格，单击鼠标右键，在弹出的快捷菜单中选择“选择性粘贴”命令，打开“选择性粘贴”对话框，如图 4-19 所示。

（3）选择“粘贴”中的“数值”项，然后单击“确定”按钮。

注意：一定要用选择性粘贴，过滤掉公式，防止在其后的操作中因为排序而导致公式相对引用位置变化所产生的错误。

（4）在“工资条”工作表中，增加一列“序号”。从 1 开始填充序号直至当月工资表最后一条记录。操作方法是：选择“编辑”菜单中的“填充”命令，打开“序列”对话框，选择“序列产生在”中的“列”，确定“步长值”为 1，“终止值”为 200，如图 4-20 所示。

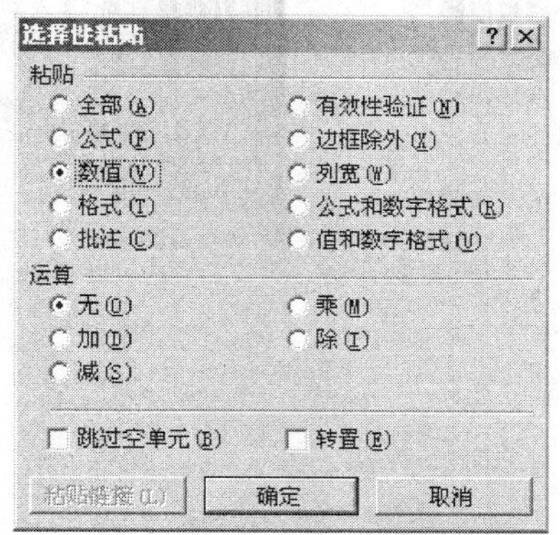

图 4－19 “选择性粘贴”对话框

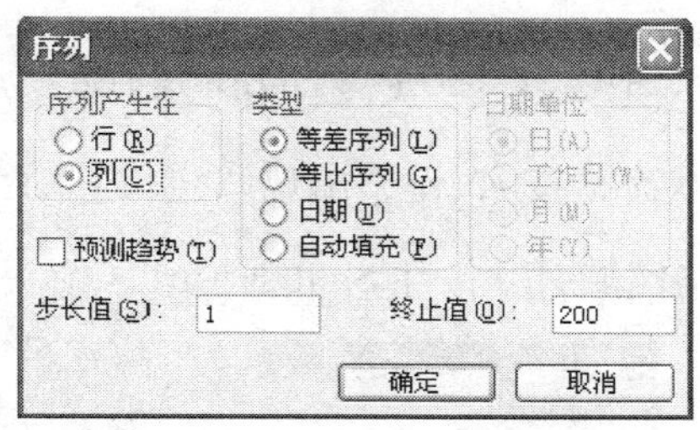

图 4－20 “序列”对话框

（5）单击“确定”按钮，填充序号，如图 4－21 所示。

	A	B	C	D	E	F	G	H	I	J	K	L	M	N	O
1	序号	单位	类别	编号	姓名	等级工资	聘任津贴	应发合计	公积金	医疗保险	应扣合计	实发工资	调节税		
2	1	5	行政	10109	职工1	1296	556		612	81.12		1158.88	90.888		
3	2	5	行政	10254	职工2	1544	662		574	86.44		1545.56	129.556		
4	3	5	教学	10526	职工3	1788	766		668	93.54		1792.46	154.246		
5	4	7	教学	10044	职工4	2340	1002		868	114.18		2359.82	228.973		
6	5	7	教学	10266	职工5	2340	1002		868	109.32		2364.68	229.702		
7	6	9	行政	10033	职工6	1372	588		620	80.74		1259.26	100.926		
8	7	11	教学	10076	职工7	1584	678		644	87.14		1530.86	128.086		
9	8	17	教学	10512	职工8	76	810		684	95.92		106.08	5.304		
10	9	18	教学	10162	职工9	1740	746		532	92.08		1861.92	161.192		
11	10	21	教学	10220	职工10	1890	810		684	95.92		1920.08	167.008		
12	11	22	教学	10158	职工11	1458	624		564	83.82		1434.18	118.418		
13	12	24	教学	10225	职工12	1400	600		492	82.48		1425.52	117.552		
14	13	24	教学	10231	职工13	1326	568		482	79.9		1332.1	108.21		
15	14	26	教学	10201	职工14	1850	792		678	95.78		1868.22	161.822		
16	15	26	教学	10203	职工15	1890	810		684	99.82		1916.18	166.618		
17	16	26	教学	10204	职工16	1286	552		542	80.7		1215.3	96.53		
18	17	26	教学	10205	职工17	1178	504		464	75.68		1142.32	89.232		
19	18	26	教学	10208	职工18	1286	552		544	75.92		1218.08	96.808		

图 4－21 填充序号

（6）分发给员工的工资条除了内容，还应该有标题。因此，需要为每条记录都复制第一行的标题。在现有记录中隔行插入一个空行，将活动单元格定位到 A3，在 A3 中输入 1.2，选择有数字“1”和“1.2”的两个单元格，按住 Ctrl 键的同时，拖动填充柄向下填充，直至目标位置，然后按序号列升序排序，其结果如图 4－22 所示。

	A	B	C	D	E	F	G	H	I	J	K	L	M	N	O
1	序号	单位	类别	编号	姓名	等级工资	聘任津贴	应发合计	公积金	医疗保险	应扣合计	实发工资	调节税		
2	1	5	行政	10109	职工1	1296	556		612	81.12		1158.88	90.888		
3	1.2														
4	2	5	行政	10254	职工2	1544	662		574	86.44		1545.56	129.556		
5	2.2														
6	3	5	教学	10526	职工3	1788	766		668	93.54		1792.46	154.246		
7	3.2														
8	4	7	教学	10044	职工4	2340	1002		868	114.18		2359.82	228.973		
9	4.2														
10	5	7	教学	10266	职工5	2340	1002		868	109.32		2364.68	229.702		
11	5.2														
12	6	9	行政	10033	职工6	1372	588		620	80.74		1259.26	100.926		
13	6.2														
14	7	11	教学	10076	职工7	1584	678		644	87.14		1530.86	128.086		
15	7.2														
16	8	17	教学	10512	职工8	76	810		684	95.92		106.08	5.304		
17	8.2														
18	9	18	教学	10162	职工9	1740	746		532	92.08		1861.92	161.192		
19	9.2														

图 4-22　按序号列升序排序的结果

（7）保持此时的选中状态，按F5键，出现“定位”对话框，如图 4-23 所示。

注意：选择大块单元格区域时，按住Shift + Ctrl +箭头键，可以快速选中。

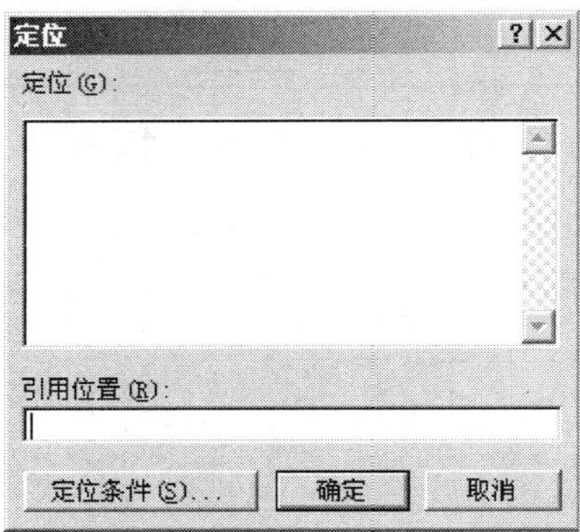

图 4-23　“定位”对话框

（8）单击“定位条件”按钮，打开“定位条件”对话框，选择“空值”项，如图 4-24 所示。

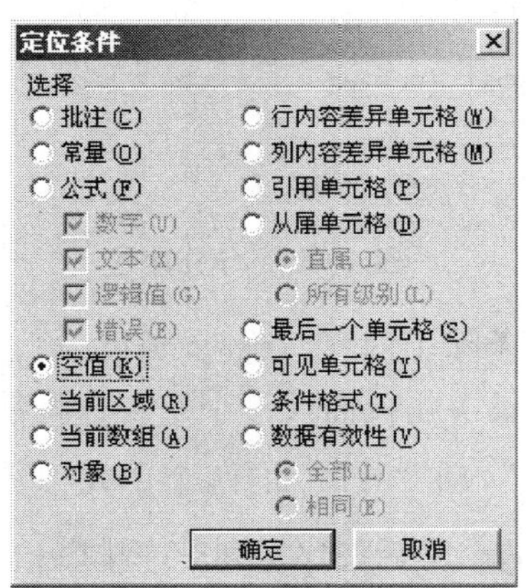

图 4-24　“定位条件”对话框

（9）单击“确定”按钮，Excel 将选中单元格区域中所有值为空值的区域，即原选择区域中的空单元格将被选中，如图 4－25 所示。

	A	B	C	D	E	F	G	H	I	J	K	L	M	N	O
1	序号	单位	类别	编号	姓名	等级工资	聘任津贴	应发合计	公积金	医疗保险	应扣合计	实发工资	调节税		
2	1	5	行政	10109	职工1	1296	556		612	81.12		1158.88	90.888		
3	1.2														
4	2	5	行政	10254	职工2	1544	662		574	86.44		1545.56	129.556		
5	2.2														
6	3	5	教学	10526	职工3	1788	766		668	93.54		1792.46	154.246		
7	3.2														
8	4	7	教学	10044	职工4	2340	1002		868	114.18		2359.82	228.973		
9	4.2														
10	5	7	教学	10266	职工5	2340	1002		868	109.32		2364.68	229.702		
11	5.2														
12	6	9	行政	10033	职工6	1372	588		620	80.74		1259.26	100.926		
13	6.2														
14	7	11	教学	10076	职工7	1584	678		644	87.14		1530.86	128.086		
15	7.2														
16	8	17	教学	10512	职工8	76	810		684	95.92		106.08	5.304		
17	8.2														
18	9	18	教学	10162	职工9	1740	746		532	92.08		1861.92	161.192		
19	9.2														

图 4－25　选中单元格区域中所有值为空值的区域

（10）在单元格 B3 中输入公式“＝B1”，然后按住 Ctrl 键并回车，为每条记录加上一个标题栏，如图 4－26 所示。

注意：此时不能直接按回车键，因为需要在所有值为空的单元格中批量输入公式。在批量输入相同数据时，可选中要输入数据的单元格区域，同时按 Ctrl ＋ Enter 键。

	A	B	C	D	E	F	G	H	I	J	K	L	M	N	O
1	序号	单位	类别	编号	姓名	等级工资	聘任津贴	应发合计	公积金	医疗保险	应扣合计	实发工资	调节税		
2	1	5	行政	10109	职工1	1296	556	#REF!	612	81.12	#REF!	1158.88	90.888		
3	1.2	单位	类别	编号	姓名	等级工资	聘任津贴	应发合计	公积金	医疗保险	应扣合计	实发工资	调节税		
4	2	5	行政	10254	职工2	1544	662	#REF!	574	86.44	#REF!	1545.56	129.556		
5	2.2	单位	类别	编号	姓名	等级工资	聘任津贴	应发合计	公积金	医疗保险	应扣合计	实发工资	调节税		
6	3	5	教学	10526	职工3	1788	766	#REF!	668	93.54	#REF!	1792.46	154.246		
7	3.2	单位	类别	编号	姓名	等级工资	聘任津贴	应发合计	公积金	医疗保险	应扣合计	实发工资	调节税		
8	4	7	教学	10044	职工4	2340	1002	#REF!	868	114.18	#REF!	2359.82	228.973		
9	4.2	单位	类别	编号	姓名	等级工资	聘任津贴	应发合计	公积金	医疗保险	应扣合计	实发工资	调节税		
10	5	7	教学	10266	职工5	2340	1002	#REF!	868	109.32	#REF!	2364.68	229.702		
11	5.2	单位	类别	编号	姓名	等级工资	聘任津贴	应发合计	公积金	医疗保险	应扣合计	实发工资	调节税		
12	6	9	行政	10033	职工6	1372	588	#REF!	620	80.74	#REF!	1259.26	100.926		
13	6.2	单位	类别	编号	姓名	等级工资	聘任津贴	应发合计	公积金	医疗保险	应扣合计	实发工资	调节税		
14	7	11	教学	10076	职工7	1584	678	#REF!	644	87.14	#REF!	1530.86	128.086		
15	7.2	单位	类别	编号	姓名	等级工资	聘任津贴	应发合计	公积金	医疗保险	应扣合计	实发工资	调节税		
16	8	17	教学	10512	职工8	76	810	#REF!	684	95.92	#REF!	106.08	5.304		
17	8.2	单位	类别	编号	姓名	等级工资	聘任津贴	应发合计	公积金	医疗保险	应扣合计	实发工资	调节税		
18	9	18	教学	10162	职工9	1740	746	#REF!	532	92.08	#REF!	1861.92	161.192		
19	9.2	单位	类别	编号	姓名	等级工资	聘任津贴	应发合计	公积金	医疗保险	应扣合计	实发工资	调节税		

图 4－26　为每条记录加上一个标题栏

（11）在实际工作中，裁剪工资条时，都会在每个员工的工资条之间插入一个空行，以方便裁剪。重复前面（7）、（10）的操作，选中整个数据区域，选择性粘贴数值。

（12）在单元格 A401 中输入 1.1，选择有数字“1”和“1.1”的两个单元格，按住 Ctrl 键的同时，拖动填充柄向下填充至 199.1。然后按序号列升序排序，其结果如图

4 - 27 所示。

	A	B	C	D	E	F	G	H	I	J	K	L	M	N	O
1	序号	单位	类别	编号	姓名	等级工资	聘任津贴	应发合计	公积金	医疗保险	应扣合计	实发工资	调节税		
2	1	5	行政	10109	职工1	1296	656	#REF!	612	81.12	#REF!	1158.88	90.888		
3	1.1														
4	1.2	单位	类别	编号	姓名	等级工资	聘任津贴	应发合计	公积金	医疗保险	应扣合计	实发工资	调节税		
5	2	5	行政	10254	职工2	1544	662	#REF!	574	86.44	#REF!	1545.56	129.556		
6	2.1														
7	2.2	单位	类别	编号	姓名	等级工资	聘任津贴	应发合计	公积金	医疗保险	应扣合计	实发工资	调节税		
8	3	5	教学	10526	职工3	1788	766	#REF!	668	93.54	#REF!	1792.46	154.246		
9	3.1														
10	3.2	单位	类别	编号	姓名	等级工资	聘任津贴	应发合计	公积金	医疗保险	应扣合计	实发工资	调节税		
11	4	7	教学	10044	职工4	2340	1002	#REF!	868	114.18	#REF!	2359.82	228.973		
12	4.1														
13	4.2	单位	类别	编号	姓名	等级工资	聘任津贴	应发合计	公积金	医疗保险	应扣合计	实发工资	调节税		
14	5	7	教学	10266	职工5	2340	1002	#REF!	868	109.32	#REF!	2364.68	229.702		
15	5.1														
16	5.2	单位	类别	编号	姓名	等级工资	聘任津贴	应发合计	公积金	医疗保险	应扣合计	实发工资	调节税		
17	6	9	行政	10033	职工6	1372	588	#REF!	620	80.74	#REF!	1259.26	100.926		

图 4 - 27　按序号列升序排序

（13）最后将辅助列删除，即为工资条增加了标题。

（14）为使打印、裁剪出来的工资条美观并方便阅读，还应该加上表格边框。操作方法是：选中整个数据区域，按 F5 键，打开“定位”对话框，单击“定位条件”按钮，出现“定位条件”对话框，选择“常量”单选按钮，并勾选“数字”、“文本”、“逻辑值”、“错误”四个选项，如图 4 - 28 所示。

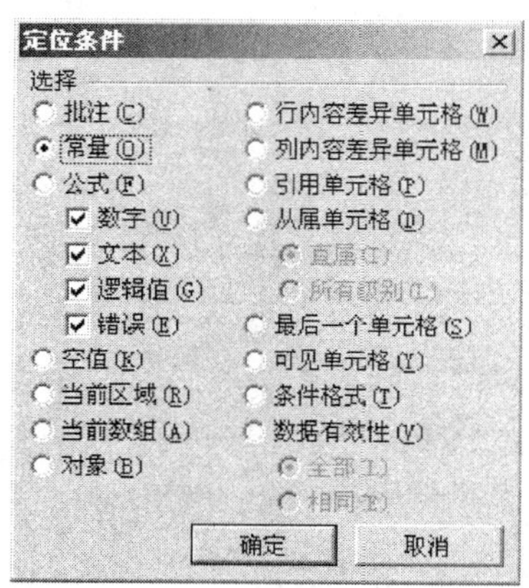

图 4 - 28　“定位条件”对话框

（15）单击“确定”按钮，结果如图 4 - 29 所示。

（16）在前面为每条工资记录提供标题栏时，产生了一些错误值“#REF!”，在最终的工资条上应将这些错误信息去掉。操作方法是：选中整个数据区域，按 F5 键，打开“定位”对话框，单击“定位条件”按钮，出现“定位条件”对话框，选择“常量”单选按钮，勾选“错误”项。

	A	B	C	D	E	F	G	H	I	J	K	L	M	N	O
1	单位	类别	编号	姓名	等级工资	聘任津贴	应发合计	公积金	医疗保险	应扣合计	实发工资	调节税			
2	5	行政	10109	职工1	1296	556	#REF!	612	81.12	#REF!	1158.88	90.888			
3															
4	单位	类别	编号	姓名	等级工资	聘任津贴	应发合计	公积金	医疗保险	应扣合计	实发工资	调节税			
5	5	行政	10254	职工2	1544	662	#REF!	574	86.44	#REF!	1545.56	129.556			
6															
7	单位	类别	编号	姓名	等级工资	聘任津贴	应发合计	公积金	医疗保险	应扣合计	实发工资	调节税			
8	5	教学	10526	职工3	1788	766	#REF!	668	93.54	#REF!	1792.46	154.246			
9															
10	单位	类别	编号	姓名	等级工资	聘任津贴	应发合计	公积金	医疗保险	应扣合计	实发工资	调节税			
11	7	教学	10044	职工4	2340	1002	#REF!	868	114.18	#REF!	2359.82	228.973			
12															
13	单位	类别	编号	姓名	等级工资	聘任津贴	应发合计	公积金	医疗保险	应扣合计	实发工资	调节税			
14	7	教学	10266	职工5	2340	1002	#REF!	868	109.32	#REF!	2364.68	229.702			
15															
16	单位	类别	编号	姓名	等级工资	聘任津贴	应发合计	公积金	医疗保险	应扣合计	实发工资	调节税			
17	9	行政	10033	职工6	1372	588	#REF!	620	80.74	#REF!	1259.26	100.926			

图 4－29　处理结果

（17）单击“确定”按钮，选中数据区域中所有错误值，如图 4－30 所示。

	A	B	C	D	E	F	G	H	I	J	K	L	M	N	O
1	单位	类别	编号	姓名	等级工资	聘任津贴	应发合计	公积金	医疗保险	应扣合计	实发工资	调节税			
2	5	行政	10109	职工1	1296	556	#REF!	612	81.12	#REF!	1158.88	90.888			
3															
4	单位	类别	编号	姓名	等级工资	聘任津贴	应发合计	公积金	医疗保险	应扣合计	实发工资	调节税			
5	5	行政	10254	职工2	1544	662	#REF!	574	86.44	#REF!	1545.56	129.556			
6															
7	单位	类别	编号	姓名	等级工资	聘任津贴	应发合计	公积金	医疗保险	应扣合计	实发工资	调节税			
8	5	教学	10526	职工3	1788	766	#REF!	668	93.54	#REF!	1792.46	154.246			
9															
10	单位	类别	编号	姓名	等级工资	聘任津贴	应发合计	公积金	医疗保险	应扣合计	实发工资	调节税			
11	7	教学	10044	职工4	2340	1002	#REF!	868	114.18	#REF!	2359.82	228.973			
12															
13	单位	类别	编号	姓名	等级工资	聘任津贴	应发合计	公积金	医疗保险	应扣合计	实发工资	调节税			
14	7	教学	10266	职工5	2340	1002	#REF!	868	109.32	#REF!	2364.68	229.702			
15															
16	单位	类别	编号	姓名	等级工资	聘任津贴	应发合计	公积金	医疗保险	应扣合计	实发工资	调节税			
17	9	行政	10033	职工6	1372	588	#REF!	620	80.74	#REF!	1259.26	100.926			

图 4－30　选中数据区域中所有错误值

（18）按 Delete 键，删除全部错误值。

（19）最后调整合适的行高、列宽、页边距等，一份工资条就设置好了。

4.4.2　通过函数制作工资条

【例 4－10】利用引用函数 INDEX 制作工资条。

操作步骤如下：

（1）在“工资条”工作表中，设置标题栏目。最终设置好的工资条应该是三行一组，分别是标题行、数据行、分隔空行。

（2）使用引用函数 INDEX 实现在“工资条”中引用“工资表”中的数据。

（3）使数据三行一组，第一条数据在“工资表”中位于第三行，选择“工资条”工作表中的单元格 A2，输入公式“＝INDEX（工资表！A:A，INT(ROW( )/3)＋3)”，按住 Ctrl 横向填充公式。选择单元格区域 A1:L3，如图 4－31 所示。

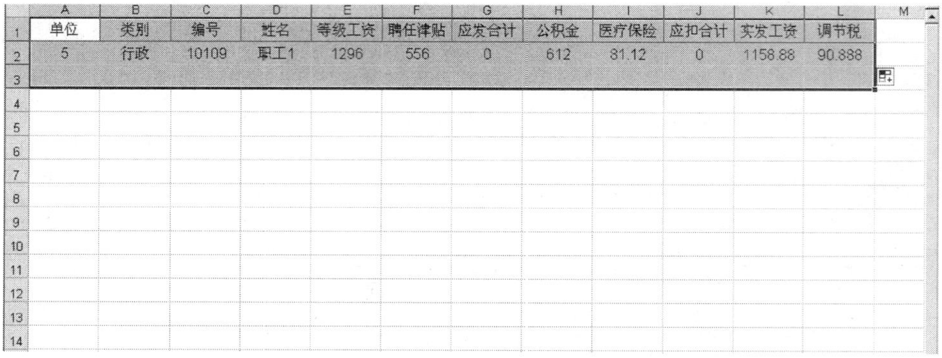

	A	B	C	D	E	F	G	H	I	J	K	L	M
1	单位	类别	编号	姓名	等级工资	聘任津贴	应发合计	公积金	医疗保险	应扣合计	实发工资	调节税	
2	5	行政	10109	职工1	1296	556	0	612	81.12	0	1158.88	90.888	
3													

图 4－31　选择单元格区域 A1:L3

（4）三行一组向下填充公式，直至将“工资表”中所有记录全部取完，工资条制作完成。

4.4.3　通过 VBA 程序制作工资条

【例 4－11】编制 VBA 程序制作工资条。

操作步骤如下：

（1）进入 Excel VBA 编辑器，新建一个过程 gzt，其代码如下：

```
public Sub gzt( )
    Dim ns As WorkSheet

    flag = 0
    For Each s In Sheets
        If s. name = "工资条" Then flag = 1: Exit For
    Next
    If flag = 0 Then
        Set ns = Sheets. Add
        ns. name = "工资条"
    Else
        Set ns = Sheets("工资条")
    End If

    ns. Select
    Cells. Select
    Selection. Clear
    x = 3
    z = 1
    Do While Not IsEmpty(Sheets("工资表"). Cells(x, 1))
```

```
        For y = 1 To 30
            Cells(z, y).Value = Sheets("工资表").Cells(2, y)
            Cells(z+1, y).Value = Sheets("工资表").Cells(x, y)
        Next
        z = z+3
        x = x+1
    Loop
    MsgBox "工资条已处理完毕,共处理" & x-3 & "人"
End Sub
```

（2）按F8键执行，即可自动生成一张“工资条”的工作表。

4.5 小结

本章主要介绍工资管理的基本任务，包括个人收入调节税的计算方法，按条件进行查询税款的技巧，每个部门及每种职工类别的实发工资的统计方法和打印工资条的技巧。

个人收入调节税是按照税务部门的税率表进行计算的，利用查找实发工资所对应的最高一档税率，乘以税率，减去速算扣除数，得到个人收入调节税，可以提高计算效率。

查询税款时，通常可以按部门、按职工类别或按单位进行汇总统计。Excel 中的排序原则是：先对优先级较低的进行排序，然后对优先级较高的进行排序。在分类汇总时，要先对大类分类汇总，再对小类分类汇总。利用 SUBTOTAL 函数进行汇总也是一种好方法。

制作工资表的方法有三种：最常见的是简单操作方法；如果对 INDEX 函数理解较好，也可以引用 INDEX 函数来制作工资条；通过 VBA 程序制作工资条简便易行。

练习题

1. 试分析 VLOOKUP 查找函数计算个人调节税的技巧和优势。
2. 分析利用 VLOOKUP 查找函数查找员工实发工资和调节税的特点。
3. 采用函数和公式，根据如图 4－32 所示的工资表实现编号和月份的辅助列查找。

编号	月份	实发工资	调节税
10109			

图 4－32　工资表

4. 制作工资条有哪三种方法，分别详细阐述每种方法的特点和操作步骤。
5. 完成对工资表进行两次分类汇总，即对单位进行分类汇总，在各单位内部按类别进行分类汇总。
6. 完成对工资条中每条记录增加标题的操作。

5 Excel 在全面预算中的应用

【学习目标】

(1) 掌握业务预算（包括销售预算、生产预算、直接材料预算、直接人工预算、制造费用预算、产品成本预算和销售及管理费用预算）编制的技巧和应用。

(2) 掌握现金预算的编制技巧。

(3) 理解预计财务报表编制中的应用。

5.1 业务预算

业务预算的编制包括销售预算、生产预算、直接材料预算、直接人工预算、制造费用预算、产品成本预算和销售及管理费用预算的编制。

下面分别介绍 Excel 在销售预算、生产预算、直接材料预算、直接人工预算、制造费用预算、产品成本预算和销售及管理费用预算的编制中的应用。

5.1.1 销售预算

只要商品经济存在，任何企业都必须实行以销定产。销售预算因此成为编制全面预算的起点，其他方面的预算，包括生产、材料采购、存货费用等方面的预算，都要以销售预算为基础。销售预算把费用与销售目标的实现联系起来。销售预算是一个财务计划，它包括完成销售计划的每一个目标所需要的费用，以保证公司销售利润的实现。销售预算是在销售预测完成之后才进行的，销售目标被分解为多个层次的子目标，一旦这些子目标确定后，其相应的销售费用也被确定下来。

销售预算以销售预测为基础，预测的主要依据是各种产品历史销售量的分析，结合市场预测中各种产品发展前景等资料，先按产品、地区、顾客和其他项目分别加以编制，然后加以归并汇总。根据销售预测确定未来期间预计的销售量和销售单价后，求出预计的收入，其公式如下：

预计销售收入 = 预计销售量 × 预计销售单价

销售预算除了为其他预算提供基础，还可以起到约束和控制企业销售活动的作用。销售预算的编制有利于公司目标及销售任务的实现，公司的战略目标会根据环境变化而调整，销售预算也可以通过 Excel 强大的数据自动重算功能而灵活变化，销售预算因此成为一件应付挑战的武器。

5.1.1.1 编制销售预算表

销售预算的主要内容是销量、单价和销售收入。销量是根据市场预测或销售合同并结合本企业的生产能力来确定的。单价是通过价格决策确定的，而销售收入则是销量和单价的乘积。

现假定甲公司只生产销售一种商品，为了方便说明问题，现假定甲公司预算周期选择季度。另外也可以按月、周甚至是日来进行预算，在这里选择按季度预算，除了简便，还因为季度也是很常用的业务计划期。

（1）构造如图 5 - 1 所示的“20 ×× 年度销售预算”表。

	A	B	C	D	E	F
1	20××年度销售预算					
2	季度	1	2	3	4	全年
3	预计销售量	1000	800	900	800	
4	预计销售单价	230	230	230	230	230
5	预计销售收入					

图 5 - 1 “20 ×× 年度销售预算”表

操作方法如下：

① 选择单元格区域 A1:F1，单击工具栏中的“合并及居中”按钮，然后在其中输入标题“20 ×× 年度销售预算”，分别在单元格 A2、A3、A4、A5 中输入项目名“季度”、“预计销售量”、“预计销售单价”和“预计销售收入”；在单元格 F2 中输入“全年”。

② 在季度一行单元格区域 B2:E2 中输入季度序列数据 1、2、3、4，在单元格 B2 中输入 1。

③ 打开“编辑”菜单，依次选择“填充”、“序列”命令，打开“序列”对话框，设置“步长值”为 1，“终止值”为 4，如图 5 - 2 所示。

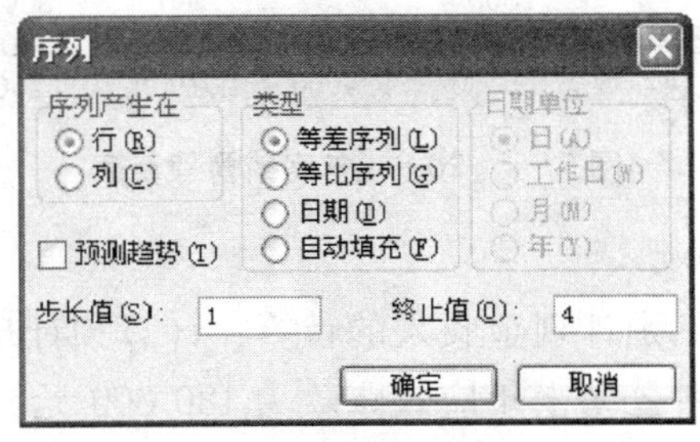

图 5 - 2 “序列”对话框

④ 单击“确定”按钮，在单元格区域 C2:E2 中快速输入序列数据 2、3、4。

⑤ 在单元格区域 B3:E3 中输入各个季度的预计销售量，分别为 1000、800、900 和 800；在单元格区域 B4:F4 中输入预计销售单价 230 元（注意：这里是预测的销售，因而会存在预测风险，实际的销售额可能或多或少）。

（2）计算预计销售收入。计算预计销售收入的公式如下：

预计销售收入 = 预计销售量 × 预计销售单价

在这里可以使用数组公式，一次性为“预计销售收入”单元格区域 B5:E5 输入公式。

操作步骤如下：

① 选择单元格区域 B5:E5，输入公式“=B3:E3 * B4:E4”，然后按组合键 Ctrl + Shift + Enter，即可输入数组公式，实现一次性对多个单元格输入公式的操作。

输入数组公式（也就是按组合键 Ctrl + Shift + Enter）后，公式自动出现一对花括号 {}，即代表数组公式输入成功，如图 5-3 所示。

B5 fx {=B3:E3*B4:E4}

	A	B	C	D	E	F
1	20××年度销售预算					
2	季度	1	2	3	4	全年
3	预计销售量	1000	800	900	800	
4	预计销售单价	230	230	230	230	230
5	预计销售收入	230000	184000	207000	184000	

图 5-3 输入数组公式

采用数组公式的好处在于，不仅可以同时为多个单元格输入公式，而且所有单元格的公式只保存一个数组公式，可以节省存储空间。

② 计算全年预计销售量和预计销售收入的合计数，在单元格 F3 中输入公式“=SUM（B3:E3）”，在单元格 F5 中输入公式“=SUM（B5:E5）”；或分别选择单元格区域 B3:F3 和 B5:F5，单击工具栏中的“自动求和”按钮，得到 20××年度销售预算表，如图 5-4 所示。

	A	B	C	D	E	F
1	20××年度销售预算					
2	季度	1	2	3	4	全年
3	预计销售量	1000	800	900	800	3500
4	预计销售单价	230	230	230	230	230
5	预计销售收入	230000	184000	207000	184000	805000

图 5-4 20××年度销售预算表

5.1.1.2 销售预算的现金收入

销售预算中通常还包括预计现金收入的计算，计算预计现金收入是为编制现金预算提供必要的资料。预计甲公司上年应收账款为 180 000 元，应收账款周转天数为 45 天，一个季度以 90 天计，则甲公司的现金收款和期末应收账款计算方法如下：

现金收款 = 期初应收账款 + 销售收入/2

期末应收账款 = 期初应收账款 + 销售收入 - 现金收款 = 销售收入/2

（1）构造如图 5-5 所示的“预计现金收入”表，其中单元格区域 B2:E2 中的数据可以采用快速输入法：在单元格 B2 中输入“1 季度”，拖动填充柄将单元格 B2 复制到单元格 C2、D2、E2 中，自动输入“2 季度”、“3 季度”、“4 季度”。

	A	B	C	D	E
1	预计现金收入				
2	项目	1季度	2季度	3季度	4季度
3	期初应收账款				
4	销售收入				
5	期末应收账款				
6	现金收款				

图 5－5　“预计现金收入”表

（2）在表格中输入原始数据和公式，得到如图 5－6 所示的“预计现金收入”结果表。

	A	B	C	D	E
1	预计现金收入				
2	项目	1季度	2季度	3季度	4季度
3	期初应收账款	180000	115000	92000	103500
4	销售收入	230000	184000	207000	184000
5	期末应收账款	115000	92000	103500	92000
6	现金收款	295000	207000	195500	195500

图 5－6　“预计现金收入”结果表

操作步骤如下：

在单元格 B3 中输入 180 000，即上年应收账款。

在单元格 B4 中输入公式“＝销售预算！B5”。

在单元格 B5 中输入公式“＝B4/2”。

在单元格 B6 中输入公式“＝B3＋B4/2”。

在单元格 C3 中输入公式“＝B5”。

选择单元格 C3，拖动填充柄，将公式复制到单元格 D3、E3。

选择单元格 B4，拖动填充柄，将公式复制到单元格 C4、D4、E4。

选择单元格 B5，拖动填充柄，将公式复制到单元格 C5、D5、E5。

选择单元格 B6，拖动填充柄，将公式复制到单元格 C6、D6、E6。

最后得到单元格区域 B3:E6 中各单元格对应的公式和数值，如表 5－1 所示。

表 5－1　各单元格对应的公式和数值

单元格	公式或值	单元格	公式或值
B3	180 000	B5	＝B4/2
C3	＝B5	C5	＝C4/2
D3	＝C5	D5	＝D4/2
E3	＝D5	E5	＝E4/2
B4	＝销售预算！B5	B6	＝B3＋B4/2
C4	＝销售预算！C5	C6	＝C3＋C4/2
D4	＝销售预算！D5	D6	＝D3＋D4/2
E4	＝销售预算！E5	E6	＝E3＋E4/2

5.1.2 生产预算

生产预算是在销售预算的基础上编制的，计划为满足预算期的销售量以及期末存货所需的资源。其主要内容有销售量、期初和期末存货以及生产量。以生产预算为基础，可进而编制直接材料预算、直接人工预算和制造费用预算。

前面已经为甲公司编制了销售预算表，现在在销售预算的基础上为甲公司编制生产预算表。假定预计 20××年年初存货为 50 件，甲公司按下期预计销售量的 10% 来安排期末存货，另外计划年末留存存货 150 件。

已知预计生产量的计算公式如下：

预计生产量 = 预计销售量 + 预计期末存货 - 预计期初存货

其中，预计销售量在前面已经计算出来，现在要计算出预计期末存货量和预计期初存货量，根据甲公司的计划安排，计算公式如下：

预计期末存货 = 下季度销售量 ×10%

预计期初存货 = 上季度期末存货

（1）构造如图 5 -7 所示的“生产预算”表，按前面介绍的方法拖动自动填充，在单元格区域 B3:E3 中输入“1 季度”、“2 季度”、“3 季度”、“4 季度”。由于企业的生产和销售不可能做到“同步同量”，所以必须考虑存货的问题。从图 5 -7 中可以看到，预计生产量除了要满足预计销售量的需求外，还要加上预计期末存货，减去预计期初存货。

	A	B	C	D	E	F
1	生产预算					
2						单位：件
3	项目	1季度	2季度	3季度	4季度	全年
4	预计销售量					
5	加：预计期末存货					
6	减：预计期初存货					
7	预计生产量					

图 5 -7 “生产预算”表

（2）为数据单元格输入数值数据和公式，得到如图 5 -8 所示的“生产预算”结果表。

	A	B	C	D	E	F
1	生产预算					
2						单位：件
3	项目	1季度	2季度	3季度	4季度	全年
4	预计销售量	1000	800	900	800	3500
5	加：预计期末存货	80	90	80	150	150
6	减：预计期初存货	50	80	90	80	50
7	预计生产量	1030	810	890	870	3600

图 5 -8 “生产预算”结果表

操作步骤如下：

在单元格 B4 中输入公式“ = 销售预算！B3”。

在单元格 B5 中输入公式“ = C4 * 10% ”。

在单元格 B6 中输入 50，即预计的上年末也就是本年初的存货。

在单元格 B7 中输入公式“ = B4 + B5 - B6”。

选择单元格 B4，拖动填充柄，将公式复制到单元格 C4、D4、E4。

选择单元格 B5，拖动填充柄，将公式复制到单元格 C5、D5。

在单元格 E5 中输入 150，即预计的本年末的存货留存数。

在单元格 C6 中输入公式“ = B5”。

选择单元格 C6，拖动填充柄，将公式复制到单元格 D6、E6。

选择单元格 B7，拖动填充柄，将公式复制到单元格 C7、D7、E7。

在单元格 F5 中输入 150，即预计的本年末的存货留存数。

在单元格 F6 中输入 50，即预计的上年末也就是本年初的存货。

分别选择单元格区域 B4:F4 和 B7:F7，单击工具栏中的“自动求和”按钮，最后得到单元格区域 B4:F7 各单元格对应的公式或数值如表 5 - 2 所示。

表 5 - 2　各单元格对应的公式或数值

单元格	公式或值	单元格	公式或值
B4	= 销售预算！B3	B6	50
C4	= 销售预算！C3	C6	= B5
D4	= 销售预算！D3	D6	= C5
E4	= 销售预算！E3	E6	= D5
F4	= SUM（B4:E4）	F6	50
B5	= C4 * 10%	B7	= B4 + B5 - B6
C5	= D4 * 10%	C7	= C4 + C5 - C6
D5	= E4 * 10%	D7	= D4 + D5 - D6
E5	150	E7	= E4 + E5 - E6
F5	150	F7	= SUM（B7:E7）

计划期间除必须有足够的产品以供销售之外，由于存在许多不确定性，企业的生产和销售时间上和数量上不能完全一致。还必须考虑到计划期期初和期末存货的预计水平，以避免存货太多形成积压，或存货太少影响下期销售。

若要了解现有生产能力是否能够完成预计的生产量，生产设备管理部门有必要再审核生产预算，若无法完成，预算委员会可以修订销售预算或考虑增加生产能力；若生产能力超过需要量，则可以考虑把生产能力用于其他方面。

5.1.3 直接材料预算与现金支出

5.1.3.1 直接材料预算

直接材料预算，是以生产预算为基础编制的，同时要考虑原材料存货水平。直接材料预算的主要内容有直接材料的单位产品用量、生产需用量、期初和期末存量等。

直接材料的预算是一项采购预算，预计采购量取决于生产材料的耗用量和原材料存货的需要量。直接材料预算主要用来确定预算材料采购数量和采购成本，它是以生产预算为基础编制的。其计算公式如下：

直接材料预计采购量 = 预计生产量 × 单位产品材料用量
+ 预计期末直接材料存货 − 预计期初直接材料存货
= 预计生产需用量 + 预计期末直接材料存货
− 预计期初直接材料存货

直接材料预计采购金额 = 预计材料采购量 × 预计材料单价

为便于编制现金预算，在直接材料预算中，预计材料单价是指该材料的平均价格，通常可从采购部门获得。另外，还包括材料方面预期的现金支出的计算，以及上期采购的材料将于本期支付的现金和本期采购的材料中应由本期支付的现金。

已知甲公司生产的产品需要用到两种原材料，分别为 A 材料和 B 材料，预计甲公司 A、B 两种原材料的存量年初分别为 20 千克和 30 千克，年末分别为 30 千克和 30 千克，甲公司期末材料的存量为下季度预计生产需用量的 10%。每生产一件产品需要 2 千克的 A 材料和 3 千克的 B 材料。从采购部门获悉 A、B 材料的平均单价分别是 20 元/千克和 10 元/千克，采购材料时先支付 60% 的货款，另 40% 的货款在下季度支付。

（1）构造如图 5－9 所示的“直接材料采购预算”表。

	A	B	D	E	F	G	H
1	直接材料采购预算						
2							单位：千克
3	项目		1季度	2季度	3季度	4季度	全年
4	预计生产量						
5	材料单耗（kg）	A材料					
6		B材料					
7	预计生产需用量	A材料					
8		B材料					
9	加：预计期末存量	A材料					
10		B材料					
11	预计需要量合计	A材料					
12		B材料					
13	减：预计期初存量	A材料					
14		B材料					
15	预计材料采购量	A材料					
16		B材料					
17	材料单价（元）	A材料					
18		B材料					
19	预计采购金额（元）	A材料					
20		B材料					
21		合计					

图 5－9 “直接材料采购预算”表

（2）为数据单元格输入数值数据和公式。操作步骤如下：

在单元格 D4 中输入公式“ = 生产预算！B3”。

选择单元格 D4，拖动填充柄，将公式复制到单元格 E4、F4、G4。

在单元格 D5 中输入 2，生产一件产品需要的 A 材料用量。

在单元格 D6 中输入 3，生产一件产品需要的 B 材料用量。

选择单元格 D5 和 D6，拖动填充柄，将数值数据复制到单元格区域 E5:H6。

在单元格 D7 中输入公式"=D$4*D5"。因为要把单元格 D7 的公式复制到单元格区域 D7:G8，预计生产需用量=预计生产量×单位产品材料用量，预计生产量放在第 4 行中，所以用混合引用使得公式在往下复制时，始终到第 4 行去取预计生产量。

选择单元格 D7，拖动填充柄，将公式复制到单元格区域 D7:H8。

在单元格 D9 中输入公式"=E7*10%"。

选择单元格 D9，拖动填充柄，将公式复制到单元格区域 D9:F10。

在单元格 G9 中输入 30，即预计的本年末的 A 材料的库存量。

在单元格 G10 中输入 30，即预计的本年末的 B 材料的库存量。

在单元格 H9 中输入 30，即预计的本年末的 A 材料的库存量。

在单元格 H10 中输入 30，即预计的本年末的 B 材料的库存量。

在单元格 D11 中输入公式"=D7+D9"。

选择单元格 D11，拖动填充柄，将公式复制到单元格区域 D11:H12。

在单元格 D13 中输入 20，即预计的本年初 A 材料的库存量。

在单元格 D14 中输入 30，即预计的本年初 B 材料的库存量。

在单元格 E13 中输入公式"=D9"。

选择单元格 E13，拖动填充柄，将公式复制到单元格区域 E13:G14。

在单元格 H13 中输入 20，即预计的本年初 A 材料的库存量。

在单元格 H14 中输入 30，即预计的本年初 B 材料的库存量。

在单元格 D15 中输入公式"=D11-D13"。

选择单元格 D15，拖动填充柄，将公式复制到单元格区域 D15:H16。

在单元格 D17 中输入公式 20，即 A 材料的单价。

在单元格 D18 中输入公式 10，即 B 材料的单价。

选择单元格 D17 和 D18，拖动填充柄，将数值数据复制到单元格区域 D17:H18。

在单元格 D19 中输入公式"=D15*D17"。

选择单元格 D19，拖动填充柄，将公式复制到单元格区域 D19:H20。

经过上述操作后，得到如图 5-10 所示的"直接材料采购预算"结果表。

	A	B	D	E	F	G	H
1	直接材料采购预算						
2							单位：千克
3	项目		1季度	2季度	3季度	4季度	全年
4	预计生产量		1030	810	890	870	3600
5	材料 单耗（kg）	A材料	2	2	2	2	2
6		B材料	3	3	3	3	3
7	预计生产需用量	A材料	2060	1620	1780	1740	7200
8		B材料	3090	2430	2670	2610	10800
9	加：预计期末存量	A材料	162	178	174	30	30
10		B材料	243	267	261	30	30
11	预计需要量合计	A材料	2222	1798	1954	1770	7230
12		B材料	3333	2697	2931	2640	10830
13	减：预计期初存量	A材料	20	162	178	174	20
14		B材料	30	243	267	261	30
15	预计材料采购量	A材料	2202	1636	1776	1596	7210
16		B材料	3303	2454	2664	2379	10800
17	材料单价（元）	A材料	20	20	20	20	20
18		B材料	10	10	10	10	10
19	预计采购金额（元）	A材料	44040	32720	35520	31920	144200
20		B材料	33030	24540	26640	23790	108000
21		合计	77070	57260	62160	55710	252200

图 5－10 “直接材料采购预算”结果表

（3）选择单元格区域 D4:G4，单击工具栏中的“自动求和”按钮，为单元格 G4 输入求和公式，得到单元格区域 D4:H20 中各个公式单元格对应的公式，如表 5－3 所示。

表 5－3　各个公式单元格所对应的公式

单元格	公式	单元格	公式	单元格	公式
D4	＝生产预算！B7	E10	＝F8 * 10%	E15	＝E11－E13
E4	＝生产预算！C3	F10	＝G8 * 10%	F15	＝F11－F13
F4	＝生产预算！D3	D11	＝D7＋D9	G15	＝G11－G13
G4	＝生产预算！E3	E11	＝E7＋E9	H15	＝H11－H13
H4	＝SUM（D4:G4）	F11	＝F7＋F9	D16	＝D12－D14
D7	＝D$4 * D5	G11	＝G7＋G9	E16	＝E12－E14
E7	＝E$4 * E5	H11	＝H7＋H9	F16	＝F12－F14
F7	＝F$4 * F5	D12	＝D8＋D10	G16	＝G12－G14
G7	＝G$4 * G5	E12	＝E8＋E10	H16	＝H12－H14
H7	＝H$4 * H5	F12	＝F8＋F10	D19	＝D15 * D17
D8	＝D$4 * D6	G12	＝G8＋G10	E19	＝E15 * E17
E8	＝E$4 * E6	H12	＝H8＋H10	F19	＝F15 * F17
F8	＝F$4 * F6	E13	＝D9	G19	＝G15 * G17
G8	＝G$4 * G6	F13	＝E9	H19	＝H15 * H17
H8	＝H$4 * H6	G13	＝F9	D20	＝D16 * D18

表 5－3（续）

单元格	公式	单元格	公式	单元格	公式
D9	= E7 * 10%	E14	= D10	E20	= E16 * E18
E9	= F7 * 10%	F14	= E10	F20	= F16 * F18
F9	= G7 * 10%	G14	= F10	G20	= G16 * G18
D10	= E8 * 10%	D15	= D11 - D13	H20	= H16 * H18

5.1.3.2 预计现金支出

根据前面编制的“直接材料采购预算”表，对每季度要采购的材料及其价格已经比较清楚，为方便以后编制现金预算，预计因采购材料各季度的现金支出。已知 A 公司材料采购时，当季支付货款的 60%，另外 40% 的货款在下个季度支付。预计上年应付账款余额为 25 000 元。注意：由于甲公司只需要采购 A、B 两种原材料，所以不需要单独编制材料存货预算。

（1）根据甲公司的直接材料预算，以及支付货款的情况，编制“预计现金支出”表，如图 5－11 所示。

	A	B	C	D	E	F
1	预计现金支出					
2						单位：元
3	项目	1季度	2季度	3季度	4季度	全年
4	期初应付账款					
5	采购支出					
6	期末应付账款					
7	现金支出合计					

图 5－11 “预计现金支出”表

（2）为数据单元格输入数值数据和公式。操作步骤如下：

在单元格 B4 中输入 25 000，即甲公司 20××年的预计应付账款。

在单元格 B5 中输入公式“ = 直接材料采购预算！D21 * 60%”。

在单元格 B6 中输入公式“ = 直接材料采购预算！D21 * 40%”。

在单元格 B7 中输入公式“ = B4 + B5”。

在单元格 C4 中输入公式“ = B6”。

选择单元格 C4，拖动填充柄，将公式复制到单元格 D4、E4。

在单元格 F4 中输入公式“ = B4”。

选择单元格 B5，拖动填充柄，将公式复制到单元格区域 C5:F5。

选择单元格 B6，拖动填充柄，将公式复制到单元格区域 C6:E6。

在单元格 F6 中输入公式“ = E6”。

选择单元格 B7，拖动填充柄，将公式复制到单元格区域 C7:E7。

经过上述操作后，得到如图 5－12 所示的“预计现金支出”结果表。

	A	B	C	D	E	F
1	预计现金支出					
2						单位：元
3	项目	1季度	2季度	3季度	4季度	全年
4	期初应付账款	25000	30828	22904	24864	25000
5	采购支出	46242	34356	37296	33426	151320
6	期末应付账款	30828	22904	24864	22284	22284
7	现金支出合计	71242	65184	60200	58290	254916

图 5－12　“预计现金支出”结果表

（3）选择单元格区域 B7:F7，单击工具栏中的“自动求和”按钮，为单元格 F7 输入求和公式，得到单元格区域 B4:F7 中各公式单元格对应的公式或数值，如表 5－4 所示。

表 5－4　各公式单元格对应的公式或数值

单元格	公式或值	单元格	公式或值
B4	25000	B5	＝直接材料采购预算！D21＊60%
C4	＝B6	C5	＝直接材料采购预算！E21＊60%
D4	＝C6	D5	＝直接材料采购预算！F21＊60%
E4	＝D6	E5	＝直接材料采购预算！G21＊60%
F4	＝B4	F5	＝直接材料采购预算！H21＊60%
B7	＝B4＋B5	B6	＝直接材料采购预算！D21＊40%
C7	＝C4＋C5	C6	＝直接材料采购预算！E21＊40%
D7	＝D4＋D5	D6	＝直接材料采购预算！F21＊40%
E7	＝E4＋E5	E6	＝直接材料采购预算！G21＊40%
F7	＝SUM（B7:E7）	F6	＝E6

5.1.4　直接人工预算

直接人工预算也是以生产预算为基础编制的，其主要内容有预计产量、单位产品工时、人工总工时、每小时人工成本和人工总成本。

直接人工预算列示根据预计生产量进行生产所需的直接人工小时以及相应的成本。直接人工成本通常从生产管理部门和工程技术部门获得，根据生产预算确定的产品每单位产出所需直接人工以及计划期内总的生产量，就可编制出直接人工预算。

其计算公式如下：

预计直接人工总成本＝预计生产量×单位产品直接人工小时×每小时人工成本

从甲公司生产管理部门和工程技术部门获悉，生产每单位产品耗费工时为 5 小时，每小时企业支付的人工成本为 10 元。

（1）构造如图 5－13 所示的“直接人工预算”表。

	A	B	C	D	E	F
1	直接人工预算					
2	项目	1季度	2季度	3季度	4季度	全年
3	预计生产量（件）					
4	单位产品工时（小时）					
5	人工总工时（小时）					
6	每小时人工成本（元）					
7	人工总成本（元）					

图 5－13 “直接人工预算”表

（2）为数据单元格输入数值数据和公式。操作步骤如下：

在单元格 B3 中输入公式“＝生产预算！B7”。

选择单元格 B3，拖动填充柄，将公式复制到单元格区域 C3:E3。

选择单元格区域 B4:F4，输入 5（即每单位产品所需要的工时数），按组合键 Ctrl + Shift + Enter，一次性为多个单元格输入相同的数值数据。

在单元格 B5 中输入公式“＝B3 * B4”。

选择单元格 B5，拖动填充柄，将公式复制到单元格区域 C5:F5。

选择单元格区域 B6:F6，输入 10（即每小时的人工成本），按组合键 Ctrl + Shift + Enter，一次性为多个单元格输入相同的数值数据。

在单元格 B7 中输入公式“＝B5 * B6”。

选择单元格 B7，拖动填充柄，将公式复制到单元格区域 C7:F7。

经过上述操作后，得到如图 5－14 所示的“直接人工预算”结果表。

	A	B	C	D	E	F
1	直接人工预算					
2	项目	1季度	2季度	3季度	4季度	全年
3	预计生产量（件）	1030	810	890	870	3600
4	单位产品工时（小时）	5	5	5	5	5
5	人工总工时（小时）	5150	4050	4450	4350	18000
6	每小时人工成本（元）	10	10	10	10	10
7	人工总成本（元）	51500	40500	44500	43500	180000

图 5－14 “直接人工预算”结果表

（3）选择单元格区域 B3:F3，单击工具栏中的“自动求和”按钮，为单元格 F3 输入求和公式，得到单元格区域 B3:F7 中各公式单元格对应的公式，如表 5－5 所示。

表 5－5 各公式单元格对应的公式

单元格	公式	单元格	公式
B3	＝生产预算！B7	E5	＝E3 * E4
C3	＝生产预算！C7	F5	＝F3 * F4
D3	＝生产预算！D7	B7	＝B5 * B6
E3	＝生产预算！E7	C7	＝C5 * C6
F3	＝SUM（B3:E3）	D7	＝D5 * D6

表 5－5（续）

单元格	公式	单元格	公式
B5	= B3 * B4	E7	= E5 * E6
C5	= C3 * C4	F7	= F5 * F6
D5	= D3 * D4		

5.1.5 制造费用预算

制造费用预算是一种能反映直接人工预算和直接材料使用以及采购预算之外的所有产品成本的预算计划。换句话说，制造费用就是在直接材料和直接人工以外，为生产产品而发生的间接费用。

制造费用预算通常分为变动制造费用和固定性造费用两部分。固定制造费用的预计可在上年的基础上，根据预期变动加以适当修正进行。固定制造费用通常包括厂房和机器设备的折旧、租金、财产税及一些车间的管理费用，它支撑企业总体的生产经营能力，一旦形成则短期内不会改变。变动制造费用通常包括动力、维修费、直接材料、间接材料、间接制造人工等，可以根据预计生产量乘以单位产品预定分配率进行预计。

计算公式如下：

预计制造费用 = 预计变动制造费用 + 预计固定制造费用

= 预计业务量 × 预计变动制造费用分配率 + 预计固定制造费用

制造费用的编制通常还包括费用方面预计的现金支出的计算，以便为编制现金预算提供必要的资料。

（1）构造如图 5－15 所示的“制造费用预算”表，预计的各项费用如表中所示。

	A	B	C	D	E	F	G
1				制造费用预算			
2							单位：元
3		项　目	1季度	2季度	3季度	4季度	全年
4	变动制造费用	间接人工	210	160	180	180	
5		间接材料	205	155	185	195	
6		修理费	200	300	390	360	
7		水电费	220	150	190	180	
8		小　计					
9	固定制造费用	修理费	1200	1130	920	920	
10		折　旧	1700	1700	1700	1700	
11		管理人员工资	6000	6000	6000	6000	
12		保险费	120	85	95	150	
13		财产税	145	145	145	145	
14		小　计					
15	制造费用合计						
16	减：非付现费用						
17	现金支出的费用						

图 5－15　“制造费用预算”表

(2) 输入其余数值单元格的数值或公式，得到如图 5-16 的“制造费用预算”结果表。

	A	B	C	D	E	F	G
1		制造费用预算					
2							单位：元
3		项 目	1季度	2季度	3季度	4季度	全年
4	变动制造费用	间接人工	210	160	180	180	730
5		间接材料	205	155	185	195	740
6		修理费	200	300	390	360	1250
7		水电费	220	150	190	180	740
8		小 计	870	800	980	950	3600
9	固定制造费用	修理费	1200	1130	920	920	4170
10		折 旧	1700	1700	1700	1700	6800
11		管理人员工资	6000	6000	6000	6000	24000
12		保险费	120	85	95	150	450
13		财产税	145	145	145	145	580
14		小 计	9165	9060	8860	8915	36000
15	制造费用合计		10035	9860	9840	9865	39600
16	减：非付现费用		1700	1700	1700	1700	6800
17	现金支出的费用		8335	8160	8140	8165	32800

图 5-16 “制造费用预算”结果表

操作步骤如下：

① 计算“变动制造费用”和“固定制造费用”的小计额，分别选择单元格区域 C4:F8 和 C9:F14，然后单击工具栏中的“自动求和”按钮。

②“制造费用合计”等于“变动制造费用”和“固定制造费用”之和，在单元格 C15 中输入公式“=C8+C14”，拖动填充柄将单元格 C15 的公式复制到单元格 D15、E15、F15。

③ 由于要计算出现金支出费用额，因此将制造费用中非现金支付项目列出，这里只有“折旧”费是非现金支付。因此，在单元格 C16 中输入公式“=C10”，拖动填充柄将单元格 C15 的公式复制到单元格 D16、E16、F16。

通过以上计算，“现金支出的费用”等于“制造费用合计”扣除“非付现费用”。所以，在单元格 C17 中输入公式“=C15-C16”，拖动填充柄将单元格 C15 的公式复制到单元格 D17、E17、F17。

(3) 计算全年各项费用合计，选择单元格区域 C4:G17，然后单击工具栏中的“自动求和”按钮。单元格区域 C4:G17 中所有公式单元格中的公式如表 5-6 所示。

表 5-6 所有公式单元格中的公式

单元格	公式	单元格	公式	单元格	公式
C8	=SUM（C4:C7）	C16	=C10	G7	=SUM（C7:F7）
D8	=SUM（D4:D7）	D16	=D10	G8	=SUM（C8:F8）
E8	=SUM（E4:E7）	E16	=E10	G9	=SUM（C9:F9）

表 5-6（续）

单元格	公式	单元格	公式	单元格	公式
F8	= SUM（F4:F7）	F16	= F10	G10	= SUM（C10:F10）
C14	= SUM（C9:C13）	C17	= C15 - C16	G11	= SUM（C11:F11）
D14	= SUM（D9:D13）	D17	= D15 - D16	G12	= SUM（C12:F12）
E14	= SUM（E9:E13）	E17	= E15 - E16	G13	= SUM（C13:F13）
F14	= SUM（F9:F13）	F17	= F15 - F16	G14	= SUM（C14:F14）
C15	= C8 + C14	G4	= SUM（C4:F4）	G15	= SUM（C15:F15）
D15	= D8 + D14	G5	= SUM（C5:F5）	G16	= SUM（C16:F16）
E15	= E8 + E14	G6	= SUM（C6:F6）	G17	= SUM（C17:F17）
F15	= F8 + F14				

5.1.6 产品成本预算

产品成本预算和现金预算是有关预算的汇总。产品成本预算，是指为规划一定预算期内每种产品的单位产品成本、生产成本、销售成本等内容而编制的一种日常业务预算。产品成本预算主要依据生产预算、直接材料预算、直接人工预算、制造费用预算等汇总编制。产品成本预算的主要内容是产品的总成本与单位成本。其中，总成本又分为生产成本、销货成本和期末产品库存成本。

根据前面的预算，求得制造费用小时费用率如下：

变动制造费用分配率 = 3600/18 000 = 0.2（元/小时）

变动制造费用分配率 = 36 000/18 000 = 2（元/小时）

（1）为甲公司建立“产品成本预算”表，输入各已知量，如图 5-17 所示。

	A	B	C	D	E	F	G	H	I
1	产品成本预算								
2									单位：元
3	成本项目		单位用量	单价	单位成本	总成本	期初存货	期末存货	销货成本
4	直接材料	A材料	2	20					
5		B材料	3	10					
6		小计							
7	直接人工		5	10					
8	变动制造费用		5	0.2					
9	固定制造费用		5	2					
10	合计								

图 5-17 “产品成本预算”表

（2）对公式单元格输入正确的公式，得到如图 5-18 所示的“产品成本预算”结果表。

	A	B	C	D	E	F	G	H	I
1	产品成本预算								
2									单位：元
3	成本项目		单位用量	单价	单位成本	总成本	期初存货	期末存货	销货成本
4	直接材料	A材料	2	20	40				
5		B材料	3	10	30				
6		小计			70	252000	3500	10500	245000
7	直接人工		5	10	50	180000	2500	7500	175000
8	变动制造费用		5	0.2	1	3600	50	150	3500
9	固定制造费用		5	2	10	36000	500	1500	35000
10	合计				131	471600	6550	19650	458500

图 5－18 “产品成本预算”结果表

操作步骤如下：

在单元格 E4 中输入公式“＝C4＊D4”。

选择单元格 E4，拖动填充柄，将公式复制到单元格 E5。

选择单元格区域 E4:E6，然后单击工具栏中的“自动求和”按钮，为单元格 E6 输入求和公式。

在单元格 E7 中输入公式“＝C7＊D7”。

选择单元格 E7，拖动填充柄，将公式复制到单元格 E8、E9。

选择单元格区域 E64:E10，然后单击工具栏中的“自动求和”按钮，为单元格 E10 输入求和公式。

在单元格 F6 中输入公式“＝E6＊生产预算！$F$7”。

在单元格 G6 中输入公式“＝E6＊生产预算！$F$6”。

在单元格 H6 中输入公式“＝E6＊生产预算！$F$5”。

在单元格 I6 中输入公式“＝F6＋G6－H6”。

选择单元格 F6，拖动填充柄，将公式复制到单元格区域 F7:F10。

选择单元格 G6，拖动填充柄，将公式复制到单元格区域 G7:G10。

选择单元格 H6，拖动填充柄，将公式复制到单元格区域 H7:H10。

选择单元格 I6，拖动填充柄，将公式复制到单元格区域 I7:I10。

“产品成本预算”表中单元格区域 F6:I10 中的公式如表 5－7 所示。

表 5－7 单元格区域 F6:I10 中的公式

单元格	公式	单元格	公式
F6	＝E6＊生产预算！$F$7	H6	＝E6＊生产预算！$F$5
F7	＝E7＊生产预算！$F$7	H7	＝E7＊生产预算！$F$5
F8	＝E8＊生产预算！$F$7	H8	＝E8＊生产预算！$F$5
F9	＝E9＊生产预算！$F$7	H9	＝E9＊生产预算！$F$5
F10	＝E10＊生产预算！$F$7	H10	＝E10＊生产预算！$F$5
G6	＝E6＊生产预算！$F$6	I6	＝F6＋G6－H6
G7	＝E7＊生产预算！$F$6	I7	＝F7＋G7－H7

表 5-7（续）

单元格	公式	单元格	公式
G8	= E8 * 生产预算！$F$6	I8	= F8 + G8 - H8
G9	= E9 * 生产预算！$F$6	I9	= F9 + G9 - H9
G10	= E10 * 生产预算！$F$6	I10	= F10 + G10 - H10

5.1.7 销售及管理费用预算

销售及管理费用预算又称营业费用预算，是指为规划预算期内产品销售和一般行政管理活动预计发生的费用而编制的预算。

销售预算是指为了实现销售所需支付的费用预算。管理费用预算是指企业日常生产经营中为搞好一般管理业务所必须的费用预算。

已知甲公司的销售费用预算包括固定销售费用和变动销售费用两部分。固定销售费用包括管理工人工资、广告费和保管费。变动销售费用包括销售佣金、办公费和包装运输费。该公司的管理费用预算包括管理人员工资、福利费、保险费、办公费和职工培训费等。

（1）建立“销售费用和管理费用预算”表，各项费用预计金额如图 5-19 所示。

	A	B	C	D	E
1	销售费用和管理费用预算				
2					单位：元
3	销售费用预算			管理费用预算	
4		费用项目	金额	费用项目	金额
5	固定销售费用	销售人员工资	8000	管理人员工资	18000
6		广告费	12000	福利费	1800
7		保管费	12000	保险费	2000
8	变动销售费用	销售佣金	10000	办公费	2400
9		办公费	3600	职工培训费	6000
10		包装运输费	18600	……	
11	小计			小计	
12	总计			各季现金支付数	

图 5-19 “销售费用和管理费用预算”表

（2）计算销售费用和管理费用的小计金额以及销售和管理费用的预算合计数。分别选择单元格区域 C5:C11 和 E5:E11，然后单击工具栏中的“自动求和”按钮，在单元格 C11 中输入公式“ =SUM（C5:C10)”，在单元格 E11 中输入公式“ =SUM（E5:E10)”。

（3）在单元格 C12 中输入公式“ = C11 + E11”，在单元格 D12 中输入公式“ = C12/4”，得到“销售费用和管理费用预算”结果表，如图 5-20 所示。

	A	B	C	D	E
1	销售费用和管理费用预算				
2					单位：元
3	销售费用预算			管理费用预算	
4		费用项目	金额	费用项目	金额
5	固定销售费用	销售人员工资	8000	管理人员工资	18000
6		广告费	12000	福利费	1800
7		保管费	12000	保险费	2000
8	变动销售费用	销售佣金	10000	办公费	2400
9		办公费	3600	职工培训费	6000
10		包装运输费	18600		
11	小计		64200	小计	30200
12	总计		94400	各季现金支付数	23600

图 5－20 “销售费用和管理费用预算”结果表

5.2 财务预算

财务预算是一系列专门反映企业未来一定期限内预计财务状况和经营成果，以及现金收支等价值指标的各种预算的总称。财务预算是企业全面预算的核心内容。财务预算由现金预算、财务费用预算、预计财务报表组成。

下面主要介绍 Excel 在现金预算和预计财务报表编制中的应用。

5.2.1 现金预算

现金预算是短期财务规划的主要工具。它可以让财务主管识别短期财务需求和机会，重要的是，现金预算可以帮助经理研究短期借款的需求量。现金预算的设想很简单：它记录现金收入和支出的估计数。不管是否可以称之为预算，也许这是企业最重要的一项控制，因为把可用的现金去偿付到期的债务是企业生存的首要条件。一旦出现库存、机器以及其他非现金资产的积压，就算有可观的利润也会给企业带来灾难。现金预算还表明可用的超额现金量，并能为盈余制定营利性投资计划、为优化配置现金资源提供帮助。

现金预算是有关预算的汇总，由现金收入、现金支出、现金多余或不足、资金的筹集和运用四个部分组成。

在为甲编制业务预算表时，根据“销售预算”编制“预计现金收入”表，根据“生产预算”编制“直接材料采购预算”表，于是即可编制出“预计现金支出”表。

预计甲公司年初现金余额为 12 000 元，每季度要缴纳的所得税均为 10 067 元，第 1 季度购置新的大型设备预计 128 000 元，第 2、3、4 季度购置一些小型设备预计需要花费 5000 元、6000 元、21 000 元，另外企业每季度需要支出长期贷款利息 16 000 元，每季度还需要支出股利 8000 元。

（1）建立“现金预算”表，输入预计的各项费用，如图 5 －21 所示。

	A	B	C	D	E	F
1	现金预算					
2					单位：元	
3	项目	1季度	2季度	3季度	4季度	全年
4	期初现金余额	12000				12000
5	加：销售现金收入					
6	现金收入合计					
7	减：现金支出					
8	直接材料					
9	直接人工					
10	制造费用					
11	销售和管理费用					
12	所得税	10067	10067	10067	10067	
13	设备购置	128000	5000	6000	21000	
14	长期贷款利息	16000	16000	16000	16000	
15	股利	8000	8000	8000	8000	
16	现金支出合计					
17	现金余缺					
18	筹资与运用					
19	银行短期借款					
20	偿还银行借款					
21	支付借款利息					
22	期末现金余额					

图 5 －21　“现金预算”表

（2）为“现金预算”表提取其他预算表中的各项相关数据。操作步骤如下：

①“销售现金收入”项目金额来源于“预计现金收入”表。在单元格 B5 中输入“＝”，接着单击“预计现金收入”表中的单元格 B6，然后单击编辑栏中的“确认”按钮，或者按 Enter 键确认输入。选择单元格 B5，拖动填充柄将公式复制到单元格 C5、D5、E5。

②“直接材料”项目金额来源于“预计现金支出”表。在单元格 B8 中输入“＝”，接着单击“预计现金支出”表中的单元格 B7，然后单击编辑栏中的“确认”按钮，或者按 Enter 键确认输入。选择单元格 B8，拖动填充柄将公式复制到单元格 C8、D8、E8。

③“直接人工”项目金额来源于“直接人工预算”表。在单元格 B9 中输入“＝”号，接着单击“直接人工预算”表中的单元格 B7，然后单击编辑栏中的“确认”按钮，或者按 Enter 键确认输入。选择单元格 B9，拖动填充柄将公式复制到单元格 C9、D9、E9。

④“制造费用”项目金额来源于“制造费用预算”表。在单元格 B10 中输入“＝”，接着单击“制造费用预算”表中的单元格 C17，然后单击编辑栏中的“确认”按钮，或者按 Enter 键确认输入。选择单元格 B10，拖动填充柄将公式复制到单元格

C10、D10、E10。

⑤“销售和管理费用”项目金额来源于“销售费用和管理费用预算”表。在单元格 B11 中输入“=”，接着单击“销售费用和管理费用预算”表中的单元格 E12，然后单击编辑栏中的“确认”按钮，或者按 Enter 键确认输入。由于进行销售费用和管理费用预算时，先按一年的费用计算，最后平均分摊到各个季度，所以四个季度的销售费用和管理费用是一样的。因此，单元格 E12 的引用方式应设置为绝对引用，即“$E$12”。选择单元格 B11，拖动填充柄将公式复制到单元格 C11、D11、E11。

第 2、3、4 季度的期初现金余额等于前 1 季度的期末现金余额，在单元格 C4 中输入公式“=B22”，并拖动填充柄将公式复制到单元格 D4、E4 中。

（3）计算各项合计费用。选择单元格区域 B5:F5，单击工具栏中的“自动求和”按钮，为单元格 F5 输入求和公式；分别选择单元格区域 B4:F6 和 B8:F16，单击工具栏中的“自动求和”按钮，为单元格区域 B6:F6、B16:E16、F8:F16 中各单元格输入求和公式。

“现金余缺”项目金额为现金收入合计与现金支出合计的差额，其计算公式如下：

现金余缺 = 现金收入合计 - 现金支出合计

在单元格 B17 中输入公式“= B6 - B16”，拖动填充柄将公式复制到单元格区域 C17:F17。

第 1 季度现金出现赤字，甲公司于是向银行借入年利率为 8% 的短期借款，借入金额为 15 000 元，在单元格 B19 中输入 15 000。

第 2 季度偿还短期借款，所以在单元格 C20 中输入 15 000。另外，甲公司还需要向银行支付借款利息，在单元格 C21 中输入公式“= B19 * 8%/2”。

（4）选择单元格区域 B19:F21，单击工具栏中的“自动求和”按钮，为单元格 F19、F20、F21 输入求和公式。

（5）根据各项收入支出的计算，得到各季度末的现金余额，在单元格 B22 中输入公式“= B17 + B19 - B20 - B21”，并拖动填充柄将公式复制到单元格区域 C22:F22 中的各单元格，得到“现金预算”结果表，如图 5-22 所示。

	A	B	C	D	E	F
1	现金预算					
2					单位：元	
3	项目	1季度	2季度	3季度	4季度	全年
4	期初现金余额	12000	5256	20145	39138	12000
5	加：销售现金收入	295000	207000	195500	195500	893000
6	现金收入合计	307000	212256	215645	234638	905000
7	减：现金支出					
8	直接材料	71242	65184	60200	58290	254916
9	直接人工	51500	40500	44500	43500	180000
10	制造费用	8335	8160	8140	8165	32800
11	销售和管理费用	23600	23600	23600	23600	94400
12	所得税	10067	10067	10067	10067	40268
13	设备购置	128000	5000	6000	21000	160000
14	长期贷款利息	16000	16000	16000	16000	64000
15	股利	8000	8000	8000	8000	32000
16	现金支出合计	316744	176511	176507	188622	858384
17	现金余缺	-9744	35745	39138	46016	46616
18	筹资与运用					
19	银行短期借款	15000				15000
20	偿还银行借款		15000			15000
21	支付借款利息		600			600
22	期末现金余额	5256	20145	39138	46016	46016

图 5－22 “现金预算”结果表

“现金预算”表中各公式单元格对应的公式如表 5－8 所示。

表 5－8 各公式单元格对应的公式

单元格	公式	单元格	公式
C4	= B22	C10	= 制造费用预算！D17
D4	= C22	D10	= 制造费用预算！E17
E4	= D22	E10	= 制造费用预算！F17
B5	= 预计现金收入！B6	F10	= SUM（B10:E10）
C5	= 预计现金收入！C6	B11	= 销售费用和管理费用预算！$E$12
D5	= 预计现金收入！D6	C11	= 销售费用和管理费用预算！$E$12
E5	= 预计现金收入！E6	D11	= 销售费用和管理费用预算！$E$12
F5	= SUM（B5:E5）	E11	= 销售费用和管理费用预算！$E$12
B6	= SUM（B4:B5）	F11	= SUM（B11:E11）
C6	= SUM（C4:C5）	B16	= SUM（B8:B15）
D6	= SUM（D4:D5）	C16	= SUM（C8:C15）
E6	= SUM（E4:E5）	D16	= SUM（D8:D15）
F6	= SUM（F4:F5）	E16	= SUM（E8:E15）
B8	= 预计现金支出！B7	F16	= SUM（F8:F15）
C8	= 预计现金支出！C7	B17	= B6 − B16
D8	= 预计现金支出！D7	C17	= C6 − C16
E8	= 预计现金支出！E7	D17	= D6 − D16
F8	= SUM（B8:E8）	E17	= E6 − E16

表 5－8（续）

单元格	公式	单元格	公式
B9	＝直接人工预算！B7	F17	＝F6－F16
C9	＝直接人工预算！C7	B22	＝B17＋B19－B20－B21
D9	＝直接人工预算！D7	C22	＝C17＋C19－C20－C21
E9	＝直接人工预算！E7	D22	＝D17＋D19－D20－D21
F9	＝SUM（B9:E9）	E22	＝E17＋E19－E20－E21
B10	＝制造费用预算！C17	F22	＝E22
F19	＝SUM（B19:E19）	F20	＝SUM（B20:E20）
F21	＝SUM（B21:E21）		

5.2.2 编制预计财务报表

预计财务报表作为全面预算体系中的最后环节，可以从价值方面总括地反映运营期决策预算与业务预算的结果。预计财务报表的编制要以日常业务预算和特种决策预算为基础，而且也需要以现金预算为依据。

预计财务报表是在企业的各项预算和预测基础上编制的，其作用是为企业财务管理活动提供控制企业资金、成本和利润总量的重要手段，它涉及企业的采购、生产、管理、销售、资本等各项活动，因此，它从总体上反映企业在一定期间内经营活动的全局情况。

预计财务报表作为财务管理的重要工具，包括预计损益表、预计资产负债表和预计现金流量表。预计现金流量表平时可以用现金预算来代替。

下面以预计损益表和预计资产负债表的编制为例，介绍 Excel 在编制预算财务报表中的应用。

5.2.2.1 预计损益表

预计损益表是在各项经营预算的基础上，根据权责发生制编制的损益表。它综合反映计划期内预计销售收入、销售成本和预计可实现的利润或可能发生的亏损，预计损益表可以揭示企业预期的盈利情况，有助于管理人员及时地调整经营策略。

预计损益表以日常业务预算为基础填列，即根据销售、生产预算、产品成本预算、期间费用预算、其他专项预算等有关资料分析编制。

（1）为甲公司编制预计损益表，如图 5－23 所示，包括销售收入、产品销售成本、毛利、制造费用、销售及管理费用、息税前利润、利息、利润总额、所得税、净利润。其中销售收入、产品销售成本、制造费用、销售及管理费用、利息分别取自于“销售收入”表、“产品成本预算”表、“制造费用预算”表、“销售费用和管理费用预算”表、“现金预算”表。毛利、息税前利润、利润总额、所得税、净利润的计算公式如下：

毛利＝销售收入－产品销售成本

息税前利润＝毛利－制造费用－销售及管理费用

利润总额 = 息税前利润 - 利息

所得税 = 利润总额 ×33%

净利润 = 利润总额 - 所得税

预计损益表中的基础数据来源于其他表，在预计损益表的资料一栏中已经列出对应的预算表名称。

	A	B	C
1	预计损益表		
2			单位：元
3	项　目	金　额	资　料
4	销售收入		销售预算
5	减：产品销售成本		产品成本预算
6	毛利		
7	减：制造费用		制造费用预算
8	销售及管理费用		销售费用和管理费用预算
9	息税前利润		
10	减：利息		现金预算
11	利润总额		
12	减：所得税（33%）		
13	净利润		

图 5 - 23　预计损益表

（2）按照给定的计算公式，为预计损益表输入各数值单元格的公式。

操作步骤如下：

在单元格 B4 中输入公式“ = 销售预算！ F5”。

在单元格 B5 中输入公式“ = 产品成本预算！ I10”。

在单元格 B6 中输入公式“ = B4 - B5”。

在单元格 B7 中输入公式“ = 制造费用预算！ G17”。

在单元格 B8 中输入公式“ = 销售费用和管理费用预算！ C12”。

在单元格 B9 中输入公式“ = B6 - B7 - B8”。

在单元格 B10 中输入公式“ = 现金预算！ F21”。

在单元格 B11 中输入公式“ = B9 - B10”。

在单元格 B12 中输入公式“ = B11 * 33% ”。

在单元格 B13 中输入公式“ = B11 - B12”。

经过上述操作后，得到最终的预计损益表，如图 5 - 24 所示。

	A	B	C
1	预计损益表		
2			单位：元
3	项　目	金　额	资　料
4	销售收入	805000	销售预算
5	减：产品销售成本	458500	产品成本预算
6	毛利	346500	
7	减：制造费用	32800	制造费用预算
8	销售及管理费用	94400	销售费用和管理费用预算
9	息税前利润	219300	
10	减：利息	600	现金预算
11	利润总额	218700	
12	减：所得税（33%）	72171	
13	净利润	146529	

图 5－24　最终的预计损益表

由于各个数值单元格的公式在操作步骤中已经列出，这里不再单独为公式单元格列表说明对应的公式。

5.2.2.2　预计资产负债表

预计资产负债表可以为企业管理者提供会计期末企业财务状况的预期信息，有助于管理者预测未来期间的经营状况，并采取适当的改进措施。预计资产负债表是依据当前的实际资产负债表和全面预算中的其他预算所提供的资料编制而成的，反映企业预算期末财务状况的总括性预算。预计资产负债表以日常业务预算和专门决策预算为基础填列。预计资产负债表除上年期末数已知外，其余项目均应在日常业务预算和专门决策预算的基础上分析填列。

（1）甲公司的预计资产负债表填列项目如图 5－25 所示。

	A	B	C	D	E	F
1	预计资产负债表					
2						单位：元
3	项　目	期初	期末	项　目	期初	期末
4	资产			负债及所有者权益		
5	流动资产			流动负债		
6	货币资金			应付账款		
7	应收账款			应付利息		
8	存货			应付福利费		
9	待摊费用			流动负债合计		
10	流动资产合计			长期负债		
11	固定资产			长期借款		
12	固定资产原价			长期负债合计		
13	减：累计折旧			负债合计		
14	固定资产净值			所有者权益		
15	固定资产合计			实收资本		
16	无形资产及递延资产			资本公积		
17	无形资产			盈余公积		
18	无形资产及递延资产合计			未分配利润		
19	长期资产合计			所有者权益合计		
20	资产总计			负债及所有者权益总计		

图 5－25　预计资产负债表

（2）输入各单元格中对应的数值和公式。操作步骤如下：

按照前面编制的预算表，填列好基础数据以后，余下的工作就是计算各合计和总计金额。分别选择单元格区域 B6:C10、B17:C18、E6:F9、E11:F13、E15:F19，单击工具栏中的“自动求和”按钮，为单元格 B10、C10、B18、C18、E13、F13、E19、F19 输入求和公式。

在单元格 B14 中输入公式“ = B12 - B13”。

选择单元格 C14，拖动填充柄，将公式复制到单元格 C14 中。

在单元格 B15 中输入公式“ = B14”。

选择单元格 B15，拖动填充柄，将公式复制到单元格 C15 中。

在单元格 B19 中输入公式“ = B15 + B18”。

选择单元格 B19，拖动填充柄，将公式复制到单元格 C19 中。

在单元格 B20 中输入公式“ = B10 + B19”。

选择单元格 B20，拖动填充柄，将公式复制到单元格 C20 中。

在单元格 E20 中输入公式“ = B10 + B19”。

选择单元格 E20，拖动填充柄，将公式复制到单元格 F20 中。

经过上述操作后，得到最终的预计资产负债表，如图 5 - 26 所示。

	A	B	C	D	E	F
1	预计资产负债表					
2						单位：元
3	项　目	期初	期末	项　目	期初	期末
4	资产			负债及所有者权益		
5	流动资产			流动负债		
6	货币资金	166302	191037	应付账款	25000	22284
7	应收账款	180000	92000	应付利息	-----	64600
8	存货	700	900	应付福利费	1800	1800
9	待摊费用	----	25600	流动负债合计	26800	88684
10	流动资产合计	347002	309537	长期负债		
11	固定资产			长期借款	160000	160000
12	固定资产原价	1007398	1167398	长期负债合计	60000	50000
13	减：累计折旧	10000	16800	负债合计	220000	210000
14	固定资产净值	997398	1150598	所有者权益		
15	固定资产合计	997398	1150598	实收资本	1000000	1000000
16	无形资产及递延资产			资本公积	2300	5380
17	无形资产	1700	24964	盈余公积	3800	3190
18	无形资产及递延资产合计	1700	24964	未分配利润	120000	266529
19	长期资产合计	999098	1175562	所有者权益合计	1126100	1275099
20	资产总计	1346100	1485099	负债及所有者权益总计	1346100	1485099

图 5 - 26　最终的预计资产负债表

对应各单元格的公式如表 5 - 9 所示。

表 5 - 9　　对应各单元格的公式

单元格	公式	单元格	公式
B10	= SUM（B6:B9）	C20	= C10 + C19
C10	= SUM（C6:C9）	E9	= SUM（E6:E8）
B14	= B12 - B13	F9	= SUM（F6:F8）
C14	= C12 - C13	E13	= SUM（E11:E12）
B15	= B14	F13	= SUM（F11:F12）
C15	= C14	E19	= SUM（E15:E18）
B19	= B15 + B18	F19	= SUM（F15:F18）
C19	= C15 + C18	E20	= E13 + E19
B20	= B10 + B19	F20	= F13 + F19

利用 Excel 进行财务预算编制，大大减轻了工作人员的计算工作，减少了相同数据重复输入的次数，提高了工作效率。

5.3 小结

本章从销售预算开始，介绍了 Excel 在业务预算和财务预算中的应用。

全面预算反映的是企业未来某一特定期间（一般不超过一年或一个经营周期）的全部生产、经营活动的财务计划，它以实现企业的目标为目的，以销售预测为起点，进而对生产、成本及现金收支等进行预测，并编制预计损益表、预计现金流量表和预计资产负债表，反映企业在未来期间的财务状况和经营成果。

全面预算的内容包括业务预算、专门决策预算和财务预算三方面。

全面预算管理作为对现代企业成熟与发展起过重大推动作用的管理系统，是企业内部管理控制的一种主要方法。财务预算作为全面预算的一部分，是一系列专门反映企业未来一定期限内预计财务状况和经营成果，以及现金收支等价值指标的各种预算的总称。销售预算是整个预算管理体系的前提，财务预算的综合性最强，是预算的核心内容。

练习题

1. 全面预算的内容包括哪几个方面的预算？并且试分析业务预算、专门决策预算和财务预算三方面预算的特点和内容。

2. 如图 5 - 27 所示的某企业 20 ×× 年度销售预算表，完成按季度的销售预算操作。

	A	B	C	D	E	F
1	20××年度销售预算					
2	季度	1	2	3	4	全年
3	预计销售量	1000	800	900	800	
4	预计销售单价	230	230	230	230	230
5	预计销售收入					

图 5-27 销售预算表

3. 根据已知条件构造直接材料采购预算表，并且完成采购预算操作。已知甲公司生产的产品需要用到两种原材料，分别为 A 材料和 B 材料，预计甲公司 A、B 两种原材料的存量年初分别为 30 千克和 40 千克，年末分别为 40 千克和 50 千克，甲公司期末材料的存量为下季度预计生产需用量的 10%。每生产一件产品需要 3 千克的 A 材料和 4 千克的 B 材料。从采购部门获悉 A、B 材料的平均单价分别是 30 元/千克和 20 元/千克，采购材料时先支付 70% 的货款，另 30% 在下季度支付。

4. 试分析“现金预算”表提取其他预算表中的相关数据的操作技巧。

5. 财务预算由哪些部分组成？试分析预计财务报表的特点和重要性，根据书中数据完成预计损益表和预计资产负债表的编制。

6 Excel 在产品定价决策中的应用

【学习目标】

（1）理解并掌握 Excel 在产品定价中的应用。

（2）掌握 Excel 在产品定价决策中的应用。

6.1 Excel 在产品定价中的应用

每一种商品，除了其自身的优良性能以外，价格也是影响消费者购买的主要因素。根据价值理论，产品价格以其自身价值为基础，并围绕价值上下波动。所以，当管理人员在为一个产品定价时，要综合考虑产品的成本、企业目标利润、市场需求等多种因素，然后为产品制定一个合理的价格，以达到企业的最终目标。根据反复的理论研究和市场实践，在定价实务中有合同定价法、目标利润定价法、成本加成定价法、市场竞争定价法、弹性定价法等定价方法。除合同定价方法以外，应用其他的定价方法时，要根据所需的步骤对一定数据量进行计算，有的甚至涉及指数运算。用手工计算显然较复杂，且容易出错。借助 Excel 软件作为主要工具，利用其公式、函数来组织在产品定价中的分析和计算步骤，设计定价模板，得到产品定价不失为一种既简单又方便的方法。

以下通过具体实现来对 Excel 在几种定价方法中的应用进行介绍。

6.1.1 目标利润定价法

目标利润定价法就是在产品成本基础上，加上企业的目标利润，为产品制定出厂价格，其计算公式如下：

$$\text{产品出厂价格}=\frac{\text{单位变动成本}+\text{单位固定成本}}{1-\text{销售税率}}+\frac{\text{目标利润}}{\text{预计销售量}\times(1-\text{销售税率})} \tag{6.1}$$

$$\text{目标利润}=\left(\text{单位变动成本}+\text{单位固定成本}\right)\times\text{预计销售量}\times\text{成本利润率} \tag{6.2}$$

$$\text{产品出厂价格}=\frac{(\text{单位变动成本}+\text{单位固定成本})\times(1+\text{成本利润率})}{1-\text{销售税率}} \tag{6.3}$$

单位产品的成本包括单位固定成本和单位变动成本。其中，单位固定成本等于在该预计销售时下的总固定成本除以预计销售量。在生产中，当产量在一定范围内增加时，总固定成本保持不变，只是变动成本随产量的增加而增加。

成本利润率，反映企业每一元销售制造成本可带来的利润，是利润与成本之比。在目标利润定价法中，成本利润率可以是企业的目标利润，也可以是行业平均目标利润率。

销售税金是指产品在销售环节应交纳的消费税、城建税及教育费附加等，但不包括增值税。销售税率是这些税率之和。

在操作中，可在 Excel 中建立表格来细分和整合计算步骤，使定价分析条理清晰，并利用 Excel 强大的计算功能和各种函数，实现准确计算。

【例 6－1】某公司生产一种产品，经过市场调研，预计市场需求为 1500 件。从会计部门处知，生产 1500 件该产品的固定成本为 200 000 元，单位变动成本 40 元。公司对这批产品的目标利润为 70 000 元，现行销售税率为 0.7%，试问该产品出厂价格应该定为多少最合适？

分析：已知预计销售量、固定成本、变动成本和目标利润，利用公式（6.1）可以得到公司管理层想要得到的产品出厂价格，计算如下：

$$\text{产品出厂价格} = \frac{40 + \frac{200\ 000}{1500}}{1 - 0.7\%} + \frac{70\ 000}{2000 \times (1 - 0.7\%)} = 221.55\ (\text{元})$$

操作步骤如下：

（1）根据已知信息建立目标利润定价表格，输入基础数据，如图 6－1 所示。

	A	B
1		
2		
3	预计销售量	1500
4	固定成本	200000
5	单位固定成本	
6	单位变动成本	40
7	单位总成本	
8	总成本	
9	成本利润率	
10	销售税率	0.70%
11	目标利润	70000
12		
13	产品出厂价格	

图 6－1　建立数据表

（2）计算单位固定成本：单位固定成本＝固定成本/预计销售量。在单元格 B5 中输入公式“＝B4/B3”。

（3）计算单位总成本：单位总成本＝单位固定成本＋单元变动成本。在单元格 B7 中输入公式“＝B5＋B6”。

（4）计算总成本：总成本＝单位总成本×预计销售量。在单元格 B8 中输入公式“＝B3＊B7”。

（5）计算成本利润率：成本利润率＝目标利润/总成本。在单元格 B9 中输入公式“＝B11/B8”。

计算结果如图 6－2 所示。

	A	B
1		
2		
3	预计销售量	1500
4	固定成本	200000
5	单位固定成本	133.3333
6	单位变动成本	40
7	单位总成本	173.3333
8	总成本	260000
9	成本利润率	0.269231
10	销售税率	0.70%
11	目标利润	70000
12		
13	产品出厂价格	

图 6-2 计算结果

(6) 利用公式 (6.1) 计算产品出厂价格。在单元格 B13 中输入公式 " = B7 * (1 + B9) / (1 - B10)" 并回车，得到目标利润法下的产品出厂价格为 221.55 元，如图 6-3 所示。

	A	B
1		
2		
3	预计销售量	1500
4	固定成本	200000
5	单位固定成本	133.3333
6	单位变动成本	40
7	单位总成本	173.3333
8	总成本	260000
9	成本利润率	0.269231
10	销售税率	0.70%
11	目标利润	70000
12		
13	产品出厂价格	221.5509

图 6-3 出厂价格计算结果

6.1.2 成本加成定价法

成本加成定价法也是产品定价常用的方法。其基本思想是：在行业平均成本费用的基础上加上一定的销售税金和利润得到产品的价格。其计算公式为：

$$\text{产品出厂价格} = \frac{\text{单位产品制造成本} + \text{单位产品销售利润}}{1 - \text{期间费用率} - \text{销售税率}} \tag{6.4}$$

$$\text{产品出厂价格} = \frac{\text{单位产品制造成本} \times (1 + \text{成本利润率})}{1 - \text{期间费用率} - \text{销售税率}} \tag{6.5}$$

其中，期间费用包括管理费用、财务费用和销售费用。期间费用率是期间费用与产品销售收入的比率，可以用行业水平，也可以用本企业损益表中的数据。

销售利润可以是行业的平均利润，也可以是企业的目标利润。

成本利润率是销售利润与制造成本的比率，即加成比例。

同目标利润定价法一样，用成本加成法来定价，也需要处理多种参数，进行多步计算，可利用 Excel 软件，建立表格，细分和整合计算步骤，以下通过实例来说明具体操作方法。

【例 6－2】某产品预计单位制造成本为 80 元，行业平均销售利润为 20 元，销售税率为 0.7%，期间费用为 400 000 元，产品销售收入为 4 000 000 元。试给该产品的定价。

分析：已知了产品单位制造成本、行业平均销售利润、销售税率、期间费用以及产品销售收入，先计算期间费用率，再利用公式（6.4）计算最合适的产品出厂价格，计算如下：

$$\text{该产品出厂价格} = \frac{80+20}{1-\dfrac{400\ 000}{4\ 000\ 000}-0.7\%} = 111.98\text{（元）}$$

操作步骤如下：

（1）根据已知信息建立成本加成定价表格，输入基础数据，如图 6－4 所示。

	A	B	C
1 2	产品出厂价格——成本加成定价法		
3	单位制造成本	80	
4	行业平均销售利润	20	
5	行业平均成本利润率		
6	销售税率	0.70%	
7	期间费用	400000	
8	产品销售收入	4000000	
9	期间费用率		
10			
11	产品出厂价格		
12			

图 6－4　建立数据表

（2）求行业平均成本利润率。在单元格 B5 中输入公式“＝B4/B3”。

（3）求期间费用率。在单元格 B9 中输入公式“＝B7/B8”，计算结果如图 6－5 所示。

	A	B	C
1 2	产品出厂价格——成本加成定价法		
3	单位制造成本	80	
4	行业平均销售利润	20	
5	行业平均成本利润率	0.25	
6	销售税率	0.70%	
7	期间费用	400000	
8	产品销售收入	4000000	
9	期间费用率	0.1	
10			
11	产品出厂价格		
12			

图 6－5　平均利润率与期间费用率计算结果

（4）计算产品出厂价格。在单元格 B11 中输入公式“＝SUM（B3:B4）/（1－B6－B9）”并回车，计算结果即为产品的出厂价格，如图 6－6 所示。

	A	B	C
1	产品出厂价格——成本加成定价法		
2			
3	单位制造成本	80	
4	行业平均销售利润	20	
5	行业平均成本利润率	0.25	
6	销售税率	0.70%	
7	期间费用	400000	
8	产品销售收入	4000000	
9	期间费用率	0.1	
10			
11	产品出厂价格	111.9820829	
12			
13			

图 6－6　出厂价格计算结果

6.1.3　市场竞争定价法

竞争是市场经济的一个重要特征，在进行产品定价时，除了考虑企业内部的生产成本、目标利润外，还要着眼于在同类产品上的竞争对手，采用一种竞争导向的定价策略。竞争导向型定价策略有两种：①分析重点是竞争对手的实力，如果其实力较弱，就可以采用低价倾销策略，将其逐出市场；如果竞争对手实力较强，对方提价则提价，对方降价则降价；如果与对方实力旗鼓相当，可以与其在价格上达成共同一致的协议，避免价格战。②考虑重点是本企业产品的竞争力，充分利用产品的优势，如果本企业产品质量是同行所望尘莫及的，则可以制定高价，以获取高额利润。如果本企业产品质量一般，则宜制定低价以获得市场份额。

如此，各个企业间有一个相互影响和作用的过程，最终使整个经济系统趋于平衡。因此，一种产品的价格与质量，在经过一段时间的市场作用后，也得到一个趋于稳定的竞争价格。根据市场上同类商品能够实现销售的零售（可销零售价）价格来反向计算产品出厂价格的定价方法就是市场竞争定价法。其计算公式为：

$$\text{产品出厂价格} = \text{市场可销零售价格} - \text{零批差价} - \text{批进差价} \tag{6.6}$$

$$\text{产品出厂价格} = \text{同类产品市场基准零售价格} \times \left(1 + \text{产品质量或规定差价率}\right) \times \left(1 - \text{零批差率}\right) \times \left(1 - \text{批进差率}\right) \tag{6.7}$$

其中，零批差价是指同一商品在同一市场、同一时间内零售价格与批发价格之间的差额，零批差率是零批差价与零售价格之比。

批进差价是指同一商品在同一市场、同一时间内批发价格与出厂价格之间的差额，批进差率是批进差价与批发价格之比。

由于本企业商品的质量、品种、规格、包装等与同类竞争商品总有不尽完全相同，所以要在“同类产品市场基准零售价格”上加上或减去“产品质量或规定差价”。

同样，在利用市场竞争定价法时，利用 Excel 建立表格，先细分公式的计算步骤，计算出差价率、零批差率、批进差率等参数，然后利用得到的参数整合出产品出厂价格公式，最后在相应单元格代入数据便可以准确地得到产品出厂价格。

用市场竞争法定价时，公式中有连续乘的运算，Excel 提供了连乘函数 PRODUCT，用于计算所有参数的乘积。

【格式】PRODUCT（Number1，Number2，…）

【说明】Number1，Number2，…为要计算乘积的 1 ~ 30 个数值、逻辑值或者代表的字符串。括号内可以是数字区域的引用，也可以是用逗号分开的具体数，不超过 30 个。

【例 6 - 3】某公司研发了一种新产品，该产品在同类产品中有一定的优越性，通过市场调查已知，价格可以上浮 5% 差价，且同类产品市场零售价格为 1500 元，零批差率为 10%，批进差率为 5%，试给该产品定价。

分析：已知了同类产品市场基准零售价格，产品质量或规定差价比率，零批差率和批进差率，可以用公式（6.7）得到该新产品的出厂价格，计算如下：

出厂价格 = 1500 ×（1 + 5%）×（1 - 10%）×（1 - 5）= 1346.625 元

操作步骤如下：

（1）根据已知信息建立市场竞争定价表格，输入基础数据，如图 6 - 7 所示。

	A	B	C
1	产品出厂价格——市场竞争定价法		
2			
3	同类产品市场基准零售价格	1500	
4	产品质量或规定差价率	5%	
5	1+产品质量或规定差价率		
6	零批差率	10%	
7	1－零批差率		
8	批进差率	5%	
9	1－批进差率		
10			
11	产品出厂价格		
12			

图 6 - 7　建立数据表

（2）计算"1 + 产品质量或规定差价率"、"1 - 零批差率"、"1 - 批进差率"。在单元格 B5 中输入公式" = 1 + B4"并回车；在单元格 B7 中输入公式" = 1 - B6"并回车；在单元格 B9 中输入公式" = 1 - B8"并回车。计算结果如图 6 - 8 所示。

	A	B	C
1	产品出厂价格——市场竞争定价法		
2			
3	同类产品市场基准零售价格	1500	
4	产品质量或规定差价率	5%	
5	1+产品质量或规定差价率	105%	
6	零批差率	10%	
7	1－零批差率	90%	
8	批进差率	5%	
9	1－批进差率	95%	
10			
11	产品出厂价格		
12			

图 6 - 8　市场竞争法三个比率计算结果

（3）运用 Excel 连乘计算公式计算产品出厂价格。在单元格 B11 中输入公式“=PRODUCT（B9，B7，B5，B3）”并回车，得到最终市场竞争定价法下的产品出厂价格 1346.625 元，如图 6-9 所示。

	A	B	C
1	产品出厂价格——市场竞争定价法		
2			
3	同类产品市场基准零售价格	1500	
4	产品质量或规定差价率	5%	
5	1+产品质量或规定差价率	105%	
6	零批差率	10%	
7	1－零批差率	90%	
8	批进差率	5%	
9	1－批进差率	95%	
10			
11	产品出厂价格	1346.625	
12			

图 6-9　出厂价格计算结果

6.1.4　弹性定价法

对于绝大多数商品而言，它的市场需求相对于产品的价格总有一定的弹性，叫做市场需求弹性，亦即是产品的价格和需求是有关联的。因此，在定价实务中，常常根据产品的市场需求弹性来决定产品价格。根据商品需求弹性系数来决定产品价格的方法就是弹性定价法。产品需求弹性、需求量（或销售量）与价格的关系如下：

$$P = kQ^{-\frac{1}{E}} \tag{6.11}$$

式中：P——产品价格；

K——常数；

Q——销售量（需求量）；

E——需求弹性系数。

其中，Q 为预计的市场需求量，需求弹性系数 E 的计算公式为：

$$E = \frac{(Q_1 - Q_0)/Q_0}{(P_1 - P_0)/P_0} \tag{6.12}$$

式中：Q_0——原来售价的销售量；

Q_1——新售价的销售量；

P_0——原来售价；

P_1——新售价。

系数 K 可按下面公式计算：

$$K = P_0 Q_0^{\frac{1}{E}} \tag{6.13}$$

同样，借助 Excel 来实现众多的参数分析和计算，以下通过实例说明具体的操作方法。

【例 6-4】某产品根据历年的实际销售情况和预测得知，当产品价格为 120 元时，每月销售量为 1100 件；当价格下降为 95 元时，每月可销售 1450 件。该产品出厂时，保守预计 1200 件的需求量，试给该产品定价。

分析：在公司根据历史资料和调查预测已知 Q_1、Q_0、P_1、P_0 的前提下，利用公式（6.12）求出需求弹性，然后利用公式（6.13）求出系数 K，最后根据公式（6.11）计算出弹性定价法下的公司的决策价格，计算如下：

$$E=\frac{(1450-1100)/1100}{(95-120)\ /120}=-1.53$$

$$K=120\times1100^{-\frac{1}{1.53}}=1.22$$

$$P=1.22\times1200^{\frac{1}{1.53}}=127.04\ (元)$$

操作步骤如下：

（1）根据已知信息建立弹性定价表格，输入基础数据，如图 6－10 所示。

	A	B
1	产品出厂价格－－弹性定价法	
2		
3	原来的销售量Q_0	1100
4	新的销售量Q_1	1450
5	销售量差 ΔQ	
6	原来的售价P_0	120
7	新的售价P_1	95
8	价格差 ΔP	
9	需求弹性E	
10	常系数K	
11	市场需求量Q	1200
12		
13	产品出厂价格	

图 6－10　建立数据表

（2）计算销售量差 $\Delta Q=Q_1-Q_0$ 和价格差 $\Delta P=P_1-P_0$，为计算弹性 E 做准备。在单元格 B5 中输入公式“＝B4－B3”并回车；在单元格 B8 中输入公式“＝B7－B6”并回车。得到销售量差和价格差，如图 6－11 所示。

	A	B
1	产品出厂价格－－弹性定价法	
2		
3	原来的销售量Q_0	1100
4	新的销售量Q_1	1450
5	销售量差 ΔQ	350
6	原来的售价P_0	120
7	新的售价P_1	95
8	价格差 ΔP	-25
9	需求弹性E	
10	常系数K	
11	市场需求量Q	1200
12		
13	产品出厂价格	

图 6－11　销售量差和价格差计算结果

(3) 计算弹性 $E = (\Delta Q/Q_0)/(\Delta P/P_0)$。在单元格 B9 中输入公式"=(B5/B3)/(B8/B6)"并回车，得到关键系数需求的价格弹性，如图 6-12 所示。

	A	B
1	产品出厂价格——弹性定价法	
2		
3	原来的销售量Q_0	1100
4	新的销售量Q_1	1450
5	销售量差ΔQ	350
6	原来的售价P_0	120
7	新的售价P_1	95
8	价格差ΔP	-25
9	需求弹性E	-1.53
10	常系数K	
11	市场需求量Q	1200
12		
13	产品出厂价格	

图 6-12　需求的价格弹性 E 计算结果

(4) 计算常系数 $K = P_0 * Q_0^{(1/E)}$。在单元格 B10 中输入公式"=B3^(1/B9)*B6"并回车，得到常系数，如图 6-13 所示。

	A	B
1	产品出厂价格——弹性定价法	
2		
3	原来的销售量Q_0	1100
4	新的销售量Q_1	1450
5	销售量差ΔQ	350
6	原来的售价P_0	120
7	新的售价P_1	95
8	价格差ΔP	-25
9	需求弹性E	-1.53
10	常系数K	1.22
11	市场需求量Q	1200
12		
13	产品出厂价格	

图 6-13　弹性定价法常系数 K 计算结果

(5) 计算 $P = K * Q^{(-1/E)}$。在单元格 B13 中输入公式"=B11^(-(1/B9))*B10"并回车，得到弹性定价法下的产品出厂价格，如图 6-14 所示。

	A	B
1	产品出厂价格——弹性定价法	
2		
3	原来的销售量Q_0	1100
4	新的销售量Q_1	1450
5	销售量差⊿Q	350
6	原来的售价P_0	120
7	新的售价P_1	95
8	价格差⊿P	-25
9	需求弹性E	-1.53
10	常系数K	1.22
11	市场需求量Q	1200
12		
13	产品出厂价格	127.04

图 6-14　出厂价格计算结果

6.2　Excel 在产品定价决策中的应用

任何商品都有一个生长阶段、发展阶段、稳定阶段、衰退阶段的生命周期，因此伴随着商品整个生命周期的价格管理也不是一劳永逸的。在商品引入阶段，有一个要为新产品而做的定价决策；在商品发展成长阶段，为了使商品更快更好地在市场上成长，也相应地有一个定价决策；同样，在商品稳定成熟后，此时的定价决策就要使商品能在市场上有更长的稳定期；当稳定期过后，商品不可避免地要被新的科学技术所淘汰，此时的定价决策就要使商品在退出市场时能够不给企业带来损失。产品定价决策包括新产品定价决策、标准产品定价决策、产品价格浮动决策、最优化价格决策、特殊定价决策等。各种定价决策都有一个从基础数据的获得、数据的整理分析、定价方法的确定到使用公式最后计算出准确合理的产品价格的过程。在这个过程中，使用 Excel 软件来处理各种参数，细分和整合决策步骤，并运用其运算功能来实现定价决策分析是非常有必要的。

下面主要介绍 Excel 在标准产品定价决策、最优化价格决策、产品价格浮动决策中的应用。

6.2.1　标准产品定价决策

当一种商品在市场上经历一定时间的市场竞争作用之后，从原先的新产品发展成为了一种常规产品，各企业间的产品质量和价格趋于一种平衡状态，这时的产品定价决策常采用标准产品定价决策，为产品作一种正常的、长期性的定价决策。一般采用成本加成定价法，即在产品完全成本或变动成本的基础上，加上一个成本加成率，作为产品的出厂价格，这样既保证了企业在成本上的回收，还有一定的合理报酬，这合理的报酬是企业进行生产的动力所在。

标准产品定价决策中，有两种成本加成法，即完全成本加成法和变动成本加成法。

完全成本加成法就是在单位产品完全成本的基础上进行加成。在使用这种成本加成法时，单位产品的完全成本通常包括：单位产品直接材料费、单位产品直接人工费、单位产品变动制造费用、单位产品固定制造费用。这几部分构成的成本就是完全成本加成法的成本基础，是产品价格构成内容之一。产品价格构成的另一部分是加成内容，即在成本基础上加成一定的比率。因此，产品价格 = 单位产品完全成本 ×（1 + 完全成本加成率）。

变动成本加成法就是在单位产品变动成本的基础上进行加成。在使用这种成本加成法时，单位产品的变动成本通常包括：单位产品直接材料、单位产品直接人工、单位产品变动制造费用、单位产品变动推销及管理费用。这几部分构成的成本就是变动成本加成法的成本基础，是产品价格构成内容之一。产品价格构成的另一部分是加成内容，即在成本基础上加成一定的比率。因此，产品价格 = 单位产品变动成本 ×（1 + 变动成本加成率）。

在 Excel 中，首先在工作表中设计一个表格，表格中包含已知的基础数据，如直接材料费、直接人工费、变动制造费用、成本加成率等。其次，在对应的单元格里输入参数计算公式，就设计了一个标准产品定价决策模板。最后，在设计好模板里输入基础数据，就可得到产品定价。以下通过实例来说明标准产品定价决策的具体操作方法。

【例 6 -5】某公司正要为标准产品 A 的出厂价格作一个定价决策分析，现已知：生产 10 000 件 A 产品需要直接材料费 450 000 元，直接人工费 424 000 元，变动制造费用 406 000 元，固定制造费用 500 000 元，变动推销及管理费用 150 000 元，固定推销及管理费用 90 000 元。根据这些数据，运用完全成本加成法和变动成本加成法给 A 产品定价，并编制报价单。完全成本加成法的加成率为 50%，其中，变动成本加成法的加成率为 100%。

分析：题中已知生产 10 000 件产品的成本信息，根据这些信息先计算出单位完全成本中的单位产品直接材料费、单位产品直接人工费、单位产品变动制造费用、单位产品固定制造费用，再加总作为加成基础以此求出完全成本法定价，单位成本加成定价法定价也是同理。

操作步骤如下：

（1）创建一个名为“标准产品定价决策”的工作表，在所创建的工作表中设计一个表格，如图 6 -15 所示。

	A	B	C
1	批量产品成本数据（单位：元）		
2	直接材料费		
3	直接人工费		
4	变动制造费用		
5	固定制造费用		
6	变动销售及管理费用		
7	固定销售及管理费用		
8	产品数量(件)		
9			
10			
11	单位产品成本数据（单位：元）		
12	单位产品直接材料费		
13	单位产品直接人工费		
14	单位产品变动制造费用		
15	单位产品固定制造费用		
16	单位产品变动销售及管理费用		
17	单位产品固定销售及管理费用		
18			
19	产品价格		
20		完全成本法	变动成本法
21	成本加成率		
22	加成基础		
23	价格		

图 6－15　标准产品定价

（2）输入基础数据，如图 6－16 所示。

	A	B	C
1	生产10000件产品成本数据（单位：元）		
2	直接材料费	450000	
3	直接人工费	424000	
4	变动制造费用	406000	
5	固定制造费用	500000	
6	变动销售及管理费用	150000	
7	固定销售及管理费用	90000	
8	产品数量(件)	10000	
9			
10			
11	单位产品成本数据（单位：元）		
12	单位产品直接材料费		
13	单位产品直接人工费		
14	单位产品变动制造费用		
15	单位产品固定制造费用		
16	单位产品变动销售及管理费用		
17	单位产品固定销售及管理费用		
18			
19	产品价格		
20		完全成本法	变动成本法
21	成本加成率	50%	100%
22	加成基础		
23	价格		

图 6－16　已知条件录入

（3）计算单位产品的成本数据。在单元格 B12 中输入公式“＝B2/ $B$8”，拖动填充柄将公式复制到单元格区域 B13:B17。

（4）计算加成基础。在单元格 B22 中输入公式“＝SUM（B12:B15）”并回车，得到完全成本法加成基础；在单元格 C22 中输入公式“ = B12 + B13 + B14 + B16”并回车，得到变动成本法加成基础。

（5）计算价格。在单元格 B23 中输入公式“ = B22 ＊ （1 + B21）”；在单元格 C23 中输入公式“ = C22 ＊ （1 + C21）”。计算结果如图 6 - 17 所示。

	A	B	C
1	生产10000件产品成本数据（单位：元）		
2	直接材料费	450000	
3	直接人工费	424000	
4	变动制造费用	406000	
5	固定制造费用	500000	
6	变动销售及管理费用	150000	
7	固定销售及管理费用	90000	
8	产品数量(件)	10000	
9			
10			
11	单位产品成本数据（单位：元）		
12	单位产品直接材料费	45	
13	单位产品直接人工费	42.4	
14	单位产品变动制造费用	40.6	
15	单位产品固定制造费用	50	
16	单位产品变动销售及管理费用	15	
17	单位产品固定销售及管理费用	9	
18			
19		产品价格	
20		完全成本法	变动成本法
21	成本加成率	50%	100%
22	加成基础	178	143
23	价格	267	286

图 6 - 17　计算结果

（6）保存“标准产品定价决策”工作表。

计算结果表明：当采用完全成本加法时，产品的出厂价格是 267 元；当采用变动成本加成法时，产品的出厂价格是 286 元。企业可以根据市场上 A 产品的现行价格行情在 267 元和 286 元两者当中选择一个价格作为 A 产品的出厂价格。

6.2.2　最优化价格决策

最优化价格是指使产品利润最大化的价格。最优化价格决策的理论基础是边际理论。当边际收入等于边际成本时的价格即是最优化价格，此时利润最大。最优化价格决策的具体操作是：先根据不同的销售价格与销售量的关系，计算在各个价格下的边际收入、边际成本和边际利润。然后比较各个价格下的边际利润，当边际利润为零时的价格就是企业获利最大的价格。

用 Excel 来实际最优化价格决策，首先在工作表中设计一个表格，输入基础数据，根据基础数据计算边际利润等。在计算结果中找边际利润为 0 对应的单价作为售价。以下通过实例说明具体的操作方法。

【例 6 - 6】某饰品生产厂商生产的一种手镯的原定价格为 26 元，每年的销售量为 1000 件。生产 1000 件产品的单位变动成本为 10 元，总固定成本为 990 元。为了扩大销量，如果销售价格下降，预计它的销量随价格的变化以及单位变动成本和总固定成本随产量的变化如表 6－1 所示。试确定该产品的最优化价格。

表 6－1　　销售量、单位变动成本和固定成本资料

单价（元）	预计销售量（件）	单位变动成本（元）	固定成本（元）
26	1000	10	990
25	1200	10	990
24	1400	11	1100
23	1600	11	1100
22	1950	12	1200
21	2170	12	1200
20	2300	13	1300
19	2400	13	1300

分析：根据最优化价格决策理论，先计算不同价格下的边际收入和边际成本，再计算边际利润；找出边际利润为零对应的价格，此时即是获得最大利润的最优化价格。其中：边际收入等于单位产品收入的增加额，边际成本等于单位产品成本的增加额，边际利润＝边际收入－边际成本。运用 Excel 计算时，先设计合理的表格，然后进行相应计算。

操作步骤如下：

（1）创建一个名为“最优价格决策”的工作表，在所创建的工作表中设计一表格，输入基础数据，如图 6－18 所示。

	A	B	C	D	E	F	G	H	I	J
1	单价（元）	预计销售量（件）	单位变动成本（元）	固定成本（元）	销售收入（元）	边际收入（元）	总成本（元）	边际成本（元）	边际利润（元）	销售利润（元）
2	26	1000	10	990						
3	25	1200	10	990						
4	24	1400	11	1100						
5	23	1600	11	1100						
6	22	1950	12	1200						
7	21	2170	12	1200						
8	20	2300	13	1300						
9	19	2400	13	1300						

图 6－18　“最优价格决策”工作表

（2）计算销售收入。在单元格 E2 中输入公式“＝A2＊B2”，拖动填充柄将该公式复制到单元格区域 E3:E9。

（3）计算边际收入。在单元格 F2 中输入 0；在单元格 F3 中输入公式“＝（E3－E2）／（B3－B2）”，拖动填充柄将公式复制到单元格区域 F4:F9。计算结果如图 6－19 所示。

	A	B	C	D	E	F	G	H	I	J
1	单价（元）	预计销售量（件）	单位变动成本（元）	固定成本（元）	销售收入（元）	边际收入（元）	总成本（元）	边际成本（元）	边际利润（元）	销售利润（元）
2	26	1000	10	990	26000	0				
3	25	1200	10	990	30000	20				
4	24	1400	11	1100	33600	18				
5	23	1600	11	1100	36800	16				
6	22	1950	12	1200	42900	17.42857				
7	21	2170	12	1200	45570	12.13636				
8	20	2300	13	1300	46000	3.307692				
9	19	2400	13	1300	45600	-4				

图 6－19　边际收入计算结果

（4）计算总成本。总成本＝固定成本＋单位变动成本×数量。在单元格 G2 中输入公式“＝D2＋C2＊B2”，拖动填充柄将公式复制到单元格区域 G3:G9。

（5）计算边际成本。在单元格 H2 中输入 0，在单元格 H3 中输入公式“＝(G3－G2)/(B3－B2)”。计算结果如图 6－20 所示。

	A	B	C	D	E	F	G	H	I	J
1	单价（元）	预计销售量（件）	单位变动成本（元）	固定成本（元）	销售收入（元）	边际收入（元）	总成本（元）	边际成本（元）	边际利润（元）	销售利润（元）
2	26	1000	10	990	26000	0	10990	0		
3	25	1200	10	990	30000	20	12990	10		
4	24	1400	11	1100	33600	18	16500	17.55		
5	23	1600	11	1100	36800	16	18700	11		
6	22	1950	12	1200	42900	17.42857	24600	16.85714		
7	21	2170	12	1200	45570	12.13636	27240	12		
8	20	2300	13	1300	46000	3.307692	31200	30.46154		
9	19	2400	13	1300	45600	-4	32500	13		

图 6－20　边际成本计算结果

（6）计算边际利润。在单元格 I2 中输入公式“＝F2－H2”，拖动填充柄将公式复制到单元格区域 I3:I9。

（7）计算销售利润。在单元格 J2 中输入公式“＝E2－G2”，拖动填充柄将公式复制到单元格区域 J3:J9。计算结果如图 6－21 所示。

	A	B	C	D	E	F	G	H	I	J
1	单价（元）	预计销售量（件）	单位变动成本（元）	固定成本（元）	销售收入（元）	边际收入（元）	总成本（元）	边际成本（元）	边际利润（元）	销售利润（元）
2	26	1000	10	990	26000	0	10990	0	0	15010
3	25	1200	10	990	30000	20	12990	10	10	17010
4	24	1400	11	1100	33600	18	16500	17.55	0.45	17100
5	23	1600	11	1100	36800	16	18700	11	5	18100
6	22	1950	12	1200	42900	17.42857	24600	16.85714	0.571429	18300
7	21	2170	12	1200	45570	12.13636	27240	12	0.136364	18330
8	20	2300	13	1300	46000	3.307692	31200	30.46154	-27.1538	14800
9	19	2400	13	1300	45600	-4	32500	13	-17	13100

图 6－21　销售利润计算结果

（8）保存工作表“最优化价格决策”。

计算结果表明：该产品在单价为 21 元、销售数量为 2170 件时，边际利润最接近于 0。边际利润等于 0 对应的单价应在 20～21 元间，更接近 21 元，我们就可选择 21 元作为产品的价格。通过销售利润的计算也可看出在此情况下，销售利润最高。因此，该产品的最优价格为 21 元。

6.2.3 产品价格浮动决策

企业一旦决定产品的价格后，产品便按此价格在市场上销售，在企业作出新的价格决策之前，这个价格是相对稳定的，或者可以说是相对静止的。然而，市场却是动态变化的，需求的变化常常导致供不应求或供过于求的状况。这要求企业对市场的变化要作出迅速的反应，根据市场需求的变化，从企业的需求和经济利益出发，对产品价格作出上浮或下调，以及上浮或下调幅度的决定，进行产品价格浮动决策。

在进行产品价格浮动决策时，一方面要分析产品原有的市场份额、产品质量、市场竞争力，另一方面要着眼于长远，考虑产品未来发展变化的趋势，反复衡量利弊得失，然后作出有利于实现企业目标的定价决策。一般有两种价格浮动决策的具体操作方法。

第一种方法：首先，通过市场调研决定几个价格浮动方案，以及在各个方案下的销量变化率、单位变动成本变化率和总固定成本变化率；其次，运用这些基础数据计算各个方案下的利润；最后，比较各个方案下的利润与企业的目标利润，选择最佳的决策浮动方案。

第二种方法：首先，通过市场调研得到一个价格浮动比率，以及在这个比率下的销量变化率和因销量变化而需要增加的资金；其次，计算在这个价格浮动比率下的收益率；最后，将这个收益率与当年年利率比较，决定采取这个价格浮动决定与否。

在这个决策过程中，需要处理的数据量大，计算步骤多，利用 Excel 软件可以条理分明地实现这个过程。在 Excel 中，可先建立价格浮动决策工作表，设计标准产品定价决策模板，再代入相应的基础数据，就可以得到产品定价。以下通过实例说明具体的操作方法。

【例 6－7】在例 6－5 中，公司决策层通过标准产品价格决策，给产品 A 定价为 286 元，此时的销售量是 10 000 件，如图 6－17 所示。可以算出，此时公司从销售 A 产品中的盈利是 84 万元。经过一段时间的市场角逐之后，A 产品逐渐将其同类产品逐出市场，只剩下几家企业经营 A 产品。与此同时，A 产品越来越受到消费者的青睐，市场上对 A 产品的需求已经扩大到需要公司对 A 产品的定价作出新的决策了。根据市场调研得到几个不同价格上浮比率对应的销售量的变动比率和产品成本变化，如表 6－2 所示。

表 6－2 价格浮动比率及其对应的销售量和成本变化

价格上浮比率	销量下降比率	单位变动成本下降比率	总固定成本下降比率
3%	1%	0	0
5%	2%	0	0
7%	3.5%	2%	1%
10%	5%	2%	1.5%
12%	7%	4%	3%
15%	12%	5%	3%

根据这个市场调查结果，作出对 A 产品合适的加价决策。

分析：首先计算出在不同的加价比率下的利润，然后根据这些利润得到最有利于企业盈利的加价决策。

操作步骤如下：

（1）建立“价格浮动决策”工作表，在建立的工作表中设计一个表格，如图 6－22 所示。

	A	B	C	D	E
1	价格上浮比率	销量下降比率	单位变动成本下降比率	总固定成本下降比率	
2					
3					
4					
5					
6					
7					
8	原售价	原销量	原单位变动成本	原总固定成本	原利润
9					
10	上浮后售价	上浮后销量	上浮后单位变动成本	上浮后总固定成本	上浮后利润
11					
12					
13					
14					
15					
16					

图 6－22　价格浮动决策表

（2）建立一个价格浮动决策模板。计算价格上浮后的售价，在单元格 A11 中输入公式“=286＊（1+A2）”，拖动填充柄将公式复制到单元格区域 A13:A16；计算价格上浮后的销量，在单元格 B11 中输入公式“=10000＊（1－B2）”，拖动填充柄将公式复制到单元格区域 B13:B16；计算价格上浮后单位变动成本，在单元格 C11 中输入公式“=590000＊（1－D2）”，拖动填充柄将公式复制到单元格区域 C13:C16；计算价格上浮后总固定成本，在单元格 D11 中输入公式“=590000＊D2”，拖动填充柄将公式复制到单元格区域 D13:D16；计算价格上浮后的利润，在单元格 E11 中输入公式“=A11＊B11－C11＊B11－D11”，拖动填充柄将公式复制到单元格区域 E13:E16。

（3）在创建工作表的相应单元格中输入案例提供的数据，计算结果如图 6－23 所示。

	A	B	C	D	E
1	价格上浮比率	销量下降比率	单位变动成本下降比率	总固定成本下降比率	
2	3%	1%	0	0	
3	5%	2%	0	0	
4	7%	3.50%	2%	1%	
5	10%	5%	2%	1.50%	
6	12%	7%	4%	3%	
7	15%	12%	5%	3%	
8					
9	原售价	原销量	原单位变动成本	原总固定成本	原利润
10	286	10000	143	590000	840000
11	上浮后售价	上浮后销量	上浮后单位变动成本	上浮后总固定成本	上浮后利润
12	294.58	9900	143	590000	910642
13	300.3	9800	143	590000	951540
14	306.02	9650	140.14	584100	1016642
15	314.6	9500	140.14	581150	1076220
16	320.32	9300	137.28	572300	1129972
17	328.9	8800	135.85	572300	1126540

图 6－23　计算结果

（4）保存“价格浮动决策”工作表。

计算结果表明：当价格上浮比率为 12% 时，利润最大。因此，公司决定在市场需求扩大的情况下将 A 产品价格上浮 12%，新价格为 320.32 元。

【例 6－8】某企业经营 A、B 两种产品，其中 A 产品年产销量为 1000 件，单位售价 110 元，单位变动成本为 65 元，固定成本 20 000 元；B 产品年产销量为 700 件，单位售价 180 元，单位变动成本 80 元，固定成本 42 000 元。现企业有生产能力有剩余，并且市场上需求未有衰退迹象，所以企业考虑降价以提高销售量。经过市场调查分析得知，如果 A 产品降价 8%，可以增加销售量 20%，但是需要增加资金 15 000 元；如果 B 产品降价 10%，可以增加销售量 30%，但是需要增加资金 12 000 元。当年年利率为 10%。降价后引起的销售提高不足以引起固定成本的变化。在这种情况下，企业是否应该降价呢?

分析：题中所涉及的降价是企业主动降价行为。决定主动降价决策的两个主要条件是：①产品降价后的利润大于等于降价前的利润，即增加的利润大于等于零；②降价后增加的利润收入与因降价而投入的资金的比率，即收益率必须大于贷款利率。因此，通过计算判断若降价是否满足以上两个条件，以决定是否降价。

操作步骤如下：

（1）建立“降价决策”工作表，在建立的工作表中设计一个表格，如图 6－24 所示。

	A	B	C	D
1	产品降价决策表			
2			A产品	B产品
3		单位变动成本(元)		
4		固定成本(元)		
5	降价前	单价(元)		
6		数量(件)		
7		销售收入(元)		
8		总成本(元)		
9		利润(元)		
10	降价后	降价率		
11		销售量增加率		
12		销售收入(元)		
13		总成本(元)		
14		利润(元)		
15		利润增加额(元)		
16		资金增加额(元)		
17		利润增加额/资金增加额		
18	年利率			
19	降价否			

图 6－24　降价决策表

（2）输入基础数据，如图 6－25 所示。

	A	B	C	D
1	产品降价决策表			
2			A产品	B产品
3		单位变动成本(元)	65	80
4		固定成本(元)	20000	42000
5	降价前	单价(元)	110	180
6		数量(件)	1000	700
7		销售收入(元)		
8		总成本(元)		
9		利润(元)		
10	降价后	降价率	8%	10%
11		销售量增加率	20%	30%
12		销售收入(元)		
13		总成本(元)		
14		利润(元)		
15		利润增加额(元)		
16		资金增加额(元)	15000	12000
17		利润增加额/资金增加额		
18	年利率	10%		
19	降价否			

图 6-25　已知条件录入

(3) 计算降价前 A、B 产品的销售收入、总成本、利润。其中，销售收入 = 单价 × 销售数量，总成本 = 固定成本 + 单位变动成本 × 销售数量，利润 = 销售收入 - 总成本。在单元格 C7 中输入公式“ = C5 * C6”，拖动填充柄将公式复制到单元格 D7 中；在单元格 C8 中输入公式“ = C4 + C3 * C6”，拖动填充柄将公式复制到单元格 D8 中；在单元格 C9 中输入公式“ = C7 - C8”，拖动填充柄将公式复制到单元格 D9 中。计算结果如图 6-26 所示。

	A	B	C	D
1	产品降价决策表			
2			A产品	B产品
3		单位变动成本(元)	65	80
4		固定成本(元)	20000	42000
5	降价前	单价(元)	110	180
6		数量(件)	1000	700
7		销售收入(元)	110000	126000
8		总成本(元)	85000	98000
9		利润(元)	25000	28000
10	降价后	降价率	8%	10%
11		销售量增加率	20%	30%
12		销售收入(元)		
13		总成本(元)		
14		利润(元)		
15		利润增加额(元)		
16		资金增加额(元)	15000	12000
17		利润增加额/资金增加额		
18	年利率	10%		
19	降价否			

图 6-26　降价前 A、B 产品的销售收入、总成本、利润

(4) 计算降价后的 A、B 产品的销售收入、总成本、利润。在单元格 C12 输入公式“ = C5 * (1 - C10) * C6 * (1 + C11)”，拖动填充柄将公式复制到单元格 D12 中；在单元格 C13 输入公式“ = C4 + C3 * C6 * (1 + C11)”，拖动填充柄将公式复制到单元格

D13 中；在单元格 C14 中输入公式“=C12-C13”，拖动填充柄将公式复制到单元格 D14 中。计算结果如图 6-27 所示。

	A	B	C	D
1	产品降价决策表			
2			A产品	B产品
3		单位变动成本(元)	65	80
4		固定成本(元)	20000	42000
5	降价前	单价(元)	110	180
6		数量(件)	1000	700
7		销售收入(元)	110000	126000
8		总成本(元)	85000	98000
9		利润(元)	25000	28000
10	降价后	降价率	8%	10%
11		销售量增加率	20%	30%
12		销售收入(元)	121440	147420
13		总成本(元)	98000	114800
14		利润(元)	23440	32620
15		利润增加额(元)		
16		资金增加额(元)	15000	12000
17		利润增加额/资金增加额		
18	年利率	10%		
19	降价否			

图 6-27 降价后 A、B 产品的销售收入、总成本、利润

（5）计算利润增加额及利润增加额与资金增加额的比值。在单元格 C15 中输入公式“=C14-C9”，拖动填充柄将公式复制到单元格 D15 中；在单元格 C17 中输入公式“=C15/C16”，拖动填充柄将公式复制到单元格 D16 中。计算结果如图 6-28 所示。

	A	B	C	D
1	产品降价决策表			
2			A产品	B产品
3		单位变动成本(元)	65	80
4		固定成本(元)	20000	42000
5	降价前	单价(元)	110	180
6		数量(件)	1000	700
7		销售收入(元)	110000	126000
8		总成本(元)	85000	98000
9		利润(元)	25000	28000
10	降价后	降价率	8%	10%
11		销售量增加率	20%	30%
12		销售收入(元)	121440	147420
13		总成本(元)	98000	114800
14		利润(元)	23440	32620
15		利润增加额(元)	-1560	4620
16		资金增加额(元)	15000	12000
17		利润增加额/资金增加额	-0.104	0.385
18	年利率	10%		
19	降价否			

图 6-28 利润增加额及利润增加额与资金增加额的比值

（6）判断是否降价。在单元格 C19 中输入公式“=IF(AND(C15>=0, C17>=B18),"是","否")”，拖动填充柄将公式复制到单元格 D19 中，如图 6-29 所示。

	A	B	C	D
1	产品降价决策表			
2			A产品	B产品
3		单位变动成本(元)	65	80
4		固定成本(元)	20000	42000
5	降价前	单价(元)	110	180
6		数量(件)	1000	700
7		销售收入(元)	110000	126000
8		总成本(元)	85000	98000
9		利润(元)	25000	28000
10	降价后	降价率	8%	10%
11		销售量增加率	20%	30%
12		销售收入(元)	121440	147420
13		总成本(元)	98000	114800
14		利润(元)	23440	32620
15		利润增加额(元)	-1560	4620
16		资金增加额(元)	15000	12000
17		利润增加额/资金增加额	-0.104	0.385
18	年利率	10%		
19	降价否		否	是

图 6－29 降价决策结果

（7）保存工作表“降价决策”。

计算结果表明：B 产品可实施降价策略，A 产品最好不降价。降价结果的得出是用了 Excel 提供的逻辑判断函数 IF、AND 函数。AND 函数是对多个逻辑值作判断，多个逻辑值均为真，AND 函数返回真。“IF（AND（C15 > = 0，C17 > = B18)," 是"," 否")”在本例中的作用是：若利润增加额大于零且利润增加额与资金增加额的比值大于年利率，返回“是”；否则，返回“否”。计算过程、计算方法与前面介绍的降低决策的原则相符，计算结果是正确的。

6.3 案例应用

某公司是一家高级护肤品有限公司，公司集产品研发、生产和销售等业务于一体，市场细分定位于有中、高档收入的公司白领阶层。在信息化时代，职业女性终日与计算机为伍，在享受了计算机这项伟大发明带来的方便、快捷和高效的同时，也深受其危害，如何对抗计算机对皮肤的伤害越来越成为爱美女士的心头之痛。针对此现象，该公司经过几年的潜心研究，研发出了一种防辐射面膜（在本案例中，将其称为产品 A)。这种面膜的功效主要是防计算机辐射，在面部形成一种看不见的保护膜，有效隔离辐射和其他皮肤危害，每两小时涂一次，涂后让皮肤看上去拥有自然光泽，白皙无瑕。实验发现，产品完全达到了防辐射效果。但是，在使用该产品之后都会让皮肤比使用之前稍显干燥，虽然这种影响只是出现在少数使用者中，且并不显著，但是该公司精益求精，这也是为了让产品能为更多的消费者接受。针对此现象，该公司又研发出了一种保湿乳（在本案例中，将其称为产品 B)，该产品具有很好的保湿功效，即可以与防辐射面膜一起使用，也可以独立作为保湿产品使用。

当产品研发生产出来后，企业接下来要做的就是进行价格管理，以达到企业进行研发和生产的最终目标，实现产品的市场价值。

公司欲将两种产品同时推出，需要对两种产品做一个合理的定价。公司市场部门通过市场调研得知，职业女性对这种产品的呼声很高，并且都有较强的购买力。根据需求导向型定价策略原理，公司可以为其新产品定较高的价格。但是公司考虑到自身的长远利益，目标包括更多收入层次的消费者，使产品在更大范围内具有影响力，便于为日后出现的竞争建立一个坚固的市场。于是，公司决定采用标准产品定价决策来为其产品定价。

同时，公司为了使产品具有当前状态下最好的销路，选择了几个发达程度和人们消费水平的相当的城市做进一步的市场研究。公司在选择中的几个城市中，给产品定不同的价格，然后统计各个城市产品价格和产品销售量，采用最优化价格决策原理，根据不同的产品价格和产品销售量，计算其边际收入、边际成本和边际利润，从而选择获利最大的价格。

在某公司独享市场一段时间后，同行们也相继推出类似的产品，为了巩固市场，稳定销量，公司不得不面临降价的决策，此时公司该如何决策呢？降还是不降？

6.3.1 定价过程

在某公司从产品新推出，到寻找最优价格，到最后面临竞争的降价决策中，整个定价过程要涉及大量的数据和计算，现在用 Excel 来实现这些定价决策。

6.3.1.1 新品推出与标准产品价格决策

根据最初的市场调查，当某公司推出该产品时，在市场上属于唯一产品，并且市场需求弹性低，公司欲抓住机遇尽快回笼资金，补偿所耗的研究费用，于是公司决定将研发费用在其第一批产品中抵消。经过市场调查，公司决定第一批产品 A 产量为 16 667 件，第一批产品 B 产量为 6667 件。公司会计部门为市场部提供了研发和生产这 16 667 件产品 A 和 6667 件产品 B 的成本资料，如表 6 - 3 所示。

表 6 - 3　　第一批产品的成本资料表

项目	产品 A	产品 B
直接材料（元）	1 388 889	222 222
直接人工（元）	1 222 222	195 556
变动制造费用（元）	1 000 000	160 000
固定制造费用（元）	1 944 444	311 111
变动销售及管理费用（元）	555 556	88 889
固定销售及管理费用（元）	277 778	44 444
合计（元）	6 388 889	1 022 222
产品数量（件）	16 667	6667

（1）创建一个名为“标准产品定价决策”的工作表，在所创建的工作表中设计一个表格，分别输入 A、B 产品的基础数据，如图 6－30 所示。

	A	B	C	D	E
1		A产品		B产品	
2	直接材料费	1388889		222222	
3	直接人工费	1222222		195556	
4	变动制造费用	1000000		160000	
5	固定制造费用	1944444		311111	
6	变动销售及管理费用	555556		88889	
7	固定销售及管理费用	277778		44444	
8	产品数量(件)	16667		6667	
9					
10					
11	单位产品成本数据（单位：元）				
12	单位产品直接材料费				
13	单位产品直接人工费				
14	单位产品变动制造费用				
15	单位产品固定制造费用				
16	单位产品变动销售及管理费用				
17	单位产品固定销售及管理费用				
18					
19		A产品价格		B产品价格	
20		完全成本法	变动成本法	完全成本法	变动成本法
21	成本加成率	50%	100%	50%	100%
22	加成基础				
23	价格				

图 6－30　已知条件录入

（2）计算 A、B 产品的单位成本数据。在单元格 B12 中输入公式“＝B2/ $B$8”，拖动填充柄将公式复制到单元格区域 B13:B17；在单元格 D12 中输入公式“＝D2/ $D$8”，拖动填充柄将公式复制到单元格区域 D13:D17。计算结果如图 6－31 所示。

	A	B	C	D	E
1		A产品		B产品	
2	直接材料费	1388889		222222	
3	直接人工费	1222222		195556	
4	变动制造费用	1000000		160000	
5	固定制造费用	1944444		311111	
6	变动销售及管理费用	555556		88889	
7	固定销售及管理费用	277778		44444	
8	产品数量(件)	16667		6667	
9					
10					
11	单位产品成本数据（单位：元）				
12	单位产品直接材料费	83.3		33.3	
13	单位产品直接人工费	73.3		29.3	
14	单位产品变动制造费用	60.0		24.0	
15	单位产品固定制造费用	116.7		46.7	
16	单位产品变动销售及管理费用	33.3		13.3	
17	单位产品固定销售及管理费用	16.7		6.7	
18					
19		A产品价格		B产品价格	
20		完全成本法	变动成本法	完全成本法	变动成本法
21	成本加成率	50%	100%	50%	100%
22	加成基础				
23	价格				

图 6－31　单位产品成本计算结果

（3）计算 A、B 产品定价的加成基础。分别在单元格 B22、C22、D22、E22 输入公式“ = B12 + B13 + B14 + B15”、“ = B12 + B13 + B14 + B16”、“ = SUM （D12:D15）”以及“ = D12 + D13 + D14 + D16”。

（4）计算 A、B 产品价格。在单元格 B23 中输入公式“ = B22 * （1 + B21）”，拖动填充柄将公式复制到单元格区域 C23:E23，计算结果如图 6 - 32 所示。

	A	B	C	D	E
1		A产品		B产品	
2	直接材料费	1388889		222222	
3	直接人工费	1222222		195556	
4	变动制造费用	1000000		160000	
5	固定制造费用	1944444		311111	
6	变动销售及管理费用	555556		88889	
7	固定销售及管理费用	277778		44444	
8	产品数量(件)	16667		6667	
9					
10					
11	单位产品成本数据（单位：元）				
12	单位产品直接材料费	83.3		33.3	
13	单位产品直接人工费	73.3		29.3	
14	单位产品变动制造费用	60.0		24.0	
15	单位产品固定制造费用	116.7		46.7	
16	单位产品变动销售及管理费用	33.3		13.3	
17	单位产品固定销售及管理费用	16.7		6.7	
18					
19		A产品价格		B产品价格	
20		完全成本法	变动成本法	完全成本法	变动成本法
21	成本加成率	50%	100%	50%	100%
22	加成基础	333.3	250.0	133.3	100.0
23	价格	500.0	500.0	200.0	200.0

图 6 - 32　产品 A、B 报价单

（5）保存工作表。

计算结果表明：该公司新产品上市定价决策已经得到，给面膜定价为 500 元一套，保温乳定价 200 元一套。

6.3.1.2　市场摸索、打开销路与最优价格决策

市场部门从公司所选择的几个相当城市销售部那里统计到产品 A、B 在各个城市的销售量、销售价格等信息，分别如表 6 - 4 和表 6 - 5 所示。

表 6 - 4　　产品 A 在各个城市的销售量、单位变动成本和固定成本资料

单位产品售价（元）	预计销售量（件）	单位变动成本（元）	固定成本（元）
200	540	79	28 620
195	600	79	31 800
190	670	79	35 510
185	730	79	38 690
180	800	79	42 400
175	870	80	47 850
170	900	80	49 500
165	930	80	51 150

表 6 - 5　　　产品 B 在各个城市的销售量、单位变动成本和固定成本资料

单位产品售价（元）	预计销售量（件）	单位变动成本（元）	固定成本（元）
500	1500	199	198 000
495	1750	199	231 000
490	1850	199	244 200
485	2000	202	270 000
480	2400	202	324 000
475	2500	202	337 500
470	2600	203	353 600
465	2630	203	357 680

（1）创建一个名为“最优价格决策”的工作簿，建立两张工作表，分别命名为“A 产品最优价格表”和“B 产品最优价格表”，在两张表中分别输入基础数据，分别如图 6 - 33、图 6 - 34 所示。

	A	B	C	D	E	F	G	H	I	J
1	A产品最优价格表									
2	单价（元）	预计销售量（件）	单位变动成本（元）	固定成本（元）	销售收入（元）	边际收入（元）	总成本（元）	边际成本（元）	边际利润（元）	销售利润（元）
3	200	540	79	28620						
4	195	600	79	31800						
5	190	670	79	35510						
6	185	730	79	38690						
7	180	800	79	42400						
8	175	870	80	47850						
9	170	900	80	49500						
10	165	930	80	51150						

图 6 - 33　A 产品已知条件录入

	A	B	C	D	E	F	G	H	I	J
1	B产品最优价格表									
2	单价（元）	预计销售量（件）	单位变动成本（元）	固定成本（元）	销售收入（元）	边际收入（元）	总成本（元）	边际成本（元）	边际利润（元）	销售利润（元）
3	500	1500	199	198000						
4	495	1750	199	231000						
5	490	1850	199	244200						
6	485	2000	202	270000						
7	480	2400	202	324000						
8	475	2500	202	337500						
9	470	2600	203	353600						
10	465	2630	203	357680						

图 6 - 34　B 产品已知条件录入

（2）在“A 产品最优价格表”中计算销售收入。在单元格 E3 中输入公式“ = A3 * B3”，拖动填充柄将公式复制到单元格区域 E4:E10。

（3）在“A 产品最优价格表”中计算边际收入。在单元格 F3 中输入 0，在单元格 F4 中输入公式“ = (E4 - E3)/(B4 - B3)”，拖动填充柄将公式复制到单元格区域

F5:F10。

（4）在“A 产品最优价格表”中计算总成本：总成本 = 固定成本 + 单位变动成本 × 数量。在单元格 G3 中输入公式“ = D3 + C3 * B3”，拖动填充柄将公式复制到单元格区域 G4:G10。

（5）在“A 产品最优价格表”中计算边际成本。在单元格 H3 中输入 0，在单元格 H4 中输入公式“ = (G4 - G3)/(B4 - B3)”，拖动填充柄将公式复制到单元格区域 H5:H10。

（6）在“A 产品最优价格表”中计算边际利润。在单元格 I3 中输入公式“ = F3 - H3”，拖动填充柄将公式复制到单元格区域 I4:I10。

（7）在“A 产品最优价格表”中计算销售利润。在单元格 J3 中输入公式“ = E3 - G3”，拖动填充柄将公式复制到单元格区域 J4:J10。

（8）用同样的方法可得到 B 产品的最优价格表。

计算结果分别如图 6 - 35、图 6 - 36 所示。

	A	B	C	D	E	F	G	H	I	J
1	A产品最优价格表									
2	单价（元）	预计销售量（件）	单位变动成本（元）	固定成本（元）	销售收入（元）	边际收入（元）	总成本（元）	边际成本（元）	边际利润（元）	销售利润（元）
3	500	1500	199	198000	750000	0	496500	0	0	253500
4	495	1750	199	231000	866250	465	579250	331	134	287000
5	490	1850	199	244200	906500	402.5	612350	331	71.5	294150
6	485	2000	202	270000	970000	423.3333	674000	411	12.33333	296000
7	480	2400	202	324000	1152000	455	808800	337	118	343200
8	475	2500	202	337500	1187500	355	842500	337	18	345000
9	470	2600	203	353600	1222000	345	881400	389	-44	340600
10	465	2630	203	357680	1222950	31.66667	891570	339	-307.333	331380

图 6 - 35　A 产品最优价格表

	A	B	C	D	E	F	G	H	I	J
1	B产品最优价格表									
2	单价（元）	预计销售量（件）	单位变动成本（元）	固定成本（元）	销售收入（元）	边际收入（元）	总成本（元）	边际成本（元）	边际利润（元）	销售利润（元）
3	200	540	79	28620	108000	0	71280	0	0	36720
4	195	600	79	31800	117000	150	79200	132	18	37800
5	190	670	79	35510	127300	147.1429	88440	132	15.14286	38860
6	185	730	79	38690	135050	129.1667	96360	132	-2.83333	38690
7	180	800	79	42400	144000	127.8571	105600	132	-4.14286	38400
8	175	870	80	47850	152250	117.8571	117450	169.2857	-51.4286	34800
9	170	900	80	49500	153000	25	121500	135	-110	31500
10	165	930	80	51150	153450	15	125550	135	-120	27900

图 6 - 36　B 产品最优价格表

（9）保存工作簿。

计算结果表明：A 产品边际利润为零对应的价格应在 470 ~ 475 元间，更接近 475 元，故选择 475 元作为该产品的价格，此时的销售利润接近最大值。B 产品边际利润为零对应的价格应在 185 ~ 190 元，因 190 元对应的销售利润更大，故可选择 190 元作为产品的价格。

6.3.1.3 降价决策

当市场上有某种产品出现后，其他同行也会纷纷效仿，在该公司独享市场一段时间后，市场上此类产品出现了好几家，许多都以低价策略与其抢占市场份额。虽然这家公司产品推出时间早，有一批忠实度高的消费者，可不参与这场价格战，但是为了进一步巩固市场，该公司公司市场部正在考虑一种降价决策。

此时市场上 A 产品的单价是 475 元，销量是 2500 件；B 产品的单价是 190 元，销量是 670 件（如表 6－6 所示）。通过调研和市场分析得知，如果 A 产品降价 6%，能够提高销量 15%；如果 B 产品降价 6%，能够提高销量 10%。但 A 产品需要增加资金 45 000 元，B 产品需要增加资金 20 000 元。年利率为 8%。

表 6－6　　产品价格、销量和成本表

产品	单位售价（元）	销量（件）	变动成本（元）	固定成本（元）
产品 A	475	2500	202	337 500
产品 B	190	670	80	35 510

分析：例 6－8 已给出降价需满足的两个条件。降价后的利润是否大于等于降价前的利润；增加的利润与因降价增加的资金的比值是否大于年利率。通过已知条件用 Excel 来判断是否满足这两个条件；若满足则可主动降价；若不满足，则可不主动降价。

操作步骤如下：

（1）创建一个名为"降价决策"的工作表，在所创建的工作表中设计一个表格，输入基础数据，如图 6－37 所示。

	A	B	C	D
1	产品降价决策表			
2			A产品	B产品
3		单位变动成本(元)	202	80
4		固定成本(元)	337500	35510
5		单价(元)	475	190
6		数量(件)	2500	670
7	降价前	销售收入(元)		
8		总成本(元)		
9		利润(元)		
10		降价率	6%	6%
11		销售量增加率	15%	10%
12		销售收入(元)		
13	降价后	总成本(元)		
14		利润(元)		
15		利润增加额(元)		
16		资金增加额(元)	45000	20000
17		利润增加额/资金增加额		
18	年利率	8%		
19	降价否		否	是

图 6－37　已知条件录入

（2）分别计算降价前、后的销售收入、总成本、利润。

（3）计算利润增加额及利润增加额与资金增加额的比值。

（4）判断是否降价。

计算结果如图 6－38 所示。

	A	B	C	D
1	产 品 降 价 决 策 表			
2			A产品	B产品
3		单位变动成本(元)	202	80
4		固定成本(元)	337500	35510
5	降价前	单价(元)	475	190
6		数量(件)	2500	670
7		销售收入(元)	1187500	127300
8		总成本(元)	842500	89110
9		利润(元)	345000	38190
10	降价后	降价率	6%	6%
11		销售量增加率	15%	10%
12		销售收入(元)	1283688	131628.2
13		总成本(元)	918250	94470
14		利润(元)	365437.5	37158.2
15		利润增加额(元)	20437.5	-1031.8
16		资金增加额(元)	45000	20000
17		利润增加额/资金增加额	0.454167	-0.05159
18	年利率	8%		
19	降价否		是	否

图 6－38　降价决策

计算结果表明：A 产品适合降价，B 产品则不降价为宜。

6.3.2　综合说明

本节的案例全过程地展示了一种产品从第一家研发出来推出上市开始，到该种产品的市场成熟，具有稳定的售价和市场格局时，运用 Excel 来对产品作定价决策。在运用 Excel 来对产品作定价决策的过程中，首先要正确分析使用何种定价方法以及定价决策方法，然后要灵活、高效地运用 Excel 这种使用简单、功能丰富的工具。一般来说，在综合运用这些定价策略和决策时，确定一个具体的价格并不是一个简单的判断，价格的确定必须要有正确的依据，同时要遵循以下的步骤来进行：

（1）收集数据。所要收集的数据包括企业自身和竞争对手的产品销量、价格、成本和利润等数据；另外，还必须清醒认识产品为客户提供的在经济上、功能上和心理上的效用等。通常这是一个庞大的数据集合，这一步就要将收集到的数据存储在 Excel 文件中，以便于后面的数据处理和分析。

（2）对既得数据进行分析，以转化成有用的信息。在这些信息中，企业重点要关注的是客户对价格变动的敏感性，即市场需求弹性。

（3）根据这些数据和可信的分析结果，确定价格策略，并与最终用户和经销商进行沟通。在第二、三步中，要正确有效地运用在第一步已经存储在 Excel 当中的数据，合理地设计表格，细分计算步骤，准确地输入公式。在定价决策中，较少运用 Excel 中的函数，大多是运用加减乘除构造公式，为了使步骤条理清晰，尽量将公式的计算步骤细分。

（4）评估市场反应，监测并分析市场反馈。

6.4 小结

在竞争激烈的市场经济中，价格机制是市场机制的主要表现形式，企业的各种生产经营活动，都会受到价格直接或是间接的影响，产品定价决策也成为企业管理的主要内容。在各个行业的竞争中，不乏价格战的例子，并且对于价格战中的两败俱伤也司空见惯。所以，产品价格并不只是我们看到的一个数字那么简单。产品价格的制定会受各种因素的影响和制约。Excel 强大的数据处理功能在产品定价决策中可以发挥事半功倍的作用。

本章主要介绍了 Excel 在产品定价中的应用及在产品定价决策中的应用。常用的产品定价方法有合同定价法、目标利润定价法、成本加成定价法、市场竞争定价法、弹性定价法等，而在定价决策时常常会根据产品在市场中出现的阶段来做相应的定价决策，一般产品定价决策包括新产品定价决策、标准产品定价决策、产品价格浮动决策、最优化价格决策、特殊定价决策等。不管是产品定价还是定价决策，均可使用 Excel 来实现。本章通过丰富的例子对 Excel 在各种定价方法和定价决策方法的应用进行了详尽说明，并用综合实例来全面阐释 Excel 在产品定价决策中的应用。

练习题

1. 某产品单位制造成本为 280 元，经调查：行业平均利润率为 20%，销售税率为 1%，期间费用率为 10%。该产品的价格应为多少？

2. 某产品当价格为 350 元时，每月销量为 10 000 件，价格为 320 元时，每月销量为 13 500 件。用弹性定价法确实该产品的价格。

3. 假定某产品的销售量、单位变动成本、固定成本和单位产品的售价如图 6－39 所示，试确定该产品的最优价格。

	A	B	C	D
1	单价	销量(件)	单位变动成本(元)	固定成本(元)
2	200	10000	100	250000
3	190	13000	100	250000
4	180	15000	100	250000
5	170	18000	100	250000
6	160	21000	100	250000
7	150	24000	120	300000
8	140	28000	120	300000

图 6－39　价格基本信息

4. 某产品单价为 280 元、销量为 10 000 件、单位变动成本 150 元、固定成本 1 000 000 元，若该产品降价 10%，可增加 30% 的销量，但需要增加资金 500 000 元。若年利率为 6%，试问，该产品是否应当降价？

7 Excel 在投资决策中的应用

【学习目标】

（1）掌握用 Excel 函数进行资金时间价值的计算。

（2）掌握用 Excel 函数进行固定资产折旧的计算。

（3）学会用 Excel 计算静态投资回收期、内部收益率及净现值三种在投资评估中常用的指标。

（4）理解 Excel 在更新设备决策中的应用。

（5）掌握用 Excel 函数进行债券投资决策。

7.1 资金的时间价值计算

资金的时间价值是指资金在周转使用中由于时间因素而形成的差额价值，即资金在生产经营中带来的增值额。货币资金在不同的时间点上具有不同的价值，会随着时间的延续而增值。在投资决策中，不同时间的货币收入不宜直接进行比较，需要把它们换算到相同的时间基础上，然后才能进行大小的比较和比率的计算。资金时间价值计算揭示了不同时间点上所收付货币资金的换算关系，是正确进行投资决策的必要前提，也是衡量企业经济效益、考核经营成果的重要依据。

资金时间价值计算主要是进行现值、终值、年金的计算，Excel 提供了 PV、FV、PMT 等函数来实现资金时间价值的计算。

下面先介绍现值、终值、年金的经济含义，然后介绍相关函数，最后通过具体例子来说明资金时间价值的计算。

7.1.1 现值计算

现值又称在用价值，是现在和将来（或过去）的一笔资金按一定利率计算到现在时点的价值。根据未来值（终值）求现值称为贴现或折现，贴现过程所使用的利率称为贴现率或折现率。

Excel 中计算现值的函数有 PV、NPV 等函数，NPV 函数主要用于固定资产投资决策，故在后面的内容中介绍。资金等值计算中的现值计算主要包括复利现值、普通年金现值和预付年金终值的计算，主要通过使用 PV 函数来实现。

7.1.1.1 PV 函数介绍

【格式】PV（Rate，Nper，Pmt，Fv，Type）

【说明】参数说明如下：

Rate 为各期利率，为一固定值。

Nper 为总投资（或贷款）期，即该项投资（或贷款）的付款期总数。

Pmt 为各期所应付给（或得到）的金额，其数值在整个年金期间（或投资期内）保持不变。通常 Pmt 包括本金和利息，但不包括其他费用及税款。若省略，则值为 0。

Fv 表示未来值或终值。若省略 Fv，则值为 0。各期金额（Pmt）和终值（Fv）可以同时存在，也可以只存在其中一个。但两者必居其一，不能两者都省略。

Type 为数字 0 或 1，用以指定各期的付款时间是在期初还是期末。0 表示在期末，1 表示在期初。如果省略 Type，则假设其值为 0。

注意：在所有参数中，支出的款项表示为负数，收入的款项表示为正数。应确认所指定的 Rate 和 Nper 单位的一致性。例如，同样是五年期年利率为 8% 的贷款，如果按月支付，Rate 应为 8%/12，Nper 应为 5 * 12；如果按年支付，Rate 应为 8%，Nper 为 5。

7.1.1.2 复利现值

复利现值是指未来一定时间的特定资金按复利计算的现在价值，或者说是为取得将来一定本利和现在所需要的本金。求复利现值就是已知终值和利率，按复利计算现值。其计算公式为：

$$p = s(1+i)^{-n}$$

其中，s 是经过 n 期后的复利终值，p 为现值，i 为利率，n 为周期数，$(1+i)^{-n}$ 被称为复利现值系数。

利用 PV 函数来计算复利现值，主要确定 Rate、Nper、Fv 三个参数的值。以下通过实例来说明如何利用 PV 函数求复利现值。

【例 7-1】某人拟在 5 年后需要资金 100 000 元。假设年利率为 4%，每年复利一次，他现在应一次性存入多少元?

分析：这是已知终值、利率、期限，求现值的问题。利用 PV 函数来计算，将 Rate 确定为 4%，Nper 确定为 5，Fv 确定为 -100 000。此时 Rate 使用的是年利率，Nper 周期为年，Rate 和 Nper 保持了一致性。

操作步骤如下：

（1）任选一个单元格。

（2）选择“插入”菜单中的“函数”命令，打开“插入函数”对话框，在“选择类别”列表中选择“财务”，在“选择函数”列表中选择 PV，如图 7-1 所示。

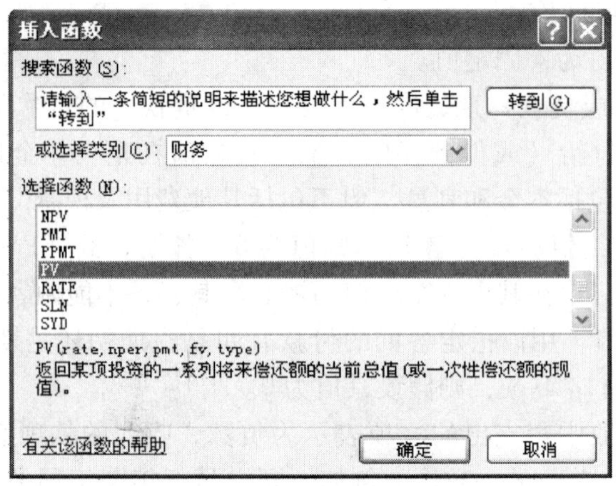

图 7－1　“插入函数”对话框

（3）单击“确定”按钮，打开“函数参数”对话框，依次输入年利率、存款期数和未来值，如图 7－2 所示。

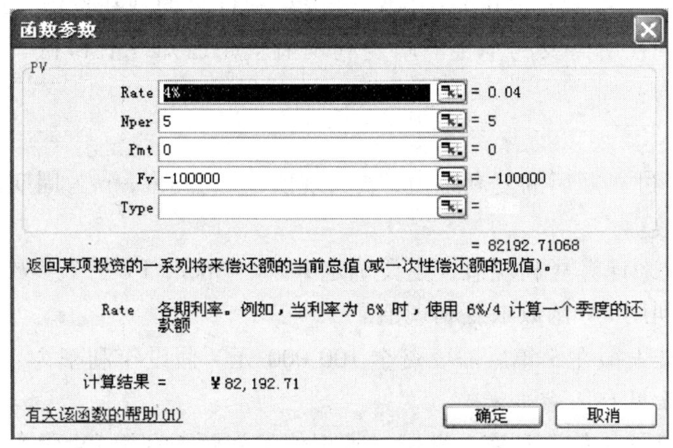

图 7－2　PV 函数的参数设置

（4）单击“确定”按钮，在单元格 A1 中显示该账户的存款额，如图 7－3 所示。

A1　=PV(4%, 5, 0, -100000)

	A	B	C	D
1	￥82,192.71			

图 7－3　计算结果

计算结果表明：现在一次性存入 82 192.71 元，5 年后在年利率为 4% 的前提下可一次性支取 100 000 元。

7.1.1.3　普通年金现值

年金是指分期等额收支的资金额。普通年金现值是指为在每期期末取得相等金额（年金）的款项，现在需要投入的金额。其计算公式为：

$$p = A\frac{1-(1+i)^{-n}}{i}$$

其中，p 是现值，A 为各期固定支付或收入的数额，i 为利率，n 为周期数，$[1-(1+i)^{-n}]/i$ 是年金现值系数。

利用 PV 函数来计算普通年金现值，主要是要确定 Rate、Nper、Pmt 三个参数的值。以下通过实例来说明如何利用 PV 函数求普通年金现值。

【例 7－2】某人要购买一项基金，此项基金的购买成本为 50 000 元，该基金可以在今后 10 年内每年年末回报 7000 元。假定年投资回报率为 8%，那么投资该项基金是否合算？

分析：该问题可转化为已知年金、利率、期限，求普通年金现值的问题。通过计算出的普通年金与 50 000 元作比较来判断该投资是否合算。利用 PV 函数来计算，将 Rate 确定为 8%，Nper 确定为 10，Pmt 确定为－7000。

操作步骤如下：

（1）任选一个单元格。

（2）选择“插入”菜单中的“函数”命令，打开“插入函数”对话框，在“选择类别”列表中选择“财务”，在“选择函数”列表中选择 PV。

（3）单击“确定”按钮，打开“函数参数”对话框，依次输入相应的数据，如图 7－4 所示。

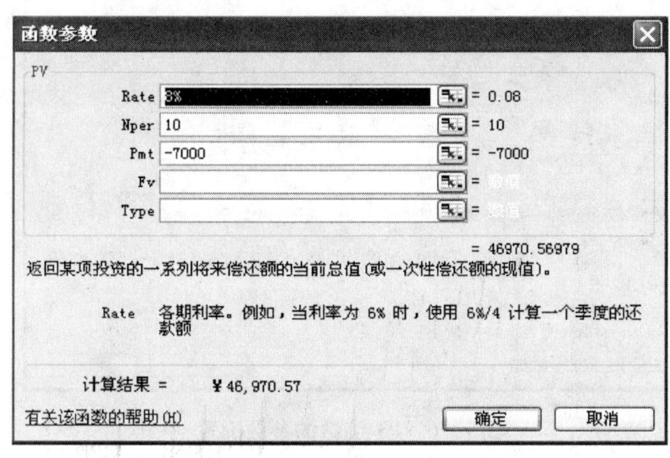

图 7－4　PV 函数的参数设置

（4）单击“确定”按钮，在单元格中即可显示出普通年金现值，如图 7－5 所示。

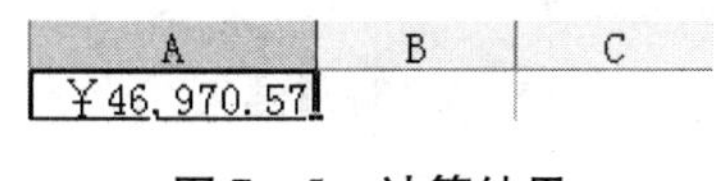

图 7－5　计算结果

计算结果表明：出普通年金现值为 46 970.57 元。说明需要投入的金额（计算所得年金现值）小于实际支付的 50 000 元，因此该投资不合算。

7.1.1.4　预付年金现值

预付年金现值又称即付年金现值或先付年金现值，是指在每期期初支付的年金的现值。其计算公式为：

$$p = A\left[\frac{1 - (1+i)^{-(n-1)}}{i} + 1\right]$$

利用 PV 函数来计算预付年金现值，主要是要确定 Rate、Nper、Pmt、Type 等参数的值。与普通年金现值计算的不同之处在于此处的 Type 要设置为 1。以下通过实例来说明如何利用 PV 函数求预付年金现值。

【例 7－3】有一笔 5 年期分期付款业务，每年年初付 10 000 元，银行年利率为 4%，则该项分期付款相当于现在一次支付的多少价款？

分析：这是已知年金、利率、期限，求预付年金现值的问题。用 PV 函数来计算，将 Rate 确定为 4%，Nper 确定为 5，Pmt 确定为－10 000，Type 为 1。

操作步骤如下：

（1）任选一个单元格。

（2）选择“插入”菜单中的“函数”命令，打开“插入函数”对话框，在“选择类别”列表中选择“财务”，在“选择函数”列表中选择 PV。

（3）单击“确定”按钮，打开“函数参数”对话框，依次输入相应的数据，如图 7－6 所示。

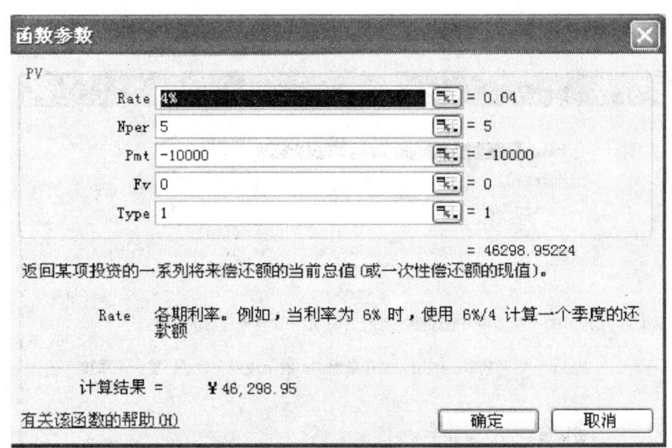

图 7－6　PV 函数的参数设置

（4）单击“确定”按钮，在单元格中显示预付年金现值，如图 7－7 所示。

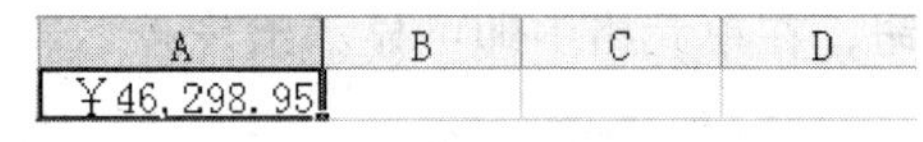

图 7－7　计算结果

计算结果表明：该项分期付款相当于现在一次支付 46 298.95 元。

7.1.2　终值计算

终值又称未来值，是指现在一定量的资金在未来某一时点上的价值。终值计算是根据一定量的资金、利率、期限来计算出这些资金在未来某时点上等值的金额。终值计算包括复利终值、普通年金终值和预付年金终值的计算。

7.1.2.1 FV 函数介绍

计算终值的函数是 FV，其语法格式如下：

【格式】FV（Rate，Nper，Pmt，Pv，Type）

【功能】通过不同参数的确定，计算复利终值、普通年金终值和预付年金终值。

【说明】参数说明如下：

Rate 为各期利率，为一固定值。

Nper 为总投资（或贷款）期，即该项投资（或贷款）的付款期总数。

Pmt 为各期所应付给（或得到）的金额，其数值在整个年金期间（或投资期内）保持不变。通常 Pmt 包括本金和利息，但不包括其他费用及税款。若省略，则值为 0。

Type 为数字 0 或 1，用以指定各期的付款时间是在期初还是期末。0 表示在期末，1 表示在期初。如果省略 Type，则假设其值为 0。

Pv 为现值。

7.1.2.2 复利终值

复利终值是指现在的一定资金在将来某一时点按照复利方式下计算的本利和。其计算公式为：

$s=p(1+i)^n$

其中，s 是经过 n 期后的复利终值，p 为现值，i 为利率，n 为周期数，$(1+i)^n$ 被称为复利终值系数。

复利终值计算即是已知现值、利率、期限，求终值的过程。

用 PV 函数来计算复利终值需设置参数现值 Pv、Rate、Nper。以下通过实例来说明如何利用 FV 函数求复利终值。

【例 7－4】某人现在将 100 000 元存入银行，年利率为 8%，5 年以后的本利和为多少？

分析：该问题是求复利终值，用 FV 函数计算，将 Pv 确定为－100 000，Rate 确定为 8%，Nper 确定为 5。

操作步骤如下：

（1）任选一个单元格。

（2）选择“插入”菜单中的“函数”命令，打开“插入函数”对话框，在“选择类别”列表中选择“财务”，在“选择函数”列表中选择 FV。

（3）单击“确定”按钮，打开“函数参数”对话框，依次输入年利率、存款期数和存款数，如图 7－8 所示。

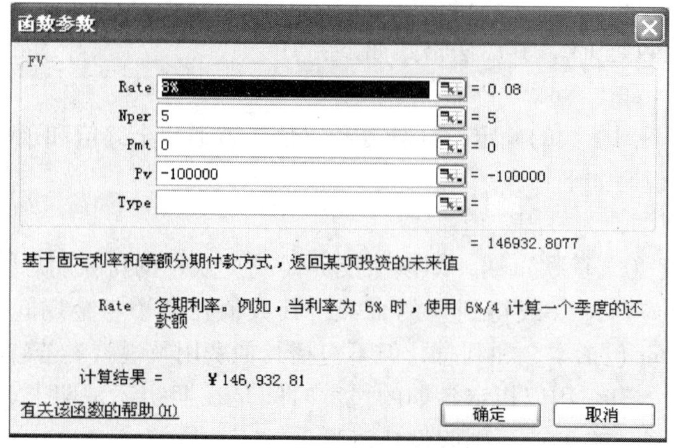

图 7－8　FV 函数的参数设置

（4）单击“确定”按钮，在单元格中显示出这笔款项的本利和，如图 7－9 所示。

A1	fx =FV(8%, 5, 0, -100000)		
A	B	C	D
￥146,932.81			

图 7－9　计算结果

计算结果表明：五年后本利和为 146 932.81 元。

7.1.2.3　普通年金终值

普通年金终值是指最后一次支付时的本利和，它是每次支付的复利终值之和。其计算公式为：

$$s = A\frac{(1+i)^{n}-1}{i}$$

其中，s 是经过 n 期后的年金终值，A 为各期固定支付或收入的数额，i 为利率，n 为周期数，$[(1+i)^{n}-1]/i$ 是普通年金为 1 元的年金终值。

普通年金终值的计算即已知每期期末年金、利率、期限，求终值的过程。

用 PV 函数来计算复利终值需设置参数现值 Rate、Nper、Pmt。Type 可省略，等同于取值为 0。以下通过实例来说明如何利用 FV 函数求普通年金终值。

【例 7－5】某企业 5 年后需要一笔资金，计划从现在起每年年末存入 100 000 元，如果按年利息 4% 计算，那么 5 年以后该账户的存款额会是多少？

分析：此题是每年每末存入等额资金，在已知利率和期限的情况下，这些资金等值的终值是多少？用 FV 函数来设计，将 Rate 确定为 4%，Nper 确定为 5，Pmt 确定为 －100 000。

操作步骤如下：

（1）任选一个单元格。

（2）选择“插入”菜单中的“函数”命令，打开“插入函数”对话框，在“选择类别”列表中选择“财务”，在“选择函数”列表中选择 FV。

（3）单击“确定”按钮，打开“函数参数”对话框，依次输入年利率、存款期数和存款数，如图 7 - 10 所示。

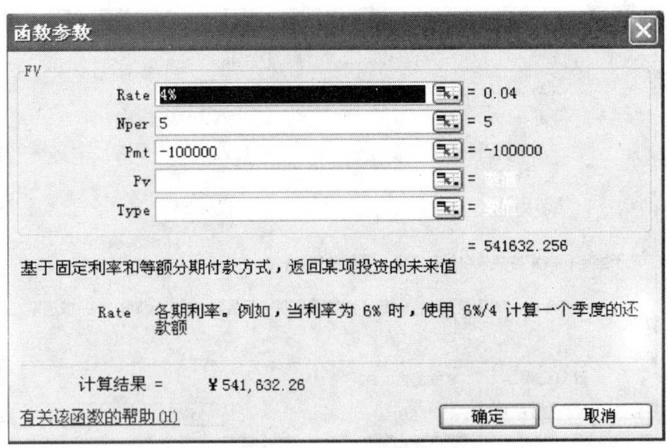

图 7 - 10 FV 函数的参数设置

（4）单击“确定”按钮，在单元格中显示出该账户的存款额，如图 7 - 11 所示。

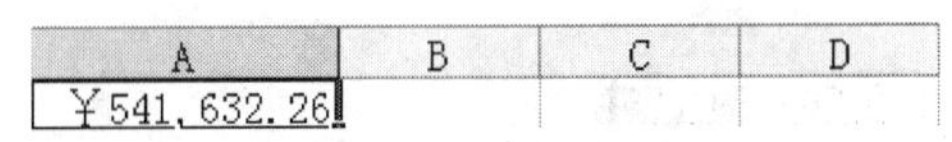

图 7 - 11 计算结果

计算结果表明：5 年后等值的终值为 541 632.26 元。

7.1.2.4 预付年金终值

预付年金终值是指在每期期初支付的年金终值，又称即付年金终值或先付年金终值。其计算公式为：

$$s = A\left[\frac{(1+i)^{n+1}-1}{i}-1\right]$$

预付年金终值的计算即已知每期期初年金、利率、期限，求终值。

利用 FV 函数来计算预付年金终值，主要是要确定 Rate、Nper、Pmt、Type 等参数的值。与计算普通年金终值的计算不同之处在于此处的 Type 要设置为 1。以下通过实例来说明如何利用 FV 函数求预付年金终值。

【例 7 - 6】某企业 5 年后需要一笔资金，计划从现在起每年年初存入 100 000 元，如果按年利息 4% 计算，那么 5 年以后该账户的存款额会是多少？

分析：此题是每年年初存入等额资金，在已知利率和期限的情况下，这些资金等值的终值是多少？用 FV 函数来设计，将 Rate 确定为 4%，Nper 确定为 5，Pmt 确定为 - 100 000，Type 为 1。

操作步骤如下：

（1）任选一个单元格。

（2）选择“插入”菜单中的“函数”命令，打开“插入函数”对话框，在“选择类别”列表中选择“财务”，在“选择函数”列表中选择 FV。

（3）单击“确定”按钮，打开“函数参数”对话框，依次输入年利率、存款期数、存款数和 Type 参数，如图 7－12 所示。

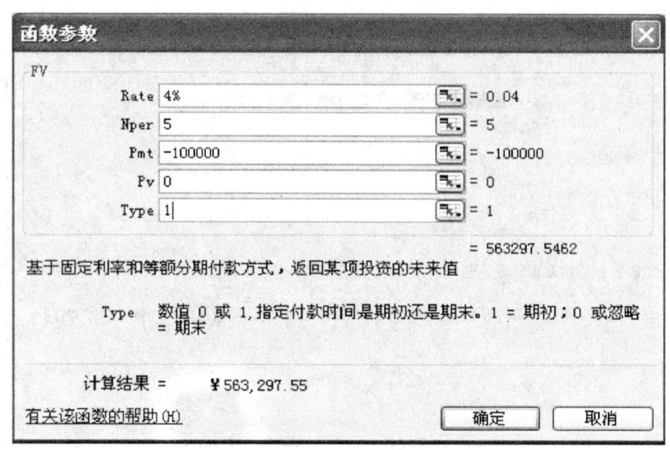

图 7－12　FV 函数的参数设置

（4）单击“确定”按钮，在单元格中显示出该账户的存款额，如图 7－13 所示。

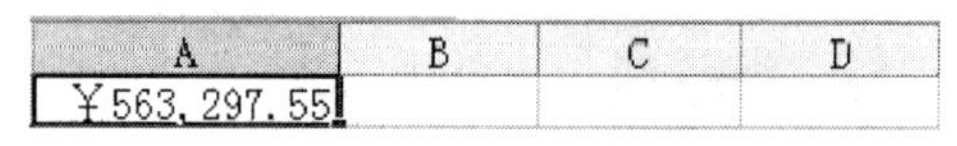

图 7－13　计算结果

计算结果表明：5 年后等值的终值为 563 297.55 元。与上题的结果不相同。如果将上题的结果作为现值，再计算利率为 4%、期限为 1 的终值，就会得到本题的结果。两题的对比反映出普通年金终值计算与预付年金终值计算的关系。

7.1.3　年金计算

年金计算主要是根据现值或终值、期限、利率，求年金。

7.1.3.1　函数介绍

Excel 提供的与年金计算相关的函数主要有四个：年金函数（PMT）、年金中的利息函数（IPMT）、年金中的本金函数（PPMT）和年金中的利息函数（ISPMT）。

（1）年金函数——PMT 函数

PMT 函数主要用来计算基于固定利率及等额分期付款方式下，返回每期支付金额（年金），其语法格式为：

【格式】PMT（Rate，Nper，Pv，Fv，Type）

【说明】Rate、Nper、Pv、Fv、Type 各参数的含义及要求参见 PV 函数的介绍。

（2）年金中的利息函数——IPMT 函数

IPMT 函数主要用来计算基于固定利率及等额分期付款方式，返回给定期数内对投资的利息偿还额，其语法格式为：

【格式】IPMT（Rate，Per，Nper，Pmt，Pv，Fv）

【说明】Rate、Per、Nper、Pmt、Pv、Fv 各参数的含义及要求参见 PV 函数的介绍。

(3) 年金中的本金函数——PPMT 函数

PPMT 函数主要用来计算在定期定额支付且利率固定的年金的指定期间内的本金偿付，其语法格式为：

【格式】PPMT（Rate，Per，Nper，Pv，Fv，Type）

【说明】Rate、Per、Nper、Pv、Fv、Type 各参数的含义及要求参见 PV 函数的介绍。

(4) 年金中的利息函数——ISPMT 函数

ISPMT 函数主要用来计算基于固定利率及每期归还等额本金付款方式，返回在特定投资期内要支付的利息，其语法格式为：

【格式】ISPMT（Rate，Per，Nper，Pv）

【说明】Rate、Per、Nper、Pv 各参数的含义及要求参见 PV 函数的介绍。

7.1.3.2 计算实例

【例 7－7】某人购房贷款金额为 15 万元，贷款期限为 20 年，年利率为 5.85%，每月月末还款，试用等额摊还法（又称等额还本付息法）和等额本金法（等额还本利息实算照付）分别计算出月还款总额、月还款本金及月利息。

分析：等额摊还法是指每月偿还的本金与利息之各相等；等额本金法是指每月还款的本金相同，利息根据实际的本金金额来计算。计算这两种还款方式下的月还款总额、月还款本金及月利息，可分别使用 PMT、PPMT、IPMT、ISPMT 函数来计算。

以下通过实例来说明年金计算（以第一个月为例说明）。

7.1.3.2.1 等额摊还法

(1) 计算月还款总额

操作步骤如下：

① 任选一个单元格。

② 选择“插入”菜单中的“函数”命令，打开“插入函数”对话框，在“选择类别”列表中选择“财务”，在“选择函数”列表中选择 PMT。

③ 单击“确定”按钮，打开“函数参数”对话框，依次输入相应的数据，如图 7－14 所示。

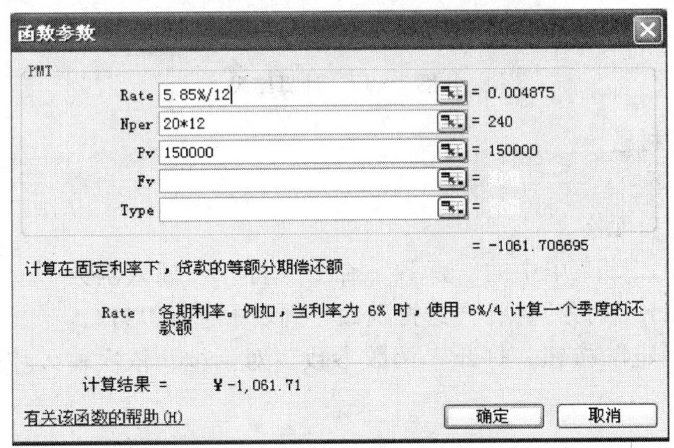

图 7－14 PMT 函数的参数设置

④ 单击“确定”按钮，在单元格中显示出月末还款总额，如图 7－15 所示。

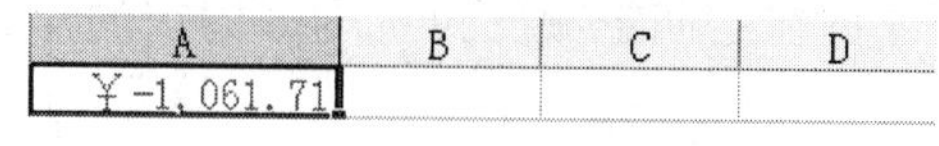

图 7－15　计算结果

（2）计算月还款本金

操作步骤如下：

① 任选一个单元格。

② 选择“插入”菜单中的“函数”命令，打开“插入函数”对话框，在“选择类别”列表中选择“财务”，在“选择函数”列表中选择 PPMT。

③ 单击“确定”按钮，打开“函数参数”对话框，依次输入相应的数据，如图 7－16 所示。

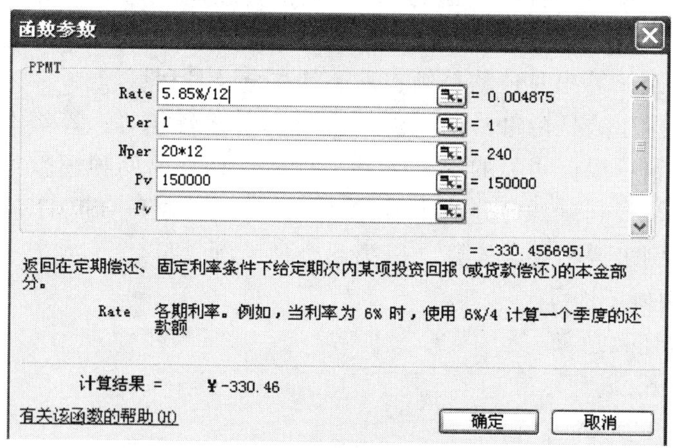

图 7－16　PPMT 函数的参数设置

④ 单击“确定”按钮，在单元格中显示出第一个月的还款本金为 330.46 元，如图 7－17 所示。

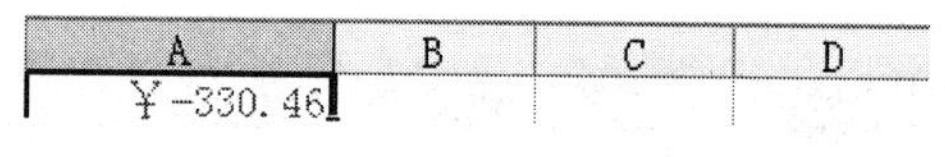

图 7－17　计算结果

（3）计算月利息

操作步骤如下：

① 任选一个单元格。

② 选择“插入”菜单中的“函数”命令，打开“插入函数”对话框，在“选择类别”列表中选择“财务”，在“选择函数”列表中选择 IPMT。

③ 单击“确定”按钮，打开“函数参数”对话框，依次输入相应的数据，如图 7－18 所示。

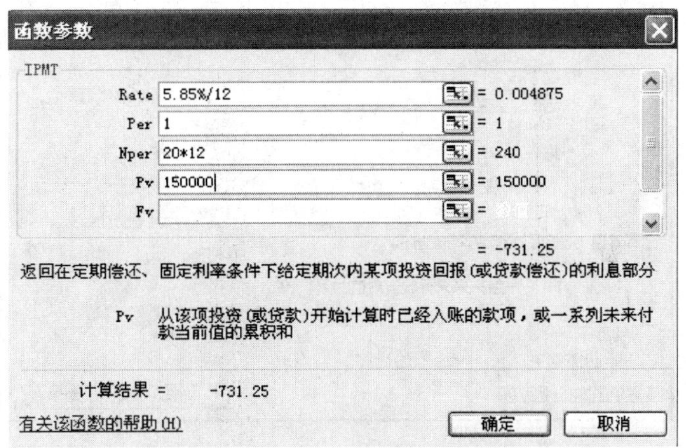

图 7－18　IPMT 函数的参数设置

④ 单击“确定”按钮，在单元格中显示出第一个月的月利息为 731.25 元，如图 7－19 所示。

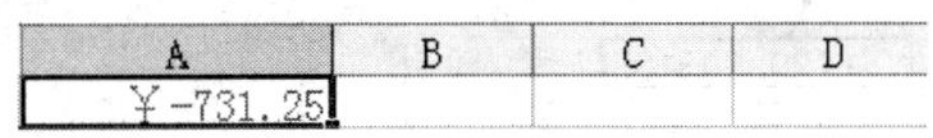

图 7－19　计算结果

7.1.3.2.2　等额本金法

（1）计算月还款本金

任选一个单元格，在其中输入公式“=150000/（20＊12）”并回车，在单元格中显示出每月还款本金 625 元，如图 7－20 所示。

A1	fx =150000/(20*12)		
A	B	C	D
￥625.00			

图 7－20　计算结果

（2）计算月利息

操作步骤如下：

① 任选一个单元格。

② 选择“插入”菜单中的“函数”命令，打开“插入函数”对话框，在“选择类别”列表中选择“财务”，在“选择函数”列表中选择 ISPMT。

③ 单击“确定”按钮，打开“函数参数”对话框，依次输入相应的数据，如图 7－21 所示。

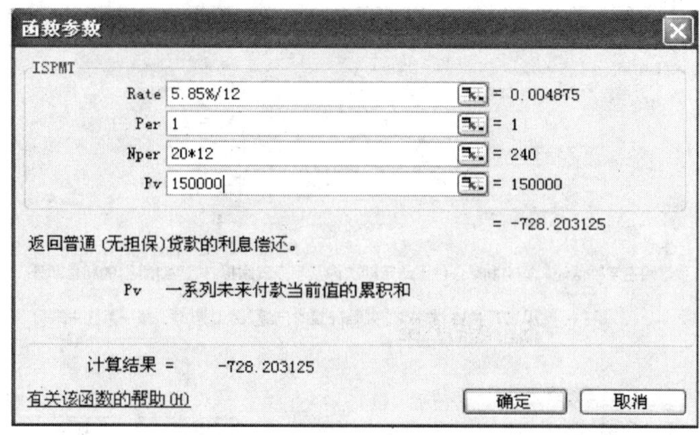

图 7－21 ISPMT 函数的参数设置

④ 单击“确定”按钮，在单元格中显示出第一个月的月利息为 728.20 元，如图 7－22 所示。

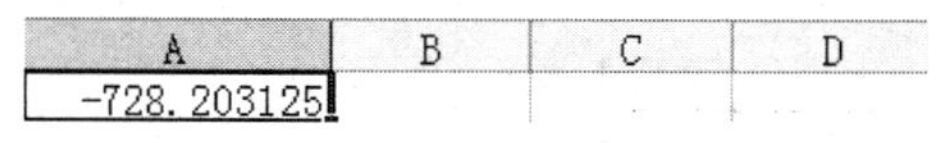

图 7－22 计算结果

（3）计算月还款总额

任选一个单元格，在其中输入公式“＝625＋728.20”并回车，在单元格中显示出第一个月的还款总额 1353.2 元，如图 7－23 所示。

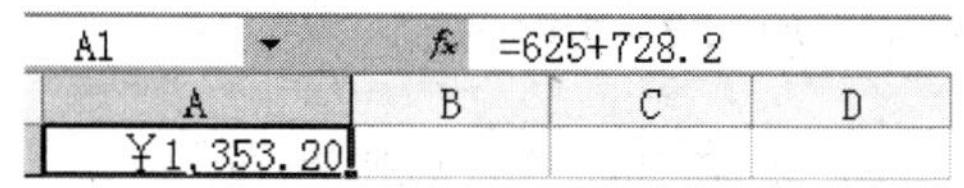

图 7－23 计算结果

7.1.4 贴现率及期数计算

在资金时间价值计算中，有时需计算贴现率和期数。计算贴现率的前提是已知期数、终值、现值或年金。计算期数先需确定贴现率、终值、现值或年金。Excel 分别用 RATE 函数和 NPER 函数来计算贴现率和期数。

7.1.4.1 函数介绍

（1）RATE 函数

【格式】RATE（Nper，Pmt，Pv，Fv，Type，Guess）

【说明】Nper、Pmt、Pv、Fv、Type 各参数的含义及要求参见 PV 函数的介绍。Guess 为预付利率（估计值）；若省略，取值为 10%。

（2）NPER 函数

【格式】NPER（Rate，Pmt，Pv，Fv，Type）

【说明】Rate、Pmt、Pv、Fv、Type 各参数的含义及要求参见 PV 函数的介绍。

7.1.4.2 计算实例

【例7-8】若某人现存入银行100 000元，希望今后5年内每年年末均可从银行取出30 000元，那么复利利率应为多少？若希望在每年年初取30 000元，复利利率又为多少？若某人现存入银行100 000元，利率为4%，希望今后每年年末等额取出20 000元，问可支取多少年？

分析：这两个问题分别是计算贴现率和期数的问题，用RATE函数和NPER函数即可计算。

注意：第1个问题中的100 000元是投资，在公式中取值应为负值。每年年初支取计算，RATE函数的Type参数取值为1，终值Fv省略；每年年初支取计算，终值Fv和Type参数均可省略。

操作步骤如下：

(1) 在任一单元格输入公式"=RATE(5, 30 000, -100 000)"，计算结果为15.24%。

(2) 在任一单元格输入公式"=RATE(5, 30 000, -100 000, 1)"，计算结果为25.68%。

(3) 在任一单元格输入公式"=NPER(4%, 20 000, -100 000)"，计算结果为5.69。

计算结果表明：在今后5年每年年末取30 000元复利利率为15.24%，每年年初取30 000元复利利率为25.68%，远大于在年末支取的利率。在题中给定条件可等额支取的年数为5.69年。

7.2 固定资产折旧计算

固定资产是指可供长期使用，并在使用过程中始终保持其原有实物形态的劳动资料和其他物质资料。固定资产折旧是指在固定资产的使用寿命内，按照确定的方法对应计折旧额进行的系统分摊。固定资产折旧有很多方法，常用的有"年限平均法（直线法）"、"双倍余额递减法"、"年数总和法"。企业选用不同的折旧方法，将影响固定资产使用寿命期间内不同时期的折旧费用，因此，固定资产的折旧方法一经确定，不得随意变更。固定资产折旧是企业固定资产管理的一个重要组成部分，所以企业应当根据与固定资产有关的经济利益的预期实现方式，选择最佳的折旧方法。

Excel提供了折旧函数，下面介绍SLN（年限平均法）、DDB、VDB（双倍余额递减法）和SYD（年数总和法）函数及其运用。

7.2.1 年限平均法

年限平均法又称直线法，是指将固定资产的应计折旧额均衡地分摊到固定资产预计使用寿命内的一种方法。采用这种方法计算的每期折旧额均相等。计算公式为：

年折旧率 = （1 - 预计净残值率）/预计使用寿命（年） * 100%

年折旧额 = 固定资产原值 * 年折旧率

月折旧额 = 年折旧率/12

月折旧额 = 固定资产原值 * 月折旧率

7.2.1.1　函数介绍

计算年限平均法的函数是 SLN。

【格式】SLN（Cost，Salvage，Life）

【说明】这 3 个参数都必须为正数。

Cost 为固定资产的原始购入成本。

Salvage 为固定资产在折旧期末的价值，又称为资产残值。

Life 为固定资产的使用年限，有时又称作固定资产的使用寿命。

7.2.1.2　计算实例

【例 7 - 9】工厂新购置一台车床，原始价值 200 000 元，预计净残值 10 000 元，预计使用年限 5 年，用年限平均法计算它的年折旧额。

操作步骤如下：

（1）任选一个单元格。

（2）选择“插入”菜单中的“函数”命令，打开“插入函数”对话框，在“选择类别”列表中选择“财务”，在“选择函数”列表中选择 SLN。

（3）单击“确定”按钮，打开“函数参数”对话框，依次输入相应的数据，如图 7 - 24 所示。

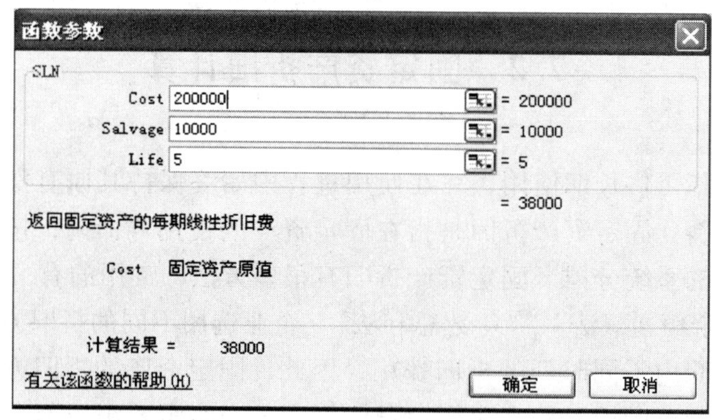

图 7 - 24　SLN 函数的参数设置

（4）单击“确定”按钮，在单元格中显示计算结果，如图 7 - 25 所示。

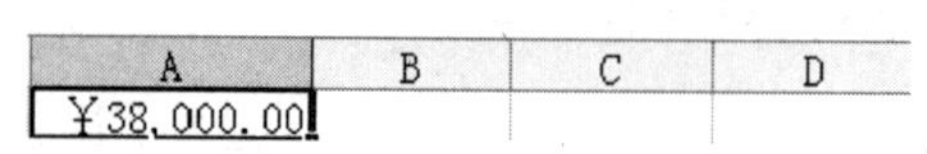

图 7 - 25　计算结果

计算结果表明：用年限平均法计算得到每年的折旧额为 38 000 元。

7.2.2　双倍余额递减法

双倍余额递减法是指在不考虑固定资产预计净残值的情况下，根据每期期初固定资产原价减去累计折旧后的余额和双倍的直线法折旧率计算固定资产折旧的一种方法。计算公式为：

年折旧率 = 2/预计使用寿命(年) * 100%

年折旧额 = 固定资产账面净值 * 年折旧率

月折旧额 = 年折旧率/12

月折旧额 = 固定资产账面净值 * 月折旧率

在 Excel 中用双倍余额递减法提取折旧可用两种函数：DDB 函数和 VDB 函数。

7.2.2.1　DDB 函数的应用

使用双倍余额递减法或其他指定方法，计算一笔资产在给定期间内的折旧值。

【格式】DDB（Cost，Salvage，Life，Period，Factor）

【说明】这 5 个参数都必须为正数。

Cost 为固定资产的原始购入成本。

Salvage 为固定资产在折旧期末的价值，又称为资产残值。

Life 为固定资产的使用年限，有时又称作固定资产的使用寿命。

Period 为折旧计算的期间，其单位与 Life 相同。

Factor 为余额递减速率。如果 Factor 被省略，则假设为 2（双倍余额递减法）。

【例 7 - 10】某固定资产原值为 100 000 元，预计净残值率为 5%，预计使用年限 5 年，采用双倍余额递减法计提折旧，计算此固定资产第一年的折旧额。

操作步骤如下：

（1）任选一个单元格。

（2）选择“插入”菜单中的“函数”命令，打开“插入函数”对话框，在“选择类别”列表中选择“财务”，在“选择函数”列表中选择 DDB。

（3）单击“确定”按钮，打开“函数参数”对话框，依次输入相应的数据，如图 7 - 26 所示。

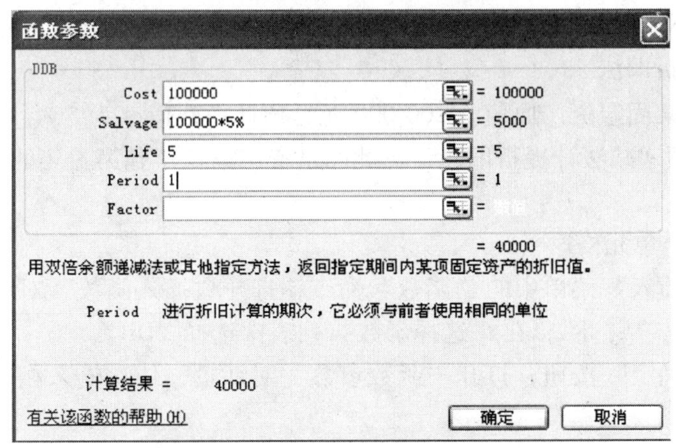

图 7 - 26　DDB 函数的参数设置

（4）单击“确定”按钮，在单元格中显示计算结果，如图 7 - 27 所示。

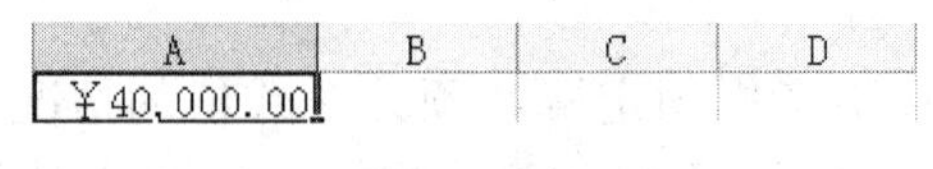

图 7 - 27　计算结果

计算结果表明：用双倍余额递减法计算得到每年的折旧额为 40 000 元。

DDB 函数虽然结构简单，易操作，但也有其缺点。只要该项固定资产仍在使用，其账面净值就不可能被冲销完毕，在固定资产使用年限期末，其账面余额也不能超过或低于其预计的净残值，而应与预计净残值相同。因此，在固定资产使用后期，如果发现使用双倍余额递减法计算的折旧额小于采用直线法计算的折旧额时，就应改用直线法计提折旧，这时 DDB 函数就失效了。而 VDB 函数则能克服这个缺陷，当折旧值大于余额递减计算值时。Excel 将自动转换到直线折旧法。

7.2.2.2　VDB 函数的应用

使用双倍余额递减法或其他指定方法，返回指定期间内或某一时间段内的资产折旧额。

【格式】VDB（Cost，Salvage，Life，Start _ period，End _ period，Factor，No _ switch）

【说明】参数说明如下：

Cost 为固定资产的原始购入成本。

Salvage 为固定资产在折旧期末的价值，又称为资产残值。

Life 为固定资产的使用年限，有时又称作固定资产的使用寿命。

Start _ period 为进行折旧计算的起始起次。

End _ period 为进行折旧计算的截止期次。Start _ period、End _ period 必须与 Life 的单位相同。

Factor 为余额递减速率。如果 Factor 被省略，则假设为 2（双倍余额递减法）。

No _ switch 为一逻辑值，指定当折旧值大于余额递减计算值时，是否转到直线折旧法。如果 No _ switch 为 TRUE，即使折旧值大于余额递减计算值，Excel 也不转换到直线折旧法；如果 No _ switch 为 FALSE 或省略，则当折旧值大于余额递减计算值时，Excel 将转换到直线折旧法。

【例 7 - 11】某固定资产原值为 100 000 元，预计净残值率为 5%，预计使用年限 5 年，采用双倍余额递减法计提折旧，计算此固定资产第一年到第三年的折旧额。

操作步骤如下：

（1）任选一个单元格。

（2）选择“插入”菜单中的“函数”命令，打开“插入函数”对话框，在“选择类别”列表中选择“财务”，在“选择函数”列表中选择 VDB。

（3）单击“确定”按钮，打开“函数参数”对话框，依次输入相应的数据，如图 7 - 28 所示。

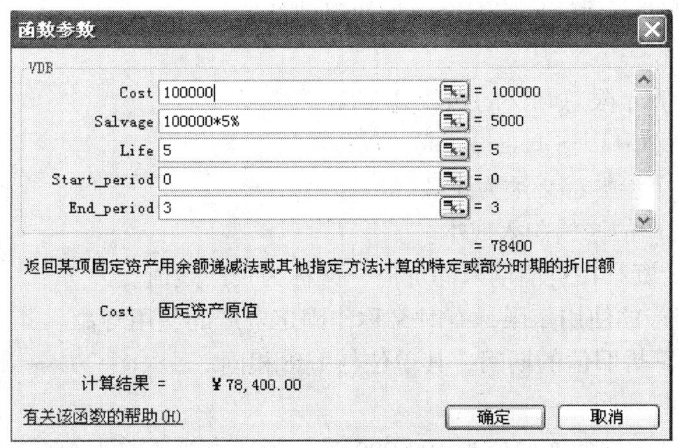

图 7－28　DDB 函数的参数设置

（4）单击“确定”按钮，在单元格中显示计算结果，如图 7－29 所示。

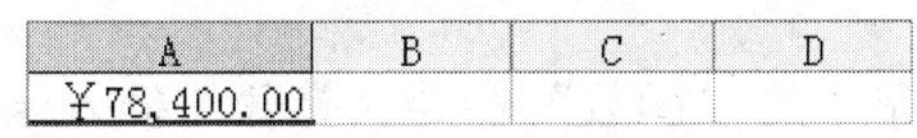

图 7－29　计算结果

计算结果表明：用双倍余额递减法计算得到此固定资产的折旧额为 78 400 元。

DDB 函数和 VDB 函数的区别主要有以下两点：

一是期间的输入方法不同。VDB 函数的期间是根据所输入的 Start _ period 和 End _ period 两参数值来确定的，如例 10 中，第一年到第三年的会计期间输入的 Start _ period 为 0，End _ period 为 3。而 DDB 函数是直接输入期间值，如例 9 中，第一年的会计期间输入的 Period 为 1。

二是折旧大于余额递减计算值时，能否转为直线折旧法不同。VDB 函数有 No _ switch 这一参数，所以当折旧额大于余额递减计算值时，可以选择是否转为直线折旧法；而 DDB 函数则没有，不可转为直线折旧法，所以最后的余额和预计的净残值有一差额。

7.2.3　年数总和法

年数总和法又称年限合计法，是将固定资产的原价减去预计净残值的余额乘以一个以固定资产尚可使得寿命为分子、以预计使用寿命逐年数字之和为分母的逐年递减的分数计算每年的折旧额。计算公式为：

年折旧率＝尚可使用年限/预计使用寿命的年数总和＊100%

年折旧额＝（固定资产原值－预计净残值）＊年折旧率

月折旧额＝年折旧率/12

月折旧额＝（固定资产原值－预计净残值）＊月折旧率

年数总和法和双倍余额递减法都属于加速折旧法，其特点是在固定资产使用的早期多提折旧，后期少提折旧，其递减的速度逐年加快，从而相对加快折旧的速度，目的是使固定资产成本在估计使用寿命内加快得到补偿。

7.2.3.1　函数介绍

在 Excel 中计算年限总和法的函数是 SYD。

【格式】SYD（Cost，Salvage，Life，Per）

【说明】这 4 个参数都必须为正数。

Cost 为固定资产的原始购入成本。

Salvage 为固定资产在折旧期末的价值，又称为资产残值。

Life 为固定资产的使用年限，有时又称作固定资产的使用寿命。

Per 为需要计算折旧值的期间，其单位与 Life 相同。

7.2.3.2　计算实例

【例 7－12】某固定资产原值为 100 000 元，预计净残值率为 5%，预计使用年限 5 年，采用年数总和法计提折旧，计算此固定资产第一年的折旧额。

操作步骤如下：

（1）任选一个单元格。

（2）选择“插入”菜单中的“函数”命令，打开“插入函数”对话框，在“选择类别”列表中选择“财务”，在“选择函数”列表中选择 SYD。

（3）单击“确定”按钮，打开“函数参数”对话框，依次输入相应的数据，如图 7－30 所示。

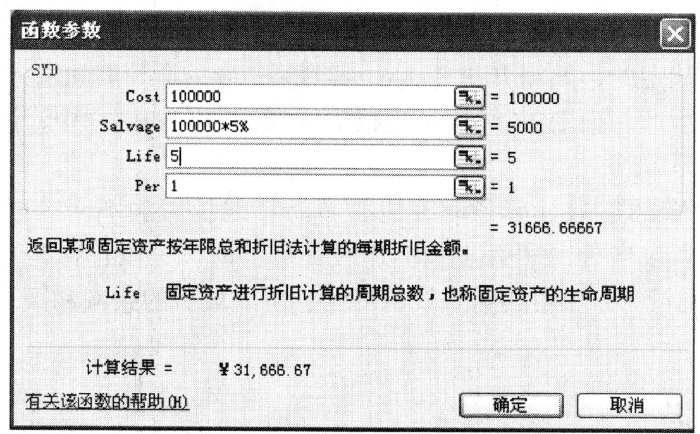

图 7－30　SYD 函数的参数设置

（4）单击“确定”按钮，在单元格中显示计算结果，如图 7－31 所示。

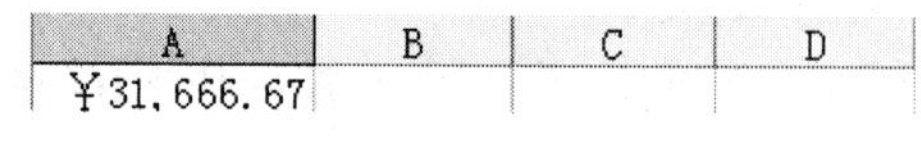

图 7－31　计算结果

计算结果表明：此固定资产第一年的折旧额为 31 666.67 元。

7.3　固定资产投资决策应用

固定资产投资决策是由投资决策的基本程序和整个决策过程中各种不同的评价方法及决策的不确定性分析综合反映的。固定资产投资决策主要内容是评价一个固定资产投资方案从经济上可行与否。除了需要对单个方案自身的费用和预期效益进行分析比较，确定其可行性以外，还要对多个投资方案所预期的经济效益进行分析比较，选取最合适、最满意的方案。

固定资产投资决策是通过对一系列的经济指标进行计算、比较后再作判别，最后得出该投资是否从经济上可行的结论。在这个过程中，指标的选择和计算是非常重要的。投资决策的评价指标包括静态评价指标和动态评价指标两大类。静态评价指标是指不考虑资金时间价值因素的非贴现现金流量（现金流量是指企业在一定会计期间按照现金收付实现制，通过一定经济活动而产生的现金流入、现金流出及其总量情况的总称）评价指标，主要包括静态投资回收期、平均报酬率等。动态评价指标是指考虑资金时间价值因素的贴现现金流量评价指标，主要包括净现值、获利能力指数、内部收益率、净年值、动态投资回收期等。

下面主要介绍静态投资回收期、净现值和内部收益率三种常用的评价指标在固定资产投资决策中的应用。先介绍指标的经济含义，再介绍在 Excel 中如何实现这些指标的计算，然后通过案例来说明如何将这些指标的计算运用到固定资产投资决策中，最后用一综合案例来说明如何利用 Excel 来对固定资产投资进行决策。

7.3.1　静态投资回收期

静态投资回收期是指在不考虑资金时间价值的条件下，以投资项目的净收益回收其全部投资所需要的时间（在本节中主要讨论的是固定资产投资项目）。它是反映（固定资产）投资项目财务上偿还的真实能力和资金周转速度的重要指标。

7.3.1.1　计算公式

静态投资回收期可根据现金流量表计算，其具体计算又分以下两种情况：

（1）固定资产投产后各年的净收益（即净现金流量）均相同，则静态投资回收期的计算公式如为：

$P_t = K/A$

（2）固定资产投产后各年的净收益不相同，则静态投资回收期可根据累计净现金流量求得，也就是在现金流量表中累计净现金流量由负值转向正值之间的年份。其计算公式为：

$$P_t = n - 1 + \frac{\left|\sum_{t=0}^{n-1} NCF_t\right|}{NCF_n}$$

参数说明：

P_t 为静态投资回收期。

K 为原始投资额。

A 为每年现金净流量。

n 为累计净现金流量开始出现正值的年份数。

NCF_t 为上一年累计净现金流量。

NCF_n 为出现正值年份的净现金流量。

7.3.1.2 评价准则

将计算出的静态投资回收期 P_t 与所确定的基准投资回收期 P_c 进行比较：

（1）若 $P_t \leq P_c$，表明项目投资能在规定的时间内收回，则方案可以考虑接受。

（2）若 $P_t > P_c$，则方案是不可行的。

回收期法在 Excel 中没有相应的函数，但是由于原理简单，仍然可以用逻辑函数 IF 来计算结果。

【例 7－13】某企业预投资 500 000 元购入一台设备，可使用 5 年，且预计投入使用后的 5 年里每年分别回收资金 80 000 元、100 000 元、120 000 元、150 000 元、180 000 元，不计残值，该设备的投资回收期是多少年？并用静态投资回收期指标判断该方案是否可行。

操作步骤如下：

（1）在工作表中输入各项目名称及相应的数据，如图 7－32 所示。

	A	B	C
1	固定资产原值	-500,000	
2	第一年的净收入	80,000	
3	第二年的净收入	100,000	
4	第三年的净收入	120,000	
5	第四年的净收入	150,000	
6	第五年的净收入	180,000	
7	回收期	4.277778	

图 7－32　已知条件录入

（2）在单元格 B7 中输入以下公式并回车，自动计算出结果为 4.28。

＝IF（B2＋B1＞0，－B1/B2，IF（B3＋B2＋B1＞0，1＋（－B2－B1）/B3，IF（B4＋B3＋B2＋B1＞0，2＋（－B3－B2－B1）/B4，IF（B5＋B4＋B3＋B2＋B1）＞0，3＋（－B4－B3－B2－B1）/B5，4＋（－B5－B4－B3－B2－B1）/B6））））

计算结果表明：在不考虑资金时间价值的情况下求出的投资回收期是 4.28 年，小于设备的寿命期 5 年，说明该方案可行。

公式说明：单元格 B7 的公式共嵌套了 4 层 IF 函数。函数的意思是先判断第一年的收入是否大于初期投资，如果大于，则回收期等于初期投资数额与第一年收入的比值；如果不大于，则接着判断，第一年和第二年收入的和是否大于期初投资，如果大于，则回收期等于 1 再加上初期投资数额减第一年收入的值比上第二年的收入；如果不大于，接着往下比较和判断，直至算出回收期。

使用静态投资回收期法来评价投资决策既有优点也有不足。

优点：投资回收期指标容易理解，计算也比较简便；项目投资回收期在一定程度上显示了资本的周转速度。显然，资本周转速度越快，回收期越短，风险越小，盈利越多。这对于那些技术上更新迅速的项目或资金相当短缺的项目或未来的情况很难预测，而投资者又特别关心资金补偿的项目进行分析是特别有用的。

缺点：投资回收期没有全面地考虑投资方案整个计算期内的现金流量，即忽略在以后发生投资回收期的所有好处，对总收入不做考虑。只考虑回收之前的效果，不能反映投资回收之后的情况，即无法准确衡量方案在整个计算期内的经济效果，忽略货币时间价值。

7.3.2 净现值法

净现值是指特定方案（固定资产投资方案）未来现金流入的现值和未来现金流出的现值之间的差额。

利用净现值指标评价固定资产投资项目不但考虑了资金的时间价值因素，而且可以单个方案决定取舍，所以是对投资项目进行评价的最重要的指标之一，在投资活动中被广泛使用。

7.3.2.1 计算公式

计算公式如下：

$$NPV = \sum_{t=0}^{n} \frac{NCF_t}{(1+i)^t}$$

参数说明：

NPV 为投资项目第 t 年的净现金流量。

i 为贴现率。

NCF_t 为投资项目的净现值。

n 为投资方案的分析计算期。

其中，净现值计算过程中所用的贴现率，根据不同的情况，可以分别采用企业的资金成本率、企业要求的目标收益率或同类项目的基准收益率。

评价准则如下：

（1）若 NPV =0，表明方案实施后的投资贴现率正好等于事先确定的贴现率，方案可以考虑接受。

（2）若 NPV >0，表明方案实施后的经济效益超过了目标贴现率的要求，方案较好。

（3）若 NPV <0，表明经济效益达不到既定要求，方案应予以拒绝。

7.3.2.2 NPV 函数介绍

Excel 中可以用 NPV 函数来计算净现值，NPV 函数是基于一系列定期的现金流计算出一项投资的净现值。

【格式】NPV（Rate，Value1，Value2，…）

【说明】Rate 为贴现率。Value1，Value2，…为支出和收入的 1 ~ 29 个参数，时间均匀分布并出现在每期末尾。

7.3.2.3　计算实例

【例 7－14】某企业预投资 500 000 元购入一台设备，现在有两种方案。方案 A：购买 A 设备，预计可使用 5 年，且投入使用后的 5 年里每年分别回收资金 100 000 元、120 000 元，150 000 元，180 000 元、200 000 元。方案 B：购买 B 设备，预计使用 6 年，且投入使用后的 6 年里每年分别回收资金 80 000 元、100 000 元、140 000 元、160 000 元、170 000 元、180 000 元。年贴现率为 10%，不计残值，计算两种方案的净现值，并用净现值指标判断哪个方案更好。

操作步骤如下：

（1）在工作表中输入各项目名称及相应的数据，如图 7－33 所示。

	A	B	C
1		设备A	设备B
2	年贴现率	10%	
3	固定资产原值	-500,000	-500,000
4	第一年的净收入	100,000	80,000
5	第二年的净收入	120,000	100,000
6	第三年的净收入	150,000	140,000
7	第四年的净收入	180,000	160,000
8	第五年的净收入	200,000	170,000
9	第六年的净收入		180,000
10	NPV		

图 7－33　已知条件录入

（2）在单元格 B10 中输入公式“＝NPV（10%，B3：B8）”，在单元格 C10 中输入公式“＝NPV（10%，C3：C9）”并回车，自动计算出净现值，如图 7－34 所示。

	A	B	C
1		设备A	设备B
2	年贴现率	10%	
3	固定资产原值	-500,000	-500,000
4	第一年的净收入	100,000	80,000
5	第二年的净收入	120,000	100,000
6	第三年的净收入	150,000	140,000
7	第四年的净收入	180,000	160,000
8	第五年的净收入	200,000	170,000
9	第六年的净收入		180,000
10	NPV	￥45,369.59	￥70,000.05

图 7－34　计算结果

计算结果表明：方案 B 的净现值是 70 000.05 元，方案 A 的净现值是 45 369.59，显然方案 B 的净现值大于方案 A 的净现值，故从净现值这个指标而言，购置设备 B 更好。

7.3.3　内部收益率法

内部收益率法是根据方案本身内部收益率来评价方案优劣的一种方法。所谓内部收益率，是指能够使未来现金流入量现值和未来现金流出量现值相等时的折现率，或者说是使投资方案净现值为零的折现率。因此，内部收益率是使投资方案的净现值为零的报酬率。

7.3.3.1 计算公式

计算公式如下：

$$NPV = \sum_{t=0}^{n} \frac{NCF_t}{(1+IRR)^t} = 0$$

参数说明：NPV、NCF_t 和 n 与净现值法中的含义相同。

IRR 为项目的内部收益率。

评价准则：

（1）内部收益率高于资本成本时，方案可行。

（2）内部收益率低于资本成本时，方案不可行。

（3）内部收益率等于资本成本时，方案可以考虑接受。

7.3.3.2 函数介绍

用来计算内部收益率的函数是 IRR。

【格式】IRR（Values，Guess）

【说明】参数说明如下：

Values 为现金流值。

Guess 为对 IRR 计算结果的估计值。

Excel 使用迭代法计算 IRR。从 Guess 开始，IRR 不断修正内部收益率，直至结果的精度达到 0.000 01%。

7.3.3.3 计算实例

【例 7－15】某企业预投资 500 000 元购入一台设备，使用 5 年，且预计投入使用后的 5 年里每年分别回收资金 100 000 元、120 000 元、150 000 元、180 000 元、200 000 元，资本成本为 10%，不计残值，计算 5 年后的内部收益率，并判断该固定资产投资方案是否可行。

操作步骤如下：

（1）在工作表中输入各项目名称及相应的数据，如图 7－35 所示。

	A	B
1	固定资产原值	-500,000
2	第一年的净收入	100,000
3	第二年的净收入	120,000
4	第三年的净收入	150,000
5	第四年的净收入	180,000
6	第五年的净收入	200,000
7	五年后的IRR	

图 7－35 已知条件录入

（2）选择单元格 B7，选择“插入”菜单中的“函数”命令，打开“插入函数”对话框，在“插入函数”列表中选择“财务”，在“选择函数”列表中选择 IRR。

（3）单击"确定"按钮，打开"函数参数"对话框，依次输入相应的数据，如图 7 -36 所示。

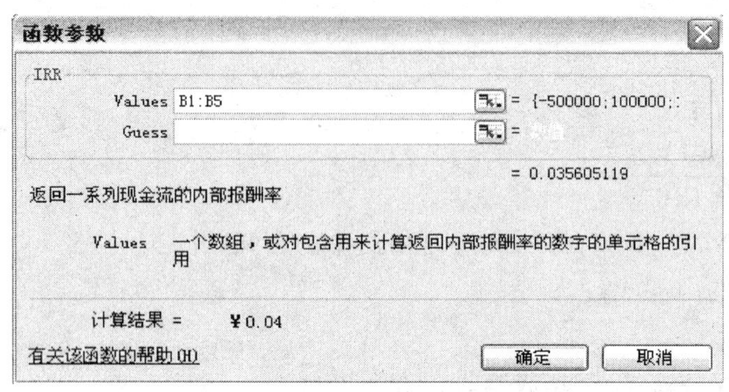

图 7 -36 IRR 函数的参数设置

或在单元格 B7 中输入公式" =IRR（B1：B5）"并回车，自动算出内部收益率为 4%，小于资本成本，所以该方案不可行。

【例 7 -16】某企业现对固定资产进行投资，通过市场调查了解到有甲、乙两类固定资产技术情况该企业的要求，但企业只选其中一类进行投资。通过市场调研和预测，得两固定资产的现金流量如表 7 -1 所示，第 0 年为其投资额。假定利率为 10%，请问该企业应进行怎样的投资？

表 7 -1 固定资产投资基础数据 单位：万元

年份	甲固定资产投资	乙固定资产投资
	现金净流量	现金净流量
0	-6000	-15 000
1	1500	4000
2	2000	4000
3	2500	4500
4	3000	3000
5	2500	2500
6	2000	2000
7	1500	1500
8	1000	1000
利率	10%	

操作步骤如下：

（1）在表中输入基础数据，如图 7 -37 所示。

	A	B	C
1 2	年份	甲固定资产投资 现金净流量	乙固定资产投资 现金净流量
3	0	-6000	-15000
4	1	1500	4000
5	2	2000	4000
6	3	2500	4500
7	4	3000	3000
8	5	2500	2500
9	6	2000	2000
10	7	1500	1500
11	8	1000	1000
12	利率	10%	

图 7－37 已知条件录入

（2）在单元格 B13 中输入公式“＝NPV(B12，B4：B11)＋B3”，得到甲固定资产净现值 4861.35 万元。以同样的方法在单元格 C13 中输入公式“＝NPV（B12，C4:C11）＋C3”，得到乙固定资产在利率为 10% 时的净现值为 1289.60 万元，如图 7－38 所示。

	A	B	C
1 2	年份	甲固定资产投资 现金净流量	乙固定资产投资 现金净流量
3	0	-6000	-15000
4	1	1500	4000
5	2	2000	4000
6	3	2500	4500
7	4	3000	3000
8	5	2500	2500
9	6	2000	2000
10	7	1500	1500
11	8	1000	1000
12	利率	10%	
13	净现值	￥4,861.35	￥1,289.60

图 7－38 净现值的计算结果

（3）如果此时只以净现值法作为选择方案的标准，那么应选择投资甲固定资产，但是净现值法没有反应该投资本身的收益率，因此应继续使用内部收益率法来检验其是否可操作性。在单元格 B14 输入公式“＝IRR（B3:B11，0.1）”，在单元格 C14 输入公式“＝IRR（C3:C11，0.1）”，得到甲固定资产投资的内部收益率为 29.83%，乙固定资产投资的内部收益率为 12.91%，如图 7－39 所示。

	A	B	C
1	年份	甲固定资产投资	乙固定资产投资
2		现金净流量	现金净流量
3	0	-6000	-15000
4	1	1500	4000
5	2	2000	4000
6	3	2500	4500
7	4	3000	3000
8	5	2500	2500
9	6	2000	2000
10	7	1500	1500
11	8	1000	1000
12	利率	10%	
13	净现值	4861.35	1289.60
14	内部收益	29.83%	12.91%

图 7－39　内部收益率的计算结果

通过对净现值和内部收益率的计算，得出的结果均为投资甲固定资产。

7.3.4　综合应用案例

某化工项目，设计生产能力 10 000 吨，计算期 10 年，其中建设期 1 年，投产期 1 年（生产负荷为 70%），达产期 8 年。

（1）固定资产投资 11 565 万元，无形资产 1800 万元，预备费按前两项合计的 5% 计算，流动资金 5000 万元，按生产负荷投入。假定所有资金都是自有资金。

（2）该项目生产三种产品，销售量分别为 5000 吨、3000 吨、2000 吨，每吨销售价格分别为 4 万元、5 万元、6 万元。

（3）该项目缴纳营业税（税率为 5%），城市维护建设税（税率 7%）和教育费附加（费率为 3%）。

（4）该项目第 2 年的经营成本为 28 526 万元，第 3 年以后的经营成本为 36 047 万元；第 2 年起每年的固定成本估算为 15 195 万元，第 2 年可变成本估算为 17 894 万元，第 3 年起每年的可就成本估算为 25 563 万元。

（5）固定资产折旧年限为 9 年，无形资产摊销年限为 9 年。

（6）利润分配顺序：有盈余年份，将盈余部分先提取 15% 的盈余公积金，再计提 5% 的盈余公益金，其余作为未分配利润。

（7）所得税率为 33%，基准收益率为 10%。

7.3.4.1　计算要求

（1）编制总成本费用估算表、固定资产折旧估算表、无形资产摊销估算表。

（2）编制销售收入和销售税金及附加估算表、利润表。

（3）编制现金流量表。

（4）计算财务内部收益率、财务净现值和动态投资回收期。

（5）评价方案在经济上的可行性。

7.3.4.2　问题分析

项目总投资是项目的建设投资、建设期利息和全部流动资金之和。本例中建设投资是固定资产投资、无形资产投资及预备费之和，因全部投资都是自有资金，因无建设期利息。本项目建设投资是“11 565 + 1800 + （11 565 + 1800） * 0.05”，即 14 033.25 万元，总投资金额等于“14 033.25 + 5000”，即 19 033.25 万元。固定资产折旧的原值是“11 565 * 1.05 ”（预备费要计入到折旧原值中，若有建设期利息，建设期利息也要计入折旧原值），即 12 143.25 万元。无形资产摊销的原值是“1800 * 1.05”，即 1890 万元。

本例需解决的问题是评价方案的经济可行性。评价方案的经济可行性一般是通过现金流量表来计算财务净现值、内部收益率，若财务净现值大于零或内部收益率大于基准内部收益率，则认为项目在经济上具有可行性；反之，则项目在经济上不可行。现金流量表的表结构如图 7 – 40 所示。

项目投资现金流量表

序号	项 目 ＼ 年 份	建设期	生产期								
		1	2	3	4	5	6	7	8	9	10
	生产负荷(%)										
1	现金流入										
1.1	产品销售(营业)收入										
1.2	回收固定资产余值										
1.3	回收流动资金										
2	现金流出										
2.1	建设投资										
2.2	流动资金										
2.3	经营成本										
2.4	销售税金及附加										
3	所得税前净现金流量(1-2)										
4	累计所得税前净现金流量										
5	所得税										
6	所得税后净现金流量(3-5)										
7	累计所得税后净现金流量										

图 7 – 40 现金流量表结构

现金流量表中数据间的关系为：所得税前净现金流量等现金 = 现金流入 – 现金流出。在现金流入的计算中，子项“产品销售（营业）收入”数据来自“产品销售收入和销售税金及附加估算表”，子项“回收固定资产余值”数据来自“固定资产折旧估算表”，子项“回收流动资金余值”主要取自流动资金是否全额回收。在现金流出的计算中，子项“建设投资”数据一般来源于“建设投资估算表”，本例为了简化计算，在资料中已将建设投资的计算条件全部给出，故直接填入“14033.255”。子项“流动资金”数据一般来源于“流动资金估算表”，本例直接给出了“5000 万元”这一数据。子项“经营成本”数据源于“总成本费用估算表”，子项“销售税金及附加”数据来自“销售税金及附加估算表”。这些基础数据取得后，所得税前净现金流量即可计算出来，再减去“利润表”中反映出来的“所得税”，所得税后净现金流量也计算出来了。根据所得税前和所得税后的现金流量，可分别计算出所得税前和所得税后的财务净现值和内部收益率。

7.3.4.3 操作步骤

操作步骤如下：

（1）新建工作簿并命名为“项目投资决策”。

（2）选择工作表 Sheet1，重命名为“总成本费用估算表”。在“总成本费用估算表”分别输入“总成本费用”、“固定成本”、“可变成本”、“经营成本”等内容，如图

7－41 所示。

总成本费用估算表									
							单位:万元		
项目 \ 年份	2	3	4	5	6	7	8	9	10
总成本费用	33089.00	40758.00	40758.00	40758.00	40758.00	40758.00	40758.00	40758.00	40758.00
其中：1. 固定成本	15195.00	15195.00	15195.00	15195.00	15195.00	15195.00	15195.00	15195.00	15195.00
2. 可变成本	17894.00	25563.00	25563.00	25563.00	25563.00	25563.00	25563.00	25563.00	25563.00
经营成本	28526.00	36047.00	36047.00	36047.00	36047.00	36047.00	36047.00	36047.00	36047.00

图 7－41　总成本费用估算表

（3）选择工作表 Sheet2，重命名为“固定资产折旧估算表”，在单元格 C6 中输入固定资产折旧原值“12143.25”；在单元格 D6 中输入折旧年限“9”；在单元格 E7 中输入公式“＝SLN（$C$6，0，$D$6）”，拖动填充柄将单元格 E7 的公式复制到单元格区域 F7:M7，即采用直线折旧法对固定资产原值进行折旧计算，残值为 0；在单元格 E8 中输入公式“＝C6－E7”；在单元格 F8 中输入公式“＝E8－F7”，拖动填充柄将单元格 F7 的公式复制到单元格区域 G7:M7，计算出固定资产折旧的净值，如图 7－42 所示。

固定资产折旧估算表												
												单位：万元
序号	项目 \ 年份	合计	折旧年限	2	3	4	5	6	7	8	9	10
1	固定资产资产合计											
1.1	原值	12143.25	9									
1.2	折旧费			1349.25	1349.25	1349.25	1349.25	1349.25	1349.25	1349.25	1349.25	1349.25
1.3	净值			10794.00	9444.75	8095.50	6746.25	5397.00	4047.75	2698.50	1349.25	0.00

图 7－42　固定资产折旧估算表

（4）选择工作表 Sheet3，重命名为“无形资产摊销估算表”，无形资产摊销原值是“1890 万元”。设计和计算方法同“固定资产折旧估算表”，如图 7－43 所示。

无形资产摊销估算表												
												单位：万元
序号	项目 \ 年份	合计	摊销年限	2	3	4	5	6	7	8	9	10
1	无形资产合计											
1.1	原值	1890	9									
1.2	摊销值			210.00	210.00	210.00	210.00	210.00	210.00	210.00	210.00	210.00
1.3	净值			1680.00	1470.00	1260.00	1050.00	840.00	630.00	420.00	210.00	0.00

图 7－43　无形资产摊销估算表

（5）插入工作表 Sheet4，重命名为“产品销售收入和销售税金及附加估算表”，其中：

单元格 F6 的公式为“＝D6＊E6”。

单元格 F7 的公式为“ =D7 * E7”。

单元格 F8 的公式为“ =D8 * E8”。

单元格 F5 的公式为“ =SUM（F6:F8）”。

单元格 F10 的公式为“ = F5 * 0.05”。

单元格 F11 的公式为“ = F10 * 0.07”。

单元格 F12 的公式为“ = F10 * 0.03”。

计算结果如图 7 - 44 所示。

	A	B	C	D	E	F
1	产品销售收入和销售税金及附加估算表					
2	附表6-1					单位：万元
3	序号	产品名称	生产负荷100%			
4			单位	单价	销售量	销售收入(万元)
5	1	产品销售收入				47000.00
6	1.1	A产品	吨	4	5000	20000.00
7	1.2	B产品	吨	5	3000	15000.00
8	1.3	C产品	吨	6	2000	12000.00
9	2	销售税金及附加				2585.00
10	2.1	营业税				2350.00
11	2.3	城市维护建设税				164.50
12	2.4	教育费附加				70.50

图 7 - 44 产品销售收入和销售税金及附加估算表

（6）插入工作表 Sheet5，重命名为“利润及利润分配表”。

在单元格 D6 中输入公式“ = 产品销售收入和销售税金及附加估算表！F5 * 0.7”。

在单元格 E6 中输入公式“ = 产品销售收入和销售税金及附加估算表！F5”，拖动填充柄将单元格 E6 的公式复制到单元格区域 F6:L6，填出第 2 ~ 10 年的产品销售（营业）收入。

（7）在“利润及利润分配表”单元格 D7 中输入公式“ = 产品销售收入和销售税金及附加估算表！F9 * 0.7”；在单元格 E7 中输入公式“ = 产品销售收入和销售税金及附加估算表！F9”；将单元格 E7 的公式填充到单元格区域 F7:L7，填出销售税金及附加数据。

（8）在以下各单元格中输入公式及数值：

在“利润及利润分配表”的单元格 D8 中输入公式“ = 总成本费用估算表！B5”。

在单元格 D9 中输入公式“ = D6 - D7 - D8”。

在单元格 D10 中输入公式“ = D9 * 0.33”。

在单元格 D11 中输入公式“ = D9 = D10”。

在单元格 D12 中输入 0。

在单元格 D13 中输入公式“ = D11 - D12”。

在单元格 D14 中输入公式“ = D13 * 0.15”。

在单元格 D15 中输入公式“ = D13 * 0.05”。

在单元格 D16 中输入 0。

在单元格 D17 中输入公式“ = D13 - D14 - D15 - D16”。

将以上单元格公式分别通过拖动填充柄复制至第 L 列，填出第 2 ~ 10 年的总成本费用、利润总额、所得税、税后利润、可供分配利润、公益金、应付利润、未分配利润。

（9）在“利润及利润分配表”单元格 D18 中输入公式“ = D17”；在单元格 E18 中输入公式“ = D18 + E17”，拖动填充柄将单元格 E18 公式复制到单元格区域 F18:L18，计算出累计未分配利润。

至此，“利润及利润分配表”完成，如图 7 - 45 所示。

	A	B	C	D	E	F	G	H	I	J	K	L	M
1	利润及利润分配表												
2										单位：万元			
3	序号	年份 / 项目	建设期	生产期									合计
4			1	2	3	4	5	6	7	8	9	10	
5		生产负荷（%）	0	70	100	100	100	100	100	100	100	100	
6	1	产品销售（营业）收入		32900.00	47000.00	47000.00	47000.00	47000.00	47000.00	47000.00	47000.00	47000.00	361900.00
7	2	销售税金及附加		1809.50	2585.00	2585.00	2585.00	2585.00	2585.00	2585.00	2585.00	2585.00	19904.50
8	3	总成本费用		33089.00	40758.00	40758.00	40758.00	40758.00	40758.00	40758.00	40758.00	40758.00	318395.00
9	4	利润总额（1-2-3）	0	-1998.50	3657.00	3657.00	3657.00	3657.00	3657.00	3657.00	3657.00	3657.00	23600.50
10	5	所得税		-659.51	1206.81	1206.81	1206.81	1206.81	1206.81	1206.81	1206.81	1206.81	7788.17
11	6	税后利润（4-5）	0	-1339.00	2450.19	2450.19	2450.19	2450.19	2450.19	2450.19	2450.19	2450.19	15812.34
12	7	特种基金											0.00
13	8	可供分配利润（6-7）	0	-1339.00	2450.19	2450.19	2450.19	2450.19	2450.19	2450.19	2450.19	2450.19	15812.34
14	8.1	盈余公积金		-200.85	367.53	367.53	367.53	367.53	367.53	367.53	367.53	367.53	2371.85
15	8.2	公益金		-66.95	122.51	122.51	122.51	122.51	122.51	122.51	122.51	122.51	790.62
16	8.3	应付利润											0.00
17	8.4	未分配利润		-1071.20	1960.15	1960.15	1960.15	1960.15	1960.15	1960.15	1960.15	1960.15	12649.87
18		累计未分配利润		-1071.20	888.96	2849.11	4809.26	6769.41	8729.56	10689.72	12649.87	14610.02	46314.69

图 7 - 45　利润及利润分配表

（10）插入工作表 Sheet6，重命名为“项目投资现金流量表”。先填写 C 列数据即建设期的数据。建设期没有现金流入，现金流出主要是建设投资。在填表时，单元格 C6 的公式为“ = SUM（C7：C9）”，单元格 C7 ~ C9 的数据都为空，即为 0；在 C11 列输入“14033.25”，单元格 C10 的公式为“ = SUM（C11：C14）”，单元格 C12、C13、C14 均为空；单元格 C15 的公式为“ = C6 - C10”，单元格 C16 的公式为“ = C15”，C17 为空；单元格 C18 的公式为“ = C15 - C17”，单元格 C19 的公式为“ = C18”。

（11）填写“项目投资现金流量表”其他列公式。单元格 D7 的公式为“ = 利润及利润分配表！D6”；在单元格 D12 中输入 5000；单元格 D13 的公式为“ = 总成本费用估算表！B8”；单元格 D14 的公式为“ = 利润及利润分配表！D7”；单元格 D16 的公式为“ = C16 + D15”，单元格 D17 的公式为“ = 利润及利润分配表！D10”，单元格 D19 的公式为“ = C19 + D18”。用填充柄将“项目投资现金流量表”D ~ L 列其余未填写公式的单元格将相应左边单元格的公式复制至该单元格中，如图 7 - 46 所示。

	A	B	C	D	E	F	G	H	I	J	K	L
1	项目投资现金流量表											
2									单位：万元			
3	序号	年份	建设期	生产期								
4		项目	1	2	3	4	5	6	7	8	9	10
5		生产负荷(%)	0	70	100	100	100	100	100	100	100	100
6	1	现金流入	0.00	32900.00	47000.00	47000.00	47000.00	47000.00	47000.00	47000.00	47000.00	47000.00
7	1.1	产品销售(营业)收入		32900.00	47000.00	47000.00	47000.00	47000.00	47000.00	47000.00	47000.00	47000.00
8	1.2	回收固定资产余值										
9	1.3	回收流动资金										
10	2	现金流出	14033.25	35335.50	38632.00	38632.00	38632.00	38632.00	38632.00	38632.00	38632.00	38632.00
11	2.1	建设投资	14033.25									
12	2.2	流动资金		5000.00								
13	2.3	经营成本		28526.00	36047.00	36047.00	36047.00	36047.00	36047.00	36047.00	36047.00	36047.00
14	2.4	销售税金及附加		1809.50	2585.00	2585.00	2585.00	2585.00	2585.00	2585.00	2585.00	2585.00
15	3	所得税前净现金流量(1-2)	-14033.25	-2435.50	8368.00	8368.00	8368.00	8368.00	8368.00	8368.00	8368.00	8368.00
16	4	累计所得税前净现金流量	-14033.25	-16468.75	-8100.75	267.25	8635.25	17003.25	25371.25	33739.25	42107.25	50475.25
17	5	所得税		-659.51	1206.81	1206.81	1206.81	1206.81	1206.81	1206.81	1206.81	1206.81
18	6	所得税后净现金流量(3-5)	-14033.25	-1776.00	7161.19	7161.19	7161.19	7161.19	7161.19	7161.19	7161.19	7161.19
19	7	累计所得税后净现金流量	-14033.25	-15809.25	-8648.06	-1486.87	5674.33	12835.52	19996.71	27157.90	34319.09	41480.28

图 7 - 46 项目投资现金流量表

（12）在“项目投资现金流量表”单元格 D25 中输入公式“ = IRR(C15:L15) * 100”；在单元格 D26 中输入公式“ = NPV（10%，C15：L15)”；在单元格 G25 中输入公式“ = IRR（C18：L18） * 100”；在单元格 G26 中输入公式“ = NPV（10%，C18：L18)”，分别得出所得税前、所得税后的内部收益率和财务净现值，如图 7 - 47 所示。

22				
23		所得税前		所得税后
24				
25	计算指标：财务内部收益率：(%)	35.58		31.44
26	财务净现值：	22124.45	(ic=10%)	17348.64
27				
28				

图 7 - 47 计算结果

计算结果表明：通过以上计算，可知不论是所得税前还是所得税后该项目的内部收益率（分别是 35.38% 和 31.44%）均大于基准收益率，财务净现值均大于零。因此，本项目从经济上是可行的。

本例一共通过六张表来完成要求。对于评价项目投资的经济可行性，“项目投资现金流量表”是最重要的一张报表。正是通过“项目投资现金流量表”、“所得税前净现金流量”和“所得税后净现值流量”的数据，用 IRR（）和 NPV（）函数来计算出所得税前和所得税后的内部收益率和财务净现值。“所得税前净现金流量”和“所得税后净现值流量”这两行数据则是通过其他表如“利润及利润分配表”、“产品销售收入和销售税金及附加估算表”、“总成本费用估算表”的数据的引用计算得到的。故本例完成的一个关键是表间数据间的关联即表间数据正确引用，若表间数据引用出错，最后结果肯定是错误的。

“固定资产折旧估算表”和“无形资产摊销估算表”本应是“总成本费用估算表”

的基础数据表，但为了简化起见，本例直接给出了固定成本、可变成本、经营成本的数据，似乎“固定资产折旧估算表”和“无形资产摊销估算表”与项目的经济评价无关，但事实并非如此，特此说明。在固定资产折旧估算中，用到了函数 SLN（），这是按直线法计算折旧的函数。

7.4　设备更新决策应用

设备更新是指对技术上或经济上不宜继续使用的设备，用新的设备进行更换。设备更新分为两类：一类是原型设备更新，即市场上没有出现性能更好的新设备，用新的原型设备去更新旧的设备；另一类是设备在使用期间出现性能更好的新设备，此时根据情况可以继续保留旧设备，也可以用新设备更换旧新设备。设备更新决策就是针对以上情况来判断是否对旧设备进行更新的选择。

7.4.1　原型设备更新决策

有些设备在其整个使用期没有更新先进的设备出现，但使用过程中因有磨损等情况的出现，会引起维修费用或运行成本增大，即使进行原型设备的更换，在经济上也是合算的。是否用原型设备进行更换就是原型设备更新决策问题。方法是：分析设备的经济寿命来判断是否需要更换，若现在使用的年限还在经济寿命期内，就不需更换；反之，则需更换。经济寿命就是使设备的年平均费用最低的年数，年平均费用包括年平均运行成本和年平均设备费用。

随着设备使用期的增加，运行成本每年以某种速度递增，这种运行成本的逐年递增，叫做设备的劣化。年运行成本劣化值是指运行成本呈线性增加的前提下，每年运行成本的增加额。

设备的经济寿命为：

$$T_E = \sqrt{\frac{2\ (K_0 - V_L)}{\lambda}}$$

其中：K_0 为设备原始价值，V_L 为残值，λ 为年运行成本劣化值。

Excel 中求平方根可用 SQRT 函数来实现。

【例 7－16】某设备原始价格为 500 000 元，预计残值为 50 000 元，年运行成本劣化值为 25 000 元，求设备的经济寿命。

分析：此题给出了设备的原值、残值以及年运行劣化值，直接用 SQRT 函数套用上述公式计算即可。

操作方法为：选择任意单元格，输入公式“＝SQRT(2＊(500 000－50 000)/25 000)”并回车，得到计算结果 6.16。

计算结果表明：该设备的经济寿命约为 6 年，若没有更先进的设备出来，可考虑在 6 年后用原型设备来更换。

有时设备残值不是常数，运行成本不呈线性增长，没有规律可循，要确定设备的经济寿命可根据该设备的使用记录以及对实际情况的预测，通过列表来计算设备的经济寿命。Excel 的强大功能正是列表、计算，以下通过实例来说明。

【例 7－17】某企业某设备的购买价值为 500 000 元，物理寿命是 10 年，运行成本初始值为 8000 元，根据实际使用情况和预测，得到得年运行成本劣化值和设备残值，如表 7－2 所示，试求该设备的经济寿命。

表 7－2　　设备的运行成本劣化值及残值表　　单位：元

使用年限	运行成本	设备残值
1	8000	460 000
2	9000	400 000
3	9500	330 000
4	10 000	280 000
5	11 000	220 000
6	12 200	180 000
7	13 500	120 000
8	14 900	100 000
9	16 400	80 000
10	18 000	40 000

分析：该设备的原值、每年运行成本、每年设备的残值已知，要求出该设备的经济寿命，就是要求出该设备年平均费用最低的年份。在 Excel 表中先将基础数据列出，然后求出每年的平均运行成本以及每年平均设备费用，两者加总就是年平均费用。

操作步骤如下：

（1）设计表格，将基础数据输入表格，如图 7－48 所示。

	A	B	C	D	E	F
1		500000				
2						
3	使用年限	残值	运行成本	年平均运行成本	年平均设备费用	年平均总费用
4	1	420000	8000			
5	2	350000	9000			
6	3	310000	9500			
7	4	270000	10000			
8	5	220000	11000			
9	6	180000	12200			
10	7	120000	13500			
11	8	100000	14900			
12	9	80000	16400			
13	10	40000	18000			

图 7－48　已知条件录入

（2）求年平均运行成本。在单元格 D4 中输入公式“＝C4/A4”；在单元格 D5 中输入公式“＝（C4＋C5）/A5”，按此规律依次输入，直至在单元格 D13 中输入公式“＝（C4＋C5＋C6＋C7＋C8＋C9＋C10＋C11＋C12＋C13）/A13”。

（3）求年平均设备费用。在单元格 E4 中输入公式“ = （ $B$1 - B4）/A4”，并将该公式用填充柄复制到单元格区域 E5:E13。

（4）求年平均总费用。在单元格 F4 中输入公式“ = C4 + E4”，并将该公式用填充柄复制到单元格区域 F5:F13，如图 7 - 49 所示。

	A	B	C	D	E	F
1		500000				
2						
3	使用年限	残值	运行成本	年平均运行成本	年平均设备费用	年平均总费用
4	1	420000	8000	8000.00	80000.00	88000.00
5	2	350000	9000	8500.00	75000.00	84000.00
6	3	310000	9500	8833.33	63333.33	72833.33
7	4	270000	10000	9125.00	57500.00	67500.00
8	5	220000	11000	9500.00	56000.00	67000.00
9	6	180000	12200	9950.00	53333.33	65533.33
10	7	120000	13500	10457.14	54285.71	67785.71
11	8	100000	14900	11012.50	50000.00	64900.00
12	9	80000	16400	11611.11	46666.67	63066.67
13	10	40000	18000	12250.00	46000.00	64000.00

图 7 - 49　设备经济寿命计算结果

计算结果表明，年平均总费用最低的年份是第 9 年，因此，该设备的经济寿命为 9 年，在原型设备更新决策时，只要该设备还未使用到 9 年，可不更新。

上题没有考虑资金的时间价值。若要考虑，则在确定折现率的情况下，可将除年限以外的其他数折现（用 PV 函数来实现）再进行计算、比较，方法相同，不再赘述。

7.4.2　出现新设备条件下的更新决策

设备虽然还在经济寿命期，但有可能此时有性能更好的设备出现，新设备初始费用高，但可能运行成本低或收益更高，在这种情况下，是否要用新的设备去更新旧的设备呢？怎样决策？在决策过程中经常会遇到新设备的经济使用寿命与旧设备尚可使用寿命期相等和不相等的两种情况。对于寿命期相同的情况，可采用差额分析法计算两者的现金流量差额，并以此计算增减的净现值，以判断是否应予更新。对于后一种情况的决策，可以采用年平均成本法。固定资产平均年成本是使用年限内现金流出总现值与年金现值系数（年金现值系数是按一定的利率每期收付一元钱所折成的现在的价值）的比值，即比较新旧设备在各自使用年限内的平均年成本大小。新设备的平均年成本低，则进行更新；反之，则继续使用旧设备。

下面主要通过案例介绍 Excel 在寿命期相同时用新设备更新旧设备的决策问题，多采用净现值法和内部收益率法。

7.4.2.1　净现值法

原理和上一节相似，首先用净现值法计算出新设备的预期投资报酬率，若高于其资本成本，即净现值大于零，说明投资方案可行，既需要更新旧设备；反之，方案不可行。

7.4.2.2　内部收益率

原理和上一节相似，内部收益率法是通过计算新旧设备的内部收益率并与资本成本相比较来评价投资方案的。内部收益率法是未来现金流量的出入正好相等的特定内部收益率。

【例 7－18】某公司原有一台 4 年前购入的机床，原设备成本为 200 000 元，估计尚可使用 6 年。假定期满无残值，使用该设备每年可获销售收入 298 000 元，每年付现成本为 226 000 元。该公司为提高产品的产量和质量，准备另外购置一台全自动机床，约需价款 300 000 元，估计可使用 6 年，期满有残值 15 000 元。购入新机床时，旧机床可作价 70 000 元。使用新设备每年可增加销售收入 50 000 元，每年付现成本为 206 000 元。假设贴现率和资本成本都为 12%，新设备采用年数总和折旧法计提折旧，根据净现值对该公司的设备更新方案做出决策。

操作步骤如下：

（1）新建一张工作表，将案例已知条件编制成表格输入到工作表中，如图 7－50 所示。

	A	B	C
1	贴现率	12%	
2	项目	旧设备	新设备
3	原值	200,000	300,000
4	预计使用年限	10	6
5	已使用年限	4	0
6	净残值	0	15,000
7	年折旧额		
8	账面价值		
9	可作价	70,000	0
10	年销售收入	298,000	348,000
11	年付现成本	226,000	206,000

图 7－50　已知条件录入

（2）计算新旧设备的每期折旧额，此例中采用的是年限折旧法。选择单元格 B7，选择“插入”菜单中的“函数”命令，选择“SLN 函数”，打开“函数参数”对话框，依次输入相应的数据，如图 7－51 所示。

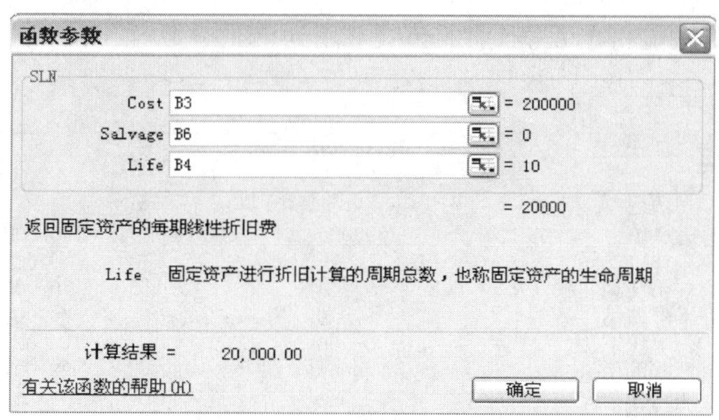

图 7－51　SLN 函数的参数设置

（3）单击“确定”按钮，得出旧设备的年折旧额。使用自动复制功能（选定单元格 B7，将光标移到右下角，拖到单元格 C7），得出新设备的折旧额，如图 7－52 所示。

	A	B	C
1	贴现率	12%	
2	项目	旧设备	新设备
3	原值	200,000	300,000
4	预计使用年限	10	6
5	已使用年限	4	0
6	净残值	0	15,000
7	年折旧额	20,000.00	47,500.00
8	账面价值		
9	可作价	70,000	0
10	年销售收入	298,000	348,000
11	年付现成本	226,000	206,000

图 7－52　年折旧值计算结果

（4）计算账面价值。在单元格 B8 中输入公式“＝B3－B7＊B5”，得出旧设备的账面价值。使用自动复制功能，得出新旧设备的账面价值，如图 7－53 所示。

	A	B	C
1	贴现率	12%	
2	项目	旧设备	新设备
3	原值	200,000	300,000
4	预计使用年限	10	6
5	已使用年限	4	0
6	净残值	0	15,000
7	年折旧额	20,000.00	47,500.00
8	账面价值	120000	300000
9	可作价	70,000	0
10	年销售收入	298,000	348,000
11	年付现成本	226,000	206,000

图 7－53　账面价值计算结果

（5）计算出使用新设备与继续使用旧设备的现金流量差额。输入公式如下：

单元格 D3 的公式为“＝－（C3－B9）”。

单元格 D4 的公式为“＝（C10－C11）－（B10－B11）”。

单元格 D8 的公式为“＝D4＋C6”。

利用自动填充功能将单元格 D4 的公式套用到单元格 D5、D6、D7 中。计算结果如图 7－54 所示。

	A	B	C	D
1	贴现率	12%		
2	项目	旧设备	新设备	现金流量
3	原值	200,000	300,000	-230,000
4	预计使用年限	10	6	70,000
5	已使用年限	4	0	70,000
6	净残值	0	15,000	70,000
7	年折旧额	20,000.00	47,500.00	70,000
8	账面价值	120000	300000	85,000
9	可作价	70,000	0	
10	年销售收入	298,000	348,000	
11	年付现成本	226,000	206,000	

图 7－54　现金流量计算结果

（6）计算净现值、内部收益率。选择单元格 D4，选择“插入”菜单中的“函数”

命令，选择“NPV 函数”，打开“函数参数”对话框，依次输入相应的数据，如图 7－55 所示。

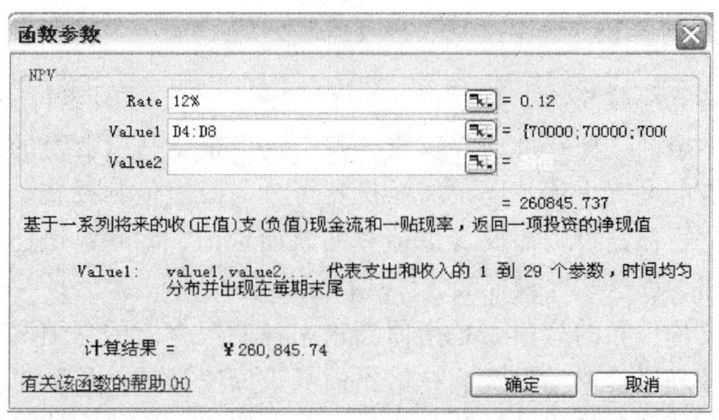

图 7－55　NPV 函数的参数设置

（7）选择单元格 D5，选择“插入”菜单中的“函数”命令，选择“IRR 函数”，打开“函数参数”对话框，依次输入相应的数据，如图 7－56 所示。

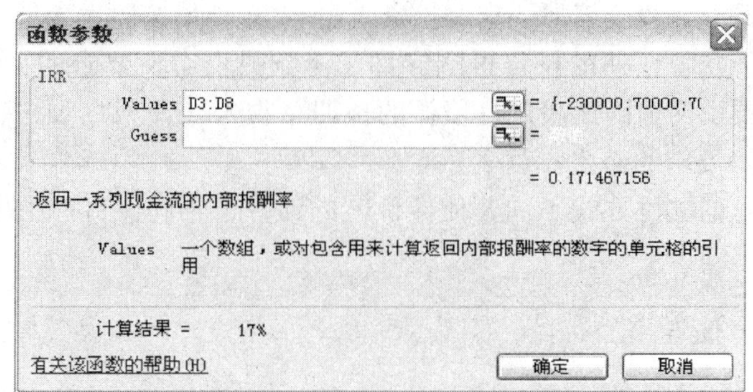

图 7－56　IRR 函数的参数设置

运算结果如图 7－57 所示。

	A	B	C	D
1	贴现率	12%		
2	项目	旧设备	新设备	现金流量
3	原值	200,000	300,000	-230,000
4	预计使用年限	10	6	70,000
5	已使用年限	4	0	70,000
6	净残值	0	15,000	70,000
7	年折旧额	20,000.00	47,500.00	70,000
8	账面价值	120000	300000	85,000
9	可作价	70,000	0	
10	年销售收入	298,000	348,000	￥260,845.74
11	年付现成本	226,000	206,000	17%

图 7－57　净现值和内含报酬率计算结果

计算结果表明：净现值为 260 845.74 元，内部收益率也大于 12%，因此更新方案可行，该企业应该更新设备。

7.5 债券投资决策

债券是发行者为筹集资金，向债权人发行的，在约定时间支付一定比例的利息，并在到期时偿还本金的一种有价证券。债券投资是指企业利用自身的闲置资金购买债券的投资。按债券的发行主体不同，债券投资可分为政府债券投资、金融债券投资和公司债券投资。进行债券投资需要考虑债券的票面价值、利率、偿还期限以及发行主体信誉的好坏因素，而这些因素都最终体现在债券的价值中。

债券的价值又称债券的现值，是指债券未来各期现金流的现值之和，它反映的是债券的内在价值或理论价值。投资者在做出债券投资决策时，是为了在未来获取增值收入，即未来期间的利息收入及转让价差。于是，债券的价值应该是按投资者要求的必要收益率对未来的上述增值收入及到期收回（或中间转让）的本金的贴现值。投资者如果按照等于债券价值的价格购买债券，他将获得预期的投资报酬（即达到了投资者所要求的投资收益率）；如果按照小于债券价值的价格购买债券，他将获得高于预期的投资报酬（即超过了投资者所要求的投资收益率）；如果按照大于债券价值的价格购买债券，他将不能获得预期的投资报酬（即达不到投资者所要求的投资收益率）。可见，债券价值主要由两个因素决定：债券的预期总收入（即利息收入、转让价差与本金之和）和投资者要求的必要收益率。

由于债券利息的支付方式不同，债券价值的计算也不同，目前主要有三种基本计算方式。

7.5.1 定期付息债券

定期付息债券是指每年一次或数次向投资者支付利息，到期按面值偿还本金的债券。其计算公式为：

$$P = \sum_{t=1}^{mm} \frac{\frac{M \times i}{m}}{(1 + \frac{i}{m})^{t}} + \frac{M}{(1 + \frac{i}{m})^{mn}}$$

参数说明：

m 为年付利息次数。

n 为到期时间的年数。

i 为债券的票面年利率。

k 为债券投资者要求的最低年投资报酬率，或称市场利率。

M 为面值或到期日支付额。

7.5.1.1 票面利率（i）不变

当票面利率不变时，计算定期付息债券的价值可使用 Excel 的 PV 函数，也可以使用 PRICE 函数。PV 函数的使用方法在前面已经做了详细的介绍。PRICE 函数主要用于计算返回定期付息的面值 100 的有价证券的价格。

【格式】PRICE（Settlement，Maturity，Rate，Yld，Redemption，Frequency，Basis）

【说明】参数说明如下：

Settlement 为债券的成交日，即在发行日之后，证券卖给购买者的日期。

Maturity 为债券的到期日，即债券有效期截止时的日期。

Rate 为债券的年票面利率。

Yld 为债券的年收益率或市场利率。

Redemption 为面值 100 的债券的清偿价值。

Frequency 为年付息次数。如果按年支付，Frequency 为 1；如果按半年期支付，frequency 为 2；如果按季支付，Frequency 为 4。

Basis 为日计数基准类型，如图 7－58 所示。

basis	日计数基准
0或省略	US(NASD)30/60
1	实际天数/实际天数
2	实际天数/360
3	实际天数/365
4	欧洲30/360

图 7－58　Basis 参数类型

【例 7－16】某债券 2003 年 6 月 6 日在市场上的价格为 90 元，票面价值为 100 元，票面年利润 8%，到期日是 2008 年 8 月 8 日，每半年付息一次，日计数基准为实际天数/365。若投资者要求的年收益率为 10%，那么该债券是否具有投资价值?

操作步骤如下：

（1）新建一张工作表，将案例已知条件编制成表格输入到工作表中，如图 7－59 所示。

	A	B
1	债券投资价值	
2	面值	100
3	票面年利率	8%
4	最低年收益率	10%
5	付息方式	每半年付息一次
6	日计数基准	实际天数/365
7	成交日	2003-6-6
8	债券的市场价格	90
9	到期日	2008-8-8
10	债券的价值	

图 7－59　已知条件录入

（2）在单元格 B10 中输入公式“＝PRICE（B7，B9，B3，B4，B2，1，3）”，得到债券的价值，如图 7－60 所示。

	A	B
1	债券投资价值	
2	面值	100
3	票面年利率	8%
4	最低年收益率	10%
5	付息方式	每半年付息一次
6	日计数基准	实际天数/365
7	成交日	2003-6-6
8	债券的市场价格	90
9	到期日	2008-8-8
10	债券的价值	92.16079897

图 7-60　债券价值计算结果

计算结果表明：债券的价值为 92.16 元，高于债券的市场价格，所以在投资者要求的年收益率为 10% 的情况下，该债券有投资价值。

7.5.1.2　票面利率（i）变化

当债券的票面利率变化的时候，每期支付的利息现金流就不相等，计算债券的价值时选择 PV 函数和 PRICE 函数就不再合适，而应采用 NPV 函数计算。

【例 7-17】某债券在市场的价格为 90 元，其面值为 100 元，期限为 6 年，每年付息一次，债券的票面利率第一年为 6%，以后每年以 0.2 个百分点递增。若投资者要求的最低年收益率为 10%，那么该债券是否具有投资价值？

操作步骤如下：

（1）新建一张工作表，将案例已知条件编制成表格输入到工作表中，如图 7-61 所示。

	A	B	C	D
1	债券投资价值		年份	票面年利率
2	面值	100	1	6.00%
3	期限	6	2	6.20%
4	最低年收益率	10%	3	6.40%
5	付息方式	每年付息一次	4	6.60%
6	债券的市场价格	90	5	6.80%
7			6	7.00%
8	债券的价值			

图 7-61　已知条件录入

（2）在单元格 B8 中输入公式“=NPV（B4，B2*B2：D2*D7）+B2/（1+B4）^B3”，得到债券的价值，如图 7-62 所示。

	A	B	C	D
1	债券投资价值		年份	票面年利率
2	面值	100	1	6.00%
3	期限	6	2	6.20%
4	最低年收益率	10%	3	6.40%
5	付息方式	每年付息一次	4	6.60%
6	债券的市场价格	90	5	6.80%
7			6	7.00%
8	债券的价值			692.8110294

图 7-62　债券价值计算结果

计算结果表明：债券的价值为692.81元，低于债券的市场价格，所以在投资者要求的年收益率为10%的情况下，该债券没有投资价值。

7.5.2 期末一次还本付息且不计复利的债券

我国目前发行的债券大多属于一次还本付息且不计复利的债券，其计算公式为：

$$P=\frac{M+M\times n\times i}{(1+K)^{n}}$$

参数的含义同前式。在Excel中计算这种类型的价值时，可以直接输入上面的公式进行计算。

【例7-18】某企业拟购买一种利随本清的企业债券，该债券面值为800元，期限6年，票面利率为8%，不计复利，当前市场利率为10%，该债券发行价格为多少，企业才能购买?

操作步骤为：任选一个单元格，输入公式“=(800+800*6*8%)/(1+8%)^6”，即可得到债券的价值为746.12元。

7.5.3 零息债券

零息债券是指承诺在未来某一确定日期作某一单笔支付的债券。这种债券在到期日前购买人不能得到任何现金支付。零息债券没有表明利息计算规则的，通常采用按年计息的复利计算规则。其计算公式为：

$$P=\frac{M}{(1+k)^{n}}$$

参数的含义同前式。在Excel中计算这种类型的价值，可以直接输入上面的公式进行计算，也可以利用PV函数计算。

【例7-19】某债券面值为1000元，期限为5年，以贴现方式发行，期内不计利息，到期按面值偿还，市场利率为6%，其价格为多少时，企业才能购买?

操作步骤为：任选一个单元格，在其中输入公式“=1000/（1+6%）^5”，或者输入公式“=PV（6%，5，-1000)”，即得出债券的价值是747.26元。

7.6 小结

投资决策是指投资者为了实现预期的目标，运用合理的科学理论和方法，对投资的必要性、可行性及投资成本与预期收益等经济活动中的重大问题进行分析、研究、判断和选择。投资决策是所有决策中最基本、最重要的决策，特别对企业而言，投资决策是决定一个企业成败的关键。正确高效的投资决策可以使企业降低风险、取得收益，跻身于强族之林；错误的投资决策会使一个企业遭受经济损失，陷入困境，甚至倒闭。所以，在进行投资决策时理应深思熟虑，谋定而后动。

本章主要介绍了Excel在投资决策中的应用。投资决策包括了固定资产投资决策、设备更新决策以及债券投资决策等。在投资决策中经常会考虑资金的时间价值和固定资产折旧因素，Excel 在这些方面都提供了相关的函数来实现相应的功能。本章正是围绕 Excel 在投资决策中的应用来展开，通过实例来说明如何应用 Excel 来进行投资决策前的数据、指标的计算，为投资决策奠定基础。

Excel 功能强大，操作简单易懂，提供了丰富的函数，运用 Excel 可以很快地对各种计算方案做出计算分析，并判断投资方案的可行性，帮助投资者快速准确的作出合理的投资决策。

本章学习的重点与难点包括：资金时间价值计算的函数，如 PV、FV、PMT、IPMT、PPMT、ISPMT、RATE、NPER 等；固定资产折旧函数，如 SLN、DDB、VDB、SYD 等；投资评估指标计算使用的净现值、内部收益率函数，如 NPV、IRR 等；债券投资决策函数：PRICE 等；各种函数在实际投资决策时的综合应用。

练习题

1. 某人从 30 ~60 岁间每月月末等额存入 2000 元。若利率为 5%，则他从 61 ~80 岁每月月末可等额领到多少钱?

2. 某企业向银行借款 100 万元，期限 5 年，年利率为 6%。还款方式是等额摊还法，还款时间是每月还款一次。请计算出该企业每月需还款的本金、利息以及还款总额。

3. 某企业于年初购买一台设备，价值 80 万元，使用年限为 8 年，估计残值 2 万。试分别用直线折旧法和双倍余额递减法计算该设备每年的折旧金额。

4. 某项目初始投资 800 万元，第一年年末现金流入为 200 万元，第二年年末现金流入为 300 万元，第三、四年末的现金流入均为 400 万元。计算该项目的净现值、内部收益率及静态投资回收期。

5. 某设备的购置成本是 60 万元，第一年的使用费用为 10 万元，以后每年以 3 万元的价格递增。使用 1 年后设备的净残值为 36 万元，以后以每年 4 万元的金额逐年递减。该设备的最大使用年限为 8 年。假定折现率为 10%。试确定该设备的经济寿命。

8 Excel 在进销存管理中的应用

【学习目标】

(1) 掌握在采购业务明细、销售业务明细输入时用 Excel 提供的输入技巧。

(2) 理解并掌握对采购业务、销售业务的统计与汇总方法。

(3) 理解到存货的统计和进销存分析。

(4) 能够利用 Excel 建立小型的进销存管理系统。

8.1 采购业务管理

采购是指获得商品或服务的过程。采购业务涉及供应商、采购的时间、商品、价格等信息。在这些信息中，一类是明细，另一类是汇总。在对明细信息进行管理时，主要是注意数据收集和输入的准确、全面、是否符合需求；汇总时要注意的是信息处理结果的有效性、针对性，即是否能实实在在地对采购管理工作提供帮助。

8.1.1 供应商和商品基本情况管理

采购业务是在已知企业需要从外部获得具体的商品或服务开始，然后去了解相关信息，直至采购到所需的商品或服务的整个过程。其中供应商的信息是企业必须了解的信息。若企业平时有意识地收集、整理、存储相关供应商的信息，在采购业务实施时可能会节约采购成本。因此，企业有必要对供应商的信息进行管理。采购管理中，可以将商品的基本情况在表格中反映出来，以便在以后商品信息处理过程中引用。以下通过具体实例说明用 Excel 来设计表以便对供应商的信息和商品基本情况进行管理。

【例 8 - 1】为某电器批发公司编制供应商管理表格。

分析：供应商管理应该包括供应商的基本信息，如名称、产品、地址、法人代表等。在设计表格时要将相关内容反映出来，并可通过 Excel 提供的查找功能在该表中找出所需的相关信息，为采购业务打好基础。

操作步骤如下：

(1) 新建一个工作簿，取名为“进销存管理”，将 Sheet1 重命名为“供应商基本信息”。

(2) 为“供应商基本情况表”设计表头，如图 8 - 1 所示。

供应商基本情况表

供应商简称	公司名称	法人代表	主要产品	公司地址	网站	帐号	联系人	固定电话	手机	邮箱	传真	通讯地址	邮政编码	备注

图 8－1　供应商基本情况表

（3）输入供应商信息。

（4）保存工作簿。

说明：供应商基本情况表只是供应商管理中最基本的部分，企业根据自身的特点还可以用 Excel 来设计其他表格以实现对供应商的管理。

【例 8－2】为某电器批发公司编制商品情况表，如图 8－2 所示。

	A	B	C	D	E	F	G	H	I
1					商品情况表				
2									
3	商品代码	商品名称	供应商	类别	单位	型号	品牌	主要技术参数	备注
4	A001	液晶电视	长虹	电视	台				
5	A002	数字电视	长虹	电视	件				
6	B001	双动力洗衣机	海尔	洗衣机	件				
7	B002	智能洗衣机	海尔	洗衣机	件				
8	C001	冰箱A	科龙	冰箱	件				
9	C002	冰箱B	科龙	冰箱	个				
10	C003	冰箱C	科龙	冰箱	件				
11	D001	电脑A	联想	电脑	台				
12	D002	电脑B	联想	电脑	件				
13	D003	电脑C	联想	电脑	件				
14	D004	电脑D	联想	电脑	件				
15	E001	手机A	诺基亚	手机	个				
16	E002	手机B	诺基亚	手机	个				
17	E003	手机C	诺基亚	手机	个				
18	E004	手机D	摩托罗拉	手机	件				
19	F001	空调A	海信	空调	件				
20	F002	空调B	格力	空调	件				
21	F003	空调C	美的	空调	件				

图 8－2　商品情况表

分析：一般来说，为了便于对采购商品的管理，企业可以根据一定的编码规则为所采购或将采购的商品进行编码，然后将该商品对应的信息输入在表格中，在采购、库存及销售过程中用商品情况表来进行管理，这样可极大地提高数据的一致性，减少输入的错误。

操作步骤如下：

（1）将上例中的“进销存管理”工作簿的工作表 Sheet2 更名为“商品情况表”。

（2）设计表头并输入数据。为提高输入速度，可先设置该列的数据有效性。选择单元格区域 C4:C1004，选择“数据”菜单中的“有效性”命令，打开“数据有效性”对话框，在“允许”下拉列表框中选择“序列”，在“来源”处输入可能的供应商名称，如图 8－3 所示。

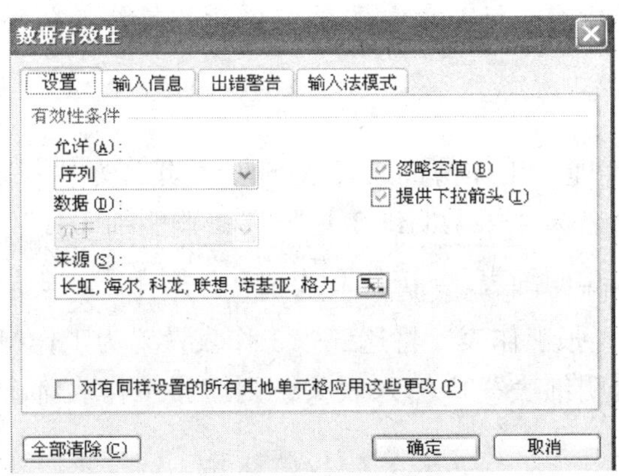

图 8－3　供应商的数据有效性设置

(3) 保存工作簿。选择“数据”菜单中的“记录单”命令，打开“商品情况表”对话框，如图 8－4 所示。单击“新建”按钮，输入数据，然后单击“关闭”按钮。

说明：商品基本信息表可作为进销存业务管理中的基础表格。若有新的产品需采购，可进行数据的添加。

采用“记录单”方式也可进行数据的添加，也可实现数据的查询。

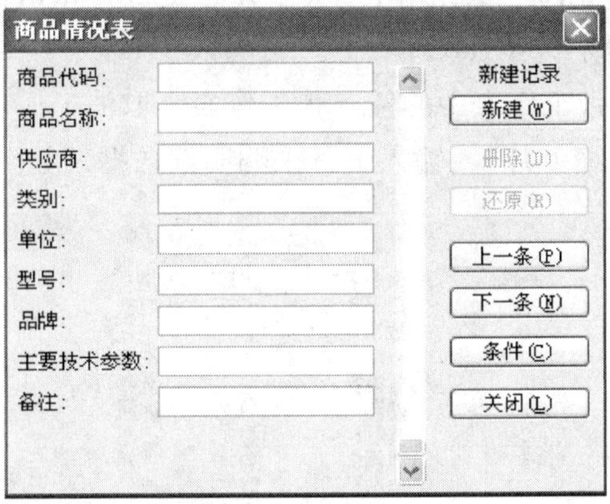

图 8－4　记录单中的“商品情况表”对话框

8.1.2　采购明细的编制

企业的采购业务是由每一笔采购明细组成的，采购明细是采购业务的基础数据。要对采购业务进行管理，首先要准确地记录每一笔采购明细，在此基础上进行相应的汇总和分析。由于企业的情况不同，在一个会计年度中，采购明细可以反映在一张表格中，也可以分月、分季度反映出来。用 Excel 进行采购明细编制时，可以用一张表或多张表反映出来。下例中分别用一张工作表来反映一个月的采购明细，这里只编制了 3 个月的采购明细，其他月份可类推。

【例 8－3】为某电器批发企业编制采购明细表。

分析：根据不同类型的采购业务，采购明细有所不同，但至少应该是有采购的商品名称、单价、数量等内容。针对该电器批发企业的具体业务特点，设计的表格如图 8 -5 所示。

操作步骤如下：

（1）将“进销存管理”工作簿的工作表 Sheet3 更名为“采购明细 1 月”。然后插入两张工作表，分别命名为“采购明细 2 月”、“采购明细 3 月”。

（2）选择“1 月采购明细表”，按住 Ctrl 键，分别单击“2 月采购明细表”、“3 月采购明细表”，共选中 3 张工作表，将这三张工作表设置为工作组。

（3）在“1 月采购明细表”中输入表头，则三张工作表都会有相同的表头，如图 8 -5 所示。

	A	B	C	D	E	F	G	H	I	J	K
1						采购明细表					
2	采购发票号	采购日期	月份	商品代码	商品名称	供应商	类别	采购数量	单价	采购金额	采购员
3											
4											

图 8 -5 采购明细表表头

（4）选择“采购明细 1 月”表的单元格区域 B3:B1003，将单元格格式设为“日期”的“＊2001 -3 -14”型。

（5）在“采购明细 1 月”单元格 C3 中输入公式“ = MONTH（B3）”，拖动填充柄将公式复制到单元格区域 C4:C1003。

（6）单击除以上三张工作表中的任一张工作表，取消工作表的组合。

（7）选择“采购明细 1 月”，输入 1 月采购明细数据，如图 8 -6 所示。

	A	B	C	D	E	F	G	H	I	J	K
1						采购明细表					
2	采购发票号	采购日期	月份	商品代码	商品名称	供应商	类别	采购数量	单价	采购金额	采购员
3	20080101	2008-1-10	1	A001	液晶电视	长虹	电视	20	3800	76000	王红
4	20080101	2008-1-10	1	A002	数字电视	长虹	电视	15	3600	54000	王红
5	20080102	2008-1-16	1	B001	双动力洗衣机	海尔	洗衣机	20	2580	51600	李江
6	20080102	2008-1-16	1	B002	智能洗衣机	海尔	洗衣机	20	2500	50000	李江
7	20080103	2008-1-16	1	C001	冰箱A	科龙	冰箱	20	1850	37000	王红
8	20080103	2008-1-16	1	C002	冰箱B	科龙	冰箱	8	1700	13600	李江
9	20080104	2008-1-20	1	C003	冰箱C	科龙	冰箱	10	2000	20000	孙伟
10	20080105	2008-1-20	1	D001	电脑A	联想	电脑	15	5000	75000	王红
11	20080105	2008-1-20	1	D002	电脑B	联想	电脑	20	4500	90000	李江
12	20080105	2008-1-20	1	D003	电脑C	联想	电脑	10	5000	50000	赵周
13	20080105	2008-1-20	1	D004	电脑D	联想	电脑	12	4800	57600	孙伟
14	20080106	2008-1-25	1	E001	手机A	诺基亚	手机	15	1500	22500	王红
15	20080106	2008-1-25	1	E002	手机B	诺基亚	手机	10	1800	18000	李江
16	20080106	2008-1-25	1	E003	手机C	诺基亚	手机	15	1600	24000	赵周
17	20080107	2008-1-25	1	E004	手机D	摩托罗拉	手机	15	1600	24000	孙伟

图 8 -6 1 月采购明细表

（8）选择单元格区域 A3:A1003，然后选择“格式”菜单中的“单元格”命令，打开“单元格格式”对话框。在“分类”中选择“自定义”格式，并将“类型”定义为：“2008”0000，如图 8 -7 所示。

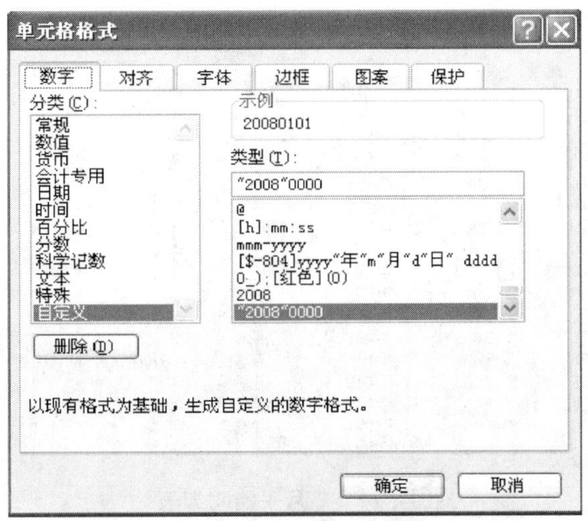

图 8-7　“单元格格式”对话框

(9) 单击“确定”按钮，在单元格 A3 中输入“101”并回车，即可输入“20080101”。然后按同样的方式输入 A 列其他数据。

(10) 从单元格 B3 开始输入采购日期数据，B 列的日期数据有了后，C 列的月份自动计算出来。从单元格 D3 开始输入采购商品的代码，输入时可参照商品情况表设置数据有效性，方法同前例。

(11) 在单元格 E3 中输入公式“=VLOOKUP(D3，商品情况表!$A$4:$B$1004，2，FALSE)”，拖动填充柄将公式复制到单元格区域 E4:E1003。

(12) 在单元格 F3 中输入公式“=VLOOKUP(D3，商品情况表!$A$4:$C$1004，3，FALSE)”，拖动填充柄将公式复制到单元格区域 F4:F1003。

(13) 在单元格 G3 中输入公式“=VLOOKUP(D3，商品情况表!$A$4:$D$1004，4，FALSE)”，拖动填充柄将公式复制到单元格区域 G4:G1003。

(14) 输入 H 列的采购数量，输入 I 列的商品单价。

(15) 在单元格 J3 中输入公式“=H3*I3”，拖动填充柄将公式复制到单元格区域 J4:J1003，输入 K 列的采购员名称。

用同样的方法输入“2 月采购明细表”数据，如图 8-8 所示。

	A	B	C	D	E	F	G	H	I	J	K
1						采购明细表					
2	采购发票号	采购日期	月份	商品代码	商品名称	供应商	类别	采购数量	单价	采购金额	采购员
3	20080201	2008-2-10	2	A001	液晶电视	长虹	电视	10	3750	37500	王红
4	20080201	2008-2-10	2	A002	数字电视	长虹	电视	25	3500	87500	王红
5	20080202	2008-2-16	2	B001	双动力洗衣机	海尔	洗衣机	10	2580	25800	李江
6	20080202	2008-2-16	2	B002	智能洗衣机	海尔	洗衣机	12	2500	30000	李江
7	20080203	2008-2-16	2	C001	冰箱A	科龙	冰箱	15	1850	27750	王红
8	20080203	2008-2-16	2	C003	冰箱C	科龙	冰箱	20	1700	34000	李江
9	20080204	2008-2-20	2	D001	电脑A	联想	电脑	10	4500	45000	孙伟
10	20080204	2008-2-20	2	D002	电脑B	联想	电脑	15	4250	63750	王红
11	20080204	2008-2-20	2	D003	电脑C	联想	电脑	20	4500	90000	李江
12	20080204	2008-2-20	2	D004	电脑D	联想	电脑	10	4800	48000	赵周
13	20080205	2008-2-20	2	A001	液晶电视	长虹	电视	12	3750	45000	孙伟
14	20080206	2008-2-25	2	B002	智能洗衣机	海尔	洗衣机	15	2500	37500	王红
15	20080207	2008-2-25	2	E001	手机A	诺基亚	手机	10	1500	15000	李江
16	20080207	2008-2-25	2	E002	手机B	诺基亚	手机	15	1800	27000	赵周
17	20080207	2008-2-25	2	E003	手机C	诺基亚	手机	15	1600	24000	孙伟
18	20080208	2008-2-26	2	F001	空调A	海信	空调	20	6500	130000	孙伟
19	20080209	2008-2-26	2	F002	空调B	格力	空调	18	2500	45000	孙伟

图 8－8　2 月采购明细表

用同样的方法输入“3 月采购明细表”，如图 8－9 所示。

	A	B	C	D	E	F	G	H	I	J	K
1						采购明细表					
2	采购发票号	采购日期	月份	商品代码	商品名称	供应商	类别	采购数量	单价	采购金额	采购员
3	20080301	2008-3-10	3	A001	液晶电视	长虹	电视	12	3750	45000	王红
4	20080301	2008-3-10	3	A002	数字电视	长虹	电视	10	3500	35000	王红
5	20080302	2008-3-15	3	B001	双动力洗衣机	海尔	洗衣机	15	2450	36750	李江
6	20080303	2008-3-18	3	F002	空调B	格力	空调	15	2500	37500	李江
7	20080304	2008-3-25	3	A001	液晶电视	长虹	电视	5	3750	18750	王红
8	20080305	2008-3-25	3	F002	空调B	格力	空调	10	2500	25000	李江
9											

图 8－9　3 月采购明细表

说明：此例是每月生成一张采购明细工作表。在生成采购明细工作表时，用到了商品情况表作基础数据。在输入采购发票时，因为采购发票的前几个字符是一样的，为节省时间，利用 Excel 的“自定义格式”功能，给该列单元格设置了自定义格式“2008”0000 后，再输入时，只需输入后面几个字符，前面的字符“2008”就会自动生成。

在输入商品名称等其他信息时，只要给入商品代码，即可通过 VLOOKUP 函数在商品基本情况表中查找对应的商品名称、供应商和该商品的类别。用 VLOOKUP 函数来实现输入减少了数据的输入量，提高了数据输入的有效性和一致性，是非常有用的一种输入方式。VLOOKUP 函数的功能是用于在表格或数值数组的首列查找指定的数值，并由此返回表格或数组当前行中指定列的数值。其参数有四个：第一个是查询值。第二个是被查询的数据表或数组。第三个参数是返回的列数。第四个是确定是否精确查找，这是可选项，可设定为 TRUE 或 FALSE，若省略，则默认设定为 TRUE，是指近似查询，即若找不到精确匹配值，则返回小于查询值的最大数；若设为 FALSE，则函数查找精确匹配，如果找不到，则返回错误值#N/A!。本例显然要进行精确查找，故将第四个参数设定为 FALSE。在输入月份时，同样通过函数来实现。使用的函数是 MONTH(D)，这是对一个日期型值取月份的函数，使用简单。

8.1.3 采购业务的统计与汇总

采购明细生成后，即可通过明细表来对采购业务进行统计和汇总。统计和汇总既可按时间进行汇总，如每月的汇总、每季、每年的汇总，也可以分类进行汇总，如根据产品类别、供应商、采购员等进行汇总。汇总的思路不同，可选择不同的汇总方法。Excel 提供了强大的统计、分类汇总功能，在采购业务的统计和汇总中可以得到充分的应用。

【例 8－4】对 1 月份的采购业务进行统计。

分析：Excel 可以针对单张表作筛选、汇总和统计。针对 1 月份的采购业务，我们可通过 1 月采购明细表依据采购发票号来具体地查找该次业务的明细，也可查找出每种商品的采购明细等。主要用到 Excel 的筛选和分类统计的功能，也可利用数据透视表和数据透视图来得到更加直观、明细的统计信息。

操作步骤如下：

（1）选择“进销存管理”工作簿的“采购明细 1 月”工作表。

（2）打开“数据”菜单，依次选择“筛选”、“自动筛选”命令，进行自动筛选，如图 8－10 所示。

	A	B	C	D	E	F	G	H	I	J	K
1						采购明细表					
2	采购发票号	采购日期	月份	商品代码	商品名称	供应商	类别	采购数量	单价	采购金额	采购员
3	20080101	2008-1-10	1	A001	液晶电视	长虹	电视	20	3800	76000	王红
4	20080101	2008-1-10	1	A002	数字电视	长虹	电视	15	3600	54000	王红
5	20080102	2008-1-16	1	B001	双动力洗衣机	海尔	洗衣机	20	2580	51600	李江
6	20080102	2008-1-16	1	B002	智能洗衣机	海尔	洗衣机	20	2500	50000	李江
7	20080103	2008-1-16	1	C001	冰箱A	科龙	冰箱	20	1850	37000	王红
8	20080103	2008-1-16	1	C002	冰箱B	科龙	冰箱	8	1700	13600	李江
9	20080104	2008-1-20	1	C003	冰箱C	科龙	冰箱	10	2000	20000	孙伟
10	20080105	2008-1-20	1	D001	电脑A	联想	电脑	15	5000	75000	王红
11	20080105	2008-1-20	1	D002	电脑B	联想	电脑	20	4500	90000	李江
12	20080105	2008-1-20	1	D003	电脑C	联想	电脑	10	5000	50000	赵周
13	20080105	2008-1-20	1	D004	电脑D	联想	电脑	12	4800	57600	孙伟
14	20080106	2008-1-25	1	E001	手机A	诺基亚	手机	15	1500	22500	王红
15	20080106	2008-1-25	1	E002	手机B	诺基亚	手机	10	1800	18000	李江
16	20080106	2008-1-25	1	E003	手机C	诺基亚	手机	15	1600	24000	赵周
17	20080107	2008-1-25	1	E004	手机D	摩托罗拉	手机	15	1600	24000	孙伟

图 8－10 自动筛选

（3）在“采购发票号”下拉式列表框中选择某一发票号，如“20080101”，该发票号对应的具体业务就查出来了，如图 8－11 所示。同样，也可以查询某供应商的供货情况、某一类别商品的采购情况等。

	A	B	C	D	E	F	G	H	I	J	K
1						采购明细表					
2	采购发票号	采购日期	月份	商品代码	商品名称	供应商	类别	采购数量	单价	采购金额	采购员
3	20080101	2008-1-10	1	A001	液晶电视	长虹	电视	20	3800	76000	王红
4	20080101	2008-1-10	1	A002	数字电视	长虹	电视	15	3600	54000	王红

图 8－11 利用筛选功能作查询

（4）选择“数据”菜单中的“分类汇总”命令，打开“分类汇总”对话框，如图 8－12 所示。

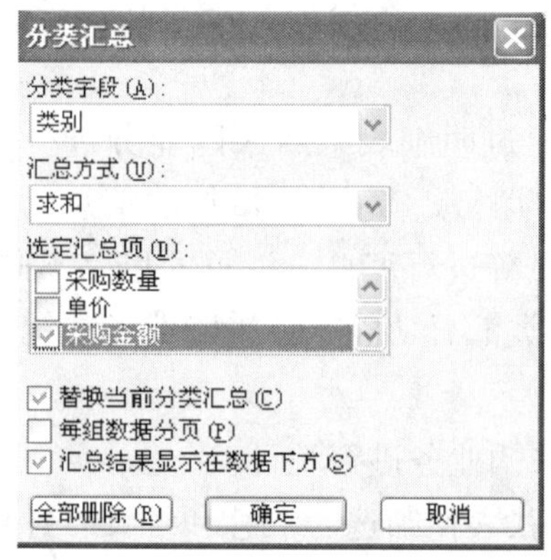

图 8－12　“分类汇总”设置

（5）在“分类汇总”对话框中，选择“分类字段”中的“类别”；选择“汇总方式”中的“求和”；选择“选定汇总项”中的“采购金额”，然后单击“确定”按钮，即可汇总出每类产品（电视、电脑、洗衣机等）当月的采购金额，如图 8－13 所示。

	A	B	C	D	E	F	G	H	I	J	K	L
1						采购明细表						
2	采购发票号	采购日期	月份	商品代码	商品名称	供应商	类别	采购数量	单价	采购金额	采购员	
3	20080101	2008-1-10	1	A001	液晶电视	长虹	电视	20	3800	76000	王红	
4	20080101	2008-1-10	1	A002	数字电视	长虹	电视	15	3600	54000	王红	
5							**电视 汇总**			130000		
6	20080102	2008-1-16	1	B001	双动力洗衣机	海尔	洗衣机	20	2580	51600	李江	
7	20080102	2008-1-16	1	B002	智能洗衣机	海尔	洗衣机	20	2500	50000	李江	
8							**洗衣机 汇总**			101600		
9	20080103	2008-1-16	1	C001	冰箱A	科龙	冰箱	20	1850	37000	王红	
10	20080103	2008-1-16	1	C002	冰箱B	科龙	冰箱	8	1700	13600	李江	
11	20080104	2008-1-20	1	C003	冰箱C	科龙	冰箱	10	2000	20000	孙伟	
12							**冰箱 汇总**			70600		
13	20080105	2008-1-20	1	D001	电脑A	联想	电脑	15	5000	75000	王红	
14	20080105	2008-1-20	1	D002	电脑B	联想	电脑	20	4500	90000	李江	
15	20080105	2008-1-20	1	D003	电脑C	联想	电脑	10	5000	50000	赵周	
16	20080105	2008-1-20	1	D004	电脑D	联想	电脑	12	4800	57600	孙伟	
17							**电脑 汇总**			272600		
18	20080106	2008-1-25	1	E001	手机A	诺基亚	手机	15	1500	22500	王红	
19	20080106	2008-1-25	1	E002	手机B	诺基亚	手机	10	1800	18000	李江	
20	20080106	2008-1-25	1	E003	手机C	诺基亚	手机	15	1600	24000	赵周	
21	20080107	2008-1-25	1	E004	手机D	摩托罗拉	手机	15	1600	24000	孙伟	
22							**手机 汇总**			88500		
23							**总计**			663300		
24												

图 8－13　分类汇总结果

（6）结合自动筛选功能，可以实现细项目的分类汇总，如采购发票号为“20080101”的汇总信息。

（7）用数据透视表进行汇总。

（8）用数据透视图进行汇总。

说明：本例用到的汇总统计工具易学易用，但有时觉得显示的信息不太明显、突出。要使汇总的内容是用户自己设定的，可以自定义表格内容，通过公式、函数的应用来实现，或者编程来实现。下面用实例主要介绍如何用公式、函数来实现。

【例 8－5】统计不同的商品在 1 季度的采购数量和采购金额。

分析：本例的统计是以 1 月、2 月、3 月的采购明细作为基础数据的，统计时要以三张表为基础。Excel 提供的自动筛选和分类汇总功能不能对 3 张表进行统计汇总。这种情形的汇总，可以通过公式、函数来实现。

操作步骤如下：

（1）在“进销存管理”工作簿中插入一新工作表，且重命名为“1 季度采购统计”作为表头，如图 8 - 14 所示。

	A	B	C	D	E	F	G	H
1		1季度采购统计						
2								
3	商品代码	商品名称	供应商	采购数量	采购金额		总采购数量	总采购金额
4								
5								

图 8 - 14　1 季度采购统计表头

（2）选择“商品情况表”的单元格区域 A4:C1004，按快捷键 Ctrl + C，接着选择“1 季度采购统计”的单元格 A4，按快捷键 Ctrl + V，将商品情况表的商品代码、商品名称及供应商信息复制到“1 季度采购统计”表对应的单元格区域中。

（3）在单元格 D4 中输入公式“ = SUMIF（采购明细 1 月！$E$3：$E$1003，1 季度采购统计！B4，采购明细 1 月！$H$3：$H$1003） + SUMIF（采购明细 2 月！$E$3：$E$1003，1 季度采购统计！B4，采购明细 2 月！$H$3：$H$1003） + SUMIF（采购明细 3 月！$E$3：$E$1003，1 季度采购统计！B4，采购明细 3 月！$H$3：$H$1003）”并回车，统计出“液晶电视”1 季度的采购数量，拖动填充柄将单元格 D4 的公式复制到单元格区域 D5:D1004，计算所有不同商品的采购数量。

（4）在单元格 E4 中输入公式“ = SUMIF（采购明细 1 月！$E$3：$E$1003，1 季度采购统计！B4，采购明细 1 月！$J$3：$J$1003） + SUMIF（采购明细 2 月！$E$3：$E$1003，1 季度采购统计！B4，采购明细 2 月！$J$3：$J$1003） + SUMIF（采购明细 3 月！$E$3：$E$1003，1 季度采购统计！B4，采购明细 3 月！$J$3：$J$1003）”并回车，统计“液晶电视”在 1 季度的采购金额，拖动填充柄将单元格 E4 的公式复制到单元格区域 E4:E1004，统计所有不同商品的采购金额。

（5）在单元格 G4 中输入公式“ = SUM（D4:D1004）”并回车，计算 1 季度总的采购数量。

（6）在单元格 H4 中输入公式“ = SUM（E4:E1004）”并回车，计算 1 季度总的采购金额。

计算结果如图 8 - 15 所示。

说明：此例涉及多表统计和带条件统计。这里使用了 SUMIF 函数。SUMIF 是单条件求和函数，参数有三个，分别为“条件判断区域”、“条件”、“求和区域”。根据“条件”来确定哪些单元格被求和。本例中是在各张表中分别判断各采购明细表中的商品名称列是否是“液晶电视”等，若是，将对应行的采购数量和采购金额加总。因此，通过 SUMIF 函数对三张采购明细表的采购数量和金额分别计算后再求和，即得到 1 季度的统计情况。若要获得 2、3、4 季度的采购统计数据，可根据前一季度的统计数据再结合当前季度的明细数据来计算。

	A	B	C	D	E	F	G	H
1	1季度采购统计							
2								
3	商品代码	商品名称	供应商	采购数量	采购金额		总采购数量	总采购金额
4	A001	液晶电视	长虹	59	222250		544	1674100
5	A002	数字电视	长虹	50	176500			
6	B001	双动力洗衣机	海尔	45	114150			
7	B002	智能洗衣机	海尔	47	117500			
8	C001	冰箱A	科龙	35	64750			
9	C002	冰箱B	科龙	8	13600			
10	C003	冰箱C	科龙	30	54000			
11	D001	电脑A	联想	25	120000			
12	D002	电脑B	联想	35	153750			
13	D003	电脑C	联想	30	140000			
14	D004	电脑D	联想	22	105600			
15	E001	手机A	诺基亚	25	37500			
16	E002	手机B	诺基亚	25	45000			
17	E003	手机C	诺基亚	30	48000			
18	E004	手机D	摩托罗拉	15	24000			
19	F001	空调A	海信	20	130000			
20	F002	空调B	格力	43	107500			
21	F003	空调C	美的	0	0			
22								

图 8－15　1 季度采购统计表

8.2　销售业务的统计与汇总

销售业务的基本信息如“客户情况”表格的设计和建立与采购业务是类似的，在此不再赘述。销售明细同样以 2008 年前 3 个月的销售情况为例，具体数据如图 8－16、图 8－17、图 8－18 所示，输入技巧同采购明细表。销售明细汇总方法见采购明细汇总。

下面重点以 1 季度销售汇总为例讨论在销售中涉及的一些汇总方法。以下通过实例说明具体操作方法。

	A	B	C	D	E	F	G	H	I	J
1	销售明细表									
2	销售日期	月份	商品代码	商品名称	供应商	类别	销售数量	单价	销售金额	客户
3	2008-1-12	1	A001	液晶电视	长虹	电视	10	4000	40000	客户A
4	2008-1-13	1	A002	数字电视	长虹	电视	12	4100	49200	客户B
5	2008-1-19	1	B001	双动力洗衣机	海尔	洗衣机	15	3000	45000	客户C
6	2008-1-19	1	B002	智能洗衣机	海尔	洗衣机	18	2800	50400	客户D
7	2008-1-19	1	C001	冰箱A	科龙	冰箱	15	2100	31500	客户E
8	2008-1-20	1	C002	冰箱B	科龙	冰箱	5	1850	9250	客户A
9	2008-1-23	1	C003	冰箱C	科龙	冰箱	10	2300	23000	客户B
10	2008-1-24	1	D001	电脑A	联想	电脑	12	5750	69000	客户C
11	2008-1-24	1	D002	电脑B	联想	电脑	16	5100	81600	客户A
12	2008-1-25	1	D003	电脑C	联想	电脑	8	5500	44000	客户B
13	2008-1-25	1	D004	电脑D	联想	电脑	10	5520	55200	客户D
14	2008-1-26	1	E001	手机A	诺基亚	手机	12	1725	20700	客户D
15	2008-1-27	1	E002	手机B	诺基亚	手机	10	2070	20700	客户D
16	2008-1-27	1	E003	手机C	诺基亚	手机	8	1830	14640	客户D
17	2008-1-27	1	E004	手机D	摩托罗拉	手机	10	1840	18400	客户A
18										

图 8－16　1 月销售明细表

	A	B	C	D	E	F	G	H	I	J
1					销售明细表					
2	销售日期	月份	商品代码	商品名称	供应商	类别	销售数量	单价	销售金额	客户
3	2008-2-11	2	A001	液晶电视	长虹	电视	10	3950	39500	客户D
4	2008-2-12	2	A002	数字电视	长虹	电视	20	3600	72000	客户C
5	2008-2-19	2	B001	双动力洗衣机	海尔	洗衣机	8	2750	22000	客户B
6	2008-2-19	2	B002	智能洗衣机	海尔	洗衣机	10	2650	26500	客户A
7	2008-2-20	2	C001	冰箱A	科龙	冰箱	12	1950	23400	客户A
8	2008-2-20	2	C003	冰箱C	科龙	冰箱	18	1800	32400	客户B
9	2008-2-25	2	D001	电脑A	联想	电脑	5	4655	23275	客户C
10	2008-2-25	2	D002	电脑B	联想	电脑	10	4450	44500	客户E
11	2008-2-25	2	D003	电脑C	联想	电脑	16	4850	77600	客户F
12	2008-2-26	2	D004	电脑D	联想	电脑	8	5000	40000	客户D
13	2008-2-23	2	A001	液晶电视	长虹	电视	10	3950	39500	客户B
14	2008-2-26	2	E001	手机A	诺基亚	手机	7	1800	12600	客户D
15	2008-2-26	2	E002	手机B	诺基亚	手机	13	2000	26000	客户E
16	2008-2-27	2	F001	空调A	海信	空调	12	6750	81000	客户F
17	2008-2-27	2	F002	空调B	格力	空调	16	2800	44800	客户A

图 8－17　2 月销售明细表

	A	B	C	D	E	F	G	H	I	J
1					销售明细表					
2	销售日期	月份	商品代码	商品名称	供应商	类别	销售数量	单价	销售金额	客户
3	2008-3-5	3	A001	液晶电视	长虹	电视	10	3950	39500	客户C
4	2008-3-6	3	E002	手机B	诺基亚	手机	8	2000	16000	客户F
5	2008-3-10	3	A002	数字电视	长虹	电视	10	3750	37500	客户D
6	2008-3-15	3	B001	双动力洗衣机	海尔	洗衣机	12	2600	31200	客户A
7	2008-3-18	3	F002	空调B	格力	空调	16	2650	42400	客户B
8	2008-3-25	3	A001	液晶电视	长虹	电视	8	3950	31600	客户F
9	2008-3-25	3	F002	空调B	格力	空调	15	2600	39000	客户E
10										

图 8－18　3 月销售明细表

【例 8－6】如图 8－16、图 8－17、图 8－18 分别为前三个月的销售明细表，已输入到“进销存管理”工作簿中，分别命名为“销售明细 1 月”、“销售明细 2 月”、“销售明细 3 月”。根据前三个月销售明细表，统计 1 季度不同客户对不同商品的销售数量和销售金额。

分析：在单张销售明细表中，对不同客户不同商品销售数量和销售金额的统计可用 Excel 提供的自动筛选功能实现。本例中涉及三张表，需要用函数来实现。

操作步骤如下：

（1）在“进销存管理”工作簿中插入一新工作表，命名为“1 季度销售统计”。

（2）在单元格 B4 中输入公式“＝SUM（IF（（销售明细 1 月！$J$3：$J$1003＝1 季度销售统计！$A4）＊（销售明细 1 月！$D$3：$D$1003＝1 季度销售统计！B$3），销售明细 1 月！$G$3：$G$1003））＋SUM（IF（（销售明细 2 月！$J$3：$J$1003＝1 季度销售统计！$A4）＊（销售明细 2 月！$D$3：$D$1003＝1 季度销售统计！B$3），销售明细 2 月！$G$3：$G$1003））＋SUM（IF（（销售明细 3 月！$J$3：$J$1003＝1 季度销售统计！$A4）＊（销售明细 3 月！$D$3：$D$1003＝1 季度销售统计！B$3），销售明细 3 月！$G$3：$G$1003））”，按组合键 Ctrl ＋ Shift ＋ Enter，将单元格 B4 的公式分别按行和列拖动填充柄复制到单元格区域 B4:S9。

（3）在单元格 B10 中输入公式“＝SUM（B4:B9）”，计算该列的和。拖动填充柄将单元格 B10 的公式复制到单元格区域 C10:S10。用同样的方法分别计算单元格区域 T4:T10、B27:S27 和 T21:T27 的值。

（4）在单元格 U4 中输入公式“=RANK（T4，$T$4：$T$9）”。拖动填充柄将单元格 U4 的公式复制到单元格区域 U5:U9。用同样的方法计算单元格区域 U21:U26 的值。

（5）在单元格 B21 中输入公式“=SUM（IF（（销售明细 1 月！$J$3：$J$1003 = 1 季度销售统计！$A21）*（销售明细 1 月！$D$3：$D$1003 = 1 季度销售统计！ B$20），销售明细 1 月！$I$3：$I$1003））+SUM（IF（（销售明细 2 月！$J$3：$J$1003 = 1 季度销售统计！$A21）*（销售明细 2 月！$D$3：$D$1003 = 1 季度销售统计！ B$20），销售明细 2 月！$I$3：$I$1003））+SUM（IF（（销售明细 3 月！$J$3：$J$1003 = 1 季度销售统计！$A21）*（销售明细 3 月！$D$3：$D$1003 = 1 季度销售统计！ B$20），销售明细 3 月！$I$3：$I$1003））”，按组合键 Ctrl + Shift + Enter，将单元格 B21 的公式分别按行和列拖动填充柄复制到单元格区域 B21:S27。

计算结果如图 8-19 所示。

	A	B	C	D	E	F	G	H	I	J	K	L	M	N	O	P	Q	R	S	T	U
1	1季度销售统计																				
2	按销售数量统计																				
3		液晶电视	数字电视	双动力洗衣机	智能洗衣机	冰箱A	冰箱B	冰箱C	电脑A	电脑B	电脑C	电脑D	手机A	手机B	手机C	手机D	空调A	空调B	空调C	总计	排序
4	客户A	10	0	12	10	12	5	0	0	16	0	0	0	0	0	10	0	16	0	91	2
5	客户B	10	12	8	0	0	0	28	0	0	8	0	0	0	0	0	0	16	0	82	3
6	客户C	10	20	15	0	0	0	0	17	0	0	0	0	0	0	0	0	0	0	62	4
7	客户D	10	10	0	18	0	0	0	0	0	0	18	19	10	8	0	0	0	0	93	1
8	客户E	0	0	0	0	15	0	0	0	10	0	0	0	13	0	0	0	15	0	53	5
9	客户F	8	0	0	0	0	0	0	0	0	16	0	0	8	0	0	12	0	0	44	6
10	合计	48	42	35	28	27	5	28	17	26	24	18	19	31	8	10	12	47	0	425	
11																					
12																					
13																					
14																					
15																					
16																					
17																					
18																					
19	按销售金额统计																				
20		液晶电视	数字电视	双动力洗衣机	智能洗衣机	冰箱A	冰箱B	冰箱C	电脑A	电脑B	电脑C	电脑D	手机A	手机B	手机C	手机D	空调A	空调B	空调C	总计	排序
21	客户A	40000	0	31200	26500	23400	9250	0	0	81600	0	0	0	0	0	18400	0	44800	0	275150	2
22	客户B	39500	49200	22000	0	0	0	55400	0	0	44000	0	0	0	0	0	0	42400	0	252500	3
23	客户C	39500	72000	45000	0	0	0	0	92275	0	0	0	0	0	0	0	0	0	0	248775	4
24	客户D	39500	37500	0	50400	0	0	0	0	0	0	95200	33300	20700	14640	0	0	0	0	291240	1
25	客户E	0	0	0	0	31500	0	0	0	44500	0	0	0	26000	0	0	0	39000	0	141000	6
26	客户F	31600	0	0	0	0	0	0	0	0	77600	0	0	16000	0	0	81000	0	0	206200	5
27	合计	2E+05	2E+05	98200	76900	54900	9250	55400	92275	126100	121600	95200	33300	62700	14640	18400	81000	126200	0	1414865	

图 8-19 1 季度销售统计表

说明：本例分别对不同客户对不同商品的销售数量和销售金额进行了统计。在统计过程中联合使用了 SUM 和 IF 函数，以实现多条件的求和。条件之间是“与”的关系，用“*”连接；是“或”的关系，则用“+”连接。使用 SUM 和 IF 函数进行多条件求和时，公式必须采用数组公式进行输入，即公式输入完后按组合键 Ctrl + Shift + Enter，否则将出错，返回信息“#VALUE”。

在计算不同客户不同商品的销售数量及销售金额时，条件如下：

① 三张销售明细表的商品名称列的值要等于 1 季度销售统计表中当前列的值。

② 三张销售明细表的客户列的值要等于 1 季度销售统计表中当前行的值。

两个条件都必须满足，才对销售数量列或销售金额列求和。因此，联合使用 SUM 和 IF 函数时，两个条件间的连接符是“ * ”。由于要使用填充柄复制公式，本例在设计单元格 B4 公式和单元格 B21 公式时，特别注意了混合地址的使用。若未能正确地应用相对地址和绝对地址，在使用填充柄复制公式时，一定会出错。

8.3 存货统计及进销存数据分析

存货统计最基本的是对存货的数量进行统计，是在采购业务和销售业务实施后进行的一项工作。存货统计首先要统计期初数，再统计采购数及销售数，最后得到期末数。存货统计通常在一定的期间内进行，如月末、季末、年末。下面通过实例说明如何利用 Excel 进行存货统计。

进销存数据主要分析基础数据，计算采购成本、销售价格以及销售利润。在计算采购成本时，可采用加权平均成本法。

【例 8 -7】针对前三个月的采购和销售业务情况，统计前三个月的存货统计情况。

分析：若要分别统计 1、2、3 月的存货情况，每月相应的期初数等于上期的期末数、本月的采购数及销售数从对应月份的采购明细表和销售明细表得到，最后用本月的期初数加采购数减销售数，即可得到本月的期末数。1 月的期初数假设为 0。

操作步骤如下：

（1）在“进销存管理”工作簿中插入一工作表，重命名为“存货”。设计表头，为区分每个月的数据，特别在 8 行、10 行加了粗线，如图 8 -20 所示。

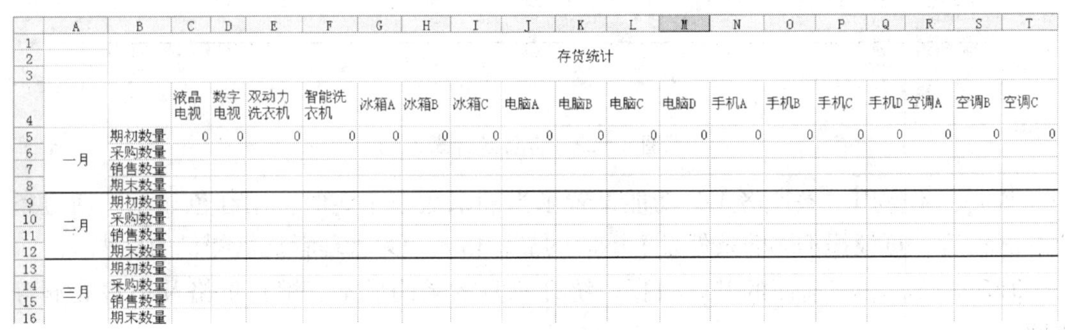

	A	B	C	D	E	F	G	H	I	J	K	L	M	N	O	P	Q	R	S	T
1																				
2											存货统计									
3																				
4			液晶电视	数字电视	双动力洗衣机	智能洗衣机	冰箱A	冰箱B	冰箱C	电脑A	电脑B	电脑C	电脑D	手机A	手机B	手机C	手机D	空调A	空调B	空调C
5	一月	期初数量	0	0	0	0	0	0	0	0	0	0	0	0	0	0	0	0	0	0
6		采购数量																		
7		销售数量																		
8		期末数量																		
9	二月	期初数量																		
10		采购数量																		
11		销售数量																		
12		期末数量																		
13	三月	期初数量																		
14		采购数量																		
15		销售数量																		
16		期末数量																		

图 8 -20　存货统计表头

（2）在单元格 C6 中输入公式“ =SUMIF（采购明细 1 月！$E$3：$E$1003，存货！C$4，采购明细 1 月！$H$3：$H$1003）”；拖动填充柄将单元格 C6 的公式复制到单元格区域 D6:T6。

（3）在单元格 C7 中输入公式“ =SUMIF（销售明细 1 月！$D$3：$D$1003，存货！C4，销售明细 1 月！$G$3：$G$1003）”，拖动填充柄将公式复制到单元格区域 D7:T7。

（4）在单元格 C8 中输入公式“ =C5 + C6 − C7”，拖动填充柄将公式复制到单元格区域 D8:T8。

（5）在单元格 C9 中输入公式“=C8”，拖动填充柄将公式复制到单元格区域 D9:T9。

（6）用同样的方法计算第 10～16 行单元格。

（7）选择单元格区域 C8:T8，然后选择“格式”菜单中的“条件格式”命令，打开“条件格式”对话框，如图 8－21 所示。

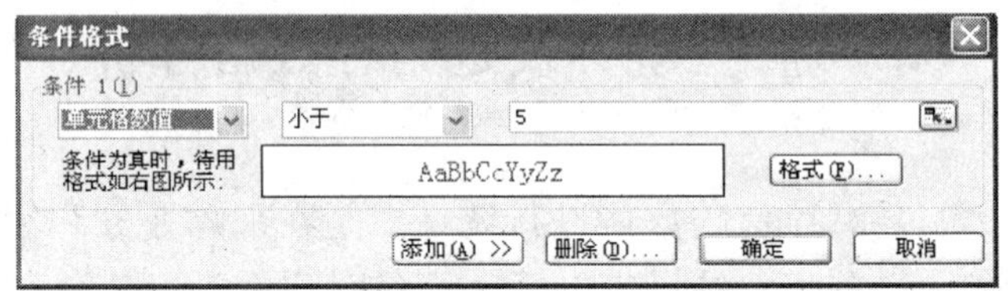

图 8－21 “条件格式”对话框

（8）设置单元格数值小于 5，单击“格式”按钮，将字体颜色设置成红色，即当期末数量小于 5 时，用红色提示。

（9）单击“格式刷”按钮，按住鼠标左键，在第 12 行、16 行拉动，将第 8 行的格式复制到第 12 行、16 行。

结果如图 8－22 所示。

存货统计

		液晶电视	数字电视	双动力洗衣机	智能洗衣机	冰箱A	冰箱B	冰箱C	电脑A	电脑B	电脑C	电脑D	手机A	手机B	手机C	手机D	空调A	空调B	空调C
一月	期初数量	0	0	0	0	0	0	0	0	0	0	0	0	0	0	0	0	0	0
	采购数量	20	15	20	20	20	8	10	15	20	10	12	15	10	15	15	0	0	0
	销售数量	10	12	15	18	15	5	10	12	16	8	10	12	10	8	10	0	0	0
	期末数量	10	3	5	2	5	3	0	3	4	2	2	3	0	7	5	0	0	0
二月	期初数量	10	3	5	2	5	3	0	3	4	2	2	3	0	7	5	0	0	0
	采购数量	22	25	10	27	15	0	20	10	15	20	10	10	15	15	0	20	18	0
	销售数量	20	20	8	10	12	0	18	5	10	16	8	7	13	0	0	12	16	0
	期末数量	12	8	7	19	8	3	2	8	9	6	4	6	2	22	5	8	2	0
三月	期初数量	12	8	7	19	8	3	2	8	9	6	4	6	2	22	5	8	2	0
	采购数量	17	10	15	0	0	0	0	0	0	0	0	0	0	0	0	0	25	0
	销售数量	18	10	12	0	0	0	0	0	0	0	0	0	2	0	0	0	21	0
	期末数量	11	8	10	19	8	3	2	8	9	6	4	6	0	22	5	8	6	0

图 8－22 存货统计表

说明：本例用“条件格式”功能设置了当期末数小于 5 时，用红色显示。通过条件格式设置，可根据不同的条件设置不同的显示格式，为管理者提供醒目的标识。

【例 8－8】利用前面的基础数据，统计每月的采购成本、销售价格及销售利润等数据。

分析：要计算每月的销售利润，必须计算销售数量对应的销售收入及销售数量的采购成本。由于每种商品采购价格和销售价格有可能不同，一般采用加权平均的方法来计算每种商品的采购价格和销售价格。公式如下：

某种商品的采购价格＝该商品总的采购金额/总采购数量

销售价格＝总销售金额/总销售数量

操作步骤如下：

（1）在“进销存管理”工作簿中插入一张新工作表，重命名为“进销存数据分析”。设计表头，为区分每月数据，在第 9 行、16 行加粗线，如图 8－23 所示。

		液晶电视	数字电视	双动力洗衣机	智能洗衣机	冰箱A	冰箱B	冰箱C	电脑A	电脑B	电脑C	电脑D	手机A	手机B	手机C	手机D	空调A	空调B	空调C	合计
一月	本月存货																			
	加权平均采购价格																			
	存货占用资金																			
	销售成本																			
	销售均价																			
	销售收入																			
	销售利润																			
二月	本月存货																			
	加权平均采购价格																			
	存货占用资金																			
	销售成本																			
	销售均价																			
	销售收入																			
	销售利润																			
三月	本月存货																			
	加权平均采购价格																			
	存货占用资金																			
	销售成本																			
	销售均价																			
	销售收入																			
	销售利润																			

图 8－23　进销存数据分析表表头

（2）在单元格 C3 中输入公式“＝存货！C8”，拖动填充柄将公式复制到单元格区域 D3:T3，得到 1 月每种商品的存货数量。

（3）在单元格 C4 中输入公式“＝IF（存货！C6＝0，SUMIF（采购明细 1 月！$E$3:$E$1003，进销存数据分析！C$2，采购明细 1 月！$J$3:$J$1003）/存货！C6）”，拖动填充柄将公式复制到单元格区域 D4:T4，得到 1 月每种商品的加权平均采购价格。

（4）在单元格 C5 中输入公式“＝C4＊C3”，拖动填充柄将公式复制到单元格区域 D5:T5，得到 1 月存货占用的资金。

（5）在单元格 C6 中输入公式“＝C4＊存货！C7”，拖动填充柄将公式复制到单元格区域 D6:T6，得到 1 月的销售成本。

（6）在单元格 C7 中输入公式“＝IF（存货！C7＝0，SUMIF（销售明细 1 月！$D$3:$D$1003，进销存数据分析！C2，销售明细 1 月！$I$3:$I$1003）/存货！C7）”，拖动填充柄将公式复制到单元格区域 D7:T7，得到 1 月的销售均价。

（7）在单元格 C8 中输入公式“C7＊存货！C7”，拖动填充柄将公式复制到单元格区域 D8:T8，得到 1 月的销售收入。

（8）在单元格 C8 中输入公式“＝C8－C6”，拖动填充柄将公式复制到单元格区域 D9:T9，得到 1 月的销售利润。

（9）选择单元格区域 C9:U9，单击“格式”工具栏中的“自动求和”按钮，对每种商品的销售利润进行求和。

（10）选择单元格 U9，单击“格式”工具栏中的“加粗”按钮，将该单元格设为粗体，以便于查看。

1、2 月的进销存统计数据的计算结果如图 8－24 所示。

	A	B	C	D	E	F	G	H	I	J	K	L	M	N	O	P	Q	R	S	T	U
1		进销存数据分析																			
2			液晶电视	数字电视	双动力洗衣机	智能洗衣机	冰箱A	冰箱B	冰箱C	电脑A	电脑B	电脑C	电脑D	手机A	手机B	手机C	手机D	空调A	空调B	空调C	合计
3	一月	本月存货	10	3	5	2	5	3	0	3	4	2	2	3	0	7	5	0	0	0	
4		加权平均采购价格	3800	3600	2580	2500	1850	1700	2000	5000	4500	5000	4800	1500	1800	1600	1600	0	0	0	
5		存货占用资金	38000	10800	12900	5000	9250	5100	0	15000	18000	10000	9600	4500	0	11200	8000	0	0	0	
6		销售成本	38000	43200	38700	45000	27750	8500	20000	60000	72000	40000	48000	18000	18000	12800	16000	0	0	0	
7		销售均价	4000	4100	3000	2800	2100	1850	2300	5750	5100	5500	5520	1725	2070	1830	1840	0	0	0	
8		销售收入	40000	49200	45000	50400	31500	9250	23000	69000	81600	44000	55200	20700	20700	14640	18400	0	0	0	
9		销售利润	2000	6000	6300	5400	3750	750	3000	9000	9600	4000	7200	2700	2700	1840	2400	0	0	0	**66640**
10	二月	本月存货	12	8	7	19	8	3	2	8	9	6	4	6	2	22	5	8	2	0	
11		加权平均采购价格	3750	3500	2580	2500	1850	0	1700	4500	4250	4500	4800	1500	1800	1600	0	6500	2500	0	
12		存货占用资金	45000	28000	18060	47500	14800	0	3400	36000	38250	27000	19200	9000	3600	35200	0	52000	5000	0	
13		销售成本	75000	70000	20640	25000	22200	0	30600	22500	42500	72000	38400	10500	23400	0	0	78000	40000	0	
14		销售均价	3950	3600	2750	2650	1950	0	1800	4655	4450	4850	5000	1800	2000	0	0	6750	2800	0	
15		销售收入	79000	72000	22000	26500	23400	0	32400	23275	44500	77600	40000	12600	26000	0	0	81000	44800	0	
16		销售利润	75050	68400	19250	23850	21450	0	30600	18620	40050	72750	35000	10800	24000	0	0	74250	42000	0	**556070**

图 8-24　进销存数据分析表

说明：本例计算了加权采购成本和销售成本以及销售均价，根据每月的采购数量、采购金额、销售数量、销售均价计算出销售收入和采购成本，从而计算每月的销售利润。在计算过程中涉及了当月采购明细、销售明细和存货等工作表。在计算加权平均采购成本时，用到了 IF 函数和 SUMIF 函数。因为要将采购数量作为除数，而采购数量有可能为零，故先对除数作判断，如存货!C6=0。若除数为零，该单元格数据为0；否则，才计算该商品的平均采购成本。销售成本的计算也是如此。

本章所涉及的进销存业务假设每月的笔数较多（最多1000笔，在单元格地址使用中已有体现），故将每月的采购和销售明细分别用一张表来存放。若采购和销售业务不是太多，可将所有采购业务和销售业务分别存放在一张工作表中，此时的进销存分析同样可参照本章实例，公式会更简单一些。将每月的采购和销售业务分别用工作表存放由于工作表数目较多，给操作带来一定的麻烦。Excel 提供了隐藏工作表的功能，可隐藏暂时不需要的工作表，从而突出需要使用的工作表。当然，工作表数目较多，在公式应用用三维单元格地址时容易出错。若用 Excel 提供的编程工具，在一定程度上会避免这类问题，同时对系统功能的丰富有非常大的帮助。若有一定的编程基础，不妨加入一些程序来实现进销存管理的功能。

8.4　小结

进销存管理主要是对企业的采购、销售、库存等业务进行管理。大多数企业的生产经营活动都会涉及进销存管理，对部分企业而言，进销存管理甚至是其管理工作的最关键环节。及时掌握进货、供应商、销售、客户及存货的情况，提出有效的管理办法并加以实施，是企业高效运作的基础。现在市面上有一些进销存管理软件，由于其不菲的价格及一些非必须的功能让大多数中小企业望而却步。而 Excel 提供的强大功能也可以编写出功能相对简单但适合企业的进销存管理系统。

本章主要利用 Excel 来建立一个小型的进销存管理系统。通过实例详细介绍了采购业务和销售业务数据的输入技巧与方法、对采购和销售业务的统计和汇总，进而进行存货的统计计算，对进销存情况进行分析。该管理系统对商业和企业的采购、库存管理工作可起到良好的辅助作用。

本章学习的重点和难点包括：数据输入的技巧与方法、常规的数据统计与汇总、带多重条件的数据统计与汇总。

练习题

某企业采购商品明细如图 8－25，销售商品及销售商品单价如图 8－26 所示。上半年的销售明细及统计表如图 8－27 所示。

	A	B	C	D
1	采购明细表			
2	月份	商品名称	采购数量	采购单价
3	一月	产品A	30	140
4	一月	产品B	50	245
5	一月	产品C	40	130
6	一月	产品D	30	200
7	一月	产品E	20	80
8	一月	产品F	10	85
9	二月	产品B	20	240
10	二月	产品C	20	130
11	三月	产品A	15	135
12	三月	产品E	10	80
13	三月	产品F	70	80
14	四月	产品B	15	240
15	四月	产品D	10	200
16	五月	产品A	10	140
17	五月	产品C	5	130
18	六月	产品E	5	80

图 8－25　采购明细表

商品名称	销售单价
产品A	158
产品B	269
产品C	157
产品D	215
产品E	104
产品F	113

图 8－26　销售产品及单价

	A	B	C	D	E	F	G	H	I	J
2	月份	日期	商品名称	销售数量	销售单价	销售金额				
3	一月	4	产品A	8						
4	一月	8	产品B	11						
5	一月	24	产品C	12						
6	二月	15	产品D	9						
7	二月	2	产品A	5				在右格输入截止月份		一月
8	二月	6	产品E	10				商品名称	销售数量	销售金额
9	三月	18	产品A	7				产品A		
10	三月	23	产品C	9				产品B		
11	三月	12	产品B	4				产品C		
12	四月	7	产品A	6				产品D		
13	四月	8	产品C	3				产品E		
14	四月	19	产品F	7				产品F		
15	五月	23	产品A	8						
16	五月	24	产品B	11						
17	五月	28	产品C	12						
18	五月	15	产品D	27						
19	六月	16	产品E	15						
20	六月	4	产品F	8						
21	六月	5	产品F	57						
22	六月	6	产品C	13						
23	六月	19	产品B	41						

图 8－27　销售明细及统计表

（1）设置“商品名称”的自定义格式，如需输入“产品 A”，只需输入 A 即可。

（2）根据图 8－25 所示数据，利用 VLOOKUP 函数将每种产品对应的销售单价填入销售明细表对应的单元格中。

（3）计算每一笔销售明细的销售金额。

（4）在 J7 单元设置数据系列“一月、二月、三月、四月、五月、六月”，在单元格 J7 可在一到六月间选择。在单元格区域 I8:J14 统计出相应产品及月份的销售金额。

（5）对该企业进行存货统计及进销存分析。

9 Excel 在销售管理中的应用

【学习目标】

（1）掌握数据透视表和数据透视图在销售业绩分析中的应用。

（2）掌握对销售业绩的汇总、统计、排序等操作。

（3）了解如何利用 Excel 提供的功能对销售进行预测。

9.1 销售流向分析

产品从企业流出后，并不是销售的终点，产品的流向越来越成为企业销售管理的重点。产品的流向是指产品销售的地区、销量等，做好销售流向分析，有利于更好地为以后的销售做预测和计划。下面通过具体的案例，介绍如何建立销售流向分析模型，如何运用 Excel 获取销售数据，并运用 Excel 的筛选、汇总、排序等功能来分析产品流向，如地区、产品类型、销量等方面。

9.1.1 销售数据的获取

企业要进行销售流向分析，首先要从各销售分公司或各销售网点获取销售数据。在采用集中式财务管理和分散式财务管理两种不同的财务管理模式的企业中，有不同的销售数据获取方法。

9.1.1.1 集中式财务管理

在集中式财务管理企业中，各分公司和销售网点定期将销售数据传递到集团总部的中心数据库，集团总部销售管理人员可以通过以下两种方法来获取数据。

方法 1：利用 Microsoft Query 从外部数据库中获取数据。

操作步骤如下：

（1）在 Excel 中建立工作表“销售管理”，打开“数据”菜单，依次选择“导入外部数据”、“新建数据库查询”命令，如图 9 - 1 所示。

（2）根据向导，选择中心数据库中的销售汇总文件，获取所需的销售数据。

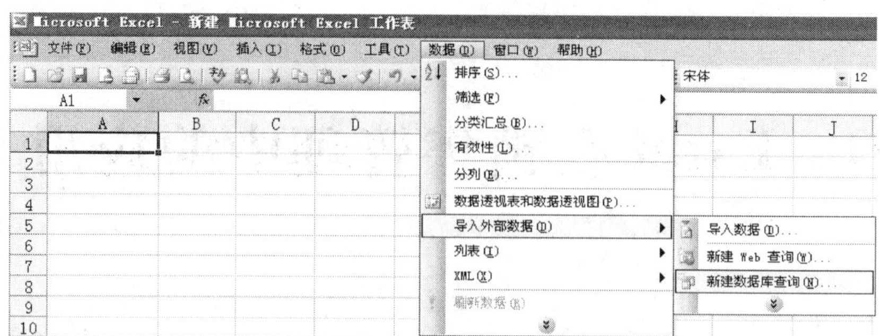

图 9－1　利用 Microsoft Query 从外部数据库中获取数据

方法 2：利用数据透视表技术从外部数据库中获取数据。

操作步骤如下：

（1）在 Excel 中建立工作表“销售管理”，选择“数据”菜单中的“数据透视表和数据透视图”命令，打开“数据透视表和数据透视图向导—3 步骤之一”对话框，如图 9－2 所示。

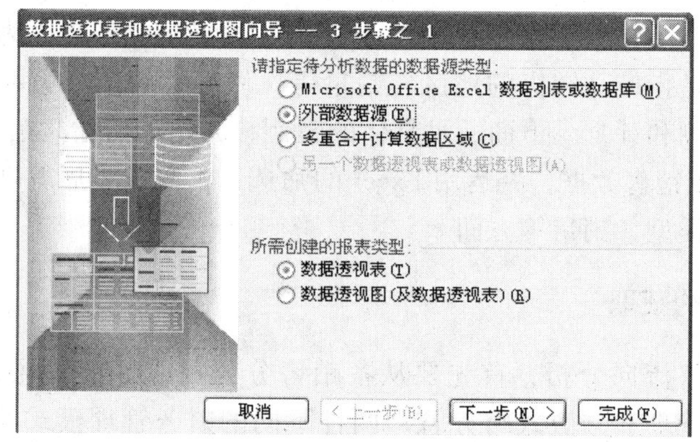

图 9－2　“数据透视表和数据透视图向导—3 步骤之一”对话框

（2）选择“外部数据源”单选按钮，按照向导的引导获取外部数据。

9.1.1.2　分散式财务管理

在分散式财务管理的企业中，各分公司或销售网点的数据保存在当地的数据库中，然后生成 Excel 或 txt 文件并传给集团总公司。有的分公司有自己的销售数据页面，此时，可以建立 Web 查询方式，获取所需要的数据。

操作步骤如下：

（1）在 Excel 中建立工作表“销售管理”，打开“数据”菜单，依次选择“导入外部数据”、“新建 Web 查询”命令，打开“新建 Web 查询”对话框，如图 9－3 所示。

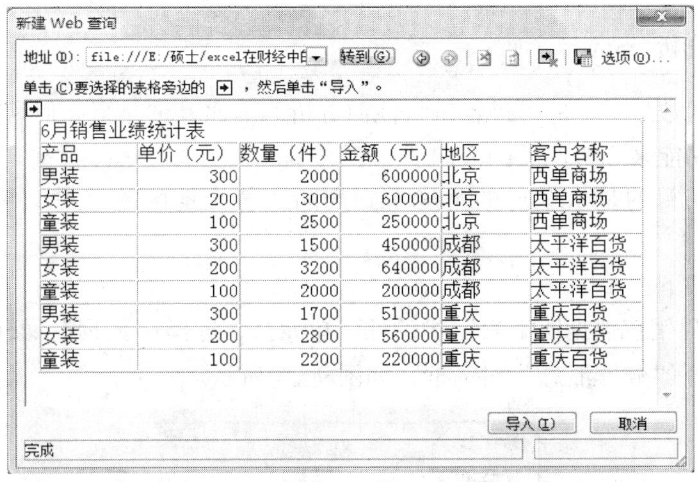

图 9－3 “新建 Web 查询”对话框

（2）在“地址”栏中输入所需数据所在的 Web 页地址，单击“转到”按钮，单击要选择的表格旁边的“➔”按钮，然后单击“导入”按钮，打开“导入数据”对话框，如图 9－4 所示。

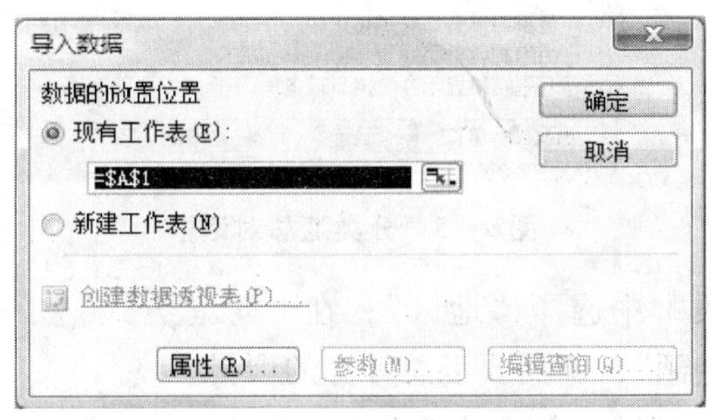

图 9－4 “导入数据”对话框

（3）单击“确定”按钮，将需要的数据导入到“销售管理”表中。至此，便得到了所需的销售数据明细表，并保存在 Excel 表中，如表 9－1 所示。

表 9－1 某服装公司 6 月份销售统计表

6 月销售业绩统计表					
产品	单价（元）	数量（件）	金额（元）	地区	客户名称
男装	300	2000	600 000	北京	西单商场
女装	200	3000	600 000	北京	西单商场
童装	100	2500	250 000	北京	西单商场
男装	300	1500	450 000	成都	太平洋百货
女装	200	3200	640 000	成都	太平洋百货
童装	100	2000	200 000	成都	太平洋百货
男装	300	1700	510 000	重庆	重庆百货
女装	200	2800	560 000	重庆	重庆百货
童装	100	2200	220 000	重庆	重庆百货

9.1.2 汇总分析

在获得销售数据后，即可进行销售流向分析。下面着重介绍如何利用 Excel 中的分类汇总和排序功能来分析产品的流向。

汇总分析的目的是从全局的角度看到产品在各个地区的销量、销售收入及主要客户。

操作步骤如下：

（1）选择“销售数据明细表”中的任一单元格，选择“数据”菜单中的“分类汇总”命令，打开“分类汇总”对话框，如图 9－5 所示。

图 9－5　分类汇总对话框

（2）在“分类字段”中选择“地区”；在“汇总方式”中选择“求和”；在“选定汇总项”中选择“金额”，即需要汇总计算的项目。

（3）单击“确定”按钮，汇总结果显示在数据表中，如图 9－6 所示。

	A	B	C	D	E	F
1	6月销售业绩统计表					
2	产品	单价（元）	数量（件）	金额（元）	地区	客户名称
3	男装	300	2000	600000	北京	西单商场
4	女装	200	3000	600000	北京	西单商场
5	童装	100	2500	250000	北京	西单商场
6				1450000	**北京 汇总**	
7	男装	300	1500	450000	成都	太平洋百货
8	女装	200	3200	640000	成都	太平洋百货
9	童装	100	2000	200000	成都	太平洋百货
10				1290000	**成都 汇总**	
11	男装	300	1700	510000	重庆	重庆百货
12	女装	200	2800	560000	重庆	重庆百货
13	童装	100	2200	220000	重庆	重庆百货
14				1290000	**重庆 汇总**	
15				4030000	**总计**	

图 9－6　按地区汇总销售收入的结果

从汇总结果可以看出，该公司的产品在北京、成都、上海等各地区的销售总收入。选择不同的汇总计算项目，可以得到在各个地区的其他销售信息，如销售数量等。以销售数量为汇总计算项目时所得到的按地区进行汇总的销售统计结果如图 9－7 所示。

	A	B	C	D	E	F
1	6月销售业绩统计表					
2	产品	单价（元）	数量（件）	金额（元）	地区	客户名称
3	童装	100	2500	250000	北京	西单商场
4	女装	200	3000	600000	北京	西单商场
5	男装	300	2000	600000	北京	西单商场
6			7500		**北京 汇总**	0
7	童装	100	2000	200000	成都	太平洋百货
8	女装	200	3200	640000	成都	太平洋百货
9	男装	300	1500	450000	成都	太平洋百货
10			6700		**成都 汇总**	0
11	童装	100	2200	220000	重庆	重庆百货
12	女装	200	2800	560000	重庆	重庆百货
13	男装	300	1700	510000	重庆	重庆百货
14			6700		**重庆 汇总**	0
15			20900		**总计**	0

图 9－7　按地区汇总销售数量的结果

依照同样的方法，可以根据客户名称、产品等进行汇总。在本销售统计表中，如果要按产品进行分类汇总，观察每种产品的销售数量，首先要对销售明细数据进行筛选。

操作步骤如下：

（1）选择任意单元格，打开“数据”菜单，依次选择“筛选”、“自动筛选”命令，如图 9－8 所示。

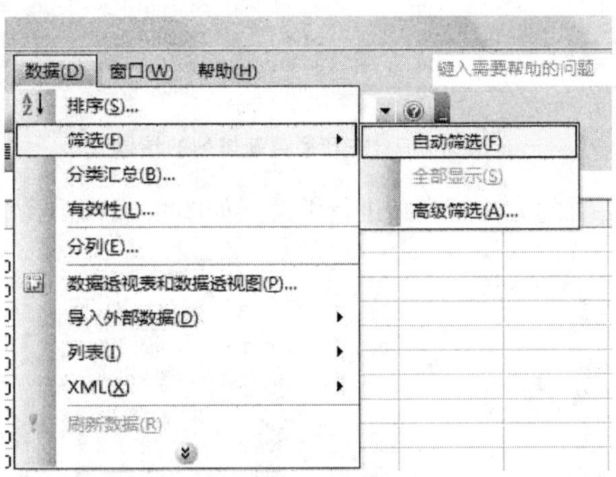

图 9－8　自动筛选

（2）设置自动筛选后，在表头的每一栏都有一个下拉按钮。例如，在产品一栏单击下拉按钮，出现下拉列表，如图 9－9 所示。

	A	B	C	D	E	F
1	6月销售业绩统计表					
2	产品	单价（元）	数量（件）	金额（元）	地区	客户名称
3		100	2500	250000	北京	西单商场
4		100	2000	200000	成都	太平洋百货
5		100	2200	220000	重庆	重庆百货
6		200	3000	600000	北京	西单商场
7		200	3200	640000	成都	太平洋百货
8		200	2800	560000	重庆	重庆百货
9	男装	300	2000	600000	北京	西单商场
10	男装	300	1500	450000	成都	太平洋百货
11	男装	300	1700	510000	重庆	重庆百货

升序排列 降序排列 (全部) (前 10 个...) (自定义...) 男装 女装 童装

图 9－9　自动筛选下拉按钮

（3）单击“升序排列”或“降序排列”按钮，实现对产品的重新排列。例如，单击“升序排列”按钮，将所有行重新排列，同类的产品排在相邻的行，如图 9－10 所示。

	A	B	C	D	E	F
2	产品	单价（元）	数量（件）	金额（元）	地区	客户名称
3	男装	300	1700	510000	重庆	重庆百货
4	男装	300	1500	450000	成都	太平洋百货
5	男装	300	2000	600000	北京	西单商场
6	女装	200	2800	560000	重庆	重庆百货
7	女装	200	3200	640000	成都	太平洋百货
8	女装	200	3000	600000	北京	西单商场
9	童装	100	2200	220000	重庆	重庆百货
10	童装	100	2000	200000	成都	太平洋百货
11	童装	100	2500	250000	北京	西单商场

图 9－10　按产品重新排列的结果

（4）再按地区汇总的方法对产品进行汇总，如图 9－11 所示。

	A	B	C	D	E	F
2	产品	单价（元）	数量（件）	金额（元）	地区	客户名称
3	男装	300	1700	510000	重庆	重庆百货
4	男装	300	1500	450000	成都	太平洋百货
5	男装	300	2000	600000	北京	西单商场
6	**男装 汇总**		5200			
7	女装	200	2800	560000	重庆	重庆百货
8	女装	200	3200	640000	成都	太平洋百货
9	女装	200	3000	600000	北京	西单商场
10	**女装 汇总**		9000			
11	童装	100	2200	220000	重庆	重庆百货
12	童装	100	2000	200000	成都	太平洋百货
13	童装	100	2500	250000	北京	西单商场
14	**童装 汇总**		6700			
15	**总计**		20900			

图 9－11　按产品分类汇总销售数量的结果

从汇总结果可以看出，在该公司的产品中，女装的销售数量是最大的。

（5）可用同样的方法按产品分类汇总销售收入，如图 9－12 所示。

	A	B	C	D	E	F
1	6月销售业绩统计表					
2	产品	单价（元）	数量（件）	金额（元）	地区	客户名称
3	男装	300	2000	600000	北京	西单商场
4	男装	300	1500	450000	成都	太平洋百货
5	男装	300	1700	510000	重庆	重庆百货
6	**男装 汇总**			1560000		0
7	女装	200	3000	600000	北京	西单商场
8	女装	200	3200	640000	成都	太平洋百货
9	女装	200	2800	560000	重庆	重庆百货
10	**女装 汇总**			1800000		0
11	童装	100	2500	250000	北京	西单商场
12	童装	100	2000	200000	成都	太平洋百货
13	童装	100	2200	220000	重庆	重庆百货
14	**童装 汇总**			670000		0
15	**总计**			4030000		0

图 9－12　按产品分类汇总销售收入的结果

9.1.3 排序分析

在销售流向分析中，分析者除了要了解各个地区和各种产品的销售情况外，最重要的一环就是在各种情况中作比较，有利于企业把主要的资源用在最畅销的产品上、产品最受欢迎的地区以及客户。下面着重介绍如何运用 Excel 排序功能来分析产品销售收入或者销售量最多的地区、客户。

操作步骤如下：

(1) 在“销售数据明细表”中，选择数据清单中的任一单元格，选择“数据”菜单中的“排序”命令，打开“排序”对话框，如图 9－13 所示。

图 9－13　“排序”对话框

(2) 在“主要关键字”中选择想要作为排序基础的名称，比如“地区”；在“主要关键字”右侧选择排序方式，比如“降序”。单击“确定”按钮，对销售数据按地区、以降序的方式对销售数据进行排列。

(3) 如果选择了“次要关键字”和“第三关键字”，则按关键字的顺序，对销售数据进行第二次和第三次排序。比如在“次要关键字”中选择了“产品”，同样是按降序。如图 9－14 所得到的新的销售数据表就是对销售数据排序后的结果。

	A	B	C	D	E	F
1	6月销售业绩统计表					
2	产品	单价（元）	数量（件）	金额（元）	地区	客户名称
3	男装	300	2000	600000	北京	西单商场
4	女装	200	3000	600000	北京	西单商场
5	童装	100	2500	250000	北京	西单商场
6	男装	300	1500	450000	成都	太平洋百货
7	女装	200	3200	640000	成都	太平洋百货
8	童装	100	2000	200000	成都	太平洋百货
9	男装	300	1700	510000	重庆	重庆百货
10	女装	200	2800	560000	重庆	重庆百货
11	童装	100	2200	220000	重庆	重庆百货

图 9－14　销售数据排序结果

通过排序，销售管理人员可以看到：企业的产品在各个城市各种产品的销售量以及销售收入的比较情况，然后根据这些信息，做出生产和配送安排，以及产品宣传计划等。

9.2　销售业绩分析

销售业绩分析对企业的绩效管理、下期销售任务的制定以及指导以后的生产都有着极其重要的作用。企业可以利用 Excel 来制作销售业绩分析模型并利用销售业绩分析模型，根据销售情况分析表与分析图，用户可以及时、准确地了解各销售人员、销售网点在不同时期和不同产品的销售情况，以及整个企业在不同时期和不同产品的销售情况，动态地掌握企业的销售信息，并有效地进行销售业绩评价。

在实际工作中，常常用数据透视表来建立销售业绩分析模型，并对销售业绩情况进行分析和评价。下面结合具体的实例来介绍如何利用数据透视表来对销售业绩进行分析。

9.2.1　数据透析表概述

数据透视表是 Excel 的高级功能之一，用于汇总较大的数据表格并对其进行多种比较。数据透视表是一种交互式表格，用户可以旋转其行或列来查看源数据的不同汇总，并查看不同区域的明细数据，还可以通过显示不同的页来筛选数据。由于数据透视表是交互式的，因此，用户可以更改数据的视图以查看更多的明细数据或计算不同的汇总额。

数据透视表的数据源类型有：Microsoft Office Excel 数据列表或数据库、外部数据源、多重合并计算数据区域、另一个数据透视表或数据透视图。

9.2.2　创建数据透析表

下面使用的原始数据资料为某服装公司的 6 月份销售业绩统计表。

操作步骤如下：

（1）根据图 9－1 制作“销售业绩统计”工作表，如图 9－15 所示。

Microsoft Excel - Book1

文件(F) 编辑(E) 视图(V) 插入(I) 格式(O) 工具(T) 数据(D) 窗口(W) 帮助(H)

H15

	A	B	C	D	E	F
1	6月销售业绩统计表					
2	产品	单价（元）	数量（件）	金额（元）	地区	客户名称
3	男装	300	2000	600000	北京	西单商场
4	女装	200	3000	600000	北京	西单商场
5	童装	100	2500	250000	北京	西单商场
6	男装	300	1500	450000	成都	太平洋百货
7	女装	200	3200	640000	成都	太平洋百货
8	童装	100	2000	200000	成都	太平洋百货
9	男装	300	1700	510000	重庆	重庆百货
10	女装	200	2800	560000	重庆	重庆百货
11	童装	100	2200	220000	重庆	重庆百货

销售业绩统计 / Sheet2 / Sheet3

图 9 - 15 “销售业绩统计”工作表

（2）选择“数据”菜单中的“数据透视表和数据透视图”命令，打开“数据透视表和数据透视图向导—3 步骤之 1”对话框。在“请指定待分析数据的数据源数据类型”选项下选择“Microsoft Office Excel 数据列表或数据库”，在“所需创建的报表类型”选项下选择“数据透视表”，如图 9 - 16 所示。

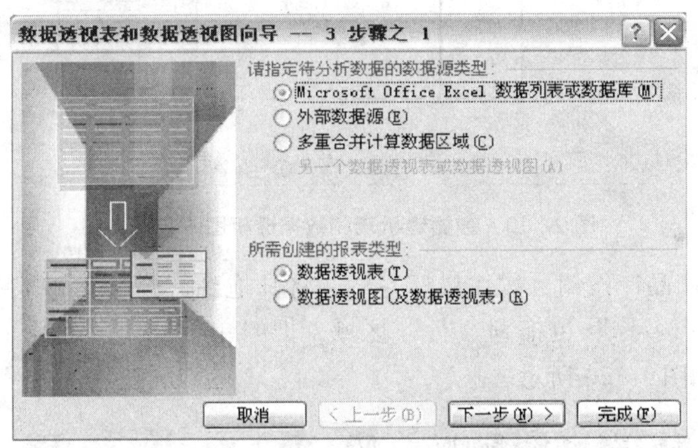

图 9 - 16 选择数据源类型和报表类型

（3）单击“下一步”按钮，打开“数据透视表和数据透视图向导—3 步骤之 2”对话框，选定要建立数据透视表的数据源区域 A2:F11，如图 9 - 17 所示。

图 9 - 17 设置数据区域

（4）单击“下一步”按钮，打开“数据透视表和数据透视图向导—3 步骤之 3”对话框，在“数据透析表显示位置”选项下选择“新建工作表”，如图 9 - 18 所示。

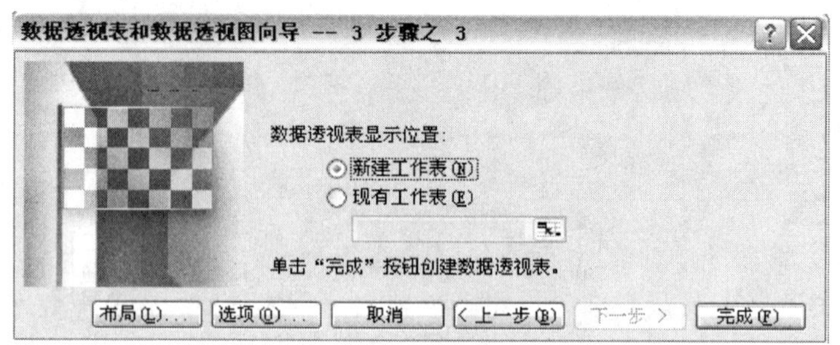

图 9－18　选择透视表位置

（5）单击“布局”按钮，打开“数据透析表和数据透析图—向导—布局”对话框，如图 9－19 所示。

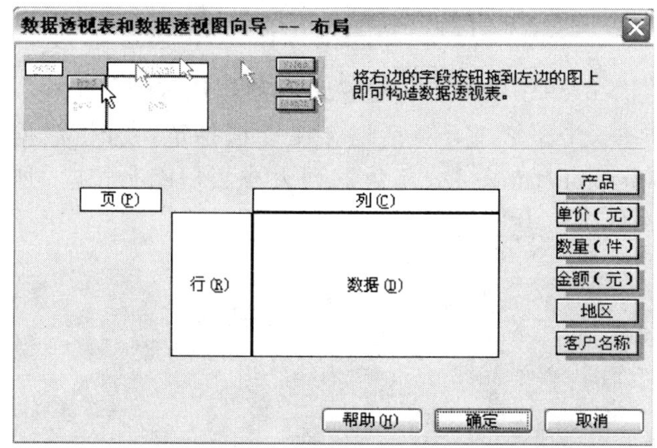

图 9－19　数据透析表和数据透析图—布局

（6）选择“产品”按钮，按住鼠标左键，将其拖到“行”区域。按同样的方法，把“地区”、“客户名称”也拖到“行”区域；把“单价”、“数量”、“金额”拖到“数据”区域，如图 9－20 所示。

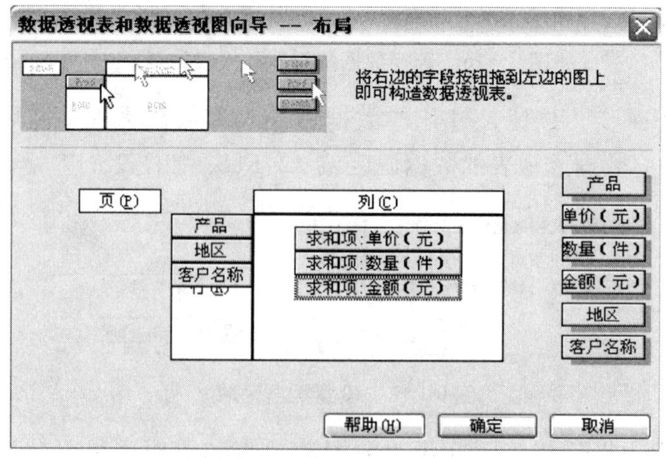

图 9－20　布局“行”和“数据”

（7）单击“确定”按钮，返回到“数据透视表和数据透视图向导—3 步骤之 3”对话框，单击“完成”按钮，完成数据透视表，如图 9－21 所示。

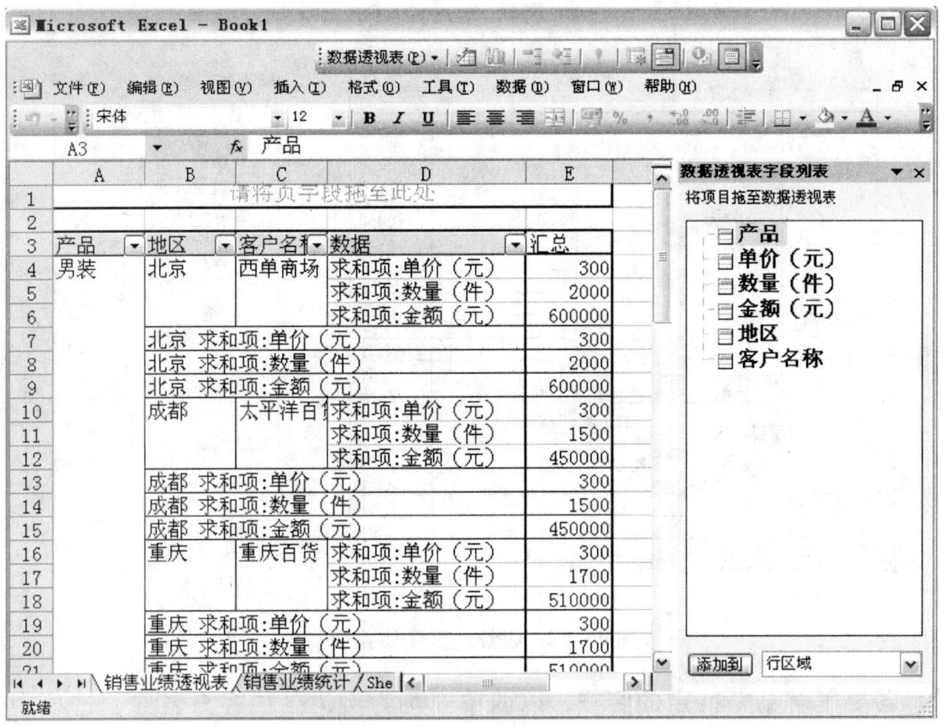

	A	B	C	D	E
3	产品	地区	客户名称	数据	汇总
4	男装	北京	西单商场	求和项:单价（元）	300
5				求和项:数量（件）	2000
6				求和项:金额（元）	600000
7		北京 求和项:单价（元）			300
8		北京 求和项:数量（件）			2000
9		北京 求和项:金额（元）			600000
10		成都	太平洋百货	求和项:单价（元）	300
11				求和项:数量（件）	1500
12				求和项:金额（元）	450000
13		成都 求和项:单价（元）			300
14		成都 求和项:数量（件）			1500
15		成都 求和项:金额（元）			450000
16		重庆	重庆百货	求和项:单价（元）	300
17				求和项:数量（件）	1700
18				求和项:金额（元）	510000
19		重庆 求和项:单价（元）			300
20		重庆 求和项:数量（件）			1700
21		重庆 求和项:金额（元）			510000

图 9－21 销售业绩透视表

9.2.3 数据透视表的应用

利用已建立的数据透视表，可以方便地进行多角度统计和分析。

9.2.3.1 *查看汇总数据*

（1）若需要了解不同销售地点的销售业绩时，以成都为例，单击第一行“地区”旁边的下拉按钮，在弹出的下拉列表中有“北京”、“成都”和“重庆”选项，选择“成都”，然后单击“确定”按钮，即可得到成都地区的销售业绩，如图 9－22 所示。

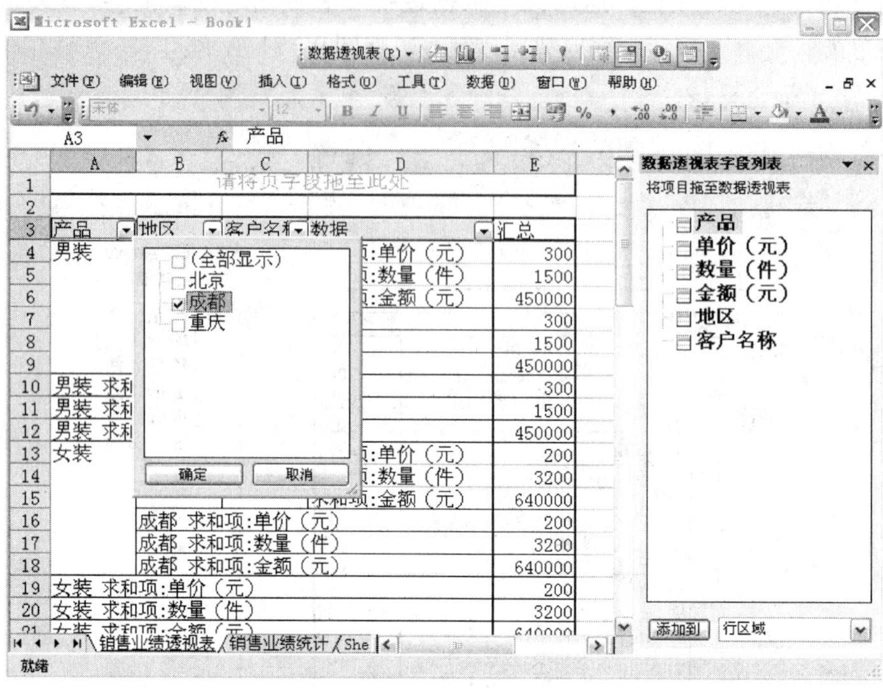

图 9－22　成都地区销售业绩

（2）若要了解某个特定的客户，以西单商场为例，在“客户名称”选项中选择“西单商场”，单击“确定”按钮，即可得到该客户的数据，如图 9－23 所示。

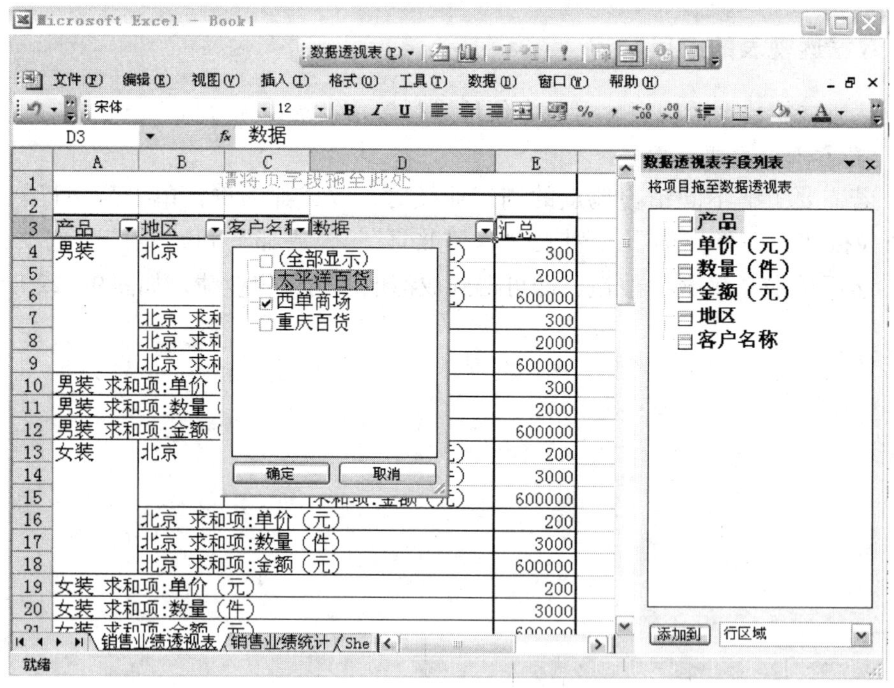

图 9－23　西单商场销售业绩

(3) 若要了解某个特定的产品，以女装为例，在“产品”选项中选择“女装”，单击“确定”按钮，即可得到该产品的数据，如图 9－24 所示。

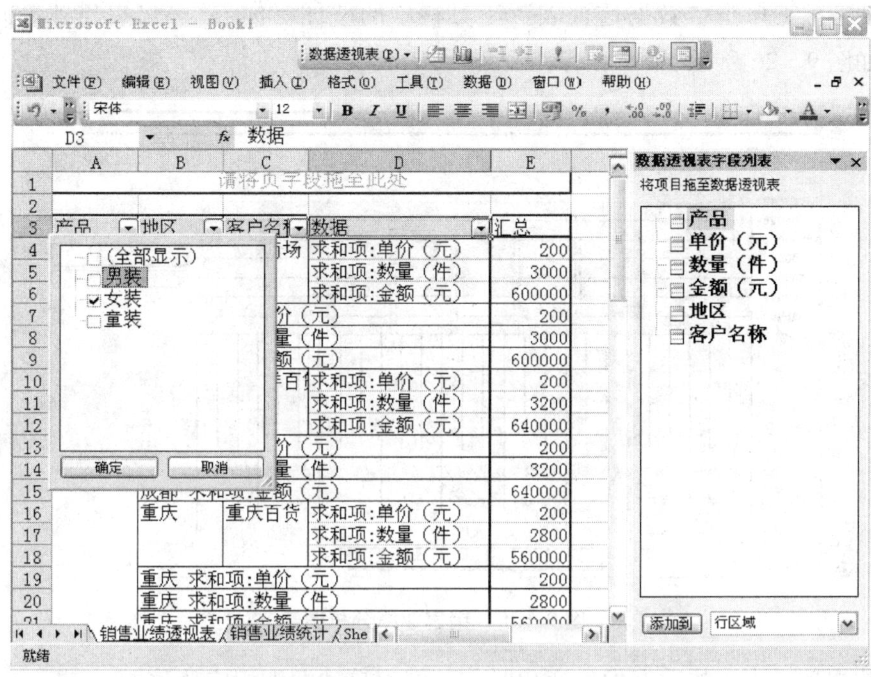

图 9－24 女装销售业绩

9.2.3.2 *改变数据透视关系*

用户可根据需要改变数据透视表的透视关系，重组表格结构，重新组合透视表的纵、横排列关系，满足管理者从新的角度分析销售业绩的需要。

实现方法：在“数据透视表和数据透视图—向导”对话框中，将右端的各个分类项按照管理者新的要求拖到左端的不同的区域中，如图 9－25 所示。

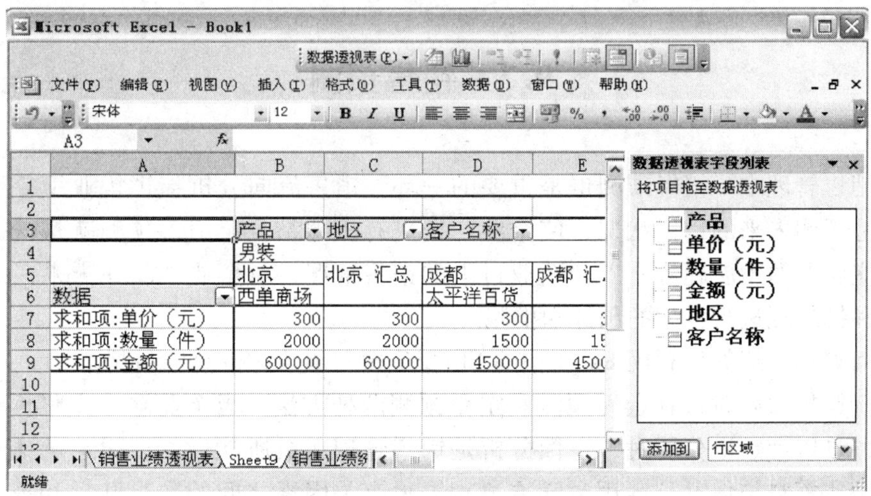

图 9－25 重组表格结构

9.2.3.3 建立数据透视图报表

可以将已创建好的数据透视表图示化显示，以便于进行直观分析。

实现方法：单击“数据透视表”工具栏中的“图标向导”，可以迅速绘制出相关图表，如图 9 - 26 所示。

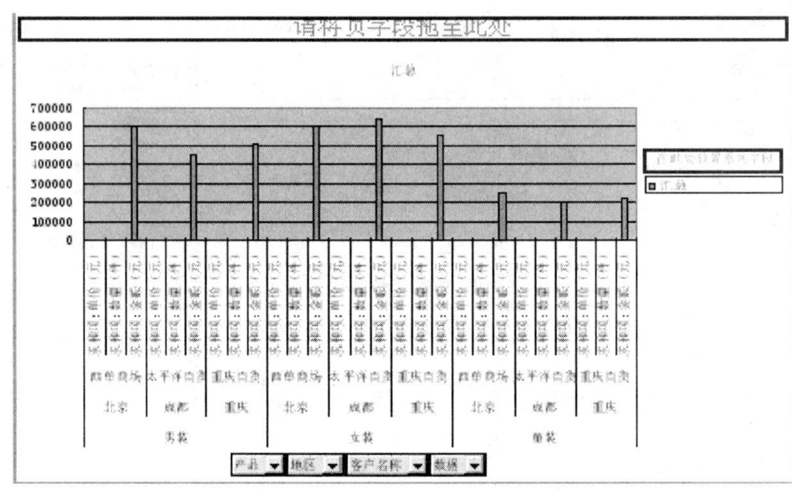

图 9 - 26 销售业绩分析图表

当数据透视表中的数据发生变化时，其图表自动发生相应变化。

9.2.3.4 数据刷新

当销售数据发生变化时，需要对数据进行更新。

实现方法如下：

（1）将 Excel 工作中的数据随外部销售数据的变化而更改。

（2）选择“数据透视表”工具栏中的“刷新数据”命令，数据透视表中的数据自动刷新，其对应的数据透视图报表也相应地发生变化。

9.3 销售预测

在销售管理中，销售预测也是重要的一环。销售流向分析与销售业绩分析都是为了更好地预测未来的销售状况，使企业产销更有机地结合。销售预测就是根据市场上商品供应状况的发展趋势，以及企业过去的销售情况，对企业产品在未来一定时期的销售量和销售额进行科学的预计和推测。

下面着重介绍如何利用 Excel 中的 LINEST 预测函数进行销售预测。

进行销售预测时，有定性预测和定量预测两种方法。当企业缺乏完整、准确的历史资料，难以做定量分析时，定性分析是销售管理人员所能做的。而定量预测是根据历史的销售资料与信息，运用数学方法，提示有关因素之间的数量联系和规律，并以此来预测未来的销售的一种方法。利用 LINEST 函数可以实现两种预测方法，即直线趋势法和多元线性分析法。

9.3.1 直线趋势法

当销售变量随时间的变动近似呈一条直线时，可以运用最小二乘法的原理，建立回归直线方程，然后以此直线来外推未来的销售变量值。

直线回归方程为：

Y = A × X + B

式中，Y 表示被解释变量，即销售量或销售额；X 表示解释变量，为时间系数；A、B 表示参数。根据直线方程和一组历史数据，确定参数 A、B，得到销售预测直线方程，然后用此方程进行趋势预测。

求直线回归方程可以利用 LINEST 函数来实现,求参数 A、B 可以用 INDEX 函数来实现。

（1）LINEST 函数

【格式】LINEST（Known _ y's，Known _ x's，Const，Stats）

【说明】参数说明如下：

Known _ y's 为满足直线回归方程的一组已知的 y 的值。

Known _ x's 为满足直线回归方程的一组已知的 x 的值。

Const 为逻辑值，用以指定是否要强制常数 B 为 0。如果取值为 TURE 或忽略，B 取正常值；如果取值为 FALSE，B 等于 0。

Stats 为逻辑值，如果返回附加的回归统计值，返回 TRUE；返回系数 A 和常数 B，则返回 FALSE。

（2）INDEX 函数

【格式】INDEX（Array，Row _ num，Column _ num）

【说明】参数说明如下：

Array 表示单元格区域或数组常量。

Row _ num 表示数组或引用中要返回值的行序号。如果要忽略，则必须有 Column _ num 参数。

Column _ num 表示数组或引用中要返回值的列序号。如果要忽略，则必须有 Row _ num 参数。

求参数 A、B 时，可嵌套使用 LINEST 函数和 INDEX 函数：= INDEX（LINEST（Known _ y's，Known _ x's，Const，Stats），1，1）。

【例 9 - 1】某服装公司历年来的销售资料如图 9 - 27 所示，预测该公司 2007 年的销售额。

	A	B	C	D	E	F	G
1				产品销售资料			
2	年度	2001	2002	2003	2004	2005	2006
3	时间序列	1	2	3	4	5	6
4	销售额（元）	100,000	110,000	130,000	145,000	170,000	180,000
5				Y=A*X+B			
6			A	B	Y(2007)		
7							

图 9 - 27 销售资料表

操作步骤如下：

① 计算参数 A、B 的值。在单元格 C7 中输入公式“ = INDEX （LINEST （B4:G4, B3:G3），1）”，在单元格 D7 中输入公式“ = INDEX （LINEST （B4:G4, B3:G3），2）”，得到参数 A、B 的值，如图 9 - 28 所示。

	A	B	C	D	E	F	G
1	产品销售资料						
2	年度	2001	2002	2003	2004	2005	2006
3	时间序列	1	2	3	4	5	6
4	销售额（元）	100,000	110,000	130,000	145,000	170,000	180,000
5	Y=A*X+B						
6			A	B	Y(2007)		
7			17000	79666.667			

图 9 - 28　计算参数的值

以上两个公式都是在 INDEX 函数中嵌套了 LINEST 函数“LINEST(B4:G4, B3:G3)”，表示估计并返回 A 和 B 的值。“INDEX （LINEST （B4:G4, B3:G3），1）”表示返回 A 的值，同理“INDEX （LINEST （B4:G4, B3:G3），2）”表示返回 B 的值。

② 预测 2007 年的销售额。在单元格 E7 中输入公式“ = C7 * 7 + D7”并回车，得到该公司 2007 年的销售额为 198 666.7 元，如图 9 - 29 所示。

	A	B	C	D	E	F	G
1	产品销售资料						
2	年度	2001	2002	2003	2004	2005	2006
3	时间序列	1	2	3	4	5	6
4	销售额（元）	100,000	110,000	130,000	145,000	170,000	180,000
5	Y=A*X+B						
6			A	B	Y(2007)		
7			17000	79666.667	198666.7		

图 9 - 29　计算 Y（2007）的值

9.3.2　多元线性分析法

许多情况下，产品销售量的变化并不只是与时间有关，有许许多多的因素会共同影响产品的销量。此时，可以用多元线性分析法，找出与销售量变化有关的主要因素，并明确它们之间的函数关系。

多元线性分析法模型如下：

$Y = A_1 \times X_1 + A_2 \times X_2 + \cdots + A_n \times X_n + B$

根据此多元回归方程和一组历史销售资料，确定参数 A_1、A_2、A_n、B，得到销售预测直线方程。然后用此方程进行趋势预测。

【例 9 - 2】某服装商店的销售资料如图 9 - 30 所示，当该产品销售单价为 70，销售人员为 6 个时，预测其销售额。

	A	B	C	D	E	F
1				产品销售资料		
2	产品单价（X1）	50	55	60	65	70
3	销售人员（X2）	6	4	7	5	6
4	销售量(Y)	84	72	68	53	
5		Y=A1*X1+A2*X2+B				
6		A1	A2	B		
7						

图 9－30　销售资料表

操作步骤如下：

① 计算参数 A1、A2、B 的值。

在单元格 B7 中输入公式“＝INDEX（LINEST（B4:E4，B2:E3），1）”。

在单元格 C7 中输入公式“＝INDEX（LINEST（B4:E4，B2:E3），2）”。

在单元格 D7 中输入公式“＝INDEX（LINEST（B4:E4，B2:E3），3）”。

于是得到参数 A1、A2、B 的值，如图 9－31 所示。

	A	B	C	D	E	F
1				产品销售资料		
2	产品单价（X1）	50	55	60	65	70
3	销售人员（X2）	6	4	7	5	6
4	销售量(Y)	84	72	68	53	
5		Y=A1*X1+A2*X2+B				
6		A1	A2	B		
7		-1.94	1.9	170.35		

图 9－31　计算参数的值

② 在单元格 E7 中输入公式“＝B7＊F2＋C7＊F3＋D7”并回车，得到 Y 的预测值为 46，如图 9－32 所示。

	A	B	C	D	E	F
1				产品销售资料		
2	产品单价（X1）	50	55	60	65	70
3	销售人员（X2）	6	4	7	5	6
4	销售量(Y)	84	72	68	53	46
5		Y=A1*X1+A2*X2+B				
6		A1	A2	B		
7		-1.94	1.9	170.35		

图 9－32　计算 Y 的预测值

9.4　案例应用

某房地产公司某月的销售情况明细数据如图 9－33 所示。公司根据销售人员当月销售金额计算提成金额，提成比例是：当月销售金额大于 300 万元，按当月销售金额的 3.5‰提成；当月销售金额在 100 万～300 万元之间，按当月金额的 3.0‰提成；当月销售金额在 100 万元以下，按当月金额的 2.5‰提成。公司为了奖励销售业绩显著的销售人员，另设销售排名奖，因此规定：若当月销售额大于 300 万元且当月销售金额在所有销售人员中排名第一的销售人员另奖励 1000 元；若当月销售额大于 300 万元且当月销售金额在所有销售人员中排名第二的销售人员另奖励 500 元。每位销售人员的实发奖金由提成加销售排名奖构成。要求如下：

（1）汇总出每位销售人员当月的销售金额。

（2）按销售人员当月的销售金额进行排名。

（3）计算每位销售人员的实发奖金。

（4）用透视图表示每位销售人员的销售金额。

	A	B	C	D	E	F	G	H
1			销售明细表					
2								
3	日期	编号	姓名	房号	面积	单价	总价	
4	2007-8-1	01	张丽	16-1-1	89.43	5700.00		
5	2007-8-1	04	王红	12-3-2	140	5200.00		
6	2007-8-1	03	赵敏	8-4-5	120.32	5600.00		
7	2007-8-1	01	张丽	13-3-5	100.21	5400.00		
8	2007-8-2	02	李华	14-5-6	90.75	5000.00		
9	2007-8-2	05	刘东	18-3-7	110.56	6200.00		
10	2007-8-2	05	刘东	8-1-5	120.32	5700.00		
11	2007-8-3	03	赵敏	12-2-1	89.43	5200.00		
12	2007-8-3	04	王红	12-2-3	89.43	5200.00		
13	2007-8-3	05	刘东	16-3-1	89.43	5500.00		
14	2007-8-3	01	张丽	8-5-5	120.32	5700.00		
15	2007-8-4	01	张丽	8-6-5	120.32	5720.00		
16	2007-8-4	02	李华	8-2-5	89.43	5580.00		
17	2007-8-4	05	刘东	16-2-1	89.43	5480.00		
18	2007-8-4	03	赵敏	8-6-5	120.32	5720.00		
19	2007-8-4	01	张丽	18-4-7	110.56	6220.00		
20	2007-8-5	04	王红	13-5-5	100.21	5440.00		
21	2007-8-5	05	刘东	12-2-2	140	5200.00		

图 9－33　销售明细表

分析：此例给出的基础数据是销售明细表，要求汇总出每位销售人员当月销售总额，并根据当月销售总额来计算提成金额和排名，在此基础上计算销售排名奖，从而计算实发奖金。解决问题的思路是：

（1）计算每一位销售人员每一次销售的总价。

（2）计算每位销售人员当月销售金额。

（3）根据当月销售金额和提成比例计算提成金额。

（4）根据当月销售金额对每位销售人员进行排名。

（5）根据当月销售金额和排名计算销售排名奖。

（6）计算实发奖金。

（7）绘制透视图。

为了表示汇总、提成、排名情况，拟设计销售汇总及提成表；为了计算提成金额，另设计一张提成比例表。加上原来的销售明细表，一共有三张工作表。

操作步骤如下：

（1）新建一工作簿并命名为“销售管理”。将工作表 Sheet1 重命名为“销售明细表”，输入基础数据，其中日期可用填充柄实现快速输入，编号输入时可用数据有效性来实现。

（2）选择单元格区域 B4:B21。

（3）选择“数据”菜单中的“有效性”命令，打开“数据有效性”对话框，在“允许”下拉列表框中选择“序列”，在“来源”下的文本框中输入“01，02，03，04，05”，然后单击“确定”按钮，如图 9－34 所示。

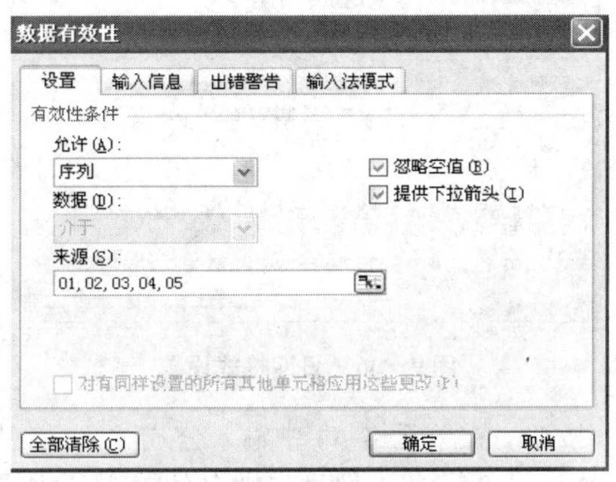

图 9－34　数据有效性设置

根据同样的方法设置姓名的数据有效性序列“张丽，李华，赵敏，王红，刘东”，在输入编号和姓名时，可在列表框中进行选择，如图 9－35 所示。

	A	B	C	D	E	F	G	H
1			销售明细表					
2								
3	日期	编号	姓名	房号	面积	单价	总价	
4	2007-8-1	01		16-1-1	89.43	5700.00		
5	2007-8-1		张丽 李华 赵敏 王红 刘东	12-3-2	140	5200.00		
6	2007-8-1			8-4-5	120.32	5600.00		
7	2007-8-1			13-3-5	100.21	5400.00		
8	2007-8-2			14-5-6	90.75	5000.00		
9	2007-8-2			18-3-7	110.56	6200.00		
10	2007-8-2			8-1-5	120.32	5700.00		
11	2007-8-3			12-2-1	89.43	5200.00		
12	2007-8-3			12-2-3	89.43	5200.00		
13	2007-8-3			16-3-1	89.43	5500.00		
14	2007-8-3			8-5-5	120.32	5700.00		
15	2007-8-4			8-6-5	120.32	5720.00		
16	2007-8-4			8-2-5	89.43	5580.00		
17	2007-8-4			16-2-1	89.43	5480.00		
18	2007-8-4			8-6-5	120.32	5720.00		
19	2007-8-4			18-4-7	110.56	6220.00		
20	2007-8-5			13-5-5	100.21	5440.00		
21	2007-8-5			12-2-2	140	5200.00		

图 9－35　设置“数据有效性”后数据的输入

（4）将工作表 Sheet2 更名为“销售汇总及提成表”。

（5）选择单元格区域 A4:A8，选择“格式”菜单中的“单元格”命令，打开“单元格格式”对话框，选择“数字”选项卡，在分类列表框中选择“日期”，在“类型”列表框中选择“2001 年 3 月”，如图 9－36 所示。

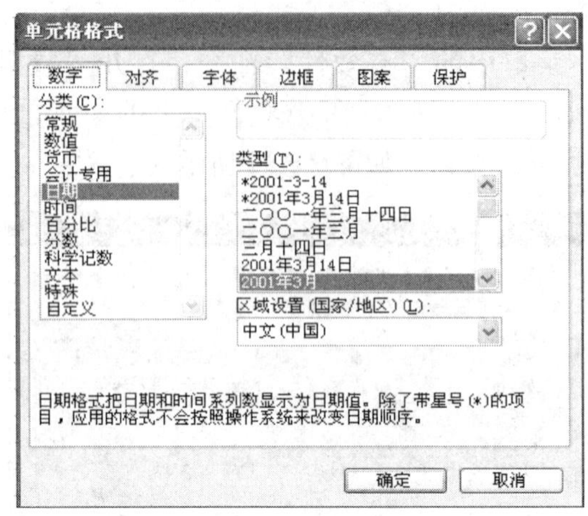

图 9－36　日期格式设置

（6）单击“确定”按钮。在单元格 A4 中输入公式“＝销售明细表！A4”，拖动填充柄将公式复制到单元格区域 A5:A8。编号与姓名的输入可用设置数据有效性的方法来进行输入（同销售明细表），如图 9－37 所示。

	A	B	C	D	E	F	G	H
1			销售汇总及提成计算					
2								
3	月份	编号	姓名	销售金额	排名	提成	销售排名奖	实发奖金
4	2007年8月	01	张丽					
5	2007年8月	02	李华					
6	2007年8月	03	赵敏					
7	2007年8月	04	王红					
8	2007年8月	05	刘东					
9								

图 9－37　销售汇总及提成表

（7）将工作表 Sheet3 重命名为“提成比例表”，然后输入数据，如图 9－38 所示。选择单元格区域 B4:B6，在名称框中输入“销售金额”并回车；选择单元格区域 C4:C6，在名称框中输入“提成比例”并回车。

	A	B	C	D
1			提成比例表	
2				
3		销售金额	提成比例(‰)	
4		0	2.5	
5		1000000	3	
6		3000000	3.5	
7				
8				

图 9－38　提成比例表

（8）在“销售明细表”工作表的单元格 G4 中输入公式“＝E4＊F4”，拖动填充柄将公式复制至单元格区域 G5:G21，计算每套房子的销售价格，如图 9－39 所示。

	A	B	C	D	E	F	G
1			销售明细表				
2							
3	日期	编号	姓名	房号	面积	单价	总价
4	2007-8-1	01	张丽	16-1-1	89.43	5700.00	509751
5	2007-8-1	04	王红	12-3-2	140	5200.00	728000
6	2007-8-1	03	赵敏	8-4-5	120.32	5600.00	673792
7	2007-8-1	01	张丽	13-3-5	100.21	5400.00	541134
8	2007-8-2	02	李华	14-5-6	90.75	5000.00	453750
9	2007-8-2	05	刘东	18-3-7	110.56	6200.00	685472
10	2007-8-2	05	刘东	8-1-5	120.32	5700.00	685824
11	2007-8-3	03	赵敏	12-2-1	89.43	5200.00	465036
12	2007-8-3	04	王红	12-2-3	89.43	5200.00	465036
13	2007-8-3	05	刘东	16-3-1	89.43	5500.00	491865
14	2007-8-3	01	张丽	8-5-5	120.32	5700.00	685824
15	2007-8-4	01	张丽	8-6-5	120.32	5720.00	688230
16	2007-8-4	02	李华	8-2-5	89.43	5580.00	499019
17	2007-8-4	05	刘东	16-2-1	89.43	5480.00	490076
18	2007-8-4	03	赵敏	8-6-5	120.32	5720.00	688230
19	2007-8-4	01	张丽	18-4-7	110.56	6220.00	687683
20	2007-8-5	04	王红	13-5-5	100.21	5440.00	545142
21	2007-8-5	05	刘东	12-2-2	140	5200.00	728000

图 9－39　计算总价的销售明细表

（9）在“销售汇总及提成表”工作表的单元格 D4 中输入公式“＝SUMIF（销售明细表！C$4:C$21，销售汇总及提成表！C4，销售明细表！G$4:G$21）”，拖动填充柄将公式复制到单元格区域 D5:D8，计算每一位销售人员当月的销售金额。

（10）在“销售汇总及提成表”工作表的单元格 E4 中输入公式“＝RANK（D4，D$4:D$8）”，拖动填充柄将公式复制到单元格区域 E5:E8，计算每一位销售人员的销售排名。

（11）在“销售汇总及提成表”工作表的单元格 F4 中输入公式“＝D4＊LOOKUP（D4，销售金额，提成比例）/1000”，拖动填充柄将公式复制到单元格区域 F5:F8，计算每一位销售人员的提成金额。

（12）在“销售汇总及提成表”工作表的单元格 G4 中输入公式“＝IF（AND（D4＞3000000，E4＝1），1000，IF（AND（D4＞3000000，E4＝2），500，0））”，拖动填充柄将公式复制到单元格区域 G5:G8，计算每一位销售人员的销售排名奖。

（13）在“销售汇总及提成表”工作表的单元格 H4 中输入公式“＝F4＋G4”，拖动填充柄将公式复制到单元格区域 G5:G8，计算每一位销售人员的实发奖金。

计算结果如图 9－40 所示。

	A	B	C	D	E	F	G	H
1			销售汇总及提成计算					
2								
3	月份	编号	姓名	销售金额	排名	提成	销售排名奖	实发奖金
4	2007年8月	01	张丽	3,112,622.60	1	10894.18	1000	11894.18
5	2007年8月	02	李华	952,769.40	5	2381.924	0	2381.924
6	2007年8月	03	赵敏	1,827,058.40	3	5481.175	0	5481.175
7	2007年8月	04	王红	1,738,178.40	4	5214.535	0	5214.535
8	2007年8月	05	刘东	3,081,237.40	2	10784.33	500	11284.33
9								

图 9－40　计算完成的销售汇总及提成表

(14) 选择“销售明细表”作表，选择“数据”菜单中的“数据透视表及数据透视图”命令，打开“数据透视表和数据透视图向导—3 步骤之 1”对话框，如图 9 - 41 所示。

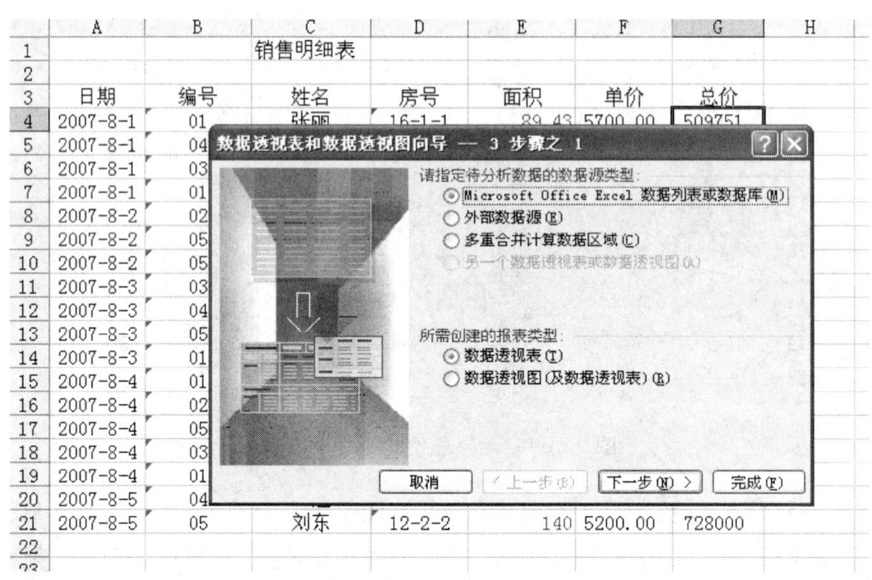

图 9 - 41 “数据透视表和数据透视图向导—3 步骤之 1”对话框

(15) 在“请指定待分析数据的数据类型”选项下选择“Microsoft Excel 数据列表或数据库”，在“所需创建的报表类型”选项下选择“数据透视图（及数据透视表）(R)”，单击“下一步”按钮，打开“数据透视表和数据透视图向导—3 步骤之 2”对话框，如图 9 - 42 所示。

	A	B	C	D	E	F	G	H
1			销售明细表					
2								
3	日期	编号	姓名	房号	面积	单价	总价	
4	2007-8-1	01	张丽	16-1-1	89.43	5700.00	509751	
5	2007-8-1	04	王红	12-3-2	140	5200.00	728000	
6	2007-8-1	03	赵敏	8-4-5	120.32	5600.00	673792	
7	2007-8-1	01	张丽	13-3-5	100.21	5400.00	541134	
8	2007-8-2	02	李华	14-5-6	90.75	5000.00	453750	
9	2007-8-2	05	刘东	18-3-7	110.56	6200.00	685472	
10	2007-8-2	05						
11	2007-8-3	03						
12	2007-8-3	04						
13	2007-8-3	05						
14	2007-8-3	01						
15	2007-8-4	01						
16	2007-8-4	02	李华	8-2-5	89.43	5580.00	499019	
17	2007-8-4	05	刘东	16-2-1	89.43	5480.00	490076	
18	2007-8-4	03	赵敏	8-6-5	120.32	5720.00	688230	
19	2007-8-4	01	张丽	18-4-7	110.56	6220.00	687683	
20	2007-8-5	04	王红	13-5-5	100.21	5440.00	545142	
21	2007-8-5	05	刘东	12-2-2	140	5200.00	728000	
22								

数据透视表和数据透视图向导 — 3 步骤之 2
请键入或选定要建立数据透视表的数据源区域:
选定区域(R): 销售明细表!$A$3:$G$21　浏览(W)...
取消　< 上一步(B)　下一步(N) >　完成(F)

图 9 - 42 “数据透视表和数据透视图向导—3 步骤之 2”对话框

（16）选择要建立数据透视表的数据源区域“$A$3：$G$21”，单击“下一步”按钮，打开“数据透视表和数据透视图向导—3 步骤之 3”对话框，如图 9－43 所示。

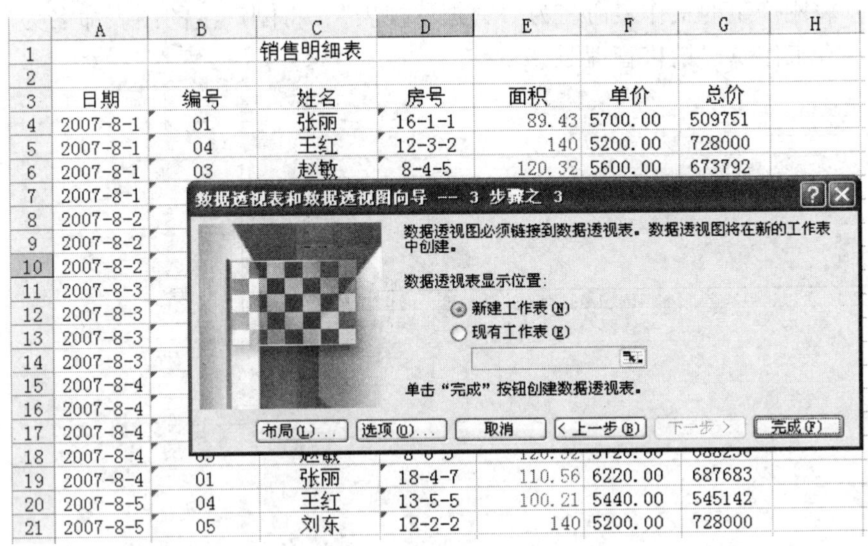

图 9－43 “数据透视表和数据透视图向导—3 步骤之 3”对话框

（17）在“数据透视表显示位置”选项下选择“新建工作表”，单击“布局”按钮，打开“数据透视表和数据透视图向导—布局”对话框，分别用鼠标将右边的“日期”拖拽至“页”对应的位置，将“姓名”字段拖拽至“行”对应的位置，将“编号”拖拽至“列”对应的位置，将“总价”拖拽至“数据”对应的位置，如图 9－44 所示。

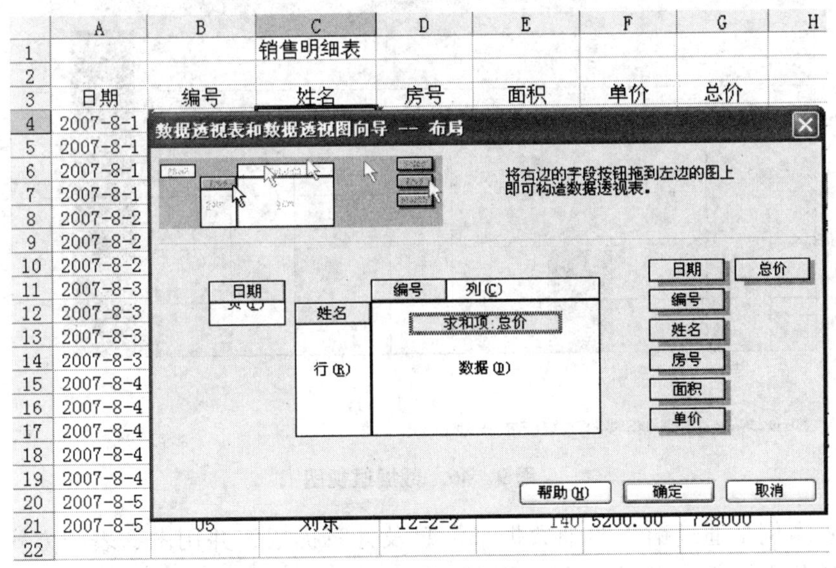

图 9－44 “数据透视表和数据透视图向导—布局”对话框

（18）单击“确定”按钮，返回到“数据透视表和数据透视图向导—3 步骤之 3”对话框，单击“完成”按钮，得到透视表和透视图，如图 9－45、图 9－46 所示。

（19）将刚产生的工作表命名为“数据透视表”；将刚产生的图表命名为“数据透视图”，保存工作簿“销售管理”。

	A	B	C	D	E	F	G
1	日期	(全部)					
2							
3	求和项:总价	编号					
4	姓名	01	02	03	04	05	总计
5	张丽	3112622.6					3112622.6
6	李华		952769.4				952769.4
7	赵敏			1827058.4			1827058.4
8	王红				1738178.4		1738178.4
9	刘东					3081237.4	3081237.4
10	总计	3112622.6	952769.4	1827058.4	1738178.4	3081237.4	10711866.2

Chart6 \ Sheet6 / 销售明细表 / 销售汇总及提成表 / 提成比例表 /

图 9－45　数据透视表

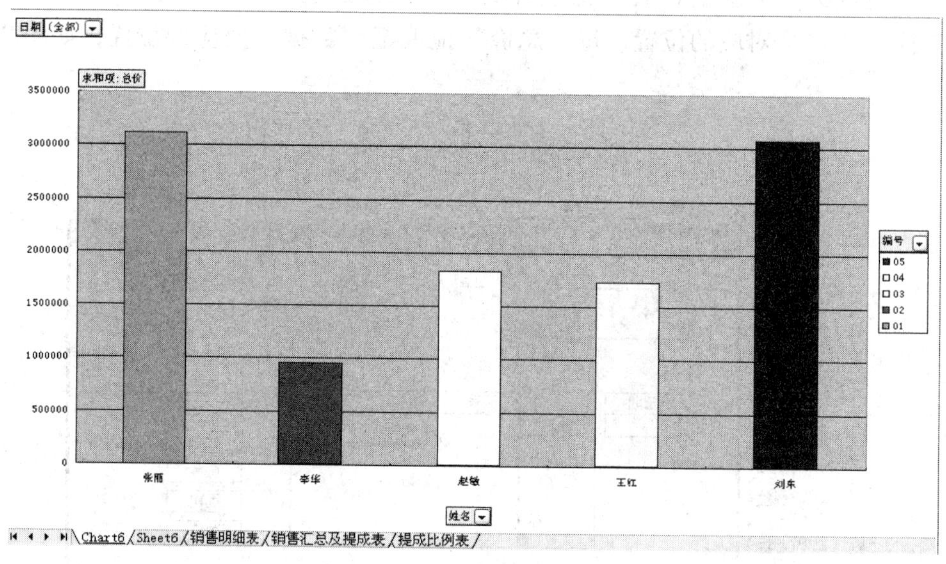

图 9－46　数据透视图

说明：本例是通过销售明细数据来汇总及计算提成，并用图、表的方式直观地显示每一位销售人员每一天、全月的销售情况。

本例利用 SUMIF（）函数计算每一位销售人员当月的销售金额。该函数的功能是：根据指定条件对若干单元格求和。在对“销售汇总及提成表”的“销售金额”列进行计算时，SUMIF 函数的功能是：对“销售明细表”中“姓名”列等于某一销售人员姓名（如“张丽”）作判断，若某些行的“姓名”值和某销售人员的姓名相同，将这些行对应的“总价”列值进行加总，得到一个结果，将该结果存放在“销售汇总及提成表”的“销售金额”列。

利用 RANK（）函数计算排名，利用 LOOKUP（）函数计算提成。为了方便运用 LOOKUP（）函数，本例另建一工作表“提成比例表”。因 LOOKUP（）函数的格式和功能要求，故在“提成比例表”中销售金额和提成比例的对应关系如表所示，并且给“提成比例表”的单元格区域命名。计算提成也以可通过多重 IF 来实现。

在计算“销售排名奖”时，由于用到了两个条件“销售金额大于 300 万”和“排名第一”或“排名第二”，故用 IF（）函数设计第一个条件参数时，用了 AND（）函数，该函数的功能是用于判断几个条件是否都同时满足，若所有条件都满足，返回 TRUE；否则，返回 FALSE。

销售金额的汇总除可以用 SUMIF 函数来实现，还可以用数据透视表和数据透视图来实现。本例通过数据透视表和数据透视图可清晰、方便地了解每一天、每一位销售人员的销售情况，同时也可以了解全月每一位销售人员的销售情况。

9.5 小结

在社会再生产过程中，生产是始点，消费是终点，销售属于流通领域，是中间环节，是价值增值的重要环节。在竞争越来越激烈的市场中，组织和加强销售管理是企业内部管理的重要内容，因此，管理人员需要及时、准确地从企业的账务处理子系统或销售子系统中提取数据，对销售经营情况进行定量分析，正确评价企业过去的销售经营业绩，全面客观地反映现在的销售经营情况准确预测来销售业务的潜力，充分揭示销售经营中存在的各种风险，指导企业组织和调整销售策略和销售计，需要建立销售管理模型。Excel 提供了许多数据分析工具，如排序、分类汇总、筛选、数据透视表和预测函数等，将这些工具应用到销售管理中，对销售情况做定量分析，是行之有效的好办法。

本章介绍了 Excel 在销售数据的获取、销售业绩的分析、销售数据的预测中的应用，主要介绍了如何通过 Excel 来获取外部数据，如何对销售业绩进行汇总、统计、排序以及如何用函数来实现对销售数据的预测，最后通过一个实例将这些知识点串在一起，形成一个完整的销售管理业务流程，说明 Excel 在销售管理中的应用。

本章学习的重点和难点包括：外部数据的获取、数据透视表和数据透视图的应用、预测方法和函数的应用。

练习题

某企业的销售数量情况如图 9－47 所示。

2		一月	二月	三月	四月	五月	六月
3	产品A	1854	1985	1784	1889	2101	2115
4	产品B	1356	1425	1386	1413	1425	1438
5	产品C	154	186	164	199	178	189
6	产品D	1892	1923	1910	2012	2120	2135
7	产品E	542	584	560	558	567	594

图 9－47　销售情况表

（1）制作每月的销售柱形图。

（2）制作各种产品的销售折线图。

（3）制作各种产品的销售饼图。

（4）制作一月份各种产品的销售折线图，并添加垂直线。

（5）在产品 B 的销售折线图上添加销售趋势线。

（6）预测每种产品七月份的销量。

参考文献

[1] 张国锋，等. Excel 商务应用与建模. 北京：清华大学出版社，2009.

[2] 刘兰娟，等. 经济管理中的计算机应用——Excel 数据分析、统计预测和决策模拟. 北京：清华大学出版社，2008.

[3] 匡松，喻敏，古永红，等. Excel 电子表格百问百例. 北京：中国铁道出版社，2009.

[4] 杜茂康. Excel 在数据管理与分析中的应用. 北京：清华大学出版社，2007.

[5] 肖淑芳，吴仁群. Excel 财务量化分析. 北京：中国人民大学出版社，2003.

[6] 邱振昆. Excel 在经济学中的应用实务. 北京：电子工业出版社，2004.

[7] 郭小良. Excel 企业管理应用案例. 北京：电子工业出版社，2007.

图书在版编目(CIP)数据

Excel 在经济管理中的应用/匡松主编.—成都:西南财经大学出版社,2009.12(2020.9 重印)
ISBN 978-7-81138-591-5

Ⅰ.E… Ⅱ.匡… Ⅲ.电子表格系统,Excel—应用—经济管理
Ⅳ.F2-39

中国版本图书馆 CIP 数据核字(2009)第 220425 号

Excel 在经济管理中的应用
主　编:匡　松　古永红
副主编:何福良　薛　飞　郭黎明　张艳珍

责任编辑:邓克虎
封面设计:杨红鹰
责任印制:朱曼丽

出版发行	西南财经大学出版社(四川省成都市光华村街 55 号)
网　　址	http://www.bookcj.com
电子邮件	bookcj@foxmail.com
邮政编码	610074
电　　话	028-87353785
照　　排	四川胜翔数码印务设计有限公司
印　　刷	郫县犀浦印刷厂
成品尺寸	185mm×260mm
印　　张	17.5
字　　数	385 千字
版　　次	2009 年 12 月第 1 版
印　　次	2020 年 9 月第 12 次印刷
印　　数	40601—41600 册
书　　号	ISBN 978-7-81138-591-5
定　　价	32.80 元